Schriftenreihe

Schriften zum Bau- und Vergaberecht

Band 3

ISSN 1866-8976

Verlag Dr. Kovač

Folma Kiser

In-House Vergabe und Rechtsschutz bei de-facto Vergaben im deutschen Kartellvergaberecht

Verlag Dr. Kovač

Hamburg
2009

VERLAG DR. KOVAČ
FACHVERLAG FÜR WISSENSCHAFTLICHE LITERATUR

Leverkusenstr. 13 · 22761 Hamburg · Tel. 040 - 39 88 80-0 · Fax 040 - 39 88 80-55

E-Mail info@verlagdrkovac.de · Internet www.verlagdrkovac.de

Bibliografische Information der Deutschen Nationalbibliothek
Die Deutsche Nationalbibliothek verzeichnet diese Publikation
in der Deutschen Nationalbibliografie;
detaillierte bibliografische Daten sind im Internet
über http://dnb.d-nb.de abrufbar.

ISSN: 1866-8976

ISBN: 978-3-8300-4472-7

Zugl.: Dissertation, Juristische Fakultät der Technischen Universität Dresden, 2009

Gedruckt auf holz-, chlor- und säurefreiem Papier Alster Digital. Alster Digital ist alterungsbeständig und erfüllt die Normen für Archivbeständigkeit ANSI 3948 und ISO 9706.

Meinen Eltern

Danksagung

Die Rechtswissenschaftliche Fakultät der Technischen Universität Dresden hat diese Arbeit im Wintersemester 2008/2009 als Promotion angenommen.

Mein Dank gilt Herrn Prof. Dr. Michael Becker und seinem gesamten Lehrstuhl für Bürgerliches Recht, Handelsrecht, Zivilprozessrecht und Internationales Privatrecht.

Besonderen Dank sagen möchte ich an dieser Stelle auch Prof. Dr. Stephan Tomerius für die spannenden und anregenden Diskussionen über das Vergaberecht.

Ohne den nicht enden wollenden Glaube an mich und die vielfältige Unterstützung meiner Familie und Freunde in der nicht immer einfachen Zeit, hätte ich diese Arbeit niemals vollendet. Besonderer Dank gilt hier Eva für ihr Verständnis und ihre Geduld.

Berlin, im März 2009

Inhaltsübersicht

Inhaltsverzeichnis

Abkürzungsverzeichnis

a.A. ....anderer Ansicht

a.d. ....an der

a.E. ....am Ende

a.F. ....alte Fassung

ABl. ....Amtsblatt

Abs. ....Absatz

AG..................................Aktiengesellschaft

AktG...............................Aktiengesetz

Alt. ....Alternative

Aufl. ....Auflage

BauR...............................Baurecht; Zeitschrift für das gesamte öffentliche und zivile Baurecht (BauR) (Zeitschrift)

BayObLG........................Bayerisches Oberstes Landesgericht

BayGO............................Bayerische Gemeindeordnung

BayVBl. ....Bayerische Verwaltungsblätter (Zeitschrift)

BB..................................Betriebsberater (Zeitschrift)

BDI.................................Bundesverband der Deutschen Industrie e.V.

BGB ....Bürgerliches Gesetzbuch

BGBl. ....Bundesgesetzblatt

BGH................................Bundesgerichtshof

BGHZ.............................amtliche Sammlung der Entscheidungen des Bundesgerichtshofs in Zivilsachen

BKartA ....Bundeskartellamt

BKR ....Richtlinie über die Koordinierung der Verfahren zur Vergabe öffentlicher Bauaufträge (Baukoordinierungsrichtlinie)

BMWA............................Bundesministerium für Wirtschaft und Arbeit

BRD ....Bundesrepublik Deutschland

BR-Drs. ....Bundesratsdrucksache

BT-Drs. ....Bundestagsdrucksache

BVerfG ....Bundesverfassungsgericht

BVerwGE.......................Amtliche Sammlung der Entscheidungen des Bundesverwaltungsgerichts

DB.................................Der Betrieb (Zeitschrift)

Diss. ....Dissertation

DKR ....Richtlinie über die Koordinierung der Verfahren zur Vergabe öffentlicher Dienstleistungsaufträge (Dienstleistungskoordinierungsrichtlinie)

DÖV ....Die öffentliche Verwaltung, Zeitschrift für öffentliches Recht und Verwaltungswissenschaft (Zeitschrift)

dt. ....deutsch, deutschen, deutsche

DVBl. ....Deutsche Verwaltungsblätter (Zeitschrift)

EG.................................Europäische Gemeinschaft(en)

EGKS............................Europäische Gemeinschaft für Kohle und Stahl

EGV ....EG-Vertrag, Vertrag zur Gründung der Europäischen Gemeinschaft

EL ....Ergänzungslieferung

endg. ....endgültig

engl. ....Englisch

EU ....Europäische Union

EuG...............................Europäisches Gericht (1. Instanz)

EuGH ....Europäischer Gerichtshof

EuR .... Europarecht (Zeitschrift)

EuZW .... Europäische Zeitschrift für Wirtschaftsrecht

e.V. .... eingetragener Verein

EWG .... Europäische Wirtschaftsgemeinschaft

EWS .... Europäisches Wirtschafts- und Steuerrecht, Europäischer Betriebs Berater (Zeitschrift)

f. .... folgende(r)

ff. .... fortfolgende

FIW .... Forschungsinstitut für Wirtschaftsverfassung und Wettbewerb e.V

Fn. .... Fußnote

franz. .... französisch

GA .... Generalanwalt/Generalanwältin

GG .... Grundgesetz für die Bundesrepublik Deutschland

GmbH .... Gesellschaft mit beschränkter Haftung

GmbHG .... Gesetz betreffend die Gesellschaft mit beschränkter Haftung

GPA .... Agreement of Government Procurement

GPC .... Government Procurement Code

GWB .... Gesetz gegen Wettbewerbsbeschränkungen

GWBE .... Entwurf der Bundesregierung zur Änderung für das Gesetz gegen Wettbewerbsbeschränkungen vom 18. März 2005, nicht in amtlicher Drucksache erschienen

Habil. Schrift .... Habilitationsschrift

Hrsg. .... Herausgeber

i.V.m. .... in Verbindung mit

IBR .... Immobilien- und Baurecht (Zeitschrift)

ital. .... italienisch

KG.................................Kammergericht Berlin

KOM...............................EU-Kommission

KoordRL.........................Richtlinie über die Koordinierung der Verfahren Vergabe öffentlicher Bauaufträge, Lieferaufträge und Dienstleitungsaufträge

Lfg.................................Lieferung

LG ....Landgericht

lit ....Buchstabe

LKR................................Richtlinie über die Koordinierung der Verfahren zur Vergabe öffentlicher Lieferaufträge (Lieferkoordinierungsrichtlinie)

LKV ....Landes- und Kommunalverwaltung, Verwaltungsrechtszeitschrift für die Länder Berlin, Brandenburg, Mecklenburg-Vorpommern, Sachsen, Sachsen-Anhalt und Thüringen

Ls. ....Leitsatz

m.w.N. ....mit weiteren Nachweisen

masch. ....maschinengeschrieben

Mio. ....Millionen

n.F. ....neue Fassung

NGO...............................Non Governmental Organisation, Nichtregierungsorganisation

NJW ....Neue Juristische Wochenzeitung

Nr. ....Nummer

NVwZ.............................Neue Zeitschrift für Verwaltungsrecht

NWVBl. ....Verwaltungsblätter Nordrhein-Westphalen (Zeitschrift)

NZBau............................Neue Zeitschrift für Baurecht und Vergaberecht

NZG ....Neue Zeitschrift für Gesellschaftsrecht

OLG ....Oberlandesgericht

PIT ....Private-Investor-Test

PPLR ....Public Procurement Law Review (Zeitschrift)

PPP................................Public Private Partnership

RegE..............................Regierungsentwurf

RIW................................Recht internationaler Wirtschaft (Zeitschrift)

RMR...............................Richtlinie zur Koordinierung der Rechts- und Verwaltungsvorschriften für die Anwendung der Nachprüfungsverfahren im Rahmen der Vergabe öffentlicher Liefer- und Bauaufträge (Überwachungs- und Rechtsmittelrichtlinie)

Rn. ....Randnummer(n)

RP.................................Regierungspräsidium

Rs. ....Rechtssache

S. ....Seite (n), Satz

s.o. ....siehe oben

SKR ....Richtlinie zur Koordinierung der Auftragsvergabe durch Auftraggeber im Bereich der Wasser-, Energie- und Verkehrsversorgung sowie im Telekommunikationssektor (Sektorenkoordinierungsrichtlinie)

Slg. ....Sammlung

sog. ....so genannt

u.a. ....und andere

UWG ....Gesetz gegen den unlauteren Wettbewerb

VBIBW ....Verwaltungsblätter Baden-Württemberg (Zeitschrift)

verb...............................verbunden, verbundene

Verg ....Vergaberecht (Aktenzeichen der Vergabe-kammern)

VergabeR.......................Zeitschrift Vergaberecht

VergRÄG ....Vergaberechtsänderungsgesetz

VerwArch ....Verwaltungsarchiv (Zeitschrift) vgl. ....vergleiche

VgV ....Vergabeverordnung

VK Bund..........................Vergabekammer des Bundes

VK ....Vergabekammer

VKR ....Richtlinie über die Koordinierung der Verfahren zur Vergabe öffentlicher Bauaufträge, Lieferaufträge und Dienstleitungsaufträge (Vergabekoordinierungsrichtlinie)

VKU ....Verband kommunaler Unternehmen

VOB/A............................Verdingungsordnung für Bauleistungen Teil A

VOB/B............................Verdingungsordnung für Bauleistungen Teil B

VOF ....Verdingungsordnung für freiberufliche Tätigkeiten

VOL/A ....Verdingungsordnung für Leistungen Teil A

Vorb.; Vorbem. ....Vorbemerkung

VR..................................Verwaltungsrundschau (Zeitschrift)

WiVerw ....Wirtschaft und Verwaltung (Zeitschrift)

WTO ....World Trade Organisation

WuW..............................Wirtschaft und Wettbewerb; Zeitschrift für deutsches und europäisches Wettbewerbsrecht

ZfBR...............................Zeitschrift für deutsches und internationales Bau- und Vergaberecht; nachfolge Zeitschrift der ZVgR

ZGR ....Zeitschrift für Unternehmens- und Gesellschaftsrecht

ZHR ....Zeitschrift für das gesamte Handelsrecht und Wirtschaftsrecht

ZIP ....Zeitschrift für Wirtschaftsrecht

zit. ....zitiert

ZPO ....Zivilprozessordnung

ZVgR..............................Zeitschrift für Vergaberecht

Abbildungsverzeichnis

Teil 1: Grundlagenteil

§ 1 Einleitung[1]

Das Vergaberecht steht entsprechend seiner wirtschaftlichen Bedeutung[2] für den europäischen Binnenmarkt und dessen rasanter Entwicklung[3] seit Jahren zunehmend im Blickpunkt der Aufmerksamkeit. Neben zahlreichen inhaltlichen Detailproblemen dreht sich die Fachdiskussion immer wieder um die zentrale Frage, wann das deutsche Vergaberecht überhaupt einschlägig ist und wann Ausnahmetatbestände greifen.

Von welch grundsätzlicher Bedeutung die Anwendbarkeit des Vergaberechts ist, zeigt sich nicht zuletzt an den vielen Vertragsverletzungsverfahren der EU-Kommission gegen die Bundesrepublik Deutschland.[4]

Die vorliegende Arbeit widmet sich zwei zentralen Problemkreisen zur Anwendbarkeit beziehungsweise Nichtanwendbarkeit des deutschen Vergaberechts, nämlich der In-House Vergabe[5] und der de-facto Vergabe und hier im Speziellen:

---

1 Stand der Rechtsprechung und Literatur: 1. Januar 2007.

2 Im Jahr 1999 umfasst das bundesweite Beschaffungswesen im Haushalt ein Volumen von 200 Milliarden Mark (Statistisches Bundesamt Hrsg., Statistisches Jahrbuch 2000, S. 488). 16 % des BIP (Bruttoinlandsprodukt) in der EU entfiel 2002 auf das öffentliche Auftragswesen (http://europa.eu.int/comm/internal_market/publicprocurement/introduction _de. htm; Stand: 12.04.2005).

3 Besonders die EU-Osterweiterung führt zu einem Bedeutungszuwachs des Vergaberechts, denn die neuen Mitgliedstaaten haben die Richtlinien als Aquis communitaire in ihre Rechtsordnungen aufgenommen. Unternehmen der Beitrittsstaaten haben zunächst nur Zugang zu Ausschreibungen von Lieferleitungen (Steiff, NZBau 2004, 75, 79), auf Dienst- und Bauaufträge können sie nicht bieten (nach dem 2+3+2 Modell kann sich für die Freizügigkeit und die Dienstleistungsfreiheit eine maximale Beschränkung bis zum 30.04.2011 ergeben). Die Beschränkungen gelten in Deutschland für Bauaufträge, Reinigungsdienste und Dekorateurarbeiten (Nowak, EuZW 2003, 101, 101). Die Niederlassungsfreiheit ist davon aber nicht betroffen. Bieterunternehmen aus den bisherigen EU-Mitgliedstaaten ist der Zugang zu den Vergabeverfahren der Beitrittsstaaten für eine Übergangsfrist von 10 Jahren verwehrt.

4 EU-Kommission, IP/05/44 vom 13. Januar 2005 (http://europa.eu.int/comm/secretariat _general/sgb/droit_com/index_en.htm; Stand: 19.01.2005), vier weitere Rügen standen am 16. März 2005 an (siehe: http://europa.eu.int/comm/internal_market/publicprocurement/infringements_de.htm; Stand: 20.03.2005).

5 Synonym werden die Begriffe In-House Vergabe, In-House Geschäft und vergabefreies Eigengeschäft verwendet.

1. der Abgrenzung so genannter In-House Vergaben, welche als interne Auftragsübertragungen nicht dem Vergaberecht unterfallen und

2. der Frage, welche Möglichkeiten effektiven Rechtsschutzes gegen de-facto Vergaben bestehen, wenn also eine Ausschreibung wegen irriger Annahme eines Ausnahmetatbestandes bewusst oder unbewusst unterblieben ist.

Mit der In-House Vergabe greift die Arbeit zugleich eine der bekanntesten Ausnahmetatbestände des Vergaberechts auf, die bereits seit Beginn der Auftragsvergabe eine herausragende Rolle spielt. Denn die öffentliche Hand war und ist bestrebt, sich ihren Vertragspartner eigenständig auszuwählen. Wann aber erfolgt eine Auftragsübertragung bei den heute anerkannten, mannigfachen Organisationsformen der öffentlichen Hand noch innerorganisch, also im eigenen Haus?

Auch der zweite Schwerpunkt der Untersuchung resultiert aus Abgrenzungsproblemen bei den Ausnahmen zum Vergaberecht. Welche Rechtsschutzmöglichkeiten bestehen, wenn eine Ausschreibung vergaberechtswidrig unterblieben ist, weil der öffentliche Auftraggeber[6] zu Unrecht die Anwendbarkeit des Vergaberechts verneint hat?

Die Untersuchung beschränkt sich ausschließlich auf das europarechtlich geprägte deutsche Vergaberecht der klassischen Auftraggeber[7]. Beschaffungen im Sektorenbereich[8] und Vergaben unterhalb der Schwellenwerte[9] werden bewusst ausgeklammert. Unter Vergaberecht wird im Rahmen dieser Arbeit nur das Kartellvergaberecht im Sinne des GWB[10] verstanden.

---

6 Der öffentliche Auftraggeber wird im Vergaberecht auch als Vergabestelle bezeichnet.

7 Als klassische Auftraggeber werden im deutschen Recht die öffentlichen Auftraggeber nach § 98 Nr. 1-3 GWB angesehen; siehe Kapitel 3 II.

8 Aufträge im Bereich der Wasser-, Energie-, und Verkehrsversorgung sowie im Telekommunikationssektor zählen zum Sektorenbereich, vgl. Richtlinie SKR 90/351/EWG, siehe Kapitel 2 I 3.

9 Als Schwellenwert wird ein Auftragswert bezeichnet, der eine bestimmte Grenze überschreitet. Davon ist abhängig, welche Rechtsnormen zur Anwendung kommen. Nur Aufträge über den in den Vergaberichtlinien definierten Schwellenwerten werden von den EU-Vergaberecht und dem GWB als nationale Umsetzung direkt erfasst; siehe Kapitel 3 I.

10 Das Vergaberecht ist seit 01. Januar 1999 als Vierter Teils des Gesetz gegen Wettbewerbsbeschränkungen in Kraft; BGBl. I, 2546.

I. In-House Vergabe und Organisationsfreiheit

Die In-House Vergabe befindet sich an der Schnittstelle zwischen der Organisationsfreiheit der öffentlichen Hand und der ansonsten umfassenden Geltung des Vergaberechts für jede Form der Beschaffung. Hier stellt sich die Frage: Existieren Organisationsformen, die eine direkte Vergabe ohne förmliche Ausschreibung rechtfertigen und solche, die eine Ausschreibung bedingen?

1. Organisationsfreiheit

Die öffentliche Hand ist verpflichtet, ihre Aufgaben zu erledigen. Dabei ist sie im Rahmen der fiskalischen Betätigung frei, wie und in welcher Rechtsform sie diesen Aufgaben nachkommen möchte. Es bleibt ihr überlassen, ob sie ihre Aufgaben selbst erfüllt, das heißt mit eigenem Personal und eigenen Sachmitteln oder ob sie die Aufgaben auf Dritte überträgt.[11]

Zur Verdeutlichung ein Beispiel: Eine Gemeinde kann die Abfallentsorgung selbst erledigen, sie kann eine privatrechtliche Gesellschaft[12] gründen, die den Müll für sie sammelt und entsorgt, oder sie kann diese Aufgabe einer fremden Entsorgungsgesellschaft übertragen. Es gibt keine Verpflichtung, die benötigten Leistungen am Markt von Dritten einzukaufen.[13] In diesem Zusammenhang spricht man auch von Organisationsprivilegierung (Organisationshoheit). Sie ist für das staatliche Auftragswesen lange anerkannt.[14]

Sowohl der nationale als auch der europäische Gesetzgeber stellen es in das Ermessen des Staates, wie er sich organisieren möchte.[15] Ausdruck findet

---

11 BGHZ 162, 116, 126 (Altpapierverkauf); VK Arnsberg, Beschluss vom 5.8.2003, VK 2 - 13/2003; VK Düsseldorf, Beschluss vom 07.07.2000, VK 12/2000, NZBau 2001, 46, 47; Masing, ZfBR 2002, 450, 451; Grau, Historische Entwicklung und Perspektiven des Rechts der öffentlichen Aufträge, 2004, S. 34.

12 EuGH, Urteil vom 10.11.1998, Rs. C-360/96 (Gemeente Arnhem), Slg. 1998, I-6821 ff., Rn. 62; Dreher, NZBau 2001, 360, 361; Kluth in Wolff/Bachof/Stober, Verwaltungsrecht, Band 3, 5. Auflage, 2004, § 81, Rn. 40; Müller-Serten, NZBau 2000, 120, 121; Püttner, Die öffentlichen Unternehmen, 2. Auflage, 1985, S. 81, 82.

13 Boesen, Vergaberecht, Kommentar, 2000, § 100 GWB, Rn. 86; Masing, ZfBR 2002, 450, 451.

14 OVG Münster, NVwZ 1995, 1238, 1240; Forsthoff, Der Staat als Auftraggeber, 1963, S. 19; Ehlers, Verwaltung in Privatrechtsform, 1984, S. 64, 113.

15 Mestmäcker/Schweitzer, Europäisches Wettbewerbsrecht, 2. Auflage, 2004, § 39, Rn. 14. Auf europäischer Ebene kommt dies in Art. 86 EGV mit den drei niedergelegten Grundsätzen der Neutralität, Gestaltungsfreiheit und Verhältnismäßigkeit zum Ausdruck.

dieser Gedanke zum Beispiel in Art. 28 Abs. 2 GG, der die kommunale Selbstverwaltung garantiert.[16] Die europäische Rechtsordnung respektiert das, indem sie die Eigentumsordnungen für unberührbar erklärt (Art. 295 EGV)[17] und die zulässigen Gestaltungsfreiheiten von Kommunen[18], Bund und Ländern[19] nicht einschränkt. Im Laufe der Jahre haben sich unterschiedliche Organisationsmöglichkeiten der öffentlichen Hand herauskristallisiert, wobei sich die öffentlichen Organisationsformen letztlich nicht durchgesetzt haben. Zu den gängigsten zählen heute: Regiebetrieb[20]; Eigenbetrieb[21]; Eigengesellschaft[22]; gemischt-öffentliche Gesellschaft[23] und die gemischt-wirtschaftliche Gesellschaft.

Die Norm verpflichtet umgekehrt auch den öffentlichen Auftraggeber und die öffentlichen Unternehmen auf den EGV (Weiß, DVBl. 2003, 564, 566).

16 Statt aller: Cronauge/Westermann, Kommunale Unternehmen, 4. Auflage, 2003, Rn. 12.

17 Schweitzer in Grabitz/Hilf, Das Recht der Europäischen Union, Kommentar, Band III, EL 14, Oktober 1999, Art. 295 EGV, Rn. 1-5; Ortlieb, WuW 2003, 146, 149.

18 VK Köln, Beschluss vom 10.6.2003, VK VOL 9/2003+VOL 15/2003.

19 Rechtliche Grundlage sind zumeist Spezialgesetzen oder Sonderbestimmungen allgemeiner Gesetze - nur, selten die jeweiligen Landesverfassungen (Püttner, Die öffentlichen Unternehmen, 2. Auflage, 1985, S. 19).

20 Regiebetriebe verfügen weder über eine rechtliche, organisatorische (BVerwGE 39, 329, 333) noch über eine wirtschaftliche Selbstständigkeit (Cronauge/Westermann, Kommunale Unternehmen, 4. Auflage, 2003, Rn. 30; Püttner, Die öffentlichen Unternehmen, 2. Auflage, 1985, S. 59). Sie sind vielmehr Teil der Gemeindeverwaltung und damit nicht selbstständiger Träger von Rechten und Pflichten (Altmeppen, NJW 2003, 2561, 2561, Kunze/Grabe, Mitbestimmungegespräch 1960, Heft 6/7, 4, 4). Beispiele für Regiebetriebe sind bei kleinen Verwaltungseinheiten, der Betrieb einer eigenen Kantine, Reparaturbetriebe und Friedhofsgärtnereien (Ade in Ade, Handbuch kommunales Beteiligungsmanagement, 1997, Kapitel I, S. 19; Cronauge/Westermann, Kommunale Unternehmen, 4. Auflage, 2003, Rn. 30; Püttner, Die öffentlichen Unternehmen, 2. Auflage, 1985, S. 59, 60).

21 Eigenbetriebe sind wirtschaftliche Unternehmen von Gemeinden, die zwar über eine gewisse rechnerische Selbstständigkeit, nicht aber über eine eigene Rechtspersönlichkeit verfügen (Boesen, Vergaberecht, Kommentar, 2000, § 100 GWB, Rn. 91, Faber, DVBl 2001, 248, 250; Creifelds, Rechtswörterbuch, 18. Auflage 2004, „Eigenbetrieb“; Cronauge/Westermann, Kommunale Unternehmen, 4. Auflage, 2003, Rn. 114, 153; Fabry in Fabry/Augsten, Handbuch Unternehmen des öffentlichen Hand, 2002, Teil 1, II, Rn. 12) Oftmals nehmen Versorgungs- und Verkehrsunternehmen ihre Aufgaben in dieser Gestalt wahr.

22 Eine Eigengesellschaft ist eine Gesellschaft in privater Rechtsform, zum Beispiel eine GmbH, AG, oHG, BGB-Gesellschaft, bei der der öffentliche Auftraggeber hundert Prozent der Gesellschaftsanteile in eigener Hand hält (Boesen, Vergaberecht, Kommentar, 2000, § 100 GWB, Rn. 93; Faber, DVBl 2001, 248, 250; Ortlieb, WuW 2003, 146, 149. Eigengesellschaften sind damit rechtlich und organisatorisch unabhängig von der öffentlichen Hand. Aufgrund der beschränkten Außenhaftung und der guten Einflussmöglichkeiten von der öffentlichen Hand auf die Gesellschaft ist die GmbH die häufigste gewähl-

Die Motivation der öffentlichen Hand, privatrechtliche Gesellschaften zu gründen beziehungsweise sich an ihnen zur Aufgabenwahrnehmung zu beteiligen, kann vielfältiger Natur sein. Wird einerseits von der *„Befreiung der starren Fesseln des öffentlichrechtlichen Organisationsrechts“*[24] durch die Gestaltung eines flexiblen[25], transparenten und effizienten[26] Verwaltungsapparates gesprochen, so sind andererseits verwaltungsökonomische Überlegungen gewichtig. Unter Umständen ist neben wirtschaftlichen[27], gesellschafts-[28], haushalts-[29], steuer- und beamtenrechtlichen[30] Vorteilen von Bedeutung, dass die Beschaffung von Waren, Dienst- oder Bauleistungen nicht durch eine Ausschreibung vergeben werden muss, da ein privilegiertes In-House Geschäft

---

te Form (Cronauge/Westermann, Kommunale Unternehmen, 4. Auflage, 2003, Rn. 135). Die BGB- Gesellschaft (ebenso die oHG) scheidet im wirtschaftlichen Bereich aus, da die jeweiligen Landesgemeindeordnungen die Beteiligung einer Gemeinde an einem wirtschaftlichen Unternehmen nur zulassen, wenn die Haftung der Gemeinde auf einen bestimmten Betrag begrenzt ist. Die KG hat ebenfalls keine große Bedeutung erfahren, da nur der Kommanditist beschränkt haftet, er aber nur über geringe Befugnisse an der Gesellschaftsleitung verfügt. Denkbar ist jedoch auch eine Aktiengesellschaft. Typische Beispiele für eine Eigengesellschaft sind Stadtwerke und städtische Verkehrsbetriebe.

23 In der gemischt-öffentlichen Gesellschaft sind mindestens zwei eigenständige juristische Personen des öffentlichen Rechts Anteilsinhaber (Statt aller: Faber, DVBl. 2001, 248, 249; Ortlieb, WuW 2003, 146, 150). Die Eigenständigkeit wird beispielsweise verneint, wenn eine Enkelgesellschaft des öffentlichen Auftraggebers gemeinsam mit dem öffentlichen Auftraggeber an einer Beteiligungsgesellschaft beteiligt ist und er über die Tochtergesellschaft unmittelbar oder originär auf die Enkelgesellschaft einwirken kann. Eine originäre Kontrolle ist beispielsweise gegeben, wenn die Einflussnahme direkt durch den öffentlichen Auftraggeber erfolgt, weil im Gesellschaftsvertrag bestimmt ist, dass sämtliche Mitglieder der Gesellschafterversammlung und des Aufsichtsrates von ihm ernannt werden.

24 Ehlers, Verwaltung in Privatrechtsform, 1984, S. 309; Stober, Die privatrechtlich organisierte öffentliche Verwaltung in: Kluth/Müller (Hrsg.) Ordnungsrahmen und Akteure einer sozialen und ökologischen Markt- und Weltwirtschaft, 2003, S. 33.

25 Vgl. Schmidt, ZGR 1997, 345, 348.

26 Peine, DÖV 1997, 353, 361. Zumeist ist aber keine höhere Effizienz bei privaten Formen zu verzeichnen, der Wettbewerb ist wichtiger (Andersen/Reichard in Cox, Ausschreibungswettbewerb bei öffentlichen Dienstleistungen, 2003, S. 25-26).

27 Gesellschaften können meist schneller und billiger Mittel am Kapitalmarkt beschaffen (Ehlers, Verwaltung in Privatrechtsform, 1984, S. 311). Kostenüberlegungen sind mit die wichtigsten Gründe für die Einschaltung eines Privatsubjekts (OVG Münster, NVwZ 1995, 1238, 1239).

28 Die Haftungsbeschränkung ist das wichtigste gesellschaftsrechtliche Merkmal (Kunze/Grabe, Mitbestimmungsgespräch 1960, Heft 6/7, 4, 7).

29 Hier ist die erhoffte Haushaltsentlastung gemeint (Rabolt in Cox, Ausschreibungswettbewerb bei öffentlichen Dienstleistungen, 2003, S. 147).

30 Privatrechtliche Gesellschaften können keine öffentlich-rechtlichen Dienstverhältnisse gründen (Püttner, Die öffentlichen Unternehmen, 2. Auflage, 1985, S. 88).

vorliegt.[31] Die leichtere Gewinnung von qualifiziertem Personal und der Wissenszuwachs im technischen und wirtschaftlichen Bereich spielen ebenfalls eine Rolle.[32] Neben „belegbaren Motiven" wird zuweilen ein psychologisches Moment genannt: der Gedanke des Prestigegewinns bei privatrechtlichen Gesellschaften.[33]

Allerdings können Gemeinden oftmals nicht unbeschränkt öffentliche Unternehmen oder Beteiligungsgesellschaften[34] gründen und sich an Unternehmen beteiligen. Die Gemeindeordnungen sehen diesbezüglich eine Beschränkung vor. Der öffentliche Zweck muss gewährleistet sein[35], das Unternehmen muss der Leistungsfähigkeit der Gemeinde entsprechen und die Aufgabenwahrnehmung darf nicht besser oder wirtschaftlicher durch einen Privaten erfolgen können (Subsidiarität).[36]

Zudem ist der Staat für die Aufgabenerfüllung, ganz gleich in welcher Form, stets verantwortlich.[37] Dies ergibt sich aus dem Demokratie- und dem Rechts-

---

31 Altmeppen, NJW 2003, 2561, 2562.

32 OVG Münster, NVwZ 1995, 1238, 1239.

33 Ehlers, Verwaltung in Privatrechtsform, 1984, S. 349; Kluth in Wolff/Bachof/Stober, Verwaltungsrecht, Band 3, 5. Auflage, 2004, § 81, Rn. 43.

34 Die Beteiligungsgesellschaft ist der Oberbegriff für gemischt-wirtschaftliche Gesellschaften und gemischt-öffentliche Gesellschaften (Ehlers, Verwaltung in Privatrechtsform, 1984, S. 7) und wird in dieser Arbeit auch so verwendet. Nach anderer Ansicht ist die Beteiligungsgesellschaft nur ein Synonym für gemischt-öffentlicher Gesellschaft (Stober, Die privatrechtlich organisierte öffentliche Verwaltung in: Kluth/Müller (Hrsg.) Ordnungsrahmen und Akteure einer sozialen und ökologischen Markt- und Weltwirtschaft, 2003, S. 33).

35 Ade in Ade, Handbuch kommunales Beteiligungsmanagement, 1997, Kapitel I, S. 17.

36 Weiterführende Literatur: Andersen/Reichard in Cox, Ausschreibungswettbewerb bei öffentlichen Dienstleistungen, 2003, S. 27; Berg, WiVerw 2000, 141-158; Eisenmenger, Neureglung des öffentlichen Unternehmensrechts?, 2004, 117-125, 136-149; Graef, Der öffentliche Auftrag in den Geschäftsberichten öffentlicher Unternehmen, 2001, S. 28-30; Heintzen, NVwZ 2000, 743, 743-745; Hösch, WiVerw 2000, 159, 172 f.; Jarass, DÖV 2002, 489-500; Püttner, Die öffentlichen Unternehmen, 2. Auflage, 1985, S. 85, 86; Stober, NJW 2002, 2357, 2363 f.; Storr, Öffentliche Unternehmen im Wettbewerb und Vergaberecht, 2001; Tomerius/Breitkreuz, DVBl. 2003, 426, 427-429; Weiß, DVBl. 2003, 564-574. Zur überörtlichen Wirtschaftstätigkeit: Heilshorn, VerwArch. 96 (2005), 88-99.

37 Die Zuordnung zum Verwaltungsrecht bleibt auch im Falle des Verwaltungsprivatrechts bestehen. Das gilt vor allem für die Grundrechtsbindung (Ehlers in Erichsen/Ehlers, Allgemeines Verwaltungsrecht, 12. Auflage, 2002, § 2, Rn. 78, 83; bei öffentlich-rechtlicher Organisation: Möstl, Grundrechtsbindung öffentlicher Wirtschaftstätigkeit, 1999, S. 135), allerdings nur bei Unternehmen, die tatsächlich Staatsgewalt ausüben. Bei gemischtwirtschaftlichen Unternehmen, d. h. solchen, bei denen mindestens ein Privater beteiligt ist, gilt dies jedoch nach Ehlers auch dann nicht, wenn die öffentliche Hand einen beherr-

staatsprinzip, die beide grundgesetzlich verankert sind.[38] Aus dem Rechtsstaatsprinzip folgt der Grundsatz, dass es keine kontrollfreien Räume geben darf. Das Demokratieprinzip fordert hingegen die Aufrechterhaltung der Legitimationskette innerhalb der Exekutive, die nur durch eine verfassungsrechtliche Kontroll- und Einwirkungspflicht erhalten werden kann.[39] Diese Pflichten werden oftmals in haushalts- und kommunalwirtschaftlichen Gesetzen konkretisiert,[40] die jedoch dem allgemeinen Gesellschaftsrecht nachrangig sind, da es um die Ausgestaltung der Organisation der Gesellschaft geht (Bundesgesetzesvorrang: Art. 31 i. V. m. Art. 74 Abs. 1 GG). Auf die Frage der Zulässigkeit wirtschaftlicher Tätigkeit von Kommunen wird in dieser Arbeit nicht näher eingegangen.

Organisiert sich die öffentliche Hand privatrechtlich, so müssen sie auch die jeweils geltenden Vorschriften des AktG und GmbHG bzw. das Recht der Personengesellschaften beachten.[41]

Erst mit der Entscheidung der öffentlichen Hand, den Auftrag nicht selbst zu erbringen, sondern an Dritte zu vergeben, ist das Vergaberecht anwendbar.[42]

---

schenden Einfluss ausübt (Ehlers in Erichsen/Ehlers, Allgemeines Verwaltungsrecht, 12. Auflage, 2002, § 2, Rn. 85). Dies ist aber streitig. Anders das BVerfG, das zur umgekehrten Frage der Grundrechtsgeltung entschieden hat, dass diese gemischt-wirtschaftlichen Unternehmen nicht zusteht, sofern sie öffentliche Aufgaben erfüllen und von der öffentlichen Hand beherrscht werden (BVerfG, NJW 1990, 1783, 1783; ebenso Gersdorf, Öffentliche Unternehmen im Spannungsfeld zwischen Demokratie- und Wirtschaftlichkeitsprinzip, 2000, S. 135, 138 bis 139; Jarass in Jarass/Pieroth, GG, Kommentar, 7. Auflage, 2004, Art. 1, Rn. 29). *„[...] Allein der öffentliche Anteilsträger [ist] grundrechtsverpflichtet“* (OLG Stuttgart, VergabeR 2002, 374, 376 mit Anmerkungen Prieß; Höfling in Sachs, GG, Kommentar, 3. Auflage, 2002, Art. 1 GG, Rn. 96; Pieroth/Schlink, Grundrechte, Staatsrecht II, 21. Auflage, 2005, Rn. 171) nicht aber die privaten Anteilseigner (Dreier in Dreier, Kommentar zum GG, Band I, 2. Auflage, 2004, Art. 1 III, Rn. 70).

38 Ade in Ade, Handbuch kommunales Beteiligungsmanagement, 1997, Kapitel I, S. 25; Fabry in Fabry/Augsten, Handbuch Unternehmen des öffentlichen Rechts, 2002, Teil 1 IV. Rn. 52.

39 Gersdorf, Öffentliche Unternehmen im Spannungsfeld zwischen Demokratie- und Wirtschaftlichkeitsprinzip, 2000, S. 223-254.

40 Gersdorf, Öffentliche Unternehmen im Spannungsfeld zwischen Demokratie- und Wirtschaftlichkeitsprinzip, 2000, S. 254.

41 BGHZ 36, 296, 306; Schwintowski, NJW 1995, 1316, 1318; Meier, VR 1998, 217, 217; Spannowsky, DVBl. 1992, 1072, 1074; Zugmaier, BayVBl. 2001, 233, 235-236; Möstl, Grundrechtsbindung öffentlicher Wirtschaftstätigkeit, 1999, S. 15.

42 BGHZ 162, 116, 126 (Altpapierverkauf), OLG Koblenz, VergabeR 2002, 148, 151 mit Anmerkungen Müller.

Die *„[...] marktliberalisierende Wirkung [...] [tritt erst ein], wenn die Erfüllung einer Aufgabe den Staatsorganismus verlässt“.*[43]

2. In-House Vergabe

Beauftragt eine Stadt als öffentlicher Auftraggeber direkt ohne Beachtung des Vergaberechts, also ohne europaweite Ausschreibung, beispielsweise die Stadtwerke GmbH mit der Entsorgung ihrer Abfälle, so stellt sich die Frage, unter welchen Voraussetzungen dies zulässig ist.

Eindeutig war bislang nur, dass die öffentliche Hand selbst Anteile an der beauftragten Gesellschaft halten muss. Sofern sie sämtliche Anteile der GmbH besitzt (Eigengesellschaft), scheint ein Geschäft innerhalb der eigenen vier Wände vorzuliegen.

Das Teckal-Urteil des EuGH[44] formuliert nun darüber hinaus weitergehende Kriterien, welche eine vergabefreie Auftragserteilung auch an Beteiligungsgesellschaften zulassen. Gelegentlich wird in diesem Zusammenhang auch von einer „Quasi-In-House Vergabe“ gesprochen.[45].

Die vom EuGH geforderten Kriterien betreffen zunächst die Kontrollmöglichkeiten des Auftraggebers über den Auftragnehmer, wobei der EuGH eine Kontrolle wie über die eigene Dienststelle verlangt. Außerdem fordert der EuGH, dass der Auftragnehmer im Wesentlichen Tätigkeiten für seine Anteilsinhaber erbringt.

Sprach die herrschende Meinung bislang auch gemischt-wirtschaftlichen Gesellschaften eine Inhousefähigkeit zu, so ist der EuGH dieser Ansicht mit seinen Entscheidungen vom 11. Januar und 13. Januar 2005 entgegen getre-

---

43 Michaels, NZBau 2004, 27, 30.

44 EuGH, Urteil vom 18.11.1999, Rs. C-107/98 (Teckal), Slg. 1999, I-8121 ff.; NZBau 2001, 90 f.

45 GA Stix-Hackl, Schlussantrag vom 23.09.2004, Rs. C-26/03 (Stadt Halle), Slg. 2005, I-1 ff., Rn. 49, NZBau 2004, Heft 11, VII, XII; Dreher in Immenga/Mestmäcker, GWB, Kommentar, 3. Auflage, 2001, § 99 GWB, Rn. 18. Für diese Arbeit wird gleichwohl mit Rechtsprechung und Literatur einheitlich für alle Vergaben an privatrechtliche Gesellschaften der Begriff In-House Vergabe verwendet.

ten.[46] Damit hat der EuGH ein neues Zeitalter für In-House Vergaben eingeleitet. Die In-House Vergabe wird nun nur noch für Eigen- und gemischtöffentliche Gesellschaften eine Rolle spielen.

In all diesen Entscheidungen hat der EuGH zwar den Umfang des In-House Geschäfts als Ausnahmetatbestand des Vergaberechts eingeschränkt, um den freien wettbewerblichen Markt zu schützen; einen einheitlichen, rechtsklaren Interpretationsansatz für die In-House Merkmale gab er jedoch nicht. Hier besteht dringend Klärungsbedarf.

3. Hintergrund der juristischen Diskussion

Hinter der gesamten juristischen Diskussion um die Zulässigkeit und den Umfang vergabefreier Geschäfte der öffentlichen Hand steht zugleich die politische Debatte – die hier nur angerissen werden kann –, inwieweit Aufgaben (insbesondere der Daseinsvorsorge) vom Staat oder seinen Unternehmen wahrgenommen werden sollen.[47] Denn außerhalb der Erledigung der staatlichen Aufgaben wird die Betätigung des Staates auf dem freien Markt gemeinhin äußerst kritisch betrachtet. Schließlich sei im Steuerstaat jede wirtschaftliche Betätigung des Staates ein Fremdkörper. Damit ist aber nur die wirtschaftliche Betätigung in Bereichen der freien Wirtschaft gemeint, die sonstige kommunale Wirtschaftstätigkeit (Erwerbszweck ist nicht das primäre Ziel der Betätigung)[48] zur Wahrung des Gemeinwohls ist davon nicht betroffen. Der Staat partizipiert und profitiert von den Leistungen der Bürger, soll aber nicht zu ihnen in Konkurrenz treten. Andernfalls bestehen verfassungsrechtliche Bedenken.[49]

---

46 EuGH, Urteil vom 11.01.2005, Rs. C-26/03 (Stadt Halle), Slg. 2005, I-1 ff., VergabeR 2005, 44 ff; EuGH, Urteil vom 13.01.2005, Rs. C-84/03 (Kommission./.Spanien), Slg. 2005, I-139 ff., Rn. 38, VergabeR 2005, 176, 181 mit Anmerkungen Müller-Wrede/Greb.

47 Britz, NVwZ 2001, 380, 382; Kurth in Schader-Stiftung, Die Zukunft der Daseinsvorsorge, Öffentliche Unternehmen im Wettbewerb, S. 134.

48 Berg, WiVerw 2000, 141, 153; Weiß, DVBl. 2003, 564, 568.

49 Statt aller: Siekmann „Wirtschaftliche Betätigung der öffentlichen Hand und ökonomische Analyse des Rechts“ in Stober/Vogel, Wirtschaftliche Betätigung der öffentlichen Hand, 2000, S. 103, 110; Selmer, „Wirtschaftliche Betätigung der öffentlichen Hand und Unternehmergrundrechte“ in Stober/Vogel, Wirtschaftliche Betätigung der öffentlichen Hand, 2000, S. 75, 77. A.A Britz, NVwZ 2001, 380, 382; Otting, DVBl. 1997, 1258, 1260.

II. Rechtsschutz bei fehlerhafter Annahme einer Ausschreibungsfreiheit

Nimmt ein öffentlicher Auftraggeber eine Beschaffung ohne die notwendige Durchführung einer Ausschreibung vor, so stellt sich für Anbieter beziehungsweise potenzielle Bieter die Frage, ob und gegebenenfalls wie lange sie eine Ausschreibung oder einen Auftrag erzwingen können. Im Gegensatz zu Schadensersatzansprüchen geht es also um Primärrechtsschutz, der gesetzlich nicht ausdrücklich geregelt ist. Bestehen solche Rechtsschutzmöglichkeiten für (vermeintlich) benachteiligte Unternehmen überhaupt? Führen diese als Rechtsfolge zur Nichtigkeit der rechtswidrigen Vergabe? Wer ist antragsbefugt? Gelten Ausschlussfristen?

III. Ziele der Untersuchung

Ziel der Arbeit ist es, in einem ersten Schritt praxisnahe, verständliche und eindeutige Interpretationsansätze für die Beurteilung des In-House Geschäfts zu entwickeln. Damit soll die öffentliche Hand in die Lage versetzt werden, unanfechtbare Vergabeentscheidungen zu treffen, und Dritte sollen leichter einschätzen können, ob rechtmäßig von einem Vergabeverfahren abgesehen wurde. Im zweiten Teil der Untersuchung wird vertieft auf den Rechtsschutz gegen de-facto Vergaben und seine Voraussetzungen eingegangen. Insbesondere der Gesetzesentwurf der Bundesregierung vom 18. März 2004[50] wird einer kritischen Würdigung unterzogen. Kernfragen werden sein, ob und wann ein unbeteiligter Unternehmer gegen die Unterlassung der Durchführung einer formalen Vergabe Rechtsschutz begehren kann und welches die Voraussetzungen dafür sind.

Ob eine In-House Vergabe vorliegt und damit rechtmäßig von einem Vergabeverfahren abgesehen werden konnte, ist auch dafür maßgeblich, ob ein gegen die formlose Vergabe gerichtetes Rechtsschutzbegehren Aussicht auf Erfolg hat. Interpretationsansätze für Kriterien der In-House Vergabe spielen somit auch für den Rechtsschutz bei de-facto Vergaben eine entscheidende Rolle.

---

50 Veröffentlicht unter: NZBau 2005, Beilage zu Heft 5. Der Entwurf fiel der Diskontinuität durch den Machtwechsel nach der Bundestagswahl 2005 zum Opfer.

§ 2 Das Öffentliche Auftragswesen

Grund für die Einführung des Vergaberechts ist der elementare Unterschied zwischen privater und staatlicher Nachfrage. Entscheiden private Unternehmen nach Gesichtspunkten der Wirtschaftlichkeit, ist dieser Gesichtspunkt nur einer von vielen bei der Beschaffung durch die öffentliche Hand. Das Vergaberecht erzwingt nun die Wirtschaftlichkeit des vertraglichen Leistungsaustausches bei Beschaffungen durch die öffentliche Hand.[51]

Hat sich ein öffentlicher Auftraggeber entschlossen, eine Dienst-, Bau oder Lieferleistung mit einem gewissen finanziellen Umfang von einem Unternehmen auf dem freien Markt zu beschaffen, so schreibt ihm das Vergaberecht vor, wie das Vergabeverfahren abzulaufen hat und letztlich sogar mit wem der Auftrag geschlossen werden kann.

I. Das europäische Vergaberecht

1. Entwicklung in Europa

Nach Gründung der Europäischen Gemeinschaften setzte sich bald die Erkenntnis durch, dass sich die Grundfreiheiten, später geregelt im EG-Vertrag (Primärrecht), in den Märkten der Mitgliedstaaten nur durch Richtlinien (sekundäres Gemeinschaftsrecht) entfalten würden. Diese sind für die Mitgliedstaaten verpflichtend[52] und konkretisieren die allgemein gehaltenen Grundfreiheiten.

Bei der Vergabe von öffentlichen Aufträgen sahen die Mitgliedstaaten oftmals keinen Anlass, Diskriminierungsverbot, Niederlassungsfreiheit, Freizügigkeit und die Waren- und Dienstleistungsverkehrsfreiheit zu beachten. Andere Gesichtspunkte – meist politischer Art[53] – wie der Wunsch, Aufträge national zu

---

[51] Mestmäcker/Schweitzer, Europäisches Wettbewerbsrecht, 2. Auflage, 2004, § 36, Rn. 4.

[52] Richtlinien entfalten nach Art. 249 Abs. 3 EG Bindungswirkung für die Mitgliedstaaten (Hetmeier in Lenz/Borchard, EU- und EG-Vertrag, Kommentar, 3. Auflage, 2003, Art. 249 EG, Rn. 11) und sind zwingend in nationales Recht umzusetzen (Arndt, Europarecht, 6. Auflage, 2003, S. 83; Boesen, EuZW 1998, 551, 552).

[53] Die Motive für die traditionelle Abschottung nationaler Beschaffungsmärkte sind das „Zahlungsbilanzargument", sicherheitspolitische Argumente, Schutz der eigenen Wirt-

vergeben (*„buy national“*)[54] sowie eine haushaltsrechtliche Regelungsstruktur ohne effektive Rechtsschutzmöglichkeit standen im Vordergrund.[55] Protegierte Binnenmärkte sind jedoch mit dem Gedanken der Schaffung eines integrierten Binnenmarktes (Art. 14 EG) und damit auch eines Vergabebinnenmarktes nicht vereinbar.[56] Aus diesem Grund hat die Europäische Wirtschaftsgemeinschaft erstmals 1971 auf Grundlage der Art. 47 Abs. 2, 55, 95 EGV Richtlinien für das Auftragswesen erlassen. Bis dahin war weder im primären noch im sekundären Gemeinschaftsrecht eine Regelung des Beschaffungswesens vorgesehen.

Die Vergaberichtlinien wurden später an die internationalen Verträge angepasst.[57] Eine primärrechtliche Regelung gibt es bis heute jedoch nicht.[58]

2. Ziele des europäischen Vergaberechts

Ziel des Vergaberechts ist es, den Grundfreiheiten durch einen liberalen Binnenmarkt mehr Geltung zu verschaffen (Öffnung und Ausweitung des Bin-

---

schaft, sonstige politische Motive, wie sozial, umwelt- tarifvertrags- und konjunkturpolitische Gestaltungselemente (vgl. Breloer, Europäische Vorgaben und des deutsche Vergaberecht, 2004, S. 13; Kunnert, WTO-Vergaberecht, 1998, S. 24-44).

54 Dieser Gebietsprotektionismus hat neben der Vergeudung von Haushaltsmitteln (Mestmäcker/Schweitzer, Europäisches Wettbewerbsrecht, 2. Auflage, 2004, § 36, Rn. 5) regelmäßig auch negative gesamtwirtschaftliche Wirkungen, indem es zu einer Verzerrung des Leistungswettbewerbs kommt (Kunnert, WTO-Vergaberecht, 1998, S. 14; Rittner, NVwZ 1995, 313, 313).

55 Hailbronner in Grabitz/Hilf, Das Recht der Europäischen Union, Kommentar, Band IV, EL 22, August 2003, B 1, Rn. 10, 14; Stober in Wolff/Bachof/Stober, Verwaltungsrecht, Band 1, 11. Auflage, 1999, § 23 V 1, Rn. 23.

56 Ohler, Zum Begriff des Öffentlichen Auftraggebers im Europäischen Vergaberecht, 2001, S. 16-18; Byok, NJW 1998, 2774, 2775.

57 Auf internationaler Ebene wurde erstmals 1981 ein internationales Abkommen über das öffentliche Beschaffungswesen (Government Procurement Code - „GPC“) geschlossen. Zuvor war das öffentliche Beschaffungswesen in den Art. III Abs. 8 und Art. XVII Abs. 2 GATT ausgenommen (Kunnert, WTO-Vergaberecht, 1998, S. 80 bis 83; Uekermann, RIW 1980, 242ff). Da mittels dieses Abkommens nicht die weltweite Öffnung der Beschaffungsmärkte erreicht werden konnte und sich sein Anwendungsbereich auf die Lieferaufträge beschränkte, fanden sich im Rahmen der Uruguay-Runde im Dezember 1993 genügend Befürworter für ein plurilaterales Handelsabkommen über das Beschaffungswesen - Agreement of Government Procurement (GPA). Das GPA ergänzte das GPC und revidierte es in einigen Punkten. Bedeutsam ist zum Beispiel die Ausweitung des Anwendungsbereichs auf Bauleistungen und regionale und lokale öffentliche Auftraggeber (Prieß, Handbuch des europäischen Vergaberechts, 2001, S. 48, 50).

58 Hailbronner in Grabitz/Hilf, Das Recht der Europäischen Union, Kommentar, Band IV, EL 22, August 2003, B 2, Rn.1.

nenmarkts - Wettbewerbsförderung)[59], die Kosten bei der öffentlichen Auftragsvergabe (ökonomische Verwendung öffentlicher Mittel) – best value for public money[60] – zu senken, die Wettbewerbsfähigkeit europäischer Unternehmen durch höheren Wettbewerbsdruck zu steigern sowie Handelshemmnisse und Korruption abzubauen.[61] Mehr Transparenz soll Diskriminierungen vermeiden[62] und Marktzutrittsschranken überwinden[63]. Die Aufnahme eines effektiven Rechtsschutzes war ein weiterer Schwerpunkt.[64]

59 EuGH, Urteil vom 12.07.2001, Rs. C- 399/98 (Ordine degli Architetti), Slg. 2001, I-5409, 5456, Rn. 52 (ständige Rechtsprechung); Mestmäcker/Schweitzer, Europäisches Wettbewerbsrecht, 2. Auflage, 2004, § 36, Rn. 10.

60 Vgl.: Zeiss, DVBl. 2003, 435, 436. Das im Haushaltsrecht verankerte Ziel, die bestmöglichsten Preise für die öffentliche Hand zu erzielen, das ursprünglich Grundlage des deutschen Beschaffungsrechts war, wird als Unterziel des Vergaberechts angesehen (Opitz, Marktmacht und Bieterwettbewerb, 2003, S. 63). Ebenfalls ein Unterziel ist die Vertragsgerechtigkeit, der in den ausgewogenen Vorschriften der VOB/A und VOL/A Ausdruck verliehen wurde.

61 Crass, Der öffentliche Auftraggeber, 2004, S. 4; Schwarze, EuZW 2000, 133, 135; Sterner, Rechtsbindungen und Rechtsschutz bei der Vergabe öffentlicher Aufträge, 1996, S. 47.

62 Von Bogdandy/Wernicke, EuZW 1993, 216, 221. Die Gefahr der Bevorzugung einheimischer Bieter ist auszuschließen (EuGH, Urteil vom 03.10.2000; Rs. C-380/98 (University of Cambridge), Slg. 2000, I-8035ff., Rn. 17, VergabeR 2001, 111, 113).

63 Mestmäcker/Schweitzer, Europäisches Wettbewerbsrecht, 2. Auflage, 2004, § 36, Rn. 28.

64 So Hailbronner, RIW 1992, 553, 361. Dagegen hat man sich besonders in Deutschland lange gewehrt, indem man versuchte, an der haushaltsrechtlichen Lösung (reines Innenrecht) festzuhalten: *„Das Konzept hat zum Ziel, individuelle, einklagbare Rechtsansprüche der Bieter nicht entstehen zu lassen."* (Amtl. Begr., BT-Drucks. 12/4636 vom 25.03.1993, S. 12). Dieses Konzept war eindeutig europarechtswidrig. Dazu ferner: Breloer, Europäische Vorgaben und das deutsche Vergaberecht, 2004, S. 21; Gröning, WuW 1996, 566, 568; Kunert, Staatliche Bedarfsdeckung und öffentliches Recht, 1977, S. 60-61, 207; Sterner, Rechtsbindungen und Rechtsschutz bei der Vergabe öffentlicher Aufträge, 1996, S. 74; Wittig, Wettbewerbs- und verfassungsrechtliche Probleme des Vergaberechts, 1999, S. 67.

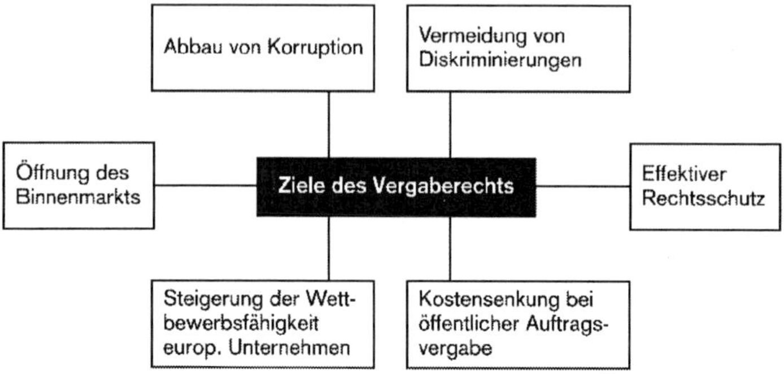

Bild 1: Ziele des europäischen Vergaberechts (Darstellung der Verfasserin)

3. Rechtsgrundlagen und Geltungsbereich des EU-Vergaberechts

Die Vergaberichtlinien sind als sekundäres Gemeinschaftsrecht zunächst Grundlage des Vergaberechts. Sie sind, wie alle nachrangigen, sekundären Vorschriften, im Lichte des Primärrechts auszulegen.[65] Dies ergibt sich aus dem Rangverhältnis, welches auf dem Prinzip der begrenzten Einzelermächtigung nach Art. 5 Abs. 1 EGV beruht. Danach dürfen die Organe der Gemeinschaft nur in den Grenzen des EG-Vertrages ihre zugeordneten Befugnisse wahrnehmen und nicht gegen Primärrecht verstoßen.[66] Damit können die Grundfreiheiten bei Vergabeverfahren direkt zur Anwendung kommen.[67] Die EU-Richtlinien schaffen jedoch kein einheitliches umfassendes Gemeinschaftsrecht[68], da dies dem in Art. 5 Abs. 2 EGV niedergelegten Subsidiari-

[65] Boesen, Vergaberecht, Kommentar, 2000, Einl., Rn. 10, 11; Crass, Der öffentliche Auftraggeber, 2004, S. 12; Fischer/Köck/Karollus, EuropaRecht, 4. Auflage, 2002, Rn. 884.

[66] Arndt, Europarecht, 6. Auflage, 2003, S. 81.

[67] Der EuGH entschied beispielsweise: Eine Ausschreibung, die in den Verdingungsunterlagen fordert, dass im größtmöglichen Umfang dänisches Material, Geräte und dänische Arbeitnehmer eingesetzt werden sollen, verstößt gegen Art. 28 EGV (EuGH, Urteil vom 22.06.1993, Rs. C-243/89 (Kommission./.Königreich Dänemark- Brücke über den Storebalt), Slg. 1993, I-3353 ff., Rn. 4, 23 und 45). In einem anderen Fall wurde ein Verstoß gegen die Dienstleistungsfreiheit angenommen, wenn nur an Unternehmen vergeben wird, die im Eigentum der öffentlichen Hand stehen (EuGH, Urteil vom 05.12.1989, Rs. C-3/88 (Kommission./.Italien), Slg. 1989, 4035, 4035, 59-4061, Rn. 8, 13, 17).

[68] Dies gilt insbesondere für das Legislativpaket (Richtlinie 2004/17/EG und Richtlinie 2004/18/EG), da eine Vielzahl der Regelungen von den Mitgliedstaaten nur optional um-

tätsprinzip widerspräche. So bleibt es den Mitgliedstaaten überlassen, Regelungen über Verfahrensfragen und Verwaltungspraktiken zu treffen.[69] Dasselbe gilt zum Beispiel für Aufträge unterhalb der Schwellenwerte. Nur Aufträge oberhalb eines bedeutsamen finanziellen Umfangs werden von den Richtlinien erfasst.

Acht Richtlinien bilden die europarechtliche Grundlage des Vergaberechts:

Richtlinie über die Koordinierung der Verfahren zur Vergabe öffentlicher Bauaufträge – **Baukoordinierungsrichtlinie** (BKR)[70]

Richtlinie über die Koordinierung der Verfahren zur Vergabe öffentlicher Lieferaufträge – **Lieferkoordinierungsrichtlinie** (LKR)[71]

Richtlinie zur Koordinierung der Auftragsvergabe durch Auftraggeber im Bereich der Wasser-, Energie- und Verkehrsversorgung sowie im Telekommunikationssektor – **Sektorenrichtlinie** (SKR)[72]

---

gesetzt werden müssen. Negative Folge ist sicherlich eine notwendigerweise erhöhte Kenntnis der jeweils nationalen Regelungen bei europaweit tätigen Unternehmen (Rechten, NZBau 2004, 366, 367).

69 Crass, Der öffentliche Auftraggeber, 2004, S. 21; Prieß/Hausmann, EuR 1999, 203-224.

70 In der BKR - 71/305/EWG vom 26.07.1971 (ABl. L 185 vom 16.08.1971, S. 5) erfolgte die erste Umsetzung einer einheitlichen Regelung des Vergaberechts für Bauaufträge in den Mitgliedstaaten, die nach mehreren Änderungsrichtlinien durch eine neue konsolidierte Richtlinie 93/37/EWG am 14.06.1993 in Kraft trat (ABl. L 199 vom 09.08.1993, S. 54). Diese Richtlinie wurde dann mit der Änderungsrichtlinie 97/52/EWG vom 13.10.1997 (ABl. L 328 vom 28.11.1997, S. 1) an die internationalen Änderungen des (GPA) in der Uruguay-Runde angepasst, durch die Richtlinie 2001/78/EG der Kommission vom 13.10.2001 geändert (ABl. L 285 vom 29.10.2001, S. 1) und zuletzt mit einer Akte an die EU-Erweiterung angepasst (ABl. L 236 vom 23.09.2003, S. 33).

71 Die LKR - 77/62/EWG vom 21.12.1976 (ABl. L 13 vom 15.01.1977, S. 1), konsolidierte Form in der Richtlinie 93/36/EWG vom 14.06.1993 (ABl. L 199 vom 09.08.1993, S. 1), wurde an das WTO- Abkommen mit der Richtlinie 97/52/EWG vom 13.10.1997 (ABl. L 328 vom 28.11.1997, S. 1) angepasst und zuletzt geändert durch die Richtlinie 2001/78/EG (ABl. L 285 vom 29.10.2001, S. 1) der Kommission. Sie erfasst die Vergabe öffentlicher Lieferaufträge.

72 Die SKR - 90/351/EWG (ABl. L 297 vom 29.10.1990, S. 1) bezieht neben den traditionellen Auftraggebern erstmals auch private Unternehmen in das öffentliche Auftragswesen ein und erweitert den Anwendungsbereich auf die Sektoren Wasser-, Energie- und Verkehrsversorgung und Telekommunikation. Die Anpassungsrichtlinie 93/38/EWG vom 14.06.1993 (ABl. L 199 vom 09.08.1993, S. 84) und die SKR-Änderungsrichtlinie 98/4/EG vom 16.02.1998 (ABl. L 101 vom 01.4.1998, S. 1) passten die SKR wiederum den internationalen Entwicklungen an.

Richtlinie zur Koordinierung der Verfahren zur Vergabe öffentlicher Dienstleistungsaufträge – **Dienstleistungskoordinierungsrichtlinie** (DKR)[73]

Richtlinie zur Koordinierung der Rechts- und Verwaltungsvorschriften für die Anwendung der Nachprüfungsverfahren im Rahmen der Vergabe öffentlicher Liefer- und Bauaufträge – **Überwachungs- und Rechtsmittelrichtlinie** (RMR)[74]

Richtlinie zur Koordinierung der Rechts- und Verwaltungsvorschriften für die Anwendung der Gemeinschaftsvorschriften über die Auftragsvergabe durch Auftraggeber im Bereich der Wasser-, Energie- und Verkehrsversorgung sowie im Telekommunikationssektor – **Sektorenrechtsmittelrichtlinie**[75]

Richtlinie über die Koordinierung der Verfahren zur Vergabe öffentlicher Bauaufträge, Lieferaufträge und Dienstleitungsaufträge – **Vergabekoordinierungsrichtlinie** (VKR)[76]

Richtlinie über die Koordinierung der Zuschlagserteilung durch Auftraggeber im Bereich der Wasser-, Energie- und Verkehrsversorgung sowie der Postdienste – **Sektorenkoordinationsrichtlinie**[77]

---

[73] Der DKR - 92/50/EWG vom 18.06.1992 (ABl. L 209 vom 24.07.1992, S. 1). kommt eine Auffangfunktion zu. Sie umfasst alle Aufträge der öffentlichen Hand, die nicht unter die obigen Richtlinien fallen. Sie bedurfte aufgrund ihres späten Erlasses keiner Konsolidierung, wurde aber mit einer Anpassungsrichtlinie 97/52/EWG vom 13.10. 1997 (ABl. L 328 vom 28.11.1997, S. 1) an das GPA angepasst und durch die Richtlinie der Kommission 2001/78/EG (ABl. L 285 vom 29.10.2001, S. 1) geändert.

[74] Die Richtlinie 89/665/EWG vom 21.12.1989 (ABl. L 395 vom 30.12.1989, S. 33-35), geändert durch die Richtlinie 92/50/EWG, hat das Ziel, die Einhaltung der Vergabevorschriften sicherzustellen und eine rasche Überprüfung zu ermöglichen. Sie ergänzt damit die materiellen Vorschriften der oben genannten Richtlinien, um eine effektive Rechtsschutzmöglichkeit.

[75] Richtlinie 92/13/EWG vom 25.02.1992 (ABl. L 076 vom 23.03.1992, S. 14 bis 20).

[76] Die neueste Entwicklung auf europäischer Ebene setzt die Richtlinie 2004/18/EG vom 31.03.2004 (ABl. L 134 vom 30.04.2004, 114). Sie fasst die ursprünglichen drei klassischen materiellen Richtlinien (BKR, DKR, LKR) zusammen und modifiziert sie. Ziel der Neustrukturierung war es, Flexibilität, Vereinfachung und Anpassung der Richtlinien an die neuen Technologien zu schaffen (Begründung des Richtlinienvorschlags der Europäischen Kommission KOM (2000) 275 endgültig vom 10.05.2000). Das tatsächliche Erreichen der Ziele (Leinemann/Maibaum, VergabeR 2004, 275-286) wird kritisch gesehen. Vor allem sei keine Vereinfachung erreicht worden (Rechten, NZBau 2004, 366, 374). Gute Übersicht: Kullack/Terner, ZfBR 2004, 346-352 und ZfBR 2004, 244-249.

[77] Zuletzt ist parallel zur VKR am 31.03.2004 die Richtlinie 2004/17/EG (ABl. L 134 vom 30.04.2004, S. 1) ergangen.

4. Rolle des EG-Vergaberechts für das deutsche Vergaberecht

Das deutsche Kartellvergaberecht stellt die nationale Umsetzung der europäischen Vergaberechtsrichtlinien dar, zu deren Umsetzung die Mitgliedstaaten verpflichtet sind.

Ist für die Vergabe eines Auftrages eines deutschen öffentlichen Auftraggebers allein das deutsche Vergaberecht der richtige Anknüpfungspunkt und damit entscheidend für das Rechtsverhältnis zwischen Auftraggeber und Bieter, kommt den Richtlinien dennoch eine wichtige Aufgabe zu: Sie sind bedeutsam für die Auslegung der nationalen Vorschriften.[78] Nationales Recht ist aufgrund des Gebots richtlinienkonformer Auslegung, hergeleitet aus Art. 10 EGV, zwingend nach Sinn und Zweck des sekundären und primären EU-Rechts zu deuten.[79]

Das europäische Recht geht dem deutschen Recht vor.[80] Es besteht eine Normenhierarchie zwischen dem Gemeinschaftsrecht und nationalem Recht, sodass Richtlinien als verbindliche Umsetzungsform nach Art. 249 Abs. 4 EG Vorrang vor den nationalen Vorschriften genießen und für die Mitgliedstaaten verbindlich sind.[81] Weicht das mitgliedstaatliche Recht in einer nicht durch gemeinschaftsrechtskonforme Auslegung korrigierender Weise ab, so findet die Richtlinie wiederum Anwendung.[82] Auch die Entscheidungen des EuGH zu den Richtlinien bieten dem nationalen Rechtsanwender bindende Interpretationsansätze für die Auslegung seines nationalen Rechts.[83] Ähnliches gilt für Entscheidungen zur Auslegung des Gemeinschaftsrechts in einem Vorabentscheidungsverfahren. Allerdings ist hier zu beachten, dass im Vorabentscheidungsverfahren zunächst nur eine Inter-partes-Bindungswirkung eintritt. Eine Erga-omnes-Bindungswirkung besteht bei Auslegungsfragen. Die letztinstanzlichen Gerichte sind gebunden. Unterinstanzliche Gerichte werden zwar nicht direkt verpflichtet, allerdings entfaltet das Urteil des EuGH eine Präjudizienwir-

---

78 EuGH, Urteil vom 20.09.1988, Rs. C-31/87 (Beentjes), Slg. 1988, 4635, 4662, Rn. 39.

79 Boesen, Vergaberecht, Kommentar, 2000, Einl., Rn. 68.

80 Streinz, Europarecht, Rn. 179.

81 Schmidt in von der Groeben/Schwarze, EU-/EG-Vertrag, Kommentar, 6. Auflage, 2004, Band 4, Art. 249 EG, Rn. 2, 39.

82 EuGH, Urteil vom 15.07.1964, Rs. 6/64 (Costa/E.N.E.L.), Slg. 1964, 1251, 1270 f.

83 Schmidt in von der Groeben/Schwarze, EU-/EG-Vertrag, Kommentar, 6. Auflage, 2004, Band 4, Art. 249 EG, Rn. 44.

kung, eine „tatsächliche Bindungswirkung“, die der Wirkung nationaler höchstrichterlicher Entscheidungen entspricht.[84] Im Übrigen sichert der Gerichtshof gemäß Art. 234 EG die einheitliche Auslegung des Vertrages.[85]

II. Das deutsche Vergaberecht

Das deutsche Vergaberecht ist stark vom europäischen Vergaberecht geprägt. Der 4. Teil des GWB wurde nach massivem Druck aus Brüssel aufgenommen und setzt die europäischen Vergaberechtsrichtlinien in nationales Recht um.

Bis heute gibt es in der Bundesrepublik Deutschland kein einheitliches Vergabegesetz. Ehemals im Haushaltsrecht geregelt, ist das Vergaberecht seit dem 1. Januar 1999 Teil des Kartellrechts.[86] Eine Entscheidung über die abschließende Zugehörigkeit zum Öffentlichen Recht oder Privatrecht konnte dadurch aber nicht erzielt werden.[87] Auswirkungen hat die Einordnung besonders für den Rechtsweg und die analoge Anwendung von öffentlichen Verfahrensvorschriften, sofern das Vergaberecht keine Regelung enthält.[88]

Weiterhin wurde durch die Eingliederung in das Kartellrecht die Möglichkeit des effektiven Rechtsschutzes aufgenommen, gegen die man sich in Deutschland zuvor stark gewehrt hatte. Man fürchtete, dass öffentliche Investitionsent-

---

84 Borchardt in Lenz/Borchardt, EU- und EG-Vertrag, Kommentar, 3. Auflage, 2003, Art. 234 EG, Rn. 60; Gaitanides in von der Groeben/Schwarze, EU-/EG-Vertrag, Kommentar, 6. Auflage, 2004, Band 4, Art. 234 EG, Rn. 92, 93.

85 Gaitanides in von der Groeben/Schwarze, EU-/EG-Vertrag, Kommentar, 6. Auflage, 2004, Band 4, Art. 234 EG, Rn. 10, 11, 31.

86 Die Eingliederung des Vergaberechts in das GWB wurde in der Literatur heftig kritisiert (vgl. Dreher, NVwZ 1997, 343; 344; Wittig, Wettbewerbs- und verfassungsrechtliche Probleme des Vergaberechts, 1999, S. 287 ff.) aber auch befürwortet (Byok, NJW 1998, 2774, 2776).

87 Ausführlich zur rechtsdogmatischen Einordnung des Vergaberechts: Kunert, Vergaberecht und öffentliches Recht, 2003. Forsthoff plädierte wie die meisten Autoren seiner Zeit für eine zivilrechtliche Betrachtung der Materie (Forsthoff, Der Staat als Auftraggeber, 1963, S. 10; Kunert, Staatliche Bedarfsdeckung und Öffentliches Recht, 1977, S. 57; Zuleeg, VerwArch 73, 384, 401-402). Andere stehen für eine öffentlich-rechtliche Einordnung (Kopp, BayVBl. 1980, 609, 610-611).

88 OLG Jena, VergabeR 2001, 159, 161. So sei zum Beispiel § 20 VwVfG anwendbar (OLG Brandenburg, BauR 99, 1175, 1179, mit Anmerkungen Leinemann; Malmendier, DVBl. 2000, 963, 965; a.A. Berrisch, DB 1999, 1797, 1798-1799). Das Vergabenachprüfungsverfahren vor den Vergabekammern gehöre zum Verwaltungsverfahren (Ziekow/Siegel, ZfBR 2004, 30, 31), weil die Vergabekammern Behörden im Sinne des VwVfG sind und

scheidungen blockiert würden.[89] Mit dem Erlass des VergRÄG hat der förmliche Rechtsschutz, auch Primärrechtsschutz genannt, in das Vergaberecht Einzug erhalten. Zuvor gab es in den haushaltsrechtlichen Vorschriften zwar die Möglichkeit, einen Schadensersatzanspruch aus culpa in contrahendo geltend zu machen. Dieser Anspruch führte jedoch selten zum Erfolg, weil der Nachweis der Kausalität nicht möglich war.[90]

1. Aufbau

Das deutsche Vergaberecht hat einen dreistufigen Aufbau (Kaskadenprinzip[91]). Neben den bundesgesetzlichen Regelungen in den §§ 97 ff. GWB existieren eine Bundesverordnung (Bindeglied) sowie Verdingungsordnungen, die ebenfalls Vorschriften für Vergaben bereithalten.

Auf der ersten Stufe steht das GWB. Niedergelegt sind dort neben den Grundgedanken, den Voraussetzungen für die Anwendbarkeit des Vergaberechts, den Rechtsschutzregeln, Zuständigkeitsbestimmungen und Verfahrensvorschriften für den Rechtsschutz im Wege des Nachprüfungsverfahrens auch Ermächtigungsnormen und Schadensersatzvorschriften sowie Kostenregelungen für das Nachprüfungsverfahren. Allerdings ist das Erreichen beziehungsweise Überschreiten der Schwellenwerte gemäß § 100 Abs. 1 GWB Voraussetzung für die Anwendung der §§ 97 bis 129 GWB. Das bedeutet, dass der Auftrag einen gewissen finanziellen Umfang haben muss.

Auf der zweiten Stufe steht die Vergabeverordnung, zu deren Erlass die Bundesregierung nach § 97 Abs. 6 und § 127 GWB ermächtigt ist. Die Vergabe-

---

mittels Verwaltungsakte entscheiden. Die Entscheidung über die Erteilung des Auftrages hingegen ist Teil des Zivilrechts (Ziekow/Siegel, ZfBR 2004, 30, 33).

89 Die Umsetzung der europäischen Anforderungen erfolgte geradezu widerwillig, erforderlich waren immerhin zwei Vertragsverletzungsverfahren (EuGH, Urteil vom 11.08.1995, Rs. C-433/93, Slg. 1995, I-2303 ff., Rn. 19, 20, 25; EuZW 1995, 635, 636 mit Anmerkungen Dreher; Mahnschreiben der Kommission durch EG-Kommissar Monti, ZIP 1995, 1940, 1940-1946) und amerikanischer Handelsdruck (FAZ vom 02.05.1996, S. 17; Der Spiegel vom 01.07.1996, S. 37; Das Handelsblatt vom 02.07.1996, S. 11; FAZ vom 25.09.1996, S. 13). Kritik an dem deutschen Vorgehen wurde oftmals geäußert (Pietzcker, NVwZ 1996, 313, 314).

90 Prieß, Handbuch des europäischen Vergaberechts, 3. Auflage, 2005, S. 99.

91 Dreher in Immenga/Mestmäcker, GWB, Kommentar, 3. Auflage, 2001, vor §§ 97 ff. GWB, Rn. 24; Kullack in Heiermann/Riedl/Rusam, Handkommentar zur VOB, 10. Auflage, 2003, § 97 GWB, Einl.

verordnung (VgV), die am 01.02.2001 in Kraft getreten und seitdem zweimal geändert worden ist,[92] trifft vor allem *„nähere Bestimmungen über das bei der Vergabe öffentlicher Aufträge einzuhaltende Verfahren“*. Generell ist die Vergabeverordnung nur für öffentliche Auftragsvergaben oberhalb bestimmter Schwellenwerte[93] anzuwenden.

Die dritte Stufe beinhaltet die Verdingungsordnungen, auf die die Vergabeverordnung an mehreren Stellen verweist[94]. Je nach Art der Leistung sind bestimmte Verdingungsordnungen einschlägig; die VOB/A für Bauleistungen, die VOF für freiberufliche Leistungen und die VOL/A für Liefer- und sonstige Leistungen[95]. Ihnen kommt durch den unmittelbaren Verweis von einer Bundesrechtsverordnung (VgV) in eine Verdingungsordnung der Charakter von Rechtsverordnungen des Bundes zu.[96] Die Verweisung bezieht sich allerdings nicht auf die Basisparagrafen der einzelnen Abschnitte der Verdingungsordnung, sondern nur auf die a-, b- und die so genannten SKR-Paragrafen der Abschnitte 2 bis 4 der VOL/A und VOB/A.[97] Denn diese transformieren die entsprechende EG-Richtlinie in nationales Recht. Ebenso wie die VgV enthalten die Verdingungsordnungen Bestimmungen über das Vergabeverfahren,

---

92 Verordnung über die Vergabe öffentlicher Aufträge (Vergabeverordnung - VgV) ist am 15.02.2003 in der neuen Fassung in Kraft getreten (BGBl. I 2003, 170).

93 § 100 GWB i.V.m. § 127 GWB, § 2 VgV; VOL/A vom 17.09.2002, BAnz. Nr. 216 a vom 20.11.2002; VOF vom 26.08.2002, BAnz. Nr. 103 a vom 30.10.2002; VOB/A vom 12.09.2002, BAnz. Nr. 202 a vom 29.10.2002.

94 In § 4 Abs. 1 VgV für die Vergabe von Liefer- und Dienstleistungsaufträgen wird auf die Bestimmungen des zweiten Abschnitts des Teils A der Verdingungsordnung für Leistungen (VOL/A), in § 5 VgV die Verdingungsordnung für freiberufliche Dienstleitungen (VOF) und in § 6 VgV auf den zweiten Abschnitt des Teils A der Verdingungsordnung für Bauleistungen (VOB/A) verwiesen.
Die VOB ist in die Teile A, B und C, die VOL in die Teile A und B unterteilt. In dem jeweiligen Teil A ist das Verfahren für die Vergabe öffentlicher Aufträge geregelt, welches an sich rechtlich unverbindlich ist. Verbindlichkeit wird dann aber über eine Verweisungsnorm zum Beispiel im Haushaltsrecht oder VgV erreicht. Teil B sind AGB, die die Rechten und Pflichten der Vertragsparteien festhalten. Teil C der VOB enthält technische Regelungen.

95 Müller-Wrede/Noch in Müller-Wrede, VOL/A, Kommentar, 2001, § 1 VOL/A, Rn. 15,16, Müller in Daub/Eberstein, VOL/A, Kommentar, 5. Auflage, 2000, § 1 VOL/A, Rn. 30.

96 Die statische Verweisung ermöglicht eine Prüfung seitens des Gesetzgebers, so dass dem Grundsatz des Gesetzesvorbehalts genüge getan wird (Wittig, Wettbewerbs- und verfassungsrechtliche Probleme des Vergaberechts, 1999, S. 221).

97 Pietzcker in Motzke/Pietzcker/Prieß, VOB, Kommentar, 2001, Band I, Syst. II, Rn. 29 ff. Anwendung nur oberhalb der Schwellenwerte.

mit dem einzigen Unterschied, dass sie als Verwaltungsvorschriften auch unterhalb der Schwellenwerte anwendbar sind.

2. Grundgedanken

Das Vergaberecht setzt mehrere Prinzipien um:

Bei den wichtigsten drei handelt es sich um das Diskriminierungsverbot, das Transparenz- und das Wettbewerbsgebot. Durch die Verankerung des Gleichbehandlungsgebots in § 97 Abs. 2 GWB wird dem Markt Transparenz und Schutz vor Willkür gewährt.[98] Gemäß § 97 Abs. 1 GWB beschaffen öffentliche Auftraggeber[99] Waren, Bau- und Dienstleistungen durch Abschluss entgeltlicher Verträge nach Maßgabe der Vorschriften des GWB und im Wege transparenter und wettbewerblicher Vergabeverfahren.[100]

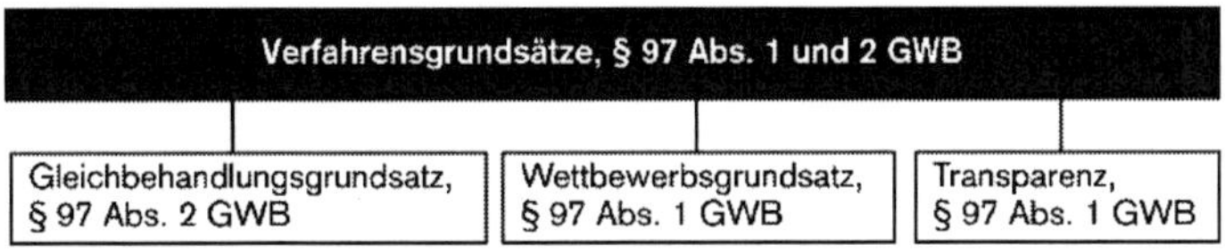

Bild 2: Verfahrensgrundsätze, § 97 Abs. 1 und 2 GWB (Darstellung der Verfasserin)

[98] Das Diskriminierungsverbot dient der Sicherstellung der Chancengleichheit aller Unternehmer aus allen Mitgliedstaaten und der gleichen Bewertung aller tatsächlicher und rechtlicher Umstände in dem Vergabeverfahren (Mestmäcker in Immenga/Mestmäcker, GWB, 3. Auflage, 2001, Einl., Rn. 28, 35; Müller-Wrede in Ingenstau/Korbion, VOB, Kommentar, 15. Auflage, 2004, § 97 GWB, Rn. 9). Das Gleichheitsgebot in § 97 Abs. 2 GWB hat ein höheres Schutzniveau als das Verbot der Ungleichbehandlung aus Art. 3 Abs. 1 GG, weil hier ein strenges formales Gebot aufgestellt wird. Sachliche Gründe für eine Ungleichbehandlung können sich im Vergaberecht nur aus dem Gesetz selbst ergeben (Opitz, Marktmacht und Bieterwettbewerb, 2003, S. 75). Das Prinzip gilt in allen Phasen einer Vergabe (Koenig/Kühling, NVwZ 2003, 779, 781; Marx in Motzke/Pietzcker/Prieß, VOB, Kommentar, 2001, Band I, § 97 GWB, Rn. 23). Wie wichtig die Chancengleichheit im Vergaberecht ist, wird aus einer Umfrage von Bietern in der Baubranche deutlich. Mehr als 87 % der Befragten gaben an, schon einmal wenigstens punktuell benachteiligt worden zu sein (Balensiefen/Raiber, VergabeR 2005, 305, 309).

[99] Wer öffentlicher Auftraggeber ist, bestimmt sich in § 98 GWB; s. Kapitel 3 II.

[100] Statt aller: Leinemann, Die Vergabe öffentlicher Aufträge, 3. Auflage, 2004, Rn. 6.

Neben diesen drei zentralen Verfahrensgrundsätzen wird auch dem Interesse der öffentlichen Hand Rechnung getragen, öffentliche Gelder sparsam zu verwenden. Dies kommt in § 97 Abs. 5 GWB zum Ausdruck: *„der Zuschlag wird auf das wirtschaftlichste Angebot"* erteilt. Dieser Ansatz in Verbindung mit einem offenen, transparenten Verfahren soll verhindern, dass der Vertragspartner aus politischen Motiven[101] oder aufgrund von Korruption ausgewählt wird.

Zusätzlich hat die öffentliche Hand die Möglichkeit, ihr Wissen zu erweitern. Dies kann durch den Einsatz von privaten Unternehmen, insbesondere bei funktionaler Ausschreibung[102] gelingen.

3. Rechtsschutz

Im bestehenden Vergaberecht kann Primärrechtsschutz in dem Vergabenachprüfungsverfahren über die §§ 102 ff. GWB erlangt werden.[103] Primärrechtsschutz meint, dass ein Bieter oder potenzieller Bieter die Einhaltung der vergaberechtlichen Vorschriften im Vergabeverfahren gerichtlich geltend machen kann. Nach Einleitung des Vergabenachprüfungsverfahrens durch einen Antrag nach § 107 Abs. 1 GWB wird das Vergabeverfahren ausgesetzt. Der öffentliche Auftraggeber ist (ab Zustellung des Nachprüfungsantrages gehindert, den Zuschlag und damit den Auftrag zu erteilen, § 115 Abs. 1 GWB (Suspensiveffekt).[104]

---

[101] Ohler, Zum Begriff des Öffentlichen Auftraggebers im Europäischen Vergaberecht, 2001, S. 9; Von Bogdandy/Wernicke, EuZW 1993, 216, 217.

[102] Bei einer funktionalen Ausschreibung ist das Endergebnis abstrakt vorgegeben, die Umsetzung bleibt den Bietern überlassen. Will zum Beispiel eine Stadt einen Kindergarten errichten ohne konkrete Vorstellungen zu haben, so kann sie dessen Errichtung funktional ausschreiben. In der Regel gehen dann Angebote mit unterschiedlichen Lösungen (Rundbau, eckiger Bau, etc.) ein. Entscheidend ist nur die Nutzung als Kindergarten.

[103] Dazu ausführlich: Byok, NJW 1998, 2774, 2777 f.; Maimann, NZBau 2004, 492, 493; Sturmberg, BauR 1998, 1063, 1064 f.

[104] Das Zuschlagsverbot wird als Kern des Primärrechtsschutzes bezeichnet. Zu den Eilrechtsschutzmöglichkeiten der öffentlichen Hand ausführlich: Wolf, Der Eilrechtsschutz im Vergaberecht, 2003, S. 17 ff. Das Rechtsschutzsystem beachtet daher ausgewogen die Interessen der öffentlichen Hand und der Bieter. Erst § 115 GWB verleiht dem Gedanken des effektiven Rechtsschutzes Gewicht (Krist, Die Neuordnung des Vergaberechtsschutzes unterhalb der Auftragsschwellenwerte – ein Modell de lege ferenda, 2001, S. 22).

Sekundärrechtsschutz (Schadensersatzansprüche) hingegen wird für Vergaben oberhalb der Schwellenwerte nur über den zivilrechtlichen Schadensersatzprozess gewährt (§ 104 Abs. 2 S. 2 GWB).

Unterhalb der Schwellenwerte gibt es noch[105] keinen Primärrechtsschutz.[106] Dennoch müssen die nach der jeweiligen Verdingungsordnung bestimmte Verfahrensart und die Vergabegrundsätze beachtet werden. Besonders zu beachten sind das Gleichbehandlungsgebot[107], der Verhältnismäßigkeitsgrundsatz und das Transparenzgebot.[108]

III. Weiterentwicklung

Seit dem 01. Januar 1999 besteht das Vergaberecht in seiner heutigen Form. Ob es in dieser Gestalt fortbestehen wird, kann zum jetzigen Zeitpunkt nicht beantwortet werden. Seit dem 31. März 2004 existieren zwei neue EU-Richtlinien[109], die bis zum 31. Januar 2006 in nationales Recht zu transformieren waren.[110] Bislang steht die Umsetzung aus. Außerdem ist der Gesetzgeber bemüht, das Vergaberecht transparenter zu gestalten und zu vereinfachen.[111] Bei der Reform des Vergaberechts werden im Wesentlichen zwei

[105] Dies ist eines der aktuell meist umstrittenen Themen im Vergaberecht (vgl. nur Tomerius/Kiser, VergabeR 2005, 551-562; Prieß/Hölzl, NZBau 2005, 367-373; Heuvels, NZBau 2005, 570-572).

[106] OLG Stuttgart, VergabeR 2002, 374, 375, mit Anmerkungen Prieß; Maimann, NZBau 2004, 492, 494. Die Regelung sei verfassungskonform (Gehrlein, NZBau 2001, 483, 484). Rechtsschutz solle auch unterhalb der Schwellen aus Art. 3 GG (Freitag, NZBau 2002, 204, 206; Malmendier, DVBl. 2000, 963, 968; Ollmann, VergabeR 2005, 669, 677; Prieß, VergabeR 2002, 377, 378) beziehungsweise in einem dem Vergabenachprüfungsverfahren nach §§ 97 ff. GWB ähnlichen eigenständigen Verfahren gewährt werden (Krist, Die Neuordnung des Vergaberechtsschutzes unterhalb der EU-Auftragsschwellenwerte – ein Modell de lege ferenda, 2001, S. 51 ff.). Kritik wird an der bestehenden Regelung geübt, an der bedauerlicherweise auch der neue Gesetzesentwurf des BMWA vom 18. März 2005 festhält (Dreher, NZBau 2002, 419, 420-421; Ollmann, VergabeR 2005, 669, 676).

[107] Ohler, ZVgR 1998, 424, 431.

[108] Stickler in Reidt/Stickler/Glahs, Vergaberecht Kommentar, 2. Auflage, 2003, § 100 GWB, Rn. 10; Freitag, NZBau 2002, 204, 205.

[109] Richtlinie 2004/18/EG (ABl. L 134 vom 30.04.2004, 114) und Richtlinie 2004/17/EG (ABl. L 134 vom 30.04.2004, S. 1), jeweils vom 31.03.2004.

[110] Art. 80 Abs. 1 i. V. m. Art. 83 KoordRL.

[111] Arbeitsgruppe zur Verschlankung des Vergaberechts. Sie wurde im Rahmen des Masterplans „Bürokratieabbau 2003“ von der Bundesregierung eingesetzt.

mögliche Lösungen gesehen.[112] Entweder soll das dreistufige Kaskadenprinzip vereinfacht beibehalten oder ein strukturell erneuertes Zweistufenkonzept eingeführt werden.

Das zweistufige Konzept würde die Grundregeln für Auftragsvergaben und den Rechtsschutz weiterhin im GWB beheimaten, sämtliche weitere Verfahrensvorschriften in einer neuen einheitlichen Vergabeverordnung regeln.[113]

Das neue Vergaberecht wird Auswirkung auf die Schwerpunkte dieser Arbeit haben. Der Gesetzesentwurf in seiner Fassung vom 18. März 2005[114] wird daher an den einschlägigen Stellen[115] aufgegriffen.

[112] Eine Einigung konnte innerhalb der Arbeitsgruppe bisher nicht erzielt werden, s. Kratzenberg, NZBau 2004, 141, 142.

[113] Steiff, NZBau 2004, 496, 497.

[114] Http://www.bmwa.bund.de/Navigation/Wirtschaft/Wirtschaftspolitik/Oeffentliche-Auftraege/ vergaberecht-vorschriften,did=43140.html; Stand: 19.10.2005, NZBau 2005, Beilage Heft 5.

[115] so unter Kapitel 6 V, 7 III 5, 10 VIII 3.

§ 3 Voraussetzungen der Anwendbarkeit des Vergaberechts

Gemäß § 97 ff. GWB gibt es drei Voraussetzungen für die Anwendbarkeit des Kartellvergaberechts: Das Auftragsvolumen muss einen gewissen finanziellen Umfang haben - die Schwellenwerte nach § 100 Abs. 1 GWB müssen überschritten sein. Weiterhin muss die auftragserteilende Partei öffentlicher Auftraggeber im Sinne des § 98 GWB sein und schließlich bedarf es eines entgeltlichen Vertragsschlusses zwischen den Parteien.

Sind die Voraussetzungen erfüllt und ist keine anerkannte Ausnahme einschlägig, auf die in § 4 eingegangen wird, so hat der Auftraggeber bei der Vergabe bestimmte Verfahrensvorschriften entsprechend der jeweiligen Verdingungsordnung und der Vergabeverordnung zu beachten.

I. Schwellenwerte

Nach § 100 Abs. 1 GWB finden die Vorschriften des 4. Teils des GWB, welches die Anforderungen der EU-Richtlinien umsetzt[116], nur Anwendung, wenn die Schwellenwerte überschritten sind. Auch die EU-Richtlinien bestimmen die Anwendbarkeit nur oberhalb der genannten Grenzen. Grund dafür ist zum einen, dass kein grenzüberschreitender Handel unterhalb der Schwellenwerte erwartet wird[117], und zum anderen, dass bei niedrigen Auftragswerten eine Ausschreibung einen unverhältnismäßigen Aufwand[118] auslösen würde.

Die Schwellenwerte sind von der Art des Auftrages abhängig und resultieren aus der Vergabeverordnung (VgV)[119]. Die wichtigsten Fälle haben folgende Schwellenwerte:[120]

---

[116] Vgl. Art. 7, 8 VKR (Richtlinie 2004/18/EG), davor in Art. 5 Abs. 1 a) LKR (Richtlinie 93/36/EWG); Art. 7 Abs. 1 a) DKR (Richtlinie 92/50/EWG) und Art. 6 Abs. a) und b) BKR (Richtlinie 93/37/EWG).

[117] Arrowsmith, The Law of Public and Utilities Procurement, 1999, S. 158 f.; Breloer, Europäische Vorgaben und das deutsche Vergaberecht, 2004, S. 25; Hailbronner in Byok/Jaeger, Kommentar zum Vergaberecht, 2. Auflage, 2005, § 100 GWB, Rn. 523.

[118] Erwägungsgrund Nr. 6 BKR, Erwägungsgrund Nr. 10 LKR und Erwägungsgrund Nr. 19 DKR.

[119] Die Ermächtigung zum Erlass dieser Vergabeverordnung zur Regelung der Schwellenwerte ergibt sich aus § 100 Abs. 1 i.V.m. § 127 GWB.

- Bauaufträge 5 Mio. € (6,242 Mio. € nach Richtlinie 2004/18/EG; 5,9 Mio. € nach GWBE)
- Liefer- und Dienstleistungen im Bereich der Trinkwasser- oder Energieversorgung oder im Verkehrsbereich 400 000 € (600 000 € nach Richtlinie 98/4/EG; 470 000 € nach GWBE)
- Liefer- und Dienstleistungen des Bundes 130 000 € (162 000 € nach Richtlinie 2004/18/EG; 150 000 € nach GWBE)
- sonstige Dienstleistungen 200 000 € (249 000 € nach Richtlinie 2004/18/EG; 230 000 € nach GWBE)

Die Schwellenwerte definieren sich als die geschätzten Auftragswerte der jeweiligen öffentlichen Aufträge, § 1 VgV, wobei dafür von einer Schätzung der Gesamtvergütung auszugehen ist, § 3 Abs. 1 VgV. Die Norm des § 3 VgV enthält weitergehende Regelungen für die Berechnung des Auftragswertes in speziellen Fallkonstellationen.

Unterhalb der Schwellenwerte gilt das Kartellvergaberecht der §§ 97 ff. GWB nicht, siehe § 100 Abs. 1 GWB. Dennoch können die vergaberechtlichen Vorschriften der VOB/A und VOL/A Wirkung entfalten, wenn der persönliche Anwendungsbereich eröffnet ist. Dieser bestimmt sich nach dem Haushaltsrecht.[121]

[120] Die in Klammern an erster Stelle angefügten Beträge entsprechen der Richtlinie 2004/18/EG vom 31.03.2004, ABl. L134/114, die an zweiter Stelle entsprechen dem Gesetzesentwurf zur Verordnung über die Vergabe öffentlicher Aufträge vom 18. März 2005, NZBau 2005, Beilage zu Heft 5), nicht in amtlicher Drucksache erschienen, keine offizielle Fundstelle. Die Abweichung im Regierungsentwurf ist rechtlich zulässig, da sie ein *„mehr"* an Rechtsschutz bietet, eine *„weitergehende"* Einführung der Vergabegrundsätze beinhaltet und die Werte Mindestgrenzen darstellen (Leinemann/Maibaum, VergabeR 2004, 275, 277; Rechten, NZBau 2004, 366, 368). Wie ersichtlich, wurden die Schwellenwerte um ca. 25 % angehoben, was m.E. verfehlt ist, da es so zu einer Einschränkung der europaweiten Ausschreibungen kommt (so auch: Rechten, NZBau 2004, 366, 367).

[121] Zum Beispiel §§ 55 BHO, § 55 LHO BW, § 31 GemHVO BW; Stickler in Reidt/Stickler/Glahs, Vergaberecht Kommentar, 2. Auflage, 2003, § 100 GWB, Rn. 9.

II. Persönlicher Anwendungsbereich: Öffentlicher Auftraggeber im Sinne des § 98 GWB

Die Anwendbarkeit des Vergaberechts in persönlicher Hinsicht richtet sich nach dem Kriterium des öffentlichen Auftraggebers. Wer öffentlicher Auftraggeber im Sinne der Liefer-, Bau- und Dienstleitungskoordinierungsrichtlinie ist, wurde im deutschen Vergaberecht in § 98 GWB geregelt. In den Nummern 1 bis 6 ist dies abschließend definiert.[122] Dabei lassen sich die öffentlichen Auftraggeber in zwei Gruppen untergliedern.[123]

Zur ersten Gruppe gehören die öffentliche Hand und die von ihr beherrschten, finanzierten privatrechtlichen Gesellschaften (§ 98 Nr. 1, 2, 3 und Nr. 4 2. Alt. GWB)[124]. Klassische Auftraggeber nach § 98 Nr. 1 GWB sind danach etwa der Bund, die Länder, Städte und Gemeinden und deren Sondervermögen. Die Auftraggebereigenschaft nach § 98 Nr. 2 GWB wird angenommen, wenn die folgenden drei Voraussetzungen kumulativ vorliegen: (1) Die Gesellschaft muss für den besonderen Zweck gegründet sein, um (2) im Allgemeininteresse liegende Aufgaben nicht gewerblicher Art auszuführen und (3) eng mit einem öffentlichen Auftraggeber nach § 98 Nr. 1 GWB verbunden sein.[125]

---

[122] Zur Eigenschaft als öffentlicher Auftraggeber: EuGH, Urteil vom 10.05.2001, verb. Rs. C-223/99 und C-260/99 (Ente Fiera), Slg. 2001, I-03605 ff., EuZW 2001, 382, 383-384; EuGH, Urteil vom 22.05.2003, Rs. C-18/01 (Korhonen), Slg. 2003, I-5321 ff.; NZBau 2003, 396-400; EuGH, Urteil vom 16.10.2003, Rs. C-283/00 (SIEPSA), Slg. 2003 I-11697 ff., NZBau 2004, 223, 227-228; OLG Hamburg, NZBau 2004, 519, 519; OLG Dresden, NZBau 2004, 404, 404; Ohler, Zum Begriff des Öffentlichen Auftraggebers im Europäischen Vergaberecht, 2001; Roth, VergabeR 2003, 397-403; Ziekow, NZBau 2004, 181, 182 ff.

[123] Stickler in Reidt/Stickler/Glahs, Vergaberecht Kommentar, 2. Auflage, 2003, § 98 GWB, Rn. 3.

[124] Ausführlich zu der schwierigen Auslegungsfrage der unbestimmten Begriffe i. R. d. § 98 Nr. 2 GWB (Ziekow, NZBau 2004, 181-187), die alle vorliegen müssen (EuGH, Urteil vom 15.01.1998; Rs. C-283/00 (Mannesmann Anlagenbau Austria), Slg. 1998, I-73 ff., Rn. 21, WuW/E Verg 23, 25; EuGH, Urteil vom 10.05.2001, verb. Rs. C-223/99 und C-260/99 (Ente Fiera), Slg. 2001, I-03605 ff., Rn. 26, EuZW 2001, 382, 383). Zur Frage der überwiegenden Finanzierung: EuGH, Urteil vom 03.10.2000; Rs. C-380/98 (University of Cambridge), Slg. 2000, I-8035ff., Rn. 26, VergabeR 2001, 111, 113 mit Anmerkungen Müller-Wrede.

[125] EuGH, Urteil vom 10.11.1998, Rs. C-360/96 (Gemeente Arnhem), Slg. 1998 I-6821, 6861, Rn. 29; EuGH, Urteil vom 15.01.1998; Rs. C-283/00 (Mannesmann Anlagenbau Austria), Slg. 1998, I-73 ff., Rn. 21, WuW/E Verg 23, 25; statt aller: Dreher in Immenga/Mestmäcker, GWB, Kommentar, 3. Auflage, 2001, § 98 GWB, Rn. 1; Müller-Wrede in

Merkmal der zweiten Gruppe ist, dass es sich um privatrechtliche Unternehmen handelt, die entweder dem Sektorenbereich zuzuordnen sind und damit eine Monopolstellung innehaben, mit öffentlichen Geldern wirtschaften (§ 98 Nr. 5 GWB) oder mit den öffentlichen Auftraggebern einen Baukonzessionsvertrag abgeschlossen (§ 98 Nr. 6 GWB) haben.

Bei der Auslegung des Begriffs öffentlicher Auftraggeber ist zu beachten, dass nach ganz herrschender Meinung ein funktionelles und kein institutionelles Verständnis zu Grunde zu legen ist.[126] Das bedeutet, dass bei diesem Tatbestandsmerkmal die konkrete Tätigkeit untersucht und nicht geprüft wird, ob nach formalen Kriterien eine Zugehörigkeit zum öffentlichen Recht festgestellt werden kann.[127] Im Ergebnis können auch privatrechtliche Unternehmen öffentlicher Auftraggeber sein, da es auf die Rechtsform nicht ankommt. Der Begriff des öffentlichen Auftraggebers ist weit auszulegen.[128] Auch bei konzernverbundenen Unternehmen ist auf die jeweilige Gesellschaft abzustellen, die den Auftrag vergibt. Zu einer *„Infizierung“* mit der Eigenschaft öffentlicher

---

Ingenstau/Korbion, VOB, Kommentar, 15. Auflage, 2004, § 98 GWB, Rn. 7. Daran fehlt es meist schon, wenn die neu gegründete Beteiligungsgesellschaft gewerblich auf dem Markt agiert (EuGH, Urteil vom 10.11.1998, Rs. C-360/96 (Gemeente Arnhem), Slg. I-6821, 6865, Rn. 49; so auch GA L.A. Geelhoed, Schlussantrag vom 24.06.2004, Rs. C-126/03 (Kommission./.Deutschland), Slg. 2004, I-11197 ff., Rn. 32, NZBau 2004, Heft, 8, VII, VIII.

[126] EuGH, Urteil vom 15.05.2003, Rs. C-214/00 (Kommission./.Spanien), Slg. 2003, I-4667, 4684, Rn. 56; EuGH, Urteil vom 20.09.1988, Rs. C-31/87 (Beentjes), Slg. 1998, 4635, 4643, 4645 Rn. 1, 11; EuGH, Urteil vom 10.11.1998, Rs. C-360/96 (Gemeente Arnhem), Slg. 1998, I-6821, 6868, Rn. 62 mit Anmerkungen Sura, EuZW 1999, 19, 20 und Williams, PPLR 1999, 43-53; Schwarze, EuZW 2000, 133, 135; Bell/Rehak, LKV 2001, 185, 198; Dietlein, NZBau 2002, 136, 137; Dreher in Immenga/Mestmäcker, GWB Kommentar, 3. Auflage, 2001, § 98 GWB, Rn. 5, Vor §§ 97ff., Rn. 52; Ohler, ZVgR 1998, 424, 427; Sterner, Rechtsbindungen und Rechtsschutz bei der Vergabe öffentlicher Aufträge, 1996, S. 52; Stickler in Reidt/Stickler/Glahs, Vergaberecht Kommentar, 2. Auflage, 2003, § 98 GWB, Rn. 4.

[127] OLG Düsseldorf, VergabeR 2003, 435, 439; Dietlein/Heinemann, NVwZ 2003, 1080, 1080.

[128] EuGH, Urteil vom 15.05.2003, Rs. C-214/00 (Kommission./.Spanien), Slg. 2003, I-4667, 4686, Rn. 63.

Auftraggeber[129] seitens der anderen Unternehmen des Konzerns kommt es nicht.[130]

III. Sachlicher Anwendungsbereich: Öffentlicher Auftrag im Sinne des § 99 GWB

§ 99 GWB definiert ebenso wie Art. 1 lit. a LKR, Art. 1 lit. a DKR und Art. 1 lit. a BKR den öffentlichen Auftrag als eine Beschaffung, die aus zwei Elementen besteht:

(1) entgeltlicher Vertrag

(2) zwischen zwei verschiedenen Rechtssubjekten (Vertragsbeteiligten).

Dabei ist es der Definition entsprechend nicht Voraussetzung, dass ein öffentliches Interesse erfüllt wird, sondern, dass ein öffentlicher Auftraggeber einen entgeltlichen Vertrag mit einem Unternehmen über eine Bau-, Dienst- oder Lieferleistung abschließt.[131]

1. Beschaffung versus Verkauf

Der allgemeine erste Anknüpfungspunkt des Vergaberechts ist, wie es die alte Rechtsgebietsbezeichnung des öffentlichen Beschaffungs- beziehungsweise Auftragswesens zum Ausdruck bringt, die Beschaffung von Bau-, Dienst- oder Lieferleistungen durch die öffentliche Hand.[132] Die Beschaffung ist danach der staatliche Einkauf, also ein Rechtsgeschäft, bei dem die öffentliche Hand be-

---

[129] Zur *„Infizierung“* bei Tochter-, Mutter- und Schwestergesellschaften äußert sich Ziekow umfassend (Ziekow, NZBau 2004, 181, 185-187). Die Eigenschaft wird bei Schwesterunternehmen nicht weitergegeben (EuGH, Urteil vom 10.11.1998, Rs. C-360/96 (Gemeente Arnhem), Slg. 1998, I-6821, 6867, Rn. 56).

[130] Allerdings ist die Beherrschung weit auszulegen, dabei kann auf § 17 Abs. 2 AktG beziehungsweise § 10 VgV zurückgegriffen werden (Bell/Rehak, LKV 2001, 185, 189).

[131] Der frühere Streit, wann ein öffentlicher Auftrag vorliegt, muss nicht mehr erörtert werden. Dazu noch ausführlich: Kunert, Staatliche Bedarfsdeckung und Öffentliches Recht, 1977, Kapitel 4 A, S. 73-83, 94: *„Die staatlichen Bedarfsdeckungsgeschäfte werden abgeschlossen [...] in Erfüllung [...] staatlicher Aufgaben [...] (94).“* Ebenso Kunert, WTO-VergabeR, 1998, S. 9. Für die Anwendbarkeit des Vergaberechts ist allein das Vergaberecht maßgeblich (Müller, VergabeR 2002, 151, 153 a.A. OLG Koblenz, VergabeR 2002, 148, 151).

[132] Lediglich Geld als Leistung, wie grundsätzlich beim Sponsoring, genügt nicht (Burgi, NZBau 2004, 594, 598).

zahlt und der Vertragspartner die vertragsgegenständliche Leistung erbringt. Der Staat tritt hier als wirtschaftlich Handelnder auf, er ist nicht Anbieter, sondern Nachfrager[133], Einkäufer und Besteller am Markt.[134]

Anders hingegen ist der Verkauf seitens der öffentlichen Hand zu bewerten. Das Vergaberecht regelt ihn grundsätzlich nicht, da es sich nicht um eine Beschaffung handelt.[135] Die öffentliche Hand tritt in diesen Fällen als Anbieter und nicht als Nachfrager auf.[136] Dies gilt sowohl für die Veräußerung von Grundstücken[137], als auch für den Verkauf von Gesellschaftsanteilen.[138] Der zum Teil vertretene Ansatz, die Anteilsveräußerung als Einkauf fremder Finanzkraft und damit grundsätzlich als Beschaffungsakt im Sinne des Vergaberechts einzuordnen, führt das Vergaberecht ad absurdum, denn offensichtlich könnte jedes Verkaufsgeschäft beziehungsweise jede Teilnahme der öffentlichen Hand am privaten Rechtsverkehr in ein Beschaffungsgeschäft umgedeutet werden.[139] Die Gründung einer Gesellschaft ist ebenfalls grundsätzlich ausschreibungsfrei.[140] Das Vergaberecht erfasst leistungsaustauschbezogene Geschäfte, nicht aber die davon substanziell verschiedenen Gesellschaftsgründungen.[141] Auch Organisationsumstrukturierungsmaßnahmen sind keine

---

133 Kleine/Flöther/Bräuer, NVwZ 2002, 1046, 1047; Welter, Der Staat als Kunde, 1960, S. 20.

134 Ohler, Zum Begriff des Öffentlichen Auftraggebers im Europäischen Vergaberecht, 2001, S. 6.

135 Berger, ZfBR 2002, 134, 135; Kullack in Heiermann/Riedl/Rusam, Handkommentar zur VOB, 10. Auflage, 2003, § 99 GWB, Rn. 10; Krutisch, NZBau 2003, 650, 651; Mehlitz, WuW 2001, 569, 570; a.A. (M.M.) Graf Kerssenbrock, WuW 2001, 122, 123 ff.

136 Erwägungsgrund Nr. 10 DKR; OLG Brandenburg, VergabeR 2002, 45, 49 mit Anmerkungen Stickler; Dietlein, NZBau 2004, 472-479.

137 Kleine/Flöther/Bräuer, NVwZ 2002, 1046, 1046; Masing, ZfBR 2002, 450, 452; Otting, VergabeR 2002, 11, 12; Müller-Wrede in Ingenstau/Korbion, VOB, Kommentar, 15. Auflage, 2004, § 99 GWB, Rn. 2.

138 Müller-Wrede in Ingenstau/Korbion, VOB, Kommentar, 15. Auflage, 2004, § 99 GWB, Rn. 13; Klein, VergabeR 2005, 22, 22, 25; Schröder, NVwZ 2005, 25, 27; a.A. VG Gera, NZBau 2005, 176 (Ls.).

139 Dietlein, NZBau 2004, 472, 476.

140 Statt aller: VK Stuttgart NZBau 2001, 340, 342; Hertel/Recktenwald, NZBau 2001, 538, 539; Jaeger, NZBau 2001, 6, 7; Tomerius, NVwZ 2000, 727, 734.

141 Hertel/Recktenwald, NZBau 2001, 538, 539, die dann aber zu Unrecht auch die Aufgabenwahrnehmung aus Gesellschaftsvertrag vergaberechtsneutral bewerten. Parallel zur Beleihung ist eine Gesamtbetrachtung erforderlich. Nimmt die Gesellschaft Aufgaben wahr, die unter die Vergaberichtlinien fallen, so ist diesbezüglich, das Vergaberecht zu beachten. Es ist zwischen Gründung einer Gesellschaft und Aufgabenübertragung zu unterscheiden.

leistungsaustausch-bezogenen Geschäfte.[142] Dasselbe gilt auch für die Gründung eines Zweckverbands, sofern noch keine entgeltliche Aufgabenübertragung erfolgt ist.[143]

Im Einzelfall ist aber zu prüfen, ob mit der Veräußerung auch eine Erteilung eines Auftrages erfolgt oder die klaren Grenzen zwischen Beschaffung und Veräußerung zerfließen, Einkauf und Verkauf also ineinander greifen. Erforderlich ist stets eine wirtschaftliche Gesamtbetrachtung[144], um Umgehungsgeschäfte[145] zu vermeiden.

2. Vertrag zwischen öffentlichen Auftraggebern und Unternehmen

Voraussetzung für einen öffentlichen Auftrag nach § 99 GWB ist ferner, dass es sich um vertragliche Leistungsverhältnisse handelt. Im Gegensatz dazu stehen unmittelbare und konkrete Aufgabenzuweisungen durch Gesetz, Verordnung oder Verwaltungsakt.[146]

Die Rechtsnatur des Vertrages ist unerheblich, alle privatrechtlichen sowie öffentlich-rechtlichen Verträge[147] sind unter den Begriff Vertrag zu subsumieren.

---

142 Bell/Rehak, LKV 2001, 185, 189.

143 Müller, VergabeR 2005, 436, 446, 447.

144 OLG Brandenburg, VergabeR 2002, 45, 47 mit Anmerkungen Stickler, VK Düsseldorf, NZBau 2001, 46, 47; Byok/Ott, NVwZ 2005, 763, 764; Dietlein, NZBau 2004, 472, 475; Dreher, NZBau 2002, 245, 247, 249; Jaeger, NZBau 2001, 6, 7; Klein, VergabeR 2005, 22, 27; Koman, ZfBR 2004, 763, 768; Masing ZfBR 2002, 450, 454; Müller-Wrede in Ingenstau/Korbion, VOB, Kommentar, 15. Auflage, 2004, § 99 GWB, Rn. 13; Kleine/Flöther/Bräuer, NVwZ 2002, 1046, 1047; Krutisch, NZBau 2003, 650, 650.

145 Berger, ZfBR 2002, 134, 135; Otting, VergabeR 2002, 11, 13.

146 Begründungserwägung Nr. 8 DKR (Richtlinie 92/50/EWG); GA La Pergola, Schlussantrag vom 19.02.1998, Rs. C-360/96 (Gemeente Arnhem), Slg. 1998, I-6821, 6834, Nr. 26; GA Alber, Schlussantrag vom 18.03.1999, Rs. C-108/98 (RI.SAN), Slg. 1999, I-5219, 5234, Rn. 49; GA Cosmas, Schlussantrag vom 01.07.1999, Rs. C-107/98 (Teckal), Slg. 1999, I-8121, 8134, Rn. 52; Schröder, NVwZ 2005, 25, 26; Kunert, Vergaberecht und Öffentliches Recht, 2003, S. 59; Marx in Motzke/Pietzcker/Prieß, VOB/A, Kommentar, 2001, § 99 GWB, Rn. 6; Müller-Wrede in Ingenstau/Korbion, VOB, Kommentar, 15. Auflage, 2004, § 99 GWB, Rn. 2.

147 EuGH, Urteil vom 12.07.2001, C-399/98 (Teatro alla Bicocca), Slg. 2001, I-5409 ff., Rn. 73, NZBau 2001, 512, 516; OLG Brandenburg, VergabeR 2005, 99, 102 mit Anmerkungen Gabriel/Joachimsmeier, VergabeR 2005, 103, 104; OLG Düsseldorf, VergabeR 2004, 619, 621 mit Anmerkungen Zirbes; OLG Frankfurt, VergabeR 2005, 80, 86 mit Anmerkungen Trautner; OLG Düsseldorf, NZBau 2004, 398; BayObLG, NZBau 2005, 238, 238 (Ls.); VK am Regierungspräsidium Magdeburg, WuW/E Verg 604, 608; Althaus, NZBau 2000, 277, 279; Antweiler, NZBau 2003, 93, 95-96; Burgi, NZBau 2002, 57,

Aufgrund der gemeinschaftsautonomen Auslegung ist insoweit die dem deutschen Recht eigene Einteilung in öffentlich-rechtliche und privatrechtliche Verträge irrelevant,[148] zumal sich die Abgrenzung oftmals schwierig gestaltet.[149] Die europäischen Vorgaben sind konzipiert, vertragliches Beschaffungsverhalten des Staates unabhängig von Organisations- und Handlungsformen zu erfassen und enthalten keine Beschränkung auf privatrechtliche Verträge.[150] Dies gilt besonders vor dem Hintergrund, dass in anderen Mitgliedstaaten das Vergaberecht Teil des öffentlichen Rechts ist.[151]

Entscheidend ist somit nur, dass ein Vertrag vorliegt. Ein Vertrag als wirksame Vereinbarung ist anzunehmen, wenn zwei verschiedene Rechtspersönlichkeiten zwei übereinstimmende Willenserklärungen abgeben.[152] Die Vertragsparteien sind der öffentliche Auftraggeber und ein Unternehmen. Dabei ist der Unternehmensbegriff weit und funktional auszulegen.[153] Auf die Rechtsform kommt es nicht an. Der Rechtsträger muss sich nur wirtschaftlich betätigen, auf dem freien Markt agieren[154] und als Dritter auftreten.[155] Ein Unternehmen

---

60; Endler, NZBau 2002, 125, 128; Dreher, NZBau 2002, 245, 255; Kunert, Vergaberecht und öffentliches Recht, 2003, S. 60, 61; Hailbronner in Byok/Jaeger, Kommentar zum Vergaberecht, 2. Auflage, 2005, § 99 GWB, Rn. 448.

148 Die Unterteilung ist dem EU-Recht fremd (OLG Düsseldorf, VergabeR 2004, 619, 620 mit Anmerkungen Zirbes; Endler, NZBau 2002, 125, 128; Dreher in Immenga/Mestmäcker, GWB Kommentar, 3. Auflage, 2001, § 99 GWB, Rn. 7; Müller-Wrede in Ingenstau/Korbion, VOB Kommentar, 15. Auflage, 2004, § 99 GWB, Rn. 8; Kunert, Vergaberecht und Öffentliches Recht, 2003, S. 61).

149 Statt aller: Marx in Motzke/Pietzcker/Prieß, VOB, Kommentar, 2001, § 99 GWB, Rn. 6.

150 Opitz, ZVgR 2000, 97, 104.

151 Prieß/Hausmann, EuR 1999, 203, 212.

152 EuGH, Urteil vom 13.01.2005, Rs. C-84/03 (Kommission./.Spanien), Slg. 2005, I-139 ff., Rn. 38, VergabeR 2005, 176, 181 mit Anmerkungen Müller-Wrede/Greb; GA Cosmas, Schlussantrag vom 01.07.1999, Rs. C-107/98 (Teckal), Slg. 1999, I-8121, 8134; Rn. 52.

153 EuGH, Urteil vom 18.11.1999, Rs. C-107/98 (Teckal), Slg. 1999, I-8121 ff., Rn. 42 bis 44, NZBau 2001, 90, 91; statt aller in der Literatur: Steiff, NZBau 2005, 205, 206; Kruse, EWS, 2005, 66, 68; Noch, Vergaberecht kompakt, 2. Auflage, 2002, S. 230; Jungbluth in Langen/Bunte; Kommentar zum deutschen und europäischen Kartellrecht, 9. Auflage, 2001, § 130 Abs. 1 GWB, Rn. 33.

154 Emmerich in Immenga/Mestmäcker, GWB, Kommentar, 3. Auflage, 2001, § 130 GWB, Rn. 31; Kling, NZBau 2003, 23, 26, insbesondere Fn. 33; Schimanek, ZfBR 2002, 39, 39; Feldkamp, Gemeinschaftsunternehmen als Kartelle verboten? 1991, S. 14. An einer Teilnahme an einem freien Markt fehlt es, wenn ein Vertrag zwischen öffentlichen und freien Jugendhilfeträgern zu Stande kommt, da eine Leistung gegenüber Hilfsbedürftigen nicht im Rahmen eines wirtschaftlichen Wettbewerbs erfolgt (VK Hamburg, Beschluss vom 03.08.2004, VgK FB 4/04, II.2a).

ist Dritter, wenn es die Fähigkeit besitzt, Vertragspartner zu sein. Eine Auftragserteilung durch die öffentliche Hand an ihren eigenen Regie- oder Eigenbetrieb muss daher nie ausgeschrieben werden. Diesen fehlt es an einer eigenen Rechtspersönlichkeit nach § 99 Abs. 1 GWB, welche jedoch Voraussetzung für den Abschluss von Verträgen ist.[156] Eigen- und Beteiligungsgesellschaften sind von dem Auftraggeber getrennte Rechtspersonen, sodass die Fähigkeit Vertragspartner zu sein grundsätzlich vorliegt.

Eine Gewinnerzielungsabsicht ist nicht Bestandteil des Unternehmensbegriffs im Sinne des Vergaberechts.[157] Damit fallen insbesondere gemeinnützige Betriebe unter vergaberechtlichen Unternehmensbegriff.[158]

Unerheblich ist auch, ob der Vertragspartner ein Unternehmen des öffentlichen oder des privaten Rechts ist. Gemäß § 130 Abs. 1 GWB gilt das Vergaberecht auch für Vergaben an öffentliche Gesellschaften.[159] Das Wettbewerbsrecht, zu dem das Vergaberecht gehört (s. Kapitel 2 II) unterscheidet nicht zwischen privaten und öffentlichen Unternehmen, es sei denn, das Gesetz sieht dies vor. Denn der Schutzzweck des Gesetzes kann ebenso von einem

---

155 EuGH, Urteil vom 18.11.1999, Rs. C-107/98 (Teckal), Slg. 1999, I-8121 ff., Nr. 50, NZBau 2000, 90, 91; GA Léger, Schlussantrag vom 15.06.2000, Rs. C-94/99 (ARGE Gewässerschutz), Slg. 2000 I-11037 ff., Rn. 49; GA La Pergola, Schlussantrag vom 19.02.1998 (Gemeente Arnhem), Slg. 1998, I-6821 ff., Rn. 38; BGHZ 148, 55, 61; Bell/Rehak, LKV 2001, 185, 190; Müller-Serten, NZBau 2000, 120, 123; Opitz, ZVgR 2000, 97, 104.

156 Rabolt in Cox, Ausschreibungswettbewerb bei öffentlichen Dienstleistungen, 2003, S. 108; Faber, DVBl. 2001, 248, 250; Boesen, Vergaberecht, Kommentar, 2000, § 100 GWB, Rn. 89, 91; Dreher in Immenga/Mestmäcker, GWB, Kommentar, 3. Auflage, 2001, § 99 GWB, Rn. 18; Stickler in Reidt/Stickler/Glahs, Vergaberecht, Kommentar, 2. Auflage, 2003, § 99 GWB, Rn. 5b.

157 Jungbluth in Langen/Bunte, Kommentar zum deutschen und europäischen Kartellrecht, 9. Auflage, 2001, § 130 Abs. 1 GWB, Rn. 33; Zimmer in Immenga/Mestmäcker, GWB, Kommentar, 3. Auflage, 2001, § 1 GWB, Rn. 57.

158 EuGH, Urteil vom 13.01.2005, Rs. C-84/03 (Kommission./.Spanien), Slg, I 2005, 139 ff., Rn. 39, VergabeR 2005, 176, 182, mit Anmerkungen Müller-Wrede/Greb, OLG Düsseldorf, VergabeR 2004, 619, 620 mit Anmerkungen Zirbes; OLG Frankfurt, VergabeR 2005, 80, 85; BGHZ 65, 147b, 153 (Heilquelle); BGHZ 97, 312, 317 (Orthopädische Hilfsmittel): Beschaffungen außerhalb der öffentlich-rechtlichen Fürsorgepflicht unterliegen den allgemeinen Bestimmungen, das gilt insbesondere auch für die Auswahl des Erbringers der Leistung (ebenso: Scharpf, EuZW 2005, 295, 297; Grau, Historische Entwicklung und Perspektiven des Rechts der öffentlichen Aufträge, 2004, S. 31).

159 Ehlers, Verwaltung in Privatrechtsform, 1984, S. 361; Emmerich in Immenga/Mestmäcker, GWB, Kommentar, 3. Auflage, 2001, § 130 Abs. 1 GWB, Rn. 7, 35.

öffentlichen Unternehmen gefährdet werden.[160] Bei öffentlichen Unternehmen stellt sich die Frage, ob sie gewerbsmäßig auf dem freien Markt agieren, auf dem üblicherweise private Unternehmen ihre Leistungen anbieten, und in Konkurrenz zu diesen treten.[161]

3. Entgeltlichkeit

Die gemäß § 99 GWB erforderliche Entgeltlichkeit wird nicht nur bei direkter, unmittelbarer finanzieller Gegenleistung bejaht,[162] sondern bei jeder in Zusammenhang mit dem Vertrag stehender geldwerten Vergütung.[163] Der Begriff ist weit auszulegen;[164] auf die Bezeichnung im Vertrag kommt es nicht an.[165] Ebenfalls ist nicht erforderlich, dass das Geld aus Haushaltsmitteln stammt; dies ist nicht konstitutives Merkmal eines öffentlichen Auftrages.[166] Zudem wäre dies auch sinnwidrig, zumal nur die klassischen Auftraggeber über Haushalte verfügen und selbst diese von der kameralistischen Wirtschaftsführung abrücken.[167] Beispiele für eine vertragliche Gegenleistung des öffentlichen Auftraggebers sind bei einer Lieferleistung die Kaufpreiszahlung, bei einer Baukonzession die Verleihung eines exklusiven Rechts, das von ihm errichtete Bauwerk zu nutzen oder entgeltlich zu verwerten, oder bei einem Entsor-

---

160 Emmerich in Immenga/Mestmäcker, GWB, Kommentar, 3. Auflage, 2001, § 130 Abs. 1 GWB, Rn. 6; Jungbluth in Langen/Bunte; Kommentar zum deutschen und europäischen Kartellrecht, Band 1, 9. Auflage, 2001, § 130 Abs. 1 GWB, Rn. 1.

161 OLG Frankfurt, VergabeR 2005, 80, 85; OLG Düsseldorf, VergabeR 2004, 619, 621 mit Anmerkungen Zirbes. Die Entscheidung erging für den Fall, in dem ein öffentlicher Auftraggeber seine Nachbargemeinde mit der Entsorgung beauftragt hat. Hier ist der Vertragspartner ein außerhalb des öffentlichen Auftraggebers stehender Leistungserbringer, der auch außerhalb seines originären Tätigkeitsfeldes aktiv wird, sodass schon darum eine Marktteilnahme anzunehmen und ein In-House Geschäft zu verneinen ist.

162 EuGH, Urteil vom 13.10.2005, Rs. C-458/03 (Parking Brixen GmbH), Slg. I-2005, 8585 ff., Rn. 8, 39; NZBau 2005, 644 ff; Begründungserwägung der Richtlinie 92/50 (DKR).

163 BGHZ 162, 116, 129 (Altpapierverkauf).

164 OLG Düsseldorf, NZBau 2004, 343, 344; Müller-Wrede in Ingenstau/Korbion, VOB Kommentar, 15. Auflage, 2004, § 99 GWB, Rn. 2.

165 Die Bezeichnung einer finanziellen Gegenleistung als „Selbstkostenerstattung" schließt die Entgeltlichkeit nicht aus (OLG Frankfurt, VergabeR 2005, 80, 85 mit Anmerkungen Trautner; Schröder, NVwZ 2005, 25, 27). Dasselbe gilt für die Kostenerstattung nach § 24 GkG (OLG Düsseldorf, VergabeR 2004, 619, 620 mit Anmerkungen Zirbes).

166 EuGH, Urteil vom 18.11.2004, Rs. C-136/03 (Kommission./.Deutschland), Slg. 2004, I-11197 ff., EuZW 2005, 26, 27.

167 KG, ZfBR 2005, 302, 306; a.A: Rindtorff/Gabriel, VergabeR 2004, 16, 24.

gungsvertrag die Zurverfügungstellung von Altpapier gegen ein unter dem Marktpreis liegenden Entgelt[168].

Schwieriger ist die Beurteilung der Entgeltlichkeit bei Erschließungsverträgen nach § 124 Abs. 1 BauGB. Sie wird nur angenommen, wenn diese gesondert vereinbart wurde. [169] Bei Sponsoringverträgen ist eine Entgeltlichkeit ebenso umstritten, da der Staat als Sponsor nur ein Recht auf Nutzung der Werbeflächen hat, was nicht unmittelbar einen wirtschaftlichen Vorteil bedeuten muss.[170] Schließlich bringt nicht jede Werbemaßnahme den erhofften wirtschaftlichen Vorteil. Dasselbe gilt bei der Veräußerung von Gesellschaftsanteilen, da sie nur die Chance zur Gewinnerzielung bereithält[171] beziehungsweise das Entgelt nicht von der öffentlichen Hand zum Unternehmer sondern umgekehrt fließt.[172]

4. Schriftlichkeit

Im GWB ist die Schriftlichkeit nicht ausdrücklich als Voraussetzung vorgesehen, anders aber in der EU-Richtlinie.[173] Damit weitet die deutsche Vorschrift die Anwendbarkeit des Vergaberechts auf mündliche Abreden aus.[174] Dies ist zulässig, da der Anwendungsbereich vergrößert wird und dadurch dem Vergaberecht mehr Bedeutung zukommt.[175] In der Praxis spielt dies aber selten eine Rolle, da Verträge über den Schwellenwerten aus beweisrechtlichen Gründen meistens schriftlich abgeschlossen werden.

---

168 OLG Düsseldorf, VergabeR 2005, 90, 94, 95 mit Anmerkungen Zirbes. a.A. OLG Celle, Beschluss vom 01.07.2004, 13 Verg 8/04.

169 Antweiler, NZBau 2003, 93, 97.

170 Burgi, NZBau 2004, 594, 599.

171 Frenz, DÖV 2002, 186, 188.

172 Krutisch, NZBau 2003, 650, 650.

173 Art. 1 Abs. 2 a) VKR (Richtlinie 2004/18/EG).

174 Statt aller: Dreher in Immenga/Mestmäcker, GWB Kommentar, 3. Auflage, 2001, § 99 GWB, Rn. 9; Müller-Wrede in Ingenstau/Korbion, VOB Kommentar, 15. Auflage, 2004, § 99 GWB, Rn. 2; Stober in Wolff/Bachhof/Stober, Verwaltungsrecht, Band 3, 5. Auflage, 2004, § 90 VI 3, 4, Rn. 41.

175 Hailbronner in Byok/Jaeger, Kommentar zum Vergaberecht, 2. Auflage, 2005, § 99 GWB, Rn. 464; Prieß in Jestaedt/Kemper/Marx/Prieß, Das Recht der Auftragsvergabe, S. 45.

§ 4 Ausnahmen von der Anwendbarkeit des Vergaberechts

Das Vergaberecht trifft eine umfassende Entscheidung nicht nur über die Voraussetzungen der Anwendbarkeit, sondern auch über die allgemeinen und spezifischen Ausnahmen.[176] In beiden Kategorien werden vorliegend nur Fälle erläutert, die einen engen Zusammenhang zur In-House Vergabe haben, die also typischerweise bei der Auftragsvergabe an eine Gesellschaft auftreten, an der der öffentliche Auftraggeber Anteile hält. Allen Ausnahmen ist gemein, dass die Beweislast dafür, *„dass die außergewöhnlichen Umstände, die die Ausnahme von diesen Vorschriften rechtfertigen, tatsächlich vorliegen, [...] demjenigen [obliegt], der sich auf sie berufen will*".[177] Materiell trägt stets derjenige die Beweislast für das Vorliegen eines In-House Geschäfts, der sich auf die Ausnahme beruft.[178] Die Prüfung der Voraussetzungen der Ausnahme und der Beweislast erfolgen stets anhand des jeweiligen Einzelfalls.[179]

Außerdem sind Ausnahmen grundsätzlich nur unter engen Voraussetzungen möglich.[180] Grund dafür ist der Wille des Gesetzgebers, dem freien und transparenten Wettbewerb einen größtmöglichen Wirkungskreis zukommen zu lassen.[181] Ferner lässt sich im Wege eines Umkehrschlusses der Vorschrift § 10 VgV entnehmen, dass Beschaffungen außerhalb von Dienstleistungsauf-

---

176 Zirbes, VergabeR 2004, 133, 141.

177 Zuletzt: EuGH, Urteil vom 06.04.2006, Rs. C-410/04 (ANAV), Slg. 2006, I-3303 ff., Rn. 26; NZBau 2006, 326, 327.

178 EuGH, Urteil vom 13.10.2005, Rs. C-458/03 (Parking Brixen GmbH), Slg. 2005, I-8585 ff., Rn. 63, NZBau 2005, 644 ff.; EuGH, Urteil vom 11.01.2005, Rs. C-26/03 (Stadt Halle), Slg. 2005, I-1 ff., Rn. 46, VergabeR 2005, 44, 51; Dreher, NZBau 2001, 360, 362.

179 Statt aller: Bell/Rehak, LKV 2001, 185, 190.

180 Zuletzt: GA Stix-Hackl, Schlussantrag vom 12.01.2006, Rs. 340/04 (Carbotermo), Slg. 2006 I-4137 ff., Rn. 36, NZBau 2006, Heft 2, X, XIII; EuGH, Urteil vom 13.10.2005, Rs. C-458/03 (Parking Brixen GmbH), Slg. 2005, I-8585 ff., Rn. 63, NZBau 2005, 644 ff.; EuGH, Beschluss vom 11.01.2005, Rs. C-26/03 (Stadt Halle), Slg. 2005, I-1 ff., Rn. 46, VergabeR 2005, 44, 51; GA Stix-Hackl, Schlussantrag vom 23.09.2004, Rs. C-26/03 (Stadt Halle), Slg. 2005, I-1 ff., Rn. 53, NZBau 2004, Heft 11, VII, XII; Dreher, NZBau 2001, 360, 362; Hattung/Ruhland, VergabeR 2005, 425, 426; Schranner in Ingenstau/Korbion, VOB, Kommentar, 15. Auflage, 2004, § 10 VgV, Rn. 3

181 Dreher, NZBau 2004, 14, 18.

trägen im Sektorenbereich grundsätzlich ausschreibungspflichtig sind. In Zweifelsfällen ist demnach eine Ausschreibung vorzunehmen.[182]

I. Allgemeine Ausnahmen: Ausnahmetatbestände des § 100 Abs. 2 GWB

Unter allgemeinen Ausnahmen werden sämtliche kodifizierten Ausnahmen verstanden. Sie können bereits Teil des nationalen Rechts sein oder bedürfen noch einer Transformierung in nationales Recht.

In § 100 Abs. 2 GWB sind abschließend Ausnahmetatbestände im Hinblick auf die Nichtanwendung des Vergaberechts normiert. Die Vorschrift ist restriktiv auszulegen[183] und weitestgehend aus sich selbst heraus verständlich. Die In-House Vergabe kann in §§ 100 Abs. 2 lit. i und lit. g GWB kodifiziert sein.

1. § 100 Abs. 2 lit. i GWB

Die Norm besagt, dass das Kartellvergaberecht nicht für Dienstleistungsaufträge von verbundenen Unternehmen[184] an Sektorenauftraggeber, das heißt für konzerninterne Dienstleistungsaufträge gilt.[185] Sektorenauftraggeber sind nicht Teil dieser Arbeit.

2. § 100 Abs. 2 lit. g GWB

Das Kartellvergaberecht findet keine Anwendung, wenn ein Auftrag an eine Person vergeben wird, die ihrerseits Auftraggeber nach § 98 Nr. 1, 2 oder 3 ist und ein auf Gesetz oder Verordnung beruhendes ausschließliches Recht zur Erbringung der Leistung hat. Die Norm ist europarechtskonform auf Dienstleistungen zu beschränken, da eine vergleichbare Regelung im Gemeinschaftsrecht nur für Dienstleistungsaufträge existiert.[186] Wichtig ist, dass der öffentli-

---

182 Statt aller: Masing, ZfBR 2002, 450, 454.

183 Statt aller: Boesen, Vergaberecht, Kommentar, 2000, § 100 GWB, Rn. 39; Kullack in Heiermann/Riedl/Rusam, Handkommentar zu VOB, 10. Auflage, 2003, § 100 GWB, Rn. 9; Leinemann, Die Vergabe öffentlicher Aufträge, 3. Auflage, 2004, Rn. 81.

184 § 4 Abs. 8 VgV.

185 Boesen, Vergaberecht, Kommentar, 2000, § 100 GWB, Rn. 111 ff.; Stickler in Reidt/Stickler/Glahs, Vergaberecht, Kommentar, 2. Auflage, 2003, § 100 GWB, Rn. 23.

186 Art. 6 DKR (Richtlinie 92/50/EWG) beziehungsweise Art. 18 VKR (Richtlinie 2004/18/EG).

che Auftraggeber dem Wortlaut entsprechend ein unmittelbar auf Gesetz oder Verordnung beruhendes ausschließliches Recht zur Erbringung der Leistung haben muss.[187] Eine privat- oder öffentlichrechtliche Vereinbarung hat nicht die Rechtsqualität eines Gesetzes oder einer Verordnung.[188] Dasselbe gilt für eine Satzung. Hätte der Gesetzgeber eine mittelbare Verknüpfung ausreichen lassen wollen, hätte er dies klargestellt.[189] Die originäre In-House Konstellation ist folglich gesetzlich nicht normiert.

II. Spezifische Ausnahmen

Als wichtigste spezielle Ausnahme ist im Kontext dieser Arbeit zunächst die In-House Vergabe zu benennen, deren Herkunft und Voraussetzungen dann ausführlich Inhalt der nächsten Kapitel sein wird. Die anderen spezifischen Ausnahmen werden gern diskutiert, wenn die strengen Voraussetzungen der In-House Vergabe nicht vorliegen, aber dennoch eine ähnliche Situation der Erbringung einer Leistung innerhalb der eigenen vier Wände besteht. Beispielsweise weil Aufgaben an die kommunalen Stadtwerke GmbH untervergeben, sie beliehen oder privatisiert werden oder zwei Gemeinden einen gemeinsamen Zweckverband beauftragen.

1. In-House Vergabe

Die In-House Vergabe ist anerkanntermaßen ein vergabefreies Eigengeschäft[190] und damit ein noch ungeschriebener Ausnahmetatbestand des Vergaberechts. Zwar sieht der Regierungsentwurf vom 18. März 2005 eine Regelung vor,[191] im Gemeinschaftsrecht ist dies jedoch unterblieben.[192]

---

187 Statt aller: Gnittke/Siederer, ZVgR 2000, 238, 239; Gröning, ZIP 2001, 497, 500; Harms/Schmidt-Wotterich, LKV 2004, 337, 338.

188 VK Düsseldorf, NZBau 2001, 46, 47; Burgi, NZBau 2005, 208, 212; Eschenbruch in Niebuhr/Kulartz/Kus/Portz, Vergaberecht, Kommentar, 2000, § 100 GWB, Rn. 33.

189 Faber, DVBl. 2001, 248, 255; Kleine/Flöther/Bräuer, NVwZ 2002, 1046, 1051.

190 Die öffentliche Hand ist nicht verpflichtet, den Beschaffungsvorgang im Wege eines förmlichen Vergabeverfahrens vorzunehmen – dies ist allgemein anerkannt (statt aller: Kullack in Heiermann/Riedl/Rusam, Handkommentar zur VOB, 10. Auflage, 2003, § 99 GWB, Rn. 9; Müller-Wrede in Ingenstau/Korbion, VOB, Kommentar, 15. Auflage, 2004, § 99 GWB, Rn. 10).

191 § 99 Abs. 1 S. 2 GWBE, Gesetzesentwurf vom 18. März 2005, NZBau 2005, Beilage zu Heft 5, nicht in amtlicher Drucksache erschienen.

192 Jasper/Pooth, VergabeR 2003, 613, 614; Rechten, NZBau 2004, 366, 373.

Besonderheit der In-House Vergabe ist, dass die Aufgabenverantwortung bei der öffentlichen Hand verbleibt, sie auf einer vertraglichen Vereinbarung beruht und daher nicht von § 100 Abs. 2 lit. g GWB erfasst wird, der ein unmittelbar auf Gesetz oder Verordnung beruhendes ausschließliches Recht voraussetzt (s. o.). Im Übrigen bedarf es einer engen Verbindung zwischen Auftraggeber und Vertragspartner, die den Vertrag als internes Geschäft qualifiziert.

2. Ausübung öffentlicher Gewalt

Ist die Ausübung öffentlicher Gewalt per se, das heißt, auch ohne dass die Voraussetzungen der In-House Vergabe vorliegen, ausschreibungsfrei? Was geschieht, wenn beispielsweise eine kommunale GmbH für einen öffentlichen Auftraggeber Rettungsleistungen erbringt? In der Vergangenheit vertrat man in der Rechtsprechung[193] die Meinung, dass die Ausübung öffentlicher Gewalt grundsätzlich zur Nichtanwendbarkeit des Vergaberechts führe. Diese Auffassung kann jedoch nicht überzeugen. Die europäischen Vorschriften, insbesondere das primäre Gemeinschaftsrecht, sehen keinen generellen Ausschluss von Verträgen vor, die die Ausübung öffentlicher Gewalt zum Gegenstand haben. Nur bei der unmittelbaren Anwendung von Zwangsmitteln ist das Vergaberecht ausgeschlossen.[194] In diesem Fall handelt die öffentliche Hand dann hoheitlich im engeren Sinn.[195]

Bei der Erbringung von Rettungsdiensten beispielsweise handelt es sich hingegen um eine Leistung, die dem Wettbewerb unterliegt und deren Auftragserteilung dem Vergaberecht gerecht werden muss, da die Auftragsübertragung eine klassische Beschaffungstätigkeit ist. Die Kernfrage ist stets, ob es sich um eine Beschaffungstätigkeit oder um die Ausübung öffentlicher Gewalt han-

---

[193] OLG Naumburg, WuW/E Verg 429, 431. Dasselbe gilt auch für die Wahrnehmung von Aufgaben aus dem Bereich der Daseinsvorsorge.

[194] Müller-Graff in Streinz, EUV/EGV, Kommentar, 2003, Art. 55 EGV, Rn. 5-7; Optiz, ZVgR 2000, 97, 105.

[195] Kunert, Vergaberecht und öffentliches Recht, 2003, S. 62.

delt.[196] Letztere ist vergabefrei, während die Beschaffungstätigkeit im Zusammenhang mit der Ausübung öffentlicher Gewalt vergabepflichtig ist.[197]

Wird die Leistung allerdings auf Grundlage einer öffentlich-rechtlichen Verpflichtung (zum Beispiel Gesetz, Rechtsverordnung oder Verwaltungsakt) vergeben, so ergibt sich ein anderes Bild. Mangels vertraglicher Verpflichtung besteht dann trotz Aufgabenübertragung Vergabefreiheit.[198] Diese Konstellation deckt sich aber nicht mit dem Grundfall der In-House Vergabe, da diese einen Vertrag voraussetzt.

3. Beleihung

Unter Beleihung versteht man die Übertragung eines Rechts per Hoheitsakt, das den Beliehenen berechtigt, öffentliche Gewalt auszuüben.[199] Auch hier ist wiederum zwischen dem Beleihungsakt und der parallelen Auftragserteilung zu differenzieren. Der Beleihungsakt selbst ist kein öffentlicher Auftrag, der dem Vergaberecht unterliegt, da er nicht entgeltlich ist.[200] Etwas anders gilt für die einhergehende Auftragserteilung (vertragliche Vereinbarung). Sie gewährt dem Beliehenen ein Entgelt (oft exklusive Nutzungs- und Verwertungsrechte). Aus diesem Grund muss sie den Vorschriften des 4. Teils des GWB genügen; die Voraussetzungen des § 99 GWB sind einzuhalten.[201]

Da beide Aspekte zumeist zwingend eine Einheit bilden – die vertragliche Vereinbarung ist Grundlage für die Leistungserbringung und die Beleihung ermöglicht das Handeln[202] – ist aufgrund einer wirtschaftlichen Gesamtbetrachtung

---

[196] Kullack in Heiermann/Riedl/Rusam, Handkommentar zur VOB, 10. Auflage, 2003, § 99 GWB, Rn. 5. Die Rechtsform der Tätigkeit ist irrelevant (Mehde, VerwArch. 91 (2000), 540, 556).

[197] Zuletzt OLG Brandenburg, VergabeR 2005, 99, 102, mit zustimmenden Anmerkungen Gabriel/Joachimsmeier, VergabeR 2005, 103, 105.

[198] Vgl. Kapitel 3 III 2.

[199] Maurer, Allgemeines Verwaltungsrecht, 15. Auflage, 2004, § 21, Rn. 11; § 23, Rn. 56.

[200] BGHZ 148, 55, 61; OLG Naumburg, VergabeR 2003, 588, 592 mit Anmerkungen Reidt; Dreher, NZBau 2002, 245, 255; Gabriel, LKV 2005, 285, 288; Schröder, NVwZ 2005, 25, 26; Prieß, Handbuch des europäischen Vergaberechts, 3. Auflage, 2005, S. 122; Stober in Wolff/Bachof/Stober, Verwaltungsrecht, Band 3, 5. Auflage, 2004, § 90 VI 3, 4, Rn. 41.

[201] BGHZ, 148, 55, 61; zustimmend auch Zeiss, DVBl. 2003, 435, 436.

[202] Kunert, Vergaberecht und öffentliches Recht, 2003, S. 64, 68; Stober in Wolff/Bachof/Stober, Verwaltungsrecht, Band 3, 5. Auflage, 2004, § 90 VI 3, 4, Rn. 42.

sodann die Beleihung samt des zu Grunde liegenden Auftrags ausschreibungspflichtig.[203]

Sofern bei der Beleihung im Einzelfall nicht die Voraussetzungen der In-House Vergabe gegeben sind, ist ein förmliches Vergabeverfahren durchzuführen.

4. Privatisierung

Dass die öffentliche Hand frei ist in der Gestaltung ihrer fiskalischen Betätigung, ist schon lange anerkannt.[204] Daher kann die öffentliche Hand ihre Aufgaben auf Private übertragen oder sich privater Unternehmen bedienen, an denen sie beteiligt ist. Für die Frage, ob das Vergaberecht anwendbar ist, ist entscheidend, ob sie hierbei die Aufgabenverantwortung abgibt oder behält beziehungsweise sich nur selbst umstrukturiert. Da die Verteilung der Aufgabenverantwortung je nach Privatisierungsart unterschiedlich ausfällt, ist zwischen materiellen, formellen und funktionalen Privatisierungen zu unterscheiden.

a) materielle Privatisierung

Eine materielle Privatisierung (Aufgabenprivatisierung) liegt vor, wenn der Staat sich seiner Aufgabe gänzlich entledigt,[205] das heißt ein Dritter den Staatsbetrieb übernimmt.[206] Typisches Beispiel einer materiellen Privatisierung ist der Verkauf eines Staatsbetriebs.[207] Die öffentliche Hand gibt die Aufgabenverantwortung ab und tritt nicht als Nachfrager auf dem Markt auf.[208] Ver-

---

203 Opitz, ZVgR 2000, 97, 106; Zeiss, DVBl. 2003, 435, 436. Es solle wenigstens eine *„Ausschreibung light"* durchgeführt werden (Hattig/Ruhland, VergabeR 2005, 425, 430, 436). A.A Kersting/Siems, DVBl. 2005, 477, 481.

204 Forsthoff, Der Staat als Auftraggeber, 1963, S. 19.

205 Enzian, DVBl. 2002, 235, 237; Schimanek, NZBau 2005, 304, 305.

206 Dreher, NZBau 2001, 360, 360; Möschel, WuW 1997, 120, 121; Opitz, ZVgR 2000, 97, 98; Meininger in Fabry/Augsten, Handbuch Unternehmen der öffentlichen Hand, 2002, Teil 9, IV., Rn. 70; Stober in Wolff/Bachof/Stober, Verwaltungsrecht, Band 3, 5. Auflage, 2004, § 93 I 1, Rn. 1; Wolff, Allgemeines Verwaltungsrecht, 4. Auflage, 2004, Kapitel 12, Rn. 25.

207 Jaeger, NZBau 2001, 6, 7.

208 Siehe Kapitel 3 III 1. Zu Unrecht wird teilweise bei allen Privatisierungen auf die Auftraggebereigenschaft abgestellt (Möschel, WuW 1997, 120, 124).

gaberecht ist damit beim Verkauf von Vermögen nicht zu beachten.[209] Eine freiwillige Ausschreibung sollte aber erwogen werden.[210]

b) formelle Privatisierung

Die formelle Privatisierung ist eine Umwandlung der bisherigen Rechtsform der öffentlichen Hand in eine privatrechtliche Organisationsform oder die Neugründung einer Gesellschaft in Privatrechtsform (Organisations-privatisierung). Die staatliche Aufgabe verbleibt bei der öffentlichen Hand.[211] Die Gründung solcher Gesellschaften ist vergaberechtlich neutral[212], eine Ausschreibung ist nicht erforderlich. Schließlich tangieren diese Umstrukturierungen nicht den Regelungsgehalt des Vergaberechts. Mithilfe des Vergaberechts soll ein freier Binnenmarkt geschaffen und nicht gesellschaftliche Zusammensetzungen kontrolliert werden. Außerdem fehlt es an einer Entgeltlichkeit im Sinne des § 99 Abs. 1 GWB und mit der Gründung einer Gesellschaft fällt keine Entscheidung über die Vergabe eines Beschaffungsauftrages.[213] Damit ist die organisatorische Umstrukturierung ohne Aufgabenübertragung ausschreibungsfrei. Eine freiwillige Ausschreibung ist selbstverständlich möglich.[214]

---

[209] Boesen, Vergaberecht, Kommentar, 2000, § 100 GWB, Rn. 105; Dreher in Immenga/Mestmäcker, GWB, Kommentar, 3. Auflage, 2001, § 99 GWB, Rn. 24.

[210] Ein *„formales Vertragsanbahnungsregime“* müsse aufgrund vieler Unwägbarkeiten und der Entwicklung hin zu einem offenen und transparenten Bieterverfahren bei der Veräußerung (zum Beispiel wegen Beihilfenrecht o.Ä.) erwogen werden (Dietlein, NZBau 2004, 472, 479).

[211] Vgl. statt aller Opitz, ZVgR 2000, 97, 98, Schmidt, ZGR 1996, 345, 347.

[212] Die Frage, ob damit ein Verstoß gegen das Wettbewerbsrecht vorliegt, ist nicht beantwortet. Neutralität muss hingegen verneint werden, wenn im Wege eines gestuften Verfahrens der Zweck auf der Auftragserteilung liegt (VK Stuttgart NZBau 2001, 340, 342, so auch Dreher, NZBau 2002, 245, 246; Jaeger, NZBau 2001, 6, 7; Masing, ZfBR 2002, 450, 451, Tomerius, NVwZ 2000, 727, 734). Erforderlich sei eine Gesamtbetrachtung der Vorgänge (statt aller: Hatting/Ruhland, VergabeR 2005, 425, 426).

[213] Statt aller: Pauly/Figgen/Hünnekens, Gemischtwirtschaftliche Entsorgungsunternehmen, 1997, S. 83; Schimanek, NZBau 2005, 304, 306.

[214] Hier kann auf die möglichen kartellrechtlichen und primärrechtlichen Tatbestände hingewiesen werden, die bei der Veräußerung von Anteilen einer Gesellschaft verletzt sein können. Genannt seien das Beihilfeverbot, das Gleichbehandlungsgebot, das allgemeine Diskriminierungsverbot und kartellrechtliches Diskriminierungsverbot. Nimmt man dies bei der Veräußerung von Anteilen an, so kann auch die Gründung einer Gesellschaft qualitativ nicht anders beurteilt werden. Allerdings besteht dann die Gefahr, dass jeder Veräußerungsvorgang in einen Beschaffungsvorgang umgewandelt würde. Insofern ist nur auf den Missbrauchstatbestand abzustellen. Wird mit der Anteilsveräußerung oder Neugründung der Gesellschaft versucht, das Vergaberecht zu umgehen, etwa, weil dies nur als notwendiger Zwischenschritt für die Auftragsübertragung(-erteilung) gesehen

c) funktionale Privatisierung

Bei der funktionalen Privatisierung[215] werden ohne Abgabe der Aufgabenverantwortung Verwaltungsaufgaben auf Dritte übertragen.[216] Diese Konstellation wird oftmals auch als contracting out bezeichnet. Klassische Erscheinungsformen sind die Beleihung, die Konzessionierung sowie die normale Aufgabenübertragung auf eine gemischt-wirtschaftliche Beteiligungsgesellschaft. In diesem Zusammenhang fällt das oft genannte Stichwort der Public Private Partnership (PPP).[217]

Die Übertragung hoheitlicher Aufgaben allein fällt nicht in den Anwendungsbereich des Vergaberechts. Dies stellt die DKR klar; Art. 45 und Art. 55 EGV bleiben ausdrücklich unberührt: *„Die Richtlinie steht der Anwendung insbesondere der Artikel 55, 56, und 66 des Vertrages nicht entgegen."*[218] Sollte aber bei der Übertragung der hoheitlichen Aufgaben in engem zeitlichem Zusammenhang eine Auftragsvergabe (mittelbar oder unmittelbar[219]) erfolgen, so muss dieser Teil den Anforderungen des Vergaberechts genügen.[220] Lassen sich die Akte nicht getrennt betrachten, ist wegen der Umgehungsgefahr eine Gesamtbewertung erforderlich, die im Zweifel zu einer Ausschreibungspflicht führt.

---

wird, so ist das Vergaberecht auf diesen Bereich anzuwenden (dazu: Dietlein, NZBau 2004, 472-479).

215 Zur verfassungsrechtlichen Brisanz: Tomerius/Breitkreuz, DVBl. 2003, 426, 433.

216 Dreher, NZBau 2001, 360, 360; Opitz, ZVgR 2000, 97, 99; Schimanek, NZBau 2005, 304, 305.

217 PPP ist eine langfristige Zusammenarbeit zwischen privaten und öffentlichen Partnern, dessen Finanzierung durch die Privatwirtschaft erfolgt (Koman, ZfBR 2004, 763, 763; Dreher in Immenga/Mestmäcker, GWB, Kommentar, 3. Auflage, 2001, § 99 GWB, Rn. 28; Tettinger, NWVBl. 2005, 1, 2). Sie ist grundsätzlich keine Ausnahme vom Vergaberecht (BDI, Positionspapier PPP, S. 14; www.bdi-online.de (Stand: 30.10.2004); Koman, ZfBR 2004, 763, 767; Nickel/Kopf, ZfBR 2004, 9, 14; Stehlin/Gebhardt, VBlBW 2005, 90, 93).

218 15. Begründungserwägung zur DKR (Art. beziehen sich auf die alte Fassung des EGV); siehe auch: Kersting/Siems, DVBl. 2005, 4477, 480.

219 OLG Brandenburg, NZBau 2001, 645, 646; Dreher, NZBau 2002, 245, 247; Endler, NZBau 2002, 125, 133; Jaeger, NZBau 2001, 6, 10.

220 OLG Brandenburg, VergabeR 2002, 45, 47; VK Düsseldorf, NZBau 2001, 46, 49; Dreher in Immenga/Mestmäcker, GWB. Kommentar, 3. Auflage, 2001, § 99 GWB, Rn. 24; Müller-Wrede in Ingenstau/Korbion, VOB, Kommentar, 15. Auflage, 2004, § 99 GWB, Rn. 13; Faber DVBl. 2001, 248, 255; Otting, VergabeR 2002, 11, 13; Meininger in Fabry/Augsten, Handbuch Unternehmen der öffentlichen Hand, 2002, Teil 9 IV, Rn. 72; a.A. Masing, ZfBR 2002, 450, 451.

d) Ergebnis zu den Privatisierungsformen und Zusammenhang zur In-House Vergabe

Nur die funktionelle Privatisierung entspricht somit der Grundkonstellation der In-House Vergabe, weil sie ebenso wie die In-House Vergabe eine Aufgabenübertragung ohne Abgabe der Aufgabenverantwortung vorsieht und somit von einer Beschaffung – Nachfrage auf dem Markt – gesprochen werden kann. Da die funktionelle Privatisierung per se keine Ausnahme von der Ausschreibungspflicht ist, kommt es im Einzelfall darauf an, ob die Voraussetzungen der In-House Vergabe vorliegen.

5. Untervergabe

Bei der Untervergabe nach einer durchgeführten Vergabe ist fraglich, ob der Nachunternehmereinsatz seinerseits ausschreibungspflichtig ist. Dabei ist die Untervergabe hier nur vor dem speziellen Hintergrund einer In-House-Konstellation zu bewerten: Ein öffentlicher Auftraggeber im Sinne des § 98 GWB, der erfolgreicher Bieter in einem Ausschreibungsverfahren gewesen ist, vergibt an eine Gesellschaft, zu der er eine enge Verbindung hat ohne diese aber zu beherrschen. Die besonderen Voraussetzungen der In-House Vergabe liegen also nicht vor. Darf in diesem Fall der öffentliche Auftraggeber dennoch auf die Ausschreibung verzichten? Ist die Untervergabe ausschreibungsfrei?

Grundsätzlich sind auch bei Weitervergaben durch öffentliche Auftraggeber, die dem Vergaberecht unterliegen, die Bestimmungen des Vergaberechts zu beachten,[221] wenn zugleich der sachliche Anwendungsbereich bejaht wird. Es muss also ein entgeltlicher Vertrag zwischen zwei Rechtsträgern geschlossen werden. Der Inhalt des Vertrags hat keine Bedeutung. Es kann sowohl um die Wahrnehmung öffentlicher Aufgaben gehen, als auch um rein gewerbliche Tätigkeiten ohne öffentlichen Charakter.[222] Denn in beiden Fällen soll ausge-

[221] EuGH, Urteil vom 18.11.1999, Rs. C-107/98 (Teckal), Slg. 1999, I-8121 ff., Rn. 45, NZBau 2000, 90, 91 45; für die PPP (Nickel/Kopf, ZfBR 2004, 9, 14).

[222] EuGH, Urteil vom 18.11.2004, Rs. C-126/03 (Kommission/Deutschland), Slg. 2004, I-11197 ff., EuZW 2005, 26, 26; EuGH, vom 15.01.1998; Rs. C-283/00 (Mannesmann Anlagenbau Austria), Slg. 1998, I-73 ff., Rn. 26, WuW/E Verg 23, 25; GA L.A. Geelhoed, Schlussantrag vom 24.06.2004, Rs. C-126/03 (Kommission/Deutschland), Slg. 2004, I-

schlossen werden, dass es zu einer Bevorzugung einheimischer Bieter kommt. Schließlich ist beim öffentlichen Auftraggeber die Gefahr größer als bei privaten Unternehmen, dass er sich von politischen statt von wirtschaftlichen Motiven leiten lässt.[223]

Ebenso unbedeutend ist die Herkunft der Gegenleistung.[224] Anders sah dies jedoch das OLG Düsseldorf, das einen Auftrag ablehnt, wenn der Subunternehmerauftrag nicht dem eigenen Beschaffungsbedarf entspringt und gänzlich aus eigenen zugewiesenen Haushaltsmitteln erfüllt wird.[225] Grundlage der Entscheidung war folgender Sachverhalt: Die Antragsgegnerin, eine Eigengesellschaft der Stadt Solingen, war mit der Erfüllung der Entsorgung von Leichtverpackungen beauftragt und musste die Verpflichtungen der Stadt Solingen hinsichtlich des „Grünen Punkts" gegenüber der DSD-AG erfüllen. Um die Zeit bis zu einer neuen Auftragsvergabe durch die DSD-AG zu überbrücken, schloss die Antragsgegnerin ohne vorherige öffentliche Bekanntmachung nach Verhandlungen mit vier regionalen Entsorgungswirtschaftsunternehmen mit der Beigeladenen[226] einen befristeten Subunternehmervertrag. Die Antragsstellerin hatte sich auch für den Subunternehmervertrag beworben, wurde aber abgelehnt. Das OLG verneint hier den öffentlichen Auftrag, da die Mittel nur indirekt dem eigenen Finanzhaushalt entstammen, denn sie werden aus den gezahlten Mitteln der DSD-AG an die Antragsgegnerin entnommen.[227] Diese Argumentation ist unter mehreren Gesichtpunkten angreifbar.[228]

11197 ff., Rn. 29, NZBau 2004, Heft 8, VII, VIII. Die Entscheidung ging zu Lasten der Stadt München, die als erfolgreiche Bieterin ohne Ausschreibung untervergeben hatte.

223 Otting, NZBau 2004, 469, 471.

224 Siehe Kapitel 3 III 3.

225 OLG Düsseldorf, VergabeR 2004, 624, 625. Zwar liegt ein öffentlicher Auftrag zwischen der Antragsgegnerin und der DSD vor, aus dem die Verpflichtung zu Leichtverpackungsentsorgung resultiert, nicht jedoch zwischen der Antragsgegnerin (Eigengesellschaft der Stadt Solingen) und dem Subunternehmer. Denn mit dem Subunternehmervertrag wird nur externe Hilfe für die Erfüllung aus der rechtsgeschäftlichen Verpflichtung gegenüber Dritten in Anspruch genommen; es geht nicht um die Erfüllung einer selbst gesetzten Aufgabe. Ebenso: VK Südbayern, Beschluss vom 15.12.2003, 56-11/03, www.ibr-online.de, Stand: 10.05.2005, S. 8.

226 Beigeladener ist derjenige, dessen Interessen durch die Entscheidung der Vergabekammer schwerwiegend berührt werden, § 109 GWB. Hier ist es das zum Zuge gekommene Unternehmen.

227 OLG Düsseldorf, VergabeR 2004, 624, 626.

228 Zu Unrecht stützt sich das OLG inhaltlich auf die Teckal-Entscheidung des EuGH, da sich der EuGH in dieser Entscheidung nur mit der Frage der Handlungseinheit ausei-

Das wichtigste Argument wurde bereits genannt, die Herkunft der Bezahlung ist kein konstitutives Merkmal für eine ausschreibungspflichtige Vergabe.

Der Gedanke, dass die Herkunft der Vergütung entscheidend sei, kann mit Hinweis auf den Ausfall einer Zahlung entkräftet werden. Wenn die DSD-AG nicht zahlt, wird der Subunternehmer sicherlich aus den öffentlichen Haushaltsmitteln vergütet und dies dann per „nachgeschossenem" Finanzhaushalt geregelt, sodass im Endeffekt doch der öffentliche Auftraggeber für die Verpflichtung mit Haushaltsmitteln aufkommt.

Im Übrigen erhält mit der Fremdbezahlung ein anderes Argument stärkeres Gewicht: Wer das Verlustrisiko eingegangener Rechtsgeschäfte nicht trägt, neigt eher dazu, andere als finanzielle Überlegungen in seine Entscheidung einzubeziehen.[229] Diese hat zur Folge, dass in diesen Fällen erst recht die vergaberechtlichen Vorschriften beachtet werden müssen.

Eine direkte Untervergabe kann meist auch nicht über den Ausnahmetatbestand der zeitlichen Dringlichkeit oder unvorhergesehenen Notwendigkeit gerechtfertigt werden. Dass Fristen bei einer Ausschreibung einzuhalten sind, ist zumutbar, wenn bereits bei Abgabe des eigenen Angebots feststeht, dass bei Zuschlagserteilung umfangreiche Leistungen an Nachunternehmer vergeben werden sollen.[230]

Möchte eine Gebietskörperschaft, die per se nach § 98 Nr. 1 GWB öffentlicher Auftraggeber ist, sich als Bieter an Vergabeverfahren beteiligen, ohne bei der Untervergabe selbst eine Ausschreibung durchführen zu müssen, so kann sie eine selbstständige Gesellschaft gründen, die nicht öffentlicher Auftraggeber nach § 98 Nr. 2 GWB ist.

nandergesetzt hat (EuGH, Urteil vom 18.11.1999, Rs. C-107/98 (Teckal), Slg. 1999, I-8121 ff., Nr. 50, NZBau 2000, 90-91; siehe dazu Kapitel 6 und 7 zum Verständnis des In-House Geschäfts und zur Auslegung der Teckal-Kriterien.

229 Kus, VergabeR 2004, 624, 628; GA L.A. Geelhoed, Schlussantrag vom 24.06.2004, Rs. C-126/03 (Kommission./.Deutschland), Slg. 2004, I-11197 ff., Rn. 28, NZBau 2004, Heft 8, VII, VIII, Rn. 28.

230 GA L.A. Geelhoed, Schlussantrag vom 24.06.2004, Rs. C-126/03 (Kommission./.Deutschland), Slg. 2004, I-11197 ff., Rn. 39, NZBau 2004, Heft 8, VII, IX.

Untervergaben durch einen Bieter, der zugleich öffentlicher Auftraggeber ist, sind ausschreibungspflichtig. Die Untervergabe ist keine Ausnahme von der Ausschreibungspflicht.

6. Interkommunale Zusammenarbeit

Von interkommunaler Zusammenarbeit spricht man, wenn eine Gemeinde einer anderen Gemeinde oder einer gemeinsamen Einrichtung einen Auftrag vergibt. Ob die Vergabe ausschreibungsfrei erfolgen durfte, wurde häufig nicht hinterfragt;[231] in der Praxis unterblieb meist eine Ausschreibung.[232] Im Zusammenhang mit der In-House Konstellation stellt sich die Frage, ob bei der Vergabe an die gemeinsame Einrichtung eine Ausschreibung unterbleiben kann, ohne dass bereits die Voraussetzungen der In-House Vergabe erfüllt sind?

Anknüpfungspunkt der Beurteilung, ob das Vergaberecht zu beachten ist, ist nach herrschender Meinung der funktionelle Unternehmensbegriff[233] im Rahmen des sachlichen Anwendungsbereichs. Danach ist im Einzelfall zu bestimmen, ob mit der vollständigen Aufgabenübertragung zugleich eine Zuständigkeitsverlagerung, das heißt, Übertragung der Aufgabenverantwortung stattfindet (delegierende Aufgabenübertragung) oder die gemeinsame Einrichtung auf dem Markt wie ein Unternehmen (Dritter) auftritt, das eine fremde Dienstleistung als „Erfüllungsgehilfe“ ohne Aufgabenverantwortung durchführt (mandatierende Vereinbarung)[234]. Mandatierende Vereinbarungen sind ausschreibungsfrei.[235] Es kommt zu einer Abgabe der Verantwortung und damit

---

231 Dabei kommt eine Ausschreibungsfreiheit unter zwei Aspekten in Betracht. Es fehlt an einem Beschaffungsvorgang oder die Voraussetzungen der In-House Vergabe sind erfüllt (Müller, VergabeR 2005, 436, 440). Eine Ausnahme nach § 100 Abs. 2 lit. g GWB greift meist nicht, da eine interkommunale Vereinbarung keine dem Gesetz vergleichbare, veröffentlichte Rechtsvorschrift ist (Ziekow/Siegel, VergabeR 2005, 145, 152).

232 Vgl. Vertragsverletzungsverfahren der Kommission gegen Deutschland wegen der Stadt Hinte u.a., IP/05/44 vom 14.01.2005.

233 Siehe Kapitel 3 III 2.

234 Burgi, NZBau 2005, 208, 208; Pencereci, LKV 2005, 137, 141.

235 BGHZ 162, 116, 127 (Altpapierverkauf) mit Anmerkungen Diercks, NZBau 2005, 295f.; OLG Düsseldorf, VergabeR 2004, 619, 621 mit Anmerkungen Zirbes; OLG Frankfurt, VergabeR 2005, 80, 85 mit Anmerkungen Trautner; Hatting/Ruhland, VergabeR 2005, 425, 432-435; Kersting/Siems, DVBl. 2005, 477, 479; Losch, VergabeR 2006, 627, 631; Müller, VergabeR 2005, 436, 446; Pencereci, LKV 2005, 137, 141; Steiff, NZBau 2005, 205, 206; a.A. Burgi, NZBau 2005, 208, 211.

nicht zu einer Beschaffung von Leistungen, sondern zu einer Entledigung von Zuständigkeiten. Im Ergebnis steht die mandatierende Vereinbarung einer materiellen Privatisierung gleich. Folglich ist dieser Vorgang nach heutiger herrschender Meinung nicht ausschreibungspflichtig.[236]

Umstritten ist dies bei der delegierenden Vereinbarung.[237] Sofern es sich um ein Unternehmen handelt, das im Verhältnis zum Auftraggeber selbstständig ist, muss nach herrschender Meinung eine Ausschreibung erfolgen. Dieser Ansatz deckt sich auch mit der Selbstverwaltungsfreiheit, die nur den *„intrakommunalen"* schützt, nicht aber den *„interkommunalen"* Bereich.[238] Außerdem wird die Organisationsfreiheit nicht ausgeschlossen, sondern lediglich modifiziert.[239] Es geht nicht um die Inanspruchnahme überschüssiger Kapazitäten, sondern vielmehr um die Frage, nach welchem Verfahren vergeben wird.[240] Damit ist die zweite Variante der interkommunalen Zusammenarbeit, die delegierende Vereinbarung, keine gesonderte Ausnahme von der Anwendbarkeit des Vergaberechts, sodass hier grundsätzlich auszuschreiben ist.

III. Zwischenergebnis und Folgen

Zusammenfassend kann bei der Prüfung möglicher Ausnahmen von der Anwendbarkeit des Vergaberechts festgehalten werden, dass jeder eindeutig missbräuchliche Versuch, das Vergaberecht zu umgehen, zur Verpflichtung der Anwendung führt. Zunächst sind die Ausnahmen in § 100 GWB abschließend geregelt. Weitere Ausnahmen können sich aber über ein funktionales Verständnis vergaberechtlicher Vorschriften ergeben. Liegen bei formeller Be-

---

236 A.A. Siegel, VergabeR 2006, 621, 625.

237 Für eine Ausschreibungsfreiheit sprechen sich folgende Vertreter aus: Burgi, NZBau 2005, 208, 211-212 (Arg. funktionaler Auftragsbegriff); Boesen, Vergaberecht, Kommentar, 2000, § 99 GWB, Rn. 18, 19; Hausmann/Bultmann, ZfBR 2004, 594, 595f; Flömer/Tomerius, NZBau 2004, 660, 665; Kersting/Siems, DVBl. 2005, 477, 479 (mit dem Arg. fehlender Entgeltlichkeit); Müller, VergabeR 2005, 436, 446, 447; Pencereci, LKV 2005, 137, 141; Ziekow/Siegel, VergabeR 2005, 145, 152. Es besteht eine Ausschreibungspflicht, da es nur auf ein Tätigwerden auf dem Markt ankommt (Ziekow/Siegel, VerwArch 96 (2005), 119, 134); Ausnahme ist nur die rein *„administrative Maßnahme"* (EU-Kommission, „Kommission/Deutschland" im Fall Gemeinde Hinte, IP/05/44 vom 14.01.2005).

238 Steiff, NZBau 2005, 205, 206.

239 Ziekow/Siegel, VergabeR 2005, 144, 151.

240 Riese/Suermann, LKV 2005, 289, 290.

trachtung und Anwendung der tatbestandlichen Voraussetzungen die Voraussetzungen der sachlichen und persönlichen Anwendbarkeit[241] nicht vor, so ist im zweiten Schritt eine Gesamtbetrachtung für ein interessengerechtes Ergebnis vorzunehmen.

Eine Ausnahme von der Anwendbarkeit des Vergaberechts führt aber nicht dazu, dass die allgemeinen Grundsätze keine Anwendung finden.[242] Zu denken ist hier an das Beihilfenrecht (Art. 87 EGV), das Transparenz- und Diskriminierungsverbot (Art. 12 EG), ebenso an nationale Bestimmungen: Gleichbehandlungsgrundsatz (Art. 3 I GG), haushaltsrechtliche Bindungen (§ 63 III BHO) und das kartellrechtliche Diskriminierungsverbot.[243] Ihnen kann mittels Ausschreibung Geltung verschafft werden.[244] Alles in allem ist die öffentliche Hand gut beraten, auszuschreiben.[245]

Die Anwendbarkeit des Vergaberechts stellt sich damit grafisch wie folgt dar:

---

[241] Siehe Kapitel 3 II.

[242] Zuletzt: EuGH, Urteil vom 21.07.2005, Rs. C-231/03 (Coname), Slg 2005, I-7287 ff., Rn. 16, 28, VergabeR 2005, 609, 611, 612 mit Anmerkungen Hausmann; EuGH, Urteil vom 07.12.2000, Rs. C-324/98 (Teleaustria), Slg. 2000, I-10745 ff., Rn. 60, 62, NZBau 2001, 148, 151; Um der Transparenz genüge zu tun, ist allerdings keine der Ausschreibung vergleichbare Veröffentlichung der Vergabe notwendig, sonst würde die Entscheidung des EuGH umgangen. Es bedarf lediglich einer *„angemessenen Öffentlichkeit"* (GA Stix-Hackl, Schlussanträge vom 12.04.2005, Rs. C-231/03 (Coname), Slg. 2005, I-7287 ff., Rn. 82, 93; Hausmann, VergabeR 2005, 612, 613).

[243] EuGH, Mitteilung der Kommission zu Auslegungsfragen im Bereich Konzessionen im Gemeinschaftsrecht vom 29.04.2000, ABl. C 121/3, 5, wenn der Dienstleistungskonzession ein staatlicher Akt zu Grunde liegt, ist das Primärrecht zu beachten. Ebenso EuGH, Urteil vom 13.10.2005, Rs. C-458/03 (Parking Brixen GmbH), Slg. 2005, I-8585 ff., Rn. 46, 49; EuGH, Urteil vom 07.12.2000, Rs. C-324/98 (Teleaustria), Slg. 2000, I-10745 ff., Rn. 60, NZBau 2001, 148, 151; GA Kokott, Schlussantrag vom 01.03.2005, Rs. C-458/03 (Parking Brixen GmbH), Slg. 2005, I-8585 ff., Rn. 35, NZBau 2005, Heft 4, VII, XI; Burgi, DVBl. 2003, 949, 955; Endler, NZBau 2002, 125, 127; Gnittke/Siederer, ZVgR 2000, 236, 242; Gröning, ZIP 2001, 497, 503; Kullack/Terner, ZfBR 2004, 346, 352; Wagner/Steinkemper, BB 2004, 1577, 1580.

[244] Auch bei Dienstleistungskonzessionen solle ein Ausschreibungswettbewerb stattfinden (EuGH, Urteil vom 13.10.2005, Rs. C-458/03 (Parking Brixen GmbH), Slg. 2005, I-8585 ff., Rn. 50, 52; Cox in Cox, Ausschreibungswettbewerb bei öffentlichen Dienstleistungen, 2003, S. 49 bis 65). Früher wurde empfohlen, die bewährten Regeln der Baukonzession oder andere Regelungen – vergaberechtsähnlicher Natur zur Förderung des Wettbewerbs – anzuwenden (Grünbuch der Kommission zu „Öffentlich-private Partnerschaften und den gemeinschaftlichen Rechtsvorschriften für öffentliche Aufträge und Konzessionen" vom 30.04.2004, KOM/2004/327 endg.; Ruhland/Burgi, VergabeR 2005, 1, 5; Burgi, DVBl. 2003, 949, 952, 955 bis 956).

[245] Dietlein, NZBau 2004, 472, 475, besonders bei Dienstleitungskonzessionen: EuGH, Urteil vom 13.10.2005, Rs. C-458/03 (Parking Brixen GmbH), Slg. 2005, I-8585 ff., Rn. 52.

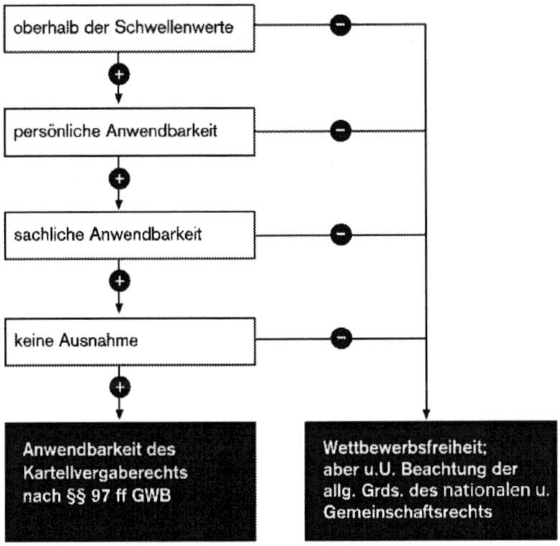

Bild 3: Anwendbarkeit des Vergaberechts (Darstellung der Verfasserin)

Teil 2: In-House Vergabe

§ 5 Grundlagen der In-House Vergabe

Bei einer In-House Vergabe muss nicht ausgeschrieben werden. Dies war für Fälle der vergleichbaren Eigenleistung auch schon vor der grundlegenden Teckal-Entscheidung anerkannt.

I. Ausgangslage

Von einer In-House Vergabe wird originär dann gesprochen, wenn ein Leistungserbringer derselben Rechtsperson wie der Auftraggeber zuzuordnen ist. Voraussetzung ist hierbei aber, dass ein Dritter, das heißt ein Unternehmen im Sinne des Vergaberechts nach § 99 GWB, vorliegt. Dieses Kriterium erfüllen Regie- und Eigenbetriebe nicht; denn ihnen fehlt es bereits an der Fähigkeit, Unternehmen im Sinne des Vergaberechts, also Dritter und damit Vertragspartner zu sein. Es liegt damit kein wirksamer Vertrag nach § 99 Abs. 1 GWB vor,[246] es fehlt bereits an einer Vergabe.

Richtigerweise kommt somit eine In-House Vergabe als Ausnahme von der Anwendbarkeit des Vergaberechts begrifflich nur für Eigen- und Beteiligungsgesellschaften in Betracht. Diese Unternehmen sind zwar vom öffentlichen Auftraggeber getrennte Rechtspersonen, können aber unter Umständen nicht als „echte Dritte“ angesehen werden, wenn das Geschäft nicht nach außen gegeben wird, sondern *„im eigenen Haus“* bleibt[247]. Man spricht gerne von einer *„innerorganischen“* Auftragsübertragung.[248]

Wenn der Vertragspartner dem Auftraggeber so nahe steht, dass er dem Auftraggeber zugerechnet werden kann, besteht vergaberechtlich kein Unterschied zu einem Geschäft innerhalb eines Rechtssubjektes.[249] Bei der Gemeinde, die zum Beispiel ihre Abfallentsorgungs-GmbH beauftragt, deren ge-

---

[246] Oftmals wird aber auch in diesen Fällen etwas unsystematisch von einer In-House Vergabe als Ausnahme gesprochen, obwohl bereits der Anwendungsbereich des Vergaberechts nicht eröffnet ist.
[247] Koman, ZfBR 2005, 349, 352.
[248] Cox in Cox, Ausschreibungswettbewerb bei öffentlichen Dienstleistungen, 2003, S. 48.
[249] Gnittke/Siederer, ZVgR 2000, 236, 237.

samten Anteile sie selbst trägt, fehlt es also an einem wesentlichen Unterscheidungsmerkmal zu einer Austauschbeziehung innerhalb einer Rechtsperson.[250] Es handelt sich um verbundene Unternehmen im Sinne des Konzernrechts, da die Leistung im Hause des öffentlichen Auftraggebers bleibt. Während es einerseits durch die Beauftragung von Beteiligungsgesellschaften nicht zu einer Wettbewerbsverzerrung oder einem Eingriff in den freien und transparenten Wettbewerb kommen soll, darf andererseits die Organisationshoheit nicht beschränkt werden.

Im Übrigen wird die Organisationsfreiheit der öffentlichen Hand nicht beschränkt, da nicht das Recht begrenzt wird, sondern sich nur die Vorzeichen ändern. Die grundrechtlich gewährleistete kommunale Organisationshoheit steht der Anwendung des Vergaberechts nicht entgegen. Dafür muss auch nicht der Grundsatz des Vorrangs des Europarechts bemüht werden, weil Art. 28 GG die Garantie der kommunalren Selbstverwaltung nicht schrankenlos, sondern nur innerhalb der Gesetze gewährt wird. Dazu zählt beispielsweise das Vergaberecht.[251]

Aufgrund der fehlenden Außenwirkung auf private Märkte und der fehlenden Inanspruchnahme des freien Marktes durch den Staat sind In-House Vergaben nicht vom Vergaberecht umfasst.[252] Eigenleistungen dieser Art sind Akte staatlicher Organisation oder interne Vorgänge, die von einer wettbewerblichen Regulierung der Gemeinschaft befreit sind.[253] Wer nur eigene Ressourcen in Anspruch nimmt, muss das Vergaberecht nicht beachten.[254] Die überschießende Anwendbarkeit des Vergaberechts wird durch diese (ungeschriebene) Ausnahme eingedämmt. Überschießend daher, da das Vergaberecht an

---

250 Müller-Wrede in Ingenstau/Korbion, VOB, Kommentar, 15. Auflage, 2004, § 99 GWB, Rn. 10; interner Organisationsakt: Kullack in Heiermann/Riedl/Rusam, Handkommentar zur VOB, 10. Auflage, 2003, § 99 GWB, Rn. 9; Leinemann, Die Vergabe öffentlicher Aufträge, 3. Auflage, 2004, Rn. 68; Ortlieb, WuW 2003, 146, 148.

251 Faber, DVBl. 2001, 248, 252; Müller, VergabeR 2005, 436, 445; Schink, DVBl. 2005, 861, 864.

252 OLG Frankfurt, VergabeR 2005, 80, 85; OLG Düsseldorf, NZBau 2004, 343, Marx, NZBau 2002, 311, 314; Müller, NZBau 2001, 416, 418; Dreher in Immenga/Mestmäcker, GWB, Kommentar, 3. Auflage, 2001, § 99 GWB, Rn. 18; Eschenbruch in Niebuhr/Kulartz/Kus/Portz, Kommentar zum Vergaberecht, 2000, § 99 GWB, Rn. 50.

253 Marx in Motzke/Pietzcker/Prieß, VOB, Teil A, Kommentar, § 99 GWB, Rn. 3.

254 GA Cosmas, Schlussantrag vom 01.07.1999, Rs. C-107/98 (Teckal), Slg. 1999, I-8121, 8134, Rn. 53.

sich anwendbar ist, seine Anwendung bleibt jedoch sachlich ungerechtfertigt, weil nur ein innerorganisatorischer Akt vorliegt.[255] Es fehlt quasi an einem Dritten und damit an einer möglichen Beeinträchtigung des Wettbewerbs.

So sah das auch der europäische Gesetzgeber und nahm die staatliche Eigenleistung explizit in der Begründung zur Dienstleistungskoordinierungsrichtlinie (DKR) aus:

„EG-Vergabevorschriften mischen sich nicht in die Entscheidung der öffentlichen Auftraggeber ein, ob ihr Bedarf durch Auftragsvergabe nach außen oder mit eigenen Mitteln gedeckt wird. Es handelt sich um ein wirtschaftspolitisches Grundsatzproblem in der Zuständigkeit der Mitgliedstaaten. Wenn Dienstleistungen innerhalb einer juristischen Person erbracht werden, zum Beispiel, wenn eine Abteilung an eine andere Dienstleistungen erbringt, handelt es sich nicht um Beschaffungsmaßnahmen, selbst wenn sich daraus besondere Haushaltskonsequenzen ergeben."[256]

Dasselbe kann auf Bau- und Lieferleistungen übertragen werden. Eine Ausschließlichkeit sollte nämlich nicht statuiert werden.[257] Es gilt der Grundsatz: Vergaberichtlinien mischen sich nicht in die Entscheidung der öffentlichen Auftraggeber ein, ob diese ihren Bedarf durch Auftragsvergabe nach außen oder mit eigenen Mitteln decken wollen (s. o.).[258]

Auch im nationalen Recht fehlt es an einer ausdrücklichen Regelung. Obwohl die In-House Vergabe als solche nicht kodifiziert ist, enthält das Vergaberecht mehrere Eingrenzungen der Anwendbarkeit, die der Ausnahme In-House Vergabe nahe kommen. Dazu zählt zum Beispiel § 100 Abs. 2 lit. g GWB, demzufolge die Vorschriften des GWB nicht auf Aufträge an Personen angewendet werden, die ihrerseits Auftraggeber nach § 98 Nr. 1, 2 oder 3 GWB sind und ein auf Gesetz oder Verordnung beruhendes ausschließliches Recht zur Erbringung der Leistung haben. Ein weiterer Hinweis findet sich in § 8 Nr. 6 VOB/A beziehungsweise § 7 Nr. 6 VOL/A, wonach bestimmte Eigen-

---

[255] Dreher, NZBau 2004, 14, 18.
[256] Begründungserwägung Nr. 76 ff. der DKR.
[257] Dreher, NZBau 2001, 360, 361.
[258] So auch das OLG Koblenz, VergabeR 2002, 148, 151 mit Anmerkungen Müller; Dreher, NZBau 2001, 360, 361.

betriebe der öffentlichen Hand an Bauvorgaben beziehungsweise Dienstleistungen nicht teilnehmen dürfen.

Dass mittlerweile im Gesetzesentwurf der Bunderregierung zum neuen Vergaberecht[259] eine Regelung vorgesehen ist, macht die Erläuterung der Grundlagen und des Wesens der In-House Vergabe nicht obsolet. Es besteht die Möglichkeit, dass der Entwurf den Anwendungsbereich des Vergaberechts entgegen der Vorstellung des europäischen Gesetzgebers unzulässig einschränkt, indem zum Beispiel eine zu weite Ausnahmeregelung ins Gesetz aufgenommen wird.[260]

II. Die In-House Vergabe aus Sicht der Rechtsprechung

Hat die In-House Vergabe als anerkannte Ausnahme von der Anwendbarkeit des Vergaberechts zwar bislang keine gesetzliche Kodifizierung erfahren, so haben sich jedoch insbesondere die Rechtsprechung und Literatur ihrer angenommen.

1. Die In-House Vergabe nach dem EuGH

Ausgangspunkt aller Diskussionen ist die Teckal-Entscheidung[261] des EuGH, auf welche stets zurückgegriffen wird. Hier hat der EuGH erstmal zwei Voraussetzungen für die Bejahung einer In-House Vergabe entwickelt, die er dann in der Stadt Halle-Entscheidung[262] weiterentwickelte.

a) Gründe für die herausragende Bedeutung der Entscheidungen

Entscheidungen des EuGH sind für EU-Mitgliedstaaten verbindlich und besitzen eine Art Präjudizienwirkung.[263]

---

[259] Gesetzesentwurf vom 18. März 2005, (http://www.bmwa.bund.de; Stand: 15.10.2005; NZBau 2005, Beilage zu Heft 5), nicht in amtlicher Drucksache erschienen.

[260] Auf den Entwurf wird im Rahmen der Auslegung der zwei Kriterien des EuGH an entsprechender Stelle näher eingegangen, s. Kapitel 6 V und 7 VIII.

[261] EuGH, Urteil vom 18.11.1999, Rs. C-107/98 (Teckal), Slg. 1999, I-8121 ff.; NZBau 2000, 90-91.

[262] EuGH, Urteil vom 11.01.2005, Rs. C-26/03 (Stadt Halle), Slg. 2005, I-1 ff., VergabeR 2005, 44 ff. mit Anmerkungen Gabriel.

[263] Kapitel 2 I 4.

Die Besonderheit der Teckal-Entscheidung liegt beispielsweise darin, dass der EuGH die Kriterien zwar im Zusammenhang mit der Lieferkoordinierungsrichtlinie (Richtlinie 93/36/EWG) entwickelt hat, sie aber durch das Urteil vom 7. Dezember 2000 (ARGE Gewässerschutz)[264] auf die Dienstleistungsrichtlinie (Richtlinie 92/50/EWG) ausweitete. Für die Baukoordinierungsrichtlinie (Richtlinie 93/37/EWG) ergibt sich die Anwendbarkeit aus dem Urteil vom 13. Januar 2005 (Kommission/Spanien).[265]

Des Weiteren gelten die erstmal im Teckal-Urteil entwickelten Kriterien jedoch vor allem deshalb, weil der BGH sie bereits mit Beschluss vom 12. Juni 2001 für das deutsche Recht übernommen hat[266].

b) Sachverhalt der Teckal-Entscheidung

1999 entschied der EuGH erstmals über die In-House Vergabe im Zusammenhang mit privatrechtlich organisierten Gesellschaften. Diese Entscheidung wurde unter dem Stichwort Teckal berühmt.[267] Der Entscheidung lag folgender Sachverhalt zu Grunde: Der Betrieb der Heizungsanlagen der italienischen Gemeinde Viano war seitens der Gemeinde Viano ohne Ausschreibung auf ein Konsortium übertragen worden, dem sie selbst und 45 weitere Gemeinden angehörten. Das Konsortium war eine eigenständige Rechtsperson. Die Gemeinde Viano hatte einen Beteiligungsanteil von 0,9 %. Der Generalanwalt Cosmas hielt in diesem Fall das Vergaberecht für anwendbar. Er verneinte das Vorliegen einer Ausnahme, da zwei eigenständige Rechtssubjekte zwei übereinstimmende Willenserklärungen abgegeben hätten und der Vertragspartner hier als Dritter anzusehen sei.[268] Obwohl der EuGH in der Regel den

---

264 EuGH, Urteil vom 07.12.2000, Rs. C-94/99 (ARGE Gewässerschutz), Slg. 2000, I-11037 ff., Rn. 40, NZBau 2001, 99, 101, Rn. 40.

265 EuGH, Urteil vom 13.01.2005, Rs. C-84/03 (Kommission./.Spanien), Slg. 2005, I-139 ff., Rn. 39, VergabeR 2005, 176, 182, mit Anmerkungen Müller-Wrede/Greb.

266 Die Übertragung der EuGH-Rechtsprechung auf die Dienstleistungsrichtlinie ist zu Recht mit dem Argument erfolgt, dass beide Richtlinien einen öffentlichen Auftrag voraussetzen und für eine unterschiedliche Behandlung keine sachgerechten Anhaltspunkte vorliegen (BGHZ 148, 55, 62 mit Anmerkung Stolz VergabeR 2001, 291, 292; zustimmend: Gnittke/Siederer, ZVgR 2000, 236, 237).

267 EuGH, Urteil vom 18.11.1999, Rs. C-107/98 (Teckal), Slg. 1999, I-8121 ff.; NZBau 2000, 90-91.

268 GA Cosmas, Schlussantrag vom 01.07.1999, Rs. C-107/98 (Teckal); Slg. 1999, I-8121, 8137, Rn. 64, 65.

Schlussanträgen der Generalanwälte zu folgen pflegt, entschied er diesmal abweichend.

Nach Ansicht des EuGH liegt ein vergabefreies Eigengeschäft vor, wenn:

> 1. *der öffentliche Auftraggeber eine Person mit Leistungen betraut, über die er eine Kontrolle wie über seine eigene Dienststelle ausübt und*
>
> 2. *die beauftragte Person zugleich ihre Tätigkeit im Wesentlichen für diesen öffentlichen Auftraggeber oder die öffentlichen Auftraggeber verrichtet, die ihre Anteile innehaben.*[269]

Oder anders ausgedrückt: Ist die Gesellschaft, die beauftragt werden soll,

> 1. *formal von der Gebietskörperschaft verschieden und*
>
> 2. *besitzt ihr gegenüber eine eigene Entscheidungsgewalt,*

so ist bei Bejahung der sonstigen Voraussetzungen (Schwellenwerte, persönliche Anwendbarkeit, kein Eingreifen eines kodifizierten Ausnahmetatbestands des § 100 Abs. 2 GWB) zwingend auszuschreiben.

Für die Frage, ob ein In-House Geschäft vorliegt, ist es nach Ansicht des EuGH unerheblich, ob der selbstständige Rechtsträger als Auftragnehmer ebenfalls öffentlicher Auftraggeber ist.[270]

Bei allen Vergaben der öffentlichen Hand müssen stets beide vom EuGH aufgestellten Voraussetzungen kumulativ geprüft werden. Ansonsten käme es zu automatischen Ausnahmen von der Anwendbarkeit des Vergaberechts, welche seinem Sinn und Zweck widersprächen, nämlich der Öffnung des Marktes für einen transparenten Wettbewerb und der sparsamen Verwendung öffentlicher Mittel.

---

[269] EuGH, Urteil vom 18.11.1999, Rs. C-107/98 (Teckal), Slg. 1999, I-8121 ff.; NZBau 2000, 90, 91.

[270] EuGH, Urteil vom 18.11.1999, Rs. C-107/98 (Teckal), Slg. 1999, I-8121 ff., Rn. 42, NZBau 2000, 90, 91; GA Cosmas, Schlussantrag vom 01.07.1999, Rs. C-107/98 (Teckal), Slg. 1999, I-8121, 8138, Nr. 68; EuGH, Urteil vom 07.12.2000, Rs. C-94/99 (ARGE Gewässerschutz), Slg. 2000, I-11037 ff, Rn. 40, NZBau 2001, 99, 101.

c) *Sachverhalt der Stadt Halle-Entscheidung*[271] *des EuGH*

Die hieran anknüpfende Stadt Halle-Entscheidung erging auf den Vorlagebeschluss des OLG Naumburg[272] hin. Das OLG setzte das Verfahren bis zur Entscheidung des EuGH aus und legte in seinem Vorlagebeschluss zwei stark diskutierte Themenkomplexe dem EuGH vor. Verkürzt ging es um zwei Fragen:

1. Ab welchem Zeitpunkt besteht die Möglichkeit, im Vorfeld einer vergabefreien Beschaffung einen Nachprüfungsantrag zu stellen, und

2. unter welchen Voraussetzungen kann bei gemischt-wirtschaftlichen Beteiligungsgesellschaften von einer vergaberechtsfreien In-House Vergabe ausgegangen werden, falls die In-House Grundsätze überhaupt für anwendbar gehalten werden?

Der Entscheidung des EuGH lag folgender Sachverhalt zu Grunde: Die Stadt Halle, öffentlicher Auftraggeber nach § 98 Nr. 1 GWB, hatte einen Dienstleistungsauftrag im Bereich der Abfallentsorgung ohne vorherige öffentliche Ausschreibung an die RPL Lochau GmbH vergeben. An dieser Gesellschaft war ein privater Investor mit 24,9 % beteiligt. Die Mehrheit von 75,1 % trugen die Stadtwerke Halle GmbH, die ihrerseits wiederum zu 100 % von der Eigengesellschaft (Verwaltungsgesellschaft für Versorgungs- und Verkehrsbetriebe Stadt Halle mbH) der Stadt Halle getragen wurden. Gegen dieses Vorgehen verwahrte sich ein privater Konkurrent, die Arbeitsgemeinschaft Thermische Restabfall- und Energieverwertungsanlage TREA Leuna.

---

[271] EuGH, Urteil vom 11.01.2005, Rs. C-26/03 (Stadt Halle), Slg. 2005, I-1 ff., VergabeR 2005, 44 ff. mit Anmerkungen Gabriel.

[272] OLG Naumburg, VergabeR 2003, 196-204.

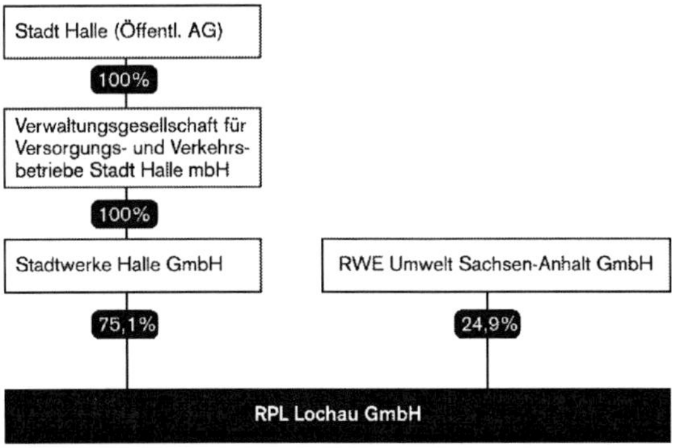

Bild 4: Stadt Halle-Entscheidung (Darstellung der Verfasserin)
AG bedeutet hier Auftraggeber.

Der erste Teil der Stadt Halle-Entscheidung widmet sich der Frage des Rechtsschutzes bei de-facto Vergaben. Dieser Aspekt spielt zunächst keine Rolle, er wird umfassend im dritten Teil, Kapitel 10 aufgegriffen.

Der zweite Teil setzt sich mit dem sachlichen Anwendungsbereich der Richtlinie 92/50 auseinander. Das heißt mit der Frage, ob ein öffentlicher Auftraggeber verpflichtet ist, eine Auftragsvergabe an eine gemischt-wirtschaftliche Gesellschaft, an der er mehrheitlich beteiligt ist und über die er eine bestimmte Kontrolle ausübt, in einem förmlichen Verfahren auszuschreiben. Diesbezüglich ist das Urteil des EuGH eindeutig. Jegliche Beteiligung eines privaten Unternehmers verhindert eine In-House Vergabe. Eine Kontrolle wie über die eigene Dienststelle ist dann nicht gegeben. In den knappen Worten des EuGH:

> *„Dagegen schließt die - auch nur minderheitliche - Beteiligung eines privaten Unternehmens am Kapital einer Gesellschaft, an der auch der betreffende öffentliche Auftraggeber beteiligt ist, es auf jeden Fall aus, dass der öffentliche Auftraggeber über diese Gesellschaft eine ähnliche Kontrolle ausübt wie über seine eigenen Dienststellen."*[273]

[273] EuGH, Urteil vom 11.01.2005, Rs. C-26/03 (Stadt Halle), Slg. 2005, I-1 ff., Rn. 49, VergabeR 2005, 44, 51.

Im Wesentlichen führt der EuGH in dem sehr kurz gefassten Urteil zwei Gründe an:

> *1. Das Verhältnis eines öffentlichen Auftraggebers zu seinen Dienststellen steht im Zeichen der Verfolgung öffentlicher Interessen. Private Unternehmen verwirklichen dagegen private Interessen und schließen, sobald sie an einer Gesellschaft beteiligt sind, die Verfolgung öffentlicher Interessen aus. Eine Kontrolle des öffentlichen Auftraggebers ist dann nicht mehr gewährleistet.*[274]
>
> *2. Vergaben an gemischt-wirtschaftliche Gesellschaften ohne Ausschreibungen gefährden einen freien Wettbewerb und verstoßen gegen den Grundsatz der Gleichbehandlung. Diese Gesellschaften besäßen dann einen Vorteil gegenüber ihren Konkurrenten.*[275]

d) Zusammenfassung der EuGH-Kriterien

Im Ergebnis hat die Stadt Halle-Entscheidung die im Teckal-Urteil entwickelten Kriterien der Kontrolle wie über eine eigene Dienstelle (1) und Tätigkeit im Wesentlichen für den öffentlichen Auftraggeber (2) bestätigt. Zusätzlich hat der EuGH das Kontrollkriterium hinsichtlich seiner Interpretation eingeschränkt. Eine Kontrolle kann nie bei gemischt-wirtschaftlichen Gesellschaften vorliegen; ein In-House Geschäft ist stets zu verneinen und das Vergaberecht ist anwendbar.[276]

2. Reine Würdigung der Rechtsprechung

Bevor es um die systematische Einordnung und Auslegung der Kriterien Kontrolle wie über die eigene Dienststelle und Tätigkeit im Wesentlichen für den öffentlichen Auftraggeber geht, ist vorab zu untersuchen, ob die Teckal-Entscheidung wie auch die Stadt Halle-Entscheidung inhaltlich und sachlich zutreffend sind. Ist nicht vielleicht der generelle Ausschluss aller gemischt-

---

[274] EuGH, Urteil vom 11.01.2005, Rs. C-26/03 (Stadt Halle), Slg. 2005, I-1 ff., Rn. 50, VergabeR 2005, 44, 51.

[275] EuGH, Urteil vom 11.01.2005, Rs. C-26/03 (Stadt Halle), Slg. 2005, I-1 ff., Rn. 51, VergabeR 2005, 44, 51.

[276] Zustimmend auch GA L.A. Geelhoed, Schlussanträge vom 21.04.2005, Rs. C-29/04, (Mödling), Slg. I 2005, 9705 ff., Rn. 45, NZBau 2005, Heft 6, IX, XIII.

wirtschaftlichen Gesellschaften von In-House Vergaben eine ungerechtfertigte Ungleichbehandlung?

a) Würdigung der Teckal-Entscheidung

Die Teckal-Entscheidung wurde seinerzeit allseits begrüßt, da sie größere Klarheit in das Vergaberecht gebracht zu haben schien. Bei genauerer Betrachtung erweisen sich jedoch die vom EuGH formulierten Kriterien als uferlos.[277] Neben ihrer Weitläufigkeit liegt das unter anderem daran, dass der EuGH keine eindeutige Begrifflichkeit verwendet. Beim ersten Merkmal Kontrolle wie über eine eigene Dienststelle, spricht er synonym in der gleichen Entscheidung vom Fehlen der eigenen Entscheidungsgewalt[278], obwohl diesem Terminus durchaus ein unterschiedlicher Inhalt zukommen könnte.[279] Nach vertretener Ansicht beschreiben diese Termini jedoch lediglich die positive und negative Seite seines ersten Kriteriums. Folglich spielt es keine Rolle, welche Formulierung bei der Auslegung zu Grunde gelegt wird. Das zweite Kriterium Tätigkeit im Wesentlichen, erfuhr nicht einmal ansatzweise eine Konkretisierung.

Ebenso unklar ist, ob eine Übertragung der Grundsätze auch auf Eigen- und gemischt-wirtschaftliche Gesellschaften möglich sein sollte. Die Entscheidung des EuGH betraf im Kern nur die grundsätzliche Bejahung eines In-House Geschäfts bei einer gemischt-öffentlichen Gesellschaft.[280] Ob der EuGH bei der grundsätzlichen Bejahung der Anwendbarkeit eines In-House Geschäfts bei Beteiligungsgesellschaften methodisch eine teleologische Reduktion des Auftragsbegriffs[281] oder ein funktionales Verständnis des Auftragsbegriffs[282] vornimmt, kann ebenfalls nicht eindeutig beantwortet werden.

---

[277] So auch Jasper/Pooth, VergabeR 2003, 613, 614.

[278] EuGH, Urteil vom 18.11.1999, Rs. C-107/98 (Teckal), Slg. 1999, I-8121 ff., Rn. 50, 51, NZBau 2000, 90, 91.

[279] Fischer in Lenz/Borchardt, EU- und EG-Vertrag, Kommentar, 3. Auflage, 2003, nach Art. 49-55 EGV, Rn. 12. Nach a.A. sei mehr auf das Fehlen einer eigenen Entscheidungsgewalt als auf eine Kontrolle abzustellen (Rindtorff/Gabriel, VergabeR 2004, 577, 579).

[280] Nicht aber die Vergabe an eine Eigengesellschaft, so zu Unrecht: Gabriel, VergabeR 2005, 52, 53.

[281] Dreher, NZBau 2004, 14, 15; Marx in Motzke/Pietzcker/Prieß, VOB, Kommentar, 2001, § 99 GWB, Rn. 4; Prieß, Handbuch des europäischen Vergaberechts, 3. Auflage, 2005, S. 191.

Die Teckal-Entscheidung und ihre Kriterien wurden trotz dieser Kritikpunkte seitens der EU-Legislative anerkannt. Durch das neue Vergaberecht (Legislativpaket) kam es nicht, wie von einigen Autoren erwartet, zu einer restriktiven Handhabung des In-House Geschäfts aufgrund einer Regelung. Im Legislativpaket wurden keine Vorschriften zum In-House Geschäft aufgenommen, da ein Abweichen von der Teckal-Rechtsprechung des EuGH nicht gewollt war.[283] Schon der erste Vorschlag für die Basisrichtlinie sah keine Regelung vor.[284] Anders aber die Kommission, die die Teckal-Rechtsprechung (verengt auf Eigengesellschaften) unter Art. 19a aufnehmen wollte.[285] Der Vorschlag wurde hingegen vom Rat am 20. März 2003 abgelehnt.[286] Am 2. Juli 2003 unterbreitete das Parlament die Aufnahme der Teckal-Kriterien,[287] die es letztlich im Vermittlungsverfahren zurückzog. Die Entstehungsgeschichte belegt, dass die EU-Legislative an der Teckal-Entscheidung und deren Grundsätzen festhält und sie folglich bestätigt.

b) Bewertung der Stadt Halle-Entscheidung

Mit der Stadt Halle-Entscheidung ist dem EuGH zugegebenermaßen ein Coup im Bereich des In-House Geschäfts gelungen. Gingen alle Beobachter nach dem Schlussantrag der Generalanwältin Stix-Hackl davon aus, dass auch in

---

282 Dem EuGH wird hier zumeist die Befürwortung des funktionalen Auftragsbegriffs in den Mund gelegt. Wie der EuGH seine Entscheidung dogmatisch begründet wissen will, stellt er zumindest in der Teckal-Entscheidung nicht klar. (EuGH, Urteil vom 18.11.1999, Rs. C-107/98 (Teckal), Slg. 1999, I-8121 ff., NZBau 2000, 90, 91; EuGH, Urteil vom 07.12.2000, Rs. C-94/99, (ARGE Gewässerschutz), Slg. 2000, I-11037 ff., Rn. 40, NZBau 2001, 99, 101; BGHZ 148, 55, 61; Dreher, NZBau 2001, 360, 362; Otting, VergabeR 2002, 11, 14; Opitz, ZVgR 2000, 97, 103.

283 Rindtorff/Gabriel, VergabeR 2004, 577, 581.

284 Vorschlag für eine Richtlinie des europäischen Parlaments und des Rates über die Koordinierung der Verfahren zur Vergabe öffentlicher Lieferaufträge, Dienstleistungsaufträge und Bauaufträge vom 10.05.2000, KOM (2000) 275 endg.

285 Geänderter Vorschlag der Kommission für eine Richtlinie des europäischen Parlaments und des Rates über die Koordinierung der Verfahren zur Vergabe öffentlicher Lieferaufträge, Dienstleistungsaufträge und Bauaufträge vom 06. Mai 2002, KOM (2002) 236 endg.; Änderungsvorschlag Nr. 40.

286 Gemeinsamer Standpunkt des Rates vom 20. März 2003 (11029/3/2002 – C 5-0141/2003).

287 Legislative Entschließung des Europäischen Parlaments vom 02.07.2003 zu dem gemeinsamen Standpunkt des Rates im Hinblick auf den Erlass der Richtlinie des europäischen Parlaments und des Rates über die Koordinierung der Verfahren zur Vergabe öffentlicher Bauaufträge, Lieferaufträge und Dienstleistungsaufträge (11029/3/2002 – C 5 - 0141/2003 – 2000/0115 (COD)).

Zukunft gemischt-wirtschaftliche Gesellschaften unter den ungeschriebenen Ausnahmetatbestand des In-House Geschäfts subsumiert werden könnten, so mussten sie sich eines Besseren belehren lassen.[288] Gemischt-wirtschaftliche Gesellschaften erfüllen nach dem EuGH eindeutig **nie** die Voraussetzungen des In-House Geschäfts.[289]

Verwunderung wurde allseits zunächst über die Kürze der Begründung für die umfassende Ablehnung jeglicher privater Beteiligung geäußert. Der Entscheidung an sich wurde indes zugestimmt[290]- zumeist vor dem Hintergrund der Rechtssicherheit.[291] Besonders der Hinweis auf die Bevorzugung eines Wettbewerbers und die mögliche Auswirkung auf den Markt rechtfertigen diese Entscheidung.

Fälschlicherweise wird zum Teil angenommen, dass ein In-House Geschäft nur noch vorliegen kann, wenn der Auftraggeber Alleineigentümer der Gesellschaft ist, er somit über eine *„gesellschaftliche Alleinherrschaft"*[292] verfügt. Damit wären auch Aufträge an interkommunale Gesellschaften grundsätzlich ausschreibungspflichtig. Diese Aussage hat der EuGH offensichtlich nicht getroffen.[293] Die Vergabe an eine gemischt-öffentliche Gesellschaft ist nicht per se ausschreibungspflichtig.[294] Ein Abrücken von den zentralen Aussagen der Teckal-Entscheidung ist nicht erfolgt.

Welches sind dann aber die Auswirkungen dieser Rechtsprechung für die Eigengesellschaft des auftragserteilenden, öffentlichen Auftraggebers oder für

---

[288] Die In-House Vergabe an gemischt-wirtschaftliche Unternehmen wurde von der h.M. bis dahin bejaht (GA Stix-Hackl, Schlussantrag vom 23.09.2004, Rs. C-26/03 (Stadt Halle), Slg. 2005, I-1 ff., Rn. 68, 70, NZBau 2004, Heft 11, VII, XIII; OLG Naumburg, VergabeR 003, 196, 203; VK Baden-Württemberg, Beschluss vom 18.03.2004, 1 VK 7/04, 2.2 a.E.; Gabriel, LKV 2005, 285, 285; Masing, ZfBR 2002, 450, 453; Schauenburg, NZBau 2002, 259 (Printkurzfassung), unter www.nzbau.de Onlineversion, 2001_08241_1, S. 1, 5, 6; Wittek, Das In-House Geschäft im EG-Vergaberecht, 2004, S. 241.

[289] Zustimmend auch GA L.A. Geelhoed, Schlussanträge vom 21.04.2005, Rs. C-29/04, (Mödling), Slg. I 2005, 9705 ff., Rn. 45, NZBau 2005, Heft 6, IX, XIII.

[290] Krohn, NZBau 2005, 92, 94.

[291] Hattung/Ruhland, VergabeR 2005, 425, 427.

[292] Schimanek, NZBau 2005, 304, 309; Steiff, NZBau 2005, 205, 206.

[293] Müller, VergabeR 2005, 436, 440; Schimanek, NZBau 2005, 304, 309: *„Noch nicht geklärt sind Beteiligungen der öffentlichen Hand [...]."*

[294] Dies sei bedenklich (Wirner, LKV 2005, 293, 295).

gemischt-öffentliche Gesellschaften? Gibt es Neuerungen in diesen Bereichen?

Der EuGH bekennt sich ausdrücklich zu dem strikten Verständnis des In-House Geschäfts und nimmt eine enge Auslegung des ersten Teckal-Kriteriums Kontrolle wie über die eigene Dienststelle vor. Nur wenn die Einrichtung zu 100 % der öffentlichen Stelle oder den öffentlichen Stellen gehört, soll eine Kontrolle bestehen.[295] Damit kann ausgeschlossen werden, dass der EuGH auf das Kriterium Kontrolle im Ergebnis verzichtet und lediglich eine inhaltsleere Hülle aufrechterhält. Er wiederholt bewusst das Kriterium der Kontrolle und bestätigt es damit. Im Ergebnis kommt dem Kriterium der Kontrolle weiterhin die entscheidende Rolle bei der Ermittlung der In-House Voraussetzungen zu. Zum Kriterium der Wesentlichkeit hat sich der EuGH nicht geäußert.

Bevor es um die Frage geht, welche gesellschaftlichen Konstellationen seitens der zu beauftragenden Gesellschaft das Kriterium Kontrolle wie über die eigene Dienststelle erfüllen, ist zu untersuchen, ob die Stadt Halle-Entscheidung inhaltlich und sachlich zutreffend ist. Ist nicht vielleicht der generelle Ausschluss aller gemischt-wirtschaftlichen Gesellschaften von In-House Vergaben eine ungerechtfertigte Ungleichbehandlung? Zu beachten ist in diesem Zusammenhang außerdem, dass der EuGH bei Vergaben an gemischtwirtschaftliche Gesellschaften nicht differenziert, ob der private Gesellschafter im Wege einer Ausschreibung ermittelt wurde oder nicht. Liegt die Gründung der Gesellschaft zurück, das heißt, sie ist lange vor der Auftragserteilung erfolgt, und wurde ihr eine Ausschreibung vorgeschaltet, so ist im Anschluss jeder Auftragserteilung ein erneutes Vergabeverfahren durchzuführen.[296]

---

[295] Der EuGH spricht von öffentlichen Stellen (EuGH, Urteil vom 11.01.2005, Rs. C-26/03 (Stadt Halle), Slg. 2005, I-1 ff., Rn. 49, VergabeR 2005, 44, 51).

[296] Kritisch hierzu auch Krohn, NZBau 2005, 92, 95.

(1) Zum ersten Argument der Stadt Halle-Entscheidung

> Private Unternehmen verfolgen private Interessen. Diese decken sich **nie** (Hervorhebung durch die Verfasserin) mit den Zielen, die aus öffentlichen Interessen resultieren. Sie sind andersartig.[297]

Diese Behauptung kann nicht in jeder Konsequenz aufrecht erhalten werden.[298] Diese Unterscheidung erinnert stark an die Interessentheorie,[299] die den privatrechtlichen vom öffentlichen Rechtsweg abgrenzt. Nach herrschender Meinung gibt es jedoch Konstellationen, in denen diese Theorie zur Differenzierung als solche alleine nicht ausreicht.[300] Nicht jeder private Unternehmer oder jedes private Unternehmen verfolgt Ziele, die an anderen als öffentlichen Interessen ausgerichtet sind, selbst wenn das im Allgemeinen wohl zutreffend ist.[301]

Dies hat auch der EuGH bisher so gesehen. Obwohl eine Wettbewerbssituation vorliegt, kann es möglich sein, dass finanzierte oder kontrollierte Gesellschaften (damit auch gemischt-wirtschaftliche Unternehmen) sich auch von anderen als wirtschaftlichen Überlegungen leiten lassen.[302] Die Übernahme von wirtschaftlich nicht lukrativen Aufgaben, wie sie typischerweise im Rahmen staatlicher Daseinsvorsorge erbracht werden, sind regelmäßig Gegenstand von Unternehmen mit privater Beteiligung.[303] Dies können zum Beispiel öffentliche Interessen sein. Nichtregierungsorganisationen (NGO) haben gerade nicht die den Privatinvestoren nachgesagte Profitmaximierung im Blick, obwohl sie von privaten Unternehmen oder Privatpersonen getragen werden.[304] Vielmehr haben sie sich der Umsetzung von Zielen verschrieben, die

---

297 EuGH, Urteil vom 11.01.2005, Rs. C-26/03 (Stadt Halle), Slg. 2005, I-1 ff., Rn. 50, VergabeR 2005, 44, 51.

298 Anderer Ansicht und insoweit dem EuGH zustimmend: Gröning, ZIP 2001, 497, 504; Faber, DVBl. 2001, 248, 256

299 Die Interessentheorie geht auf den Rechtsgelehrten Ulpian zurück.

300 Statt aller Maurer, Allgemeines Verwaltungsrecht, 15. Auflage, 2004, § 3, Rn. 15, 19.

301 Strobel, DVBl. 2005, 77, 78.

302 EuGH, Urteil vom 10.11.1998, Rs. C-360/96 (Gemeente Arnhem), Slg. 1998, I-6821, 6846, Rn. 43.

303 OLG Naumburg, VergabeR 2003, 196, 202 mit Anmerkungen Schwenker/Heinze.

304 Allerdings werden NGOs meist zum sog. „Dritten Sektor" gezählt, also zu Organisationen, die zwischen Staat und Markt stehen und hier wichtige öffentliche Leistungen anbie-

meist im Allgemeininteresse liegen. Noch wichtiger sind Stiftungen des Privatrechts, die geradezu exemplarisch Allgemeininteressen nachkommen.[305]

Eine Vermengung von Allgemeininteressen und Privatinteressen tritt besonders dann ein, wenn private Unternehmen Aufgaben der Daseinvorsorge wahrnehmen.[306] Vor dem Hintergrund, dass gemischt-wirtschaftlichen Gesellschaften umgekehrt bei der Frage der Auftraggebereigenschaft die Wahrnehmung von Interessen der Allgemeinheit nachgesagt wird, § 98 Nr. 2 oder Nr. 3 GWB[307], erscheint das Argument nicht als zwingend: *„[private] Unternehmen [erfüllen] im Allgemeininteresse liegende Aufgaben immer dann [...], wenn sie vom Staat für die Erfüllung eine marktbezogene Sonderstellung erhalten."*[308] Private Unternehmen, die im Wege der Ausschreibung einen Auftrag erhalten, können sowohl öffentliche Interessen wahrnehmen, als auch selbst öffentliche Auftraggeber sein. Auf die Eigenschaft des Auftragnehmers kommt es nicht an.[309] Wird ihnen allerdings eine Aufgabe vergabefrei übertragen, so erfüllen sie, bei demselben Beschaffungsinhalt, nur einen privaten Zweck. Der Widerspruch ist offensichtlich. Als weiteres Beispiel müssen hier nur erfolgreiche PPPs genannt werden, die dieses Argument eindeutig entkräften.[310]

Das Argument gilt auch umgekehrt nicht. Öffentliche Gesellschaften können ebenso wie Private eigene Ziele - Gewinnmaximierung - verfolgen. Zu denken ist beispielsweise an eine Gemeinde, die gewerblich die Abfallentsorgung anderer Gemeinden vornimmt.[311] Ein Interessengleichklang ist nicht immer ge-

---

ten (Stober in Wolff/Bachof/Stober, Verwaltungsrecht, Band 3, 5. Auflage, 2004, § 91, Rn. 27).

305 Stiftungen des Privatrechts können auch die Wahrnehmung von öffentlichen Interessen zum Ziel haben. Sie sind dann gemeinnützig (Heinrichs in Palandt, BGB, 65. Auflage, 2006, Vorb. § 80 BGB, Rn. 6).

306 Cox in Schader-Stiftung, Die Zukunft der Daseinsvorsorge, Öffentliche Unternehmen im Wettbewerb, 2001, S. 35.

307 Vgl. hierzu EuGH, Urteil vom 10.11.1998, Rs. C-360/96 (Gemeente Arnhem), Slg. 1998, I-6821, 6863, 6866, Rn. 38, 53. Eine Unterscheidung nach der Rechtsform verbietet sich bei der Beurteilung des Auftraggebers - funktionaler Auftraggeberbegriff.

308 Dreher in Immenga/Mestmäcker, GWB, Kommentar, 3. Auflage, 2001, § 98 GWB, Rn. 35.

309 So auch Ziekow, VergabeR 2006, 608, 612.

310 So auch Gabriel, VergabeR 2005, 52, 54.

311 Verwiesen sei nur auf die Stadt München, die im Vergabeverfahren den Zuschlag erhalten hat, die Abfallentsorgung für die Gemeinde Donauwald vorzunehmen (EuGH, Urteil

geben.[312] Letztlich ist die Unterscheidung nach Interessen zu einfach und nicht stichhaltig.[313]

(2) Zum zweiten Argument der Stadt Halle-Entscheidung

> Eine Kontrolle wie über eine eigene Dienstelle kann nicht ausgeübt werden, wenn ein privates Unternehmen Anteile hält.[314]

Das zweite Argument ist eine empirisch nicht belegte Behauptung, in der eine Werteentscheidung des EuGH zum Ausdruck kommt. Dieser axiomatischen Auffassung kann nicht gefolgt werden. Zieht man beispielsweise eine GmbH heran, an der die öffentliche Hand mehr als 75 % der Anteile hat und in deren Satzung der öffentliche Zweck festgeschrieben ist, so lässt sich eine Kontrolle schon unter gesellschaftsrechtlichen Wertungen nicht verleugnen.

Dieses Argument ist auch mit Verweis auf PPPs, die gerade als ein gemeinsames Interesse die effektive Erledigung der gemeinsamen Aufgabe haben, wenig stichhaltig. Das gemeinsame Interesse spiegelt sich dann in einem Streben in dieselbe Richtung wider. Mit einem quertreibenden Gesellschafter muss nicht gerechnet werden. Es bedarf nur einer vergleichbaren, nicht einer identischen Kontrolle.[315] Nähme man Private aus, so wäre die Forderung nach Vergleichbarkeit anstelle von Identität nahezu inhaltslos.

Letztendlich ist es überzeugender, auf die Einflussmöglichkeiten im Einzelfall zurückzugreifen und nicht eine pauschale Verneinung der Kontrolle zu vertreten.

(3) Zum dritten Argument der Stadt Halle-Entscheidung

> Die Zulassung einer In-House Vergabe an Gesellschaften, die einen privaten Mitgesellschafter haben, verstößt gegen den Grundsatz des freien

vom 18.11.2004, Rs. C-126/03, (Kommission/Deutschland), Slg. 2004, I-11197 ff., EuZW 2005, 26, 26).

312 So aber Bultmann, NZBau 2006, 222, 223.

313 So auch Krohn, NZBau 2005, 92, 94.

314 EuGH, Urteil vom 11.01.2005, Rs. C-26/03 (Stadt Halle), Slg. 2005, I-1 ff., Rn. 49, VergabeR 2005, 44, 51; VK Düsseldorf, NZBau 2001, 46, 48.

315 Siehe Kapitel 6 I 4.

Wettbewerbs und gegen den Grundsatz der Gleichbehandlung, weil der Private einen Vorteil gegenüber seinen Konkurrenten genießt.[316]

Das dritte Argument statuiert eine automatische Ungleichbehandlung privater Konkurrenten, wenn an eine Beteiligungsgesellschaft ein Auftrag ohne Ausschreibung ergeht. Dieser Ansatz ist sachlich gerechtfertigt.

Das Vergaberecht steht an der Schnittstelle zwischen dem Bestimmungsrecht der öffentlichen Hand und der Wahrung des freien Marktes (Binnenmarktsfreiheit). Mit dem neuen Vergaberecht wird die marktöffnende Regelung der EU umgesetzt.[317] Der Wettbewerbsfreiheit soll vermehrt Geltung verschafft werden. Die Gefahr bei gemischt-wirtschaftlichen Unternehmen wird darin gesehen, dass Private sie als Plattform nutzen, um ihr Marktverhalten für andere Bereiche abzustimmen und dadurch möglicherweise privilegierten Zugang zu öffentlichen Verträgen zu bekommen, folglich einen Wettbewerbsvorteil erreichen.[318]

Die ausnahmsweise Bevorzugung von gemischt-wirtschaftlichen Gesellschaften ist für die Zukunft ausgeschlossen. Durch die Einschränkung des Anwendungsbereichs der In-House Vergabe als Ausnahme von der Anwendbarkeit des Vergaberechts vergrößert sich der öffentliche Markt. Das Leitbild einer offenen Marktwirtschaft mit freiem Wettbewerb (Art. 4 Abs. 1 und 2, Art. 98 S. 2, Art. 105 Abs. 1 S. 3 EGV)[319] wurde mit dieser Entscheidung auch auf den öffentlichen Märkten verwirklicht.

Damit ist das einzige stichhaltige Argument, dem nichts entgegen gesetzt werden kann, die Verwirklichung eines freien und unverfälschten Wettbewerbs.

Mit dem neuen EuGH-Urteil kommt es nicht zu einer Benachteiligung der gemischt-wirtschaftlichen Gesellschaften. Für die Ungleichbehandlung gemischt-öffentlicher Gesellschaften (beziehungsweise angenäherte Gleichbehandlung gemischt-wirtschaftlicher Gesellschaften mit privaten Unternehmen) besteht

---

[316] EuGH, Urteil vom 11.01.2005, Rs. C-26/03 (Stadt Halle), Slg. 2005, I-1 ff., Rn. 51, VergabeR 2005, 44, 51, Rn. 51.

[317] BT-Drucks. 13/9340, S. 1 unter B. Lösung.

[318] Wolf in Stober/Vogel, Wirtschaftliche Betätigung der öffentlichen Hand, 2000, S. 5, 9.

ein sachlicher Grund.[320] Gemischt-wirtschaftliche Unternehmen sind nicht in derselben Weise dem Insolvenzrisiko ausgesetzt wie rein private Unternehmen. Wäre eine vergabefreie Auftragserteilung an gemischt-wirtschaftliche Gesellschaften möglich, so würde dies zu einer Benachteiligung dritter Unternehmen auf dem Markt kommen, die nicht von öffentlicher Hand gehalten werden, da diese mangels Ausschreibung nicht einmal die Chance hätten, auf dem Ausschreibungsmärkten mit den anderen Unternehmen um den Auftrag zu konkurrieren. Es ist anzunehmen, dass bei solchen Möglichkeiten, die öffentliche Hand sicherlich keine fakultative Ausschreibung vornehmen würde. Bei gemischt-öffentlichen Gesellschaften bleibt die Auftragsvergabe im Staat, andere (private) Unternehmen werden nicht benachteiligt.

c) Zusammenfassende Würdigung der EuGH-Rechtsprechung

Der Teckal-Entscheidung ist zugute zuhalten, dass sie den ersten Schritt hinsichtlich mehr Rechtsklarheit zur Bestimmung einer In-House Vergabe durch die Einführung zweier Kriterien vollzogen hat. Leider erwiesen sie sich im Ergebnis jedoch als zu uferlos.

Durch die Stadt-Halle-Entscheidung des EuGH hat wenigstens das erste Merkmal – Kontrollkriterium – eine Ausgestaltung erfahren, der zuzustimmen ist. Schließlich schafft sie in diesem komplizierten Bereich mehr Rechtssicherheit und Vorhersehbarkeit.[321] Besonders der Hinweis auf die unsachgemäße Bevorzugung eines Wettbewerbers und die mögliche Auswirkung auf den Markt rechtfertigen die Entscheidung. Für die Einschränkung auf gemischt-öffentliche Unternehmen plädiert auch die Generalanwältin Stix-Hackl[322] und GA La Pergola.[323]

---

319 Stober in Wolff/Bachof/Stober, Verwaltungsrecht, Band 3, 5. Auflage, 2004, § 91, Rn. 64.

320 A.A. Krohn, NZBau 2005, 92, 94.

321 Hattung/Ruhland, VergabeR 2005, 425, 427; Koman, ZfBR 2005, 349, 350.

322 GA Stix-Hackl, Schlussantrag vom 12.01.2006, Rs. C-340/04 (Carbotermo), Slg. 2006, I-4137 ff., Rn. 38, NZBau 2006, Heft 2, X, XIII.

323 GA La Pergola, Schlussantrag vom 19.02.1998, Rs. C-360/96 (Gemeente Arnhem), Slg. 1998, I-6821, 6840, Rn. 38. Kern der Entscheidung Gemeente Arnhem ist nicht die Frage gewesen, ob ein öffentlicher Auftrag vorliegt, sondern die Bedeutung des Ausdrucks der öffentlich-rechtlichen Einrichtung (im dt. Recht § 98 Nr. 2 GWB). Im Vergaberecht existiert eine Ausnahmevorschrift (im dt. Recht § 100 Abs. 2 lit. g) GWB), die eine Ausschreibung in dem dort genannten Fall - Vergabe an eine Person, die ebenfalls nach § 98 Nr. 1-3 GWB öffentlicher Auftraggeber ist und in ausschließliches Recht zur Erbrin-

Direkte Folge der Entscheidung ist zunächst, dass der Anwendungsbereich von In-House Vergaben durch den Ausschluss der gemischt-wirtschaftlichen Gesellschaft als tauglicher In-House Partner immens verkleinert wurde. Dementsprechend hat sich die Bedeutung der Auslegung des Kriteriums Kontrolle wie über die eigene Dienststelle verringert. In Frage kommen nur noch Eigen- und gemischt-öffentliche Gesellschaften. Die Problematik der Auslegung an sich bleibt bestehen. Es ist absehbar, dass die fachlichen Diskussionen um die Auslegung des ersten EuGH-Kriteriums in leicht verändertem Kontext weitergehen werden. Ferner lässt die Beschränkung der Ausnahme vergabefreier In-House Geschäfte eine deutliche Zunahme von Rechtsschutzverfahren erwarten. Diesem Gedanken wird im Teil 3 Rechnung getragen. Bei der öffentlichen Hand, insbesondere den Kommunen, wird es voraussichtlich in nächster Zeit zu erheblichen Umstrukturierungen kommen, da sämtliche gemischt-wirtschaftlichen Beteiligungsgesellschaften nunmehr in Vergabeverfahren mit anderen rein privaten Unternehmen konkurrieren müssen, wenn sie an öffentliche Aufträge gelangen wollen, was bisher nicht zwingend gefordert war.

Die Stadt Halle-Entscheidung hat lediglich in Einzelpunkten zur Klärung beigetragen, jedoch keinen eindeutigen Interpretationsansatz geliefert. Schwerpunkt der Diskussion wird sein, wie der konkret einen Auftrag vergebende Auftraggeber als Mitglied der Gesellschafter eine Kontrolle ausüben kann oder anders ausgedrückt, welche gesellschaftlichen Einflussmöglichkeiten und Konstellationen erfüllen eine Kontrolle.

III. Systematische Einordnung der Kriterien

Der EuGH stellt in keiner seiner Entscheidungen zur In-House Vergabe dar, wie diese Ausnahme methodisch einzuordnen ist. In der sonstigen Literatur und Rechtsprechung fällt die dogmatische Begründung dieses Ergebnisses unterschiedlich aus oder unterbleibt gelegentlich ganz.[324] Die Einordnung ist

gung der Leistung hat, nicht dem Vergaberecht unterwirft. Dennoch hat insbesondere der GA La Pergola zur Frage des Vorliegens einen öffentlichen Auftrags Stellung genommen.

[324] Müller-Wrede in Ingenstau/Korbion, VOB, Kommentar, 15. Auflage, 2004, § 99 GWB, Rn. 10-12

für die Entscheidung der Rechtsfrage inhaltlich nicht von Bedeutung, sollte aber der Vollständigkeit halber nicht unerwähnt bleiben.

Die In-House Vergabe kann als Auftragsvergabe innerhalb des Einflussbereichs des öffentlichen Auftraggebers beschrieben werden. Anknüpfungspunkt kann damit entweder der Auftrag im Sinne des § 99 Abs. 1 GWB oder ein qualifiziertes Verständnis des Unternehmensbegriffs sein.

Am einfachsten ist es hier zwischen den verschiednen Organisationsformen zu unterscheiden:

Bei Regie- und Eigenbetrieben kommt man rechtsdogmatisch über eine einfache Auslegung und Subsumtion des Begriffs Auftrag zu der Ausnahme von der Anwendbarkeit. Sie sind nicht Dritte bzw. Unternehmen im Sinne des § 99 Abs. 1 GWB.

Anders ist dies bei Eigen- und Beteiligungsgesellschaften. Diese sind von dem Auftraggeber getrennte Rechtspersonen bzw. Unternehmen, sodass die Voraussetzungen für einen Vertrag bei formaler Betrachtung[325] vorliegen. Das Vergaberecht wäre demnach grundsätzlich zu beachten.[326] Die dogmatische Begründung fällt dennoch sehr unterschiedlich aus. Teilweise wird ein vergabefreies Eigengeschäft bei einem Vertrag mit selbstständigen Rechtspersonen im Wege einer teleologischen Reduktion des Auftragsbegriffes angenommen.[327] Am häufigsten jedoch wird mit dem funktionellen Auftragsbegriff[328] beziehungsweise der funktionalen Auslegung der In-House Leistung[329] argumentiert, die einen identischen Inhalt haben. Nicht die Rechtsform, also das Be-

[325] Ehemals: Arrowsmith, The Law of Public and Utilities Procurement, 1996, 119, 415.

[326] Dies wird gelegentlich bei der Eigengesellschaft bestritten. Diese Bewertung taucht oft in älterer Literatur auf, zum Beispiel in: Pauly/Figgen/Hünnekens, Gemischtwirtschaftliche Entsorgungsunternehmen, 1997, S. 86-87. Hier wird auch nicht unterschieden, ob das gemischtwirtschaftliche Unternehmen von der öffentlichen Hand beherrscht wird und hauptsächlich für den öffentlichen Auftraggeber tätig wird. Jegliche Vergabe an ein gemischtwirtschaftliches Unternehmen wird hier als vergabepflichtig bewertet (S. 86).

[327] vgl. Harms/Schmidt-Wotterich, LKV 2004, 337, 340; Dreher in Immenga/Mestmäcker, GWB, Kommentar, 3. Auflage, 2001, § 99 GWB, Rn. 26.

[328] BGHZ 148, 55,61; BayObLG, VergabeR 2002, 244, 248; Jaeger, NZBau 2001, 6, 10; Otting, VergabeR 2002, 11, 14; Opitz, ZVgR 2000, 97, 103; Kullack in Heiermann/Riedl/Rusam, Handkommentar zur VOB, 10. Auflage, 2003, § 99 GWB, Rn. 3.

[329] Marx in Motzke/Pietzcker/Prieß, VOB, Teil A, Kommentar, 2001, § 99 GWB, Rn. 4; Faber, DVBl. 2001, 248, 251, Ortlieb, WuW 2003, 146, 148.

stehen eines Rechtsträgers, wird in den Mittelpunkt gestellt, sondern der öffentliche Auftrag einengend interpretiert. Andere nehmen eine teleologische Reduktion des Auftraggeberbegriffs[330] oder eine teleologische Reduktion des Unternehmensbegriffs vor[331] oder operieren mit einem funktionalen Unternehmensbegriff.[332]

Fraglich ist nun, welchem Ansatz zu folgen ist. In der rechtswissenschaftlichen Methodenlehre gilt der Grundsatz, dass die klassischen Auslegungsprinzipien Vorrang vor der Rechtsfortbildung (gesetzesausfüllend oder gesetzes--ergänzend) genießen. Beide Methoden sind zwar an sich nicht als wesensverschieden anzusehen, da sie oftmals dieselben Kriterien anwenden, dennoch stehen sie auf verschiedenen Stufen.[333]

Raum für eine teleologische Reduktion gibt es dann, wenn durch einen Typenvergleich ein spezieller Fall offenkundig wird, der zwar dem Anwendungsbereich einer Norm unterfällt, billigerweise aber hätte ausgenommen werden müssen.[334] Es handelt sich also um Fälle, in denen eine Norm aufgrund eines zu stark verallgemeinernden Tatbestandsmerkmals zu weit gefasst worden ist.[335] Insofern ist die teleologische Reduktion nicht mehr Interpretation der Rechtsnorm, sondern Rechtsfortbildung wie die Analogie[336] – nicht aber die Normkonkretisierung.[337] Die teleologische Reduktion schränkt den Kernbe-

---

330 Wittek, Das In-House Geschäft im EG-Vergaberecht, 2004, S. 165. Diese Ansicht ist jedoch mit der herrschenden Meinung abzulehnen. Es geht nicht um die Frage, wer öffentlicher Auftraggeber ist, sondern allein darum, ob von einem Beschaffungsvertrag gesprochen werden kann (s. Kapitel 3 III 2).

331 Endler, NZBau 2002, 125, 130.

332 Vgl.: OLG Frankfurt, VergabeR 2005, 80, 85 mit Anmerkungen Trautner; OLG Düsseldorf, VergabeR 2004, 619, 620 mit Anmerkungen Zirbes.

333 Larenz, Methodenlehre der Rechtswissenschaft, 6. Auflage, 1991, S. 366, 367. Larenz spricht von einer Fortsetzung der Auslegung in der Rechtsfortbildung.

334 Die teleologische Reduktion kommt dem Gebot der Gerechtigkeit und Gleichbehandlung nach, indem sie *„Ungleiches ungleich behandelt, das heißt sie nimmt die von der Wertung her erforderlichen Differenzierungen vor“* (Larenz, Methodenlehre der Rechtswissenschaft, 6. Auflage, 1991, S. 377, 392).

335 Zippelius, Juristische Methodenlehre, 6. Auflage, 1994, S. 63.

336 Horn, Einführung in die Rechtswissenschaft und Rechtsphilosophie, 3. Auflagen, 2004, Rn. 184; Kaufmann/Hassener/Neumann, Einführung in die Rechtsphilosophie und Rechtstheorie der Gegenwart, 7. Auflage, 2004, S. 113.

337 Röthel, Normkonkretisierung im Privatrecht, 2004, S. 128.

reich einer Norm ein,[338] wobei der Zweck der Regelung die Orientierung vorgibt.[339] Entscheidend für die Abgrenzung der teleologischen Reduktion von der Auslegung ist folglich, welche Bedeutung nach dem Sprachgebrauch einem Begriff noch zukommen kann oder umgekehrt, wann der Kern der Aussage verlassen wurde.[340]

Mittels Auslegung wird durch die verschiedenen Methoden versucht, ein genaueres Verständnis eines Begriffs zu ermitteln und ob der jeweilige Sachverhalt Teil der Regelung ist.[341] Dabei sind im Einzelfall die klassischen Auslegungsregeln zu beachten (grammatikalische, historische, systematische und teleologische Auslegung)[342].

Für die Frage der rechtsmethodischen Einordnung der In-House Vergabe an eine selbstständige Gesellschaft ergibt sich Folgendes:

Der funktionale Auftragsbegriff[343] knüpft nicht an das formale Erscheinungsbild des Auftrags an, sondern orientiert sich an der inhaltlichen Gestaltung der Verhältnisse – der Auftrag wird ausgelegt.[344] Ebenso könnte der Unternehmensbegriff funktional beschrieben werden. Entscheidendes Argument für die funktionale Betrachtungsweise ist, dass erstens eine formale Auslegung dem Verwaltungsrecht widerspräche[345] und zweitens die Umwandlung einer

---

338 Kaufmann/Hassener/Neumann, Einführung in die Rechtsphilosophie und Rechtstheorie der Gegenwart, 7. Auflage, 2004, S. 112.

339 Larenz, Methodenlehre der Rechtswissenschaft, 6. Auflage, 1991, S. 391 ff.

340 Zippelius, Juristische Methodenlehre, 6. Auflage, 1994, S. 44.

341 Dabei orientieren sich die Auslegungsmethoden am Wortlaut, Grammatik, Gesetzessystematik und Sinn und Zweck der Vorschrift.

342 Horn, Einführung in die Rechtswissenschaft und Rechtsphilosophie, 3. Auflage, 2004, Rn. 176-183.

343 Der funktionale Auftragsbegriff ist nichts anderes als eine einschränkende Auslegung des Tatbestandsmerkmals Auftrag. Er wurde in Anlehnung an den vom EuGH entwickelten funktionalen Auftraggeberbegriff entwickelt (EuGH, Urteil vom 20.09.1988, Rs. C-31/87 (Beentjes), Slg. 1988, 4635 ff., Rn.11; EuGH, Urteil vom 10.11.1998, Rs. C-360/96 (Gemeente Arnhem), Slg. 1998, I-6821 ff., Rn. 62). Der EuGH spricht in diesem Urteil selbst aber nicht von einem funktionalen Auftragsbegriff. Es wird ihm oft in den Mund gelegt (Michaels, NZBau 2004, 27, 28). Burgi meint, dass der funktionale Auftragsbegriff eine telelogische Reduktion des Auftragsbegriffs sei (Burgi, NZBau 2005, 208, 212).

344 Dogmatisch zu Unrecht die Aussage von Opitz, *„die funktionale Sicht stützt auch eine teleologische Reduktion des Auftragsbegriffs in den Fällen der In-House-Vergabe“* (Opitz, Marktmacht und Bieterwettbewerb, 2003, S. 58), weil die Literatur von der Struktur her entweder eine funktionale Auslegung oder eine Reduktion befürwortet.

345 Boesen, Vergaberecht, Kommentar, 2000, § 100 GWB, Rn. 95.

Rechtsperson, die Aufgaben für die öffentliche Hand wahrnimmt, nur äußerlich erfolgt. Die neu gegründete Rechtsperson nimmt dieselben Aufgaben und Funktionen wahr wie zuvor die öffentliche Hand, weshalb das bloße *„Überziehen eines neuen Kleides“* keine andere rechtliche Bewertung rechtfertigt.[346] Es kommt demnach nur darauf an, ob die auszuführende Leistung (der Auftrag) funktional durch die vergebende Stelle selbst oder durch einen anderes Unternehmen erbracht werden soll, der ihrer umfassenden Einflussnahme entzogen ist.

Im Falle der In-House Vergabe an Eigengesellschaften und gemischt-öffentliche oder gemischt-wirtschaftliche Gesellschaften ist jedoch das Tatbestandsmerkmal Auftrag bzw. Unternehmen des § 99 Abs. 1 GWB zu weit. Bei wortgetreuer Anwendung würde es zu einer Ungleichbehandlung von gleich zu behandelnden Fällen führen. Der Dritte, der mit dem öffentlichen Auftraggeber einen Vertrag abschließt, steht ihm trotz seiner organisatorischen und rechtlichen Selbstständigkeit so nahe, dass es nicht gerechtfertigt wäre, diesen Fall anders als Vergabe an eine Einheit ohne Rechtspersönlichkeit zu behandeln. Eine Nichtanwendung der Vorschrift – obwohl zwei übereinstimmende Willenserklärungen zweier Rechtssubjekte existieren – ist im Wege der Auslegung nicht zu erreichen. Der Kern des Begriffs Auftrag ist überschritten, wenn zwei übereinstimmende Willenserklärungen zweier selbstständiger unabhängiger Rechtssubjekte nicht vorliegen. Die juristisch fehlerfreie Einordnung ist damit nur über die teleologische Reduktion zu erreichen.[347]

Die gleiche Argumentation gilt, sofern man den Unternehmensbegriff im Blick hat. Insoweit kann dahinstehen, ob man an das Tatbestandsmerkmal „Auftrag“ oder „Unternehmen“ anknüpft. Methodisch ist jedenfalls die Ausnahme des In-House-Geschäfts durch teleologische Reduktion des betreffenden Merkmals zu erreichen.

---

346 Marx in Motzke/Pietzcker/Prieß, VOB, Kommentar, 2001, § 99 GWB, Rn. 4; Dreher, NZBau 2004, 14, 16; Marx, NZBau 2002, 311, 314.

347 So auch GA Stix-Hackl, Schlussantrag vom 23.09.2004, Rs. C-26/03 (Stadt Halle), Slg. 2005, I-1 ff., Rn. 52, NZBau 2004, Heft 11, VII, XII. Jedoch ohne eine Begründung dafür zu liefern. Ebenfalls Wittek, Das In-House Geschäft im EG-Vergaberecht, 2004, S. 192, 165 bis 167 mit zahlreichen Argumenten gegen die funktionale Betrachtung; Prieß, Handbuch des europäischen Vergaberechts, 3. Auflage, 2005, S. 191; Ziekow, VergabeR 2006, 608, 609.

IV. Zwischenergebnis

Dem öffentlichen Auftraggeber kommt aufgrund seiner Organisationsfreiheit eine große Gestaltungsmöglichkeit bei der Wahrnehmung seiner Aufgaben zu. Sofern er eine Beschaffung von Dienst-, Bau- oder Lieferleistungen auf einen Dritten überträgt, ist das Vergaberecht zu beachten. Davon kann im Einzelfall unter engen Voraussetzungen abgesehen werden, wenn es an einem öffentlichen Auftrag i. S. d. § 99 Abs. 1 GWB fehlt. Was die Auftragserteilung an eine unselbstständige Einheit (Regie- oder Eigenbetrieb) betrifft, liegt mangels Dritter bereits kein Auftrag vor; das Vergaberecht ist nicht anwendbar. Im Fall der Eigen- oder Beteiligungsgesellschaft würde das Vergaberecht zwar seinem Wortlaut nach grundsätzlich Anwendung finden; durch teleologische Reduktion des zu weit gefassten Wortlauts ist hiervon jedoch eine Ausnahme zu machen, sofern die Eigen- oder Beteiligungsgesellschaft dem öffentlichen Auftraggeber so zugerechnet werden kann, dass objektiv kein Unterschied zu einer internen Übertragung besteht. Damit wird die Übertragung der Gedanken von unselbstständigen identischen Organisationsformen der öffentlichen Hand auf eigenständige Rechtsträger anerkannt.[348]

Der EuGH hat zwei Kriterien entwickelt, die eine privilegierte ausschreibungsfreie Vergabe begründen. Sofern *„der öffentliche Auftraggeber eine Person mit Dienstleistungen betraut, über die er eine Kontrolle wie über eine eigene Dienststelle ausübt“*, wobei Gesellschaften, an denen ein Privater beteiligt ist ausgeschlossen sind, (1) und diese eigenständige rechtsfähige Gesellschaft als *„die beauftragte Person ihre Tätigkeit im Wesentlichen für diesen öffentlichen Auftraggeber verrichtet, deren Anteile er innehat“* (2), sind die Voraussetzungen erfüllt. Nicht von Bedeutung ist, ob der Vertragspartner selbst öffentlicher Auftraggeber ist. Für die Diskussion bedeutsam ist der Aspekt, dass weder in der Teckal- noch in der Stadt Halle-Entscheidung über den Einzelfall entschieden, sondern allgemeine Merkmale für die privilegierte In-House Vergabe herausgearbeitet wurden.

---

[348] Zur Vereinfachung und wegen der Erfassung beider Konstellationen (Vergaben an selbstständige und unselbstständige Einheiten) wird in dieser Arbeit „unsauber“ mit der gesamten Rechtsprechung und Literatur in Anlehnung an den funktionalen Auftraggeberbegriff von einem funktionalen Auftragsbegriff gesprochen.

Zur Entscheidung im Einzelfall ist der nationale Richter berufen.[349] Die konkrete Bewertung der unbestimmten Rechtsbegriffe muss das nationale, das *„vorlegende Gericht"* nach Maßgabe des gesamten nationalen Rechts unter Beachtung der europarechtskonformen Auslegung ermitteln.[350] Für die Beurteilung der Teckal-Kriterien sind alle Rechtsvorschriften und maßgeblichen Umstände zu berücksichtigen.[351] Dazu können auch Gesellschaftsverträge oder sonstige Vereinbarungen zählen.

Die Auslegung der beiden unbestimmten, ausfüllungsbedürftigen Kriterien hat zu lebhaften Diskussionen in Literatur und Rechtsprechung geführt und vielfach noch keine wirkliche Konkretisierung erfahren.

---

[349] Das *„vorlegende Gericht"* muss prüfen, die Entscheidung blieb dem nationalen Richter überlassen (EuGH, Urteil vom 18.11.1999, Rs. C-107/98 (Teckal), Slg. 1999, I-8121 ff., Rn. 49, NZBau 2000, 90, 91; GA Alber, Schlussantrag vom 18.03.1999, Rs. C-108/98 (RI.SAN), Slg. 1999, I-5219, 5235, Rn. 53; Krohn, NZBau 2005, 92, 95).

[350] EuGH, Urteil vom 18.11.1999, Rs. C-107/98 (Teckal), Slg. 1999, I-8121 ff., Rn. 49, NZBau 2000, 90, 91; GA Stix-Hackl, Schlussantrag vom 23.09.2004, Rs. C-26/03 (Stadt Halle), Slg. 2005, I-1 ff., Rn. 61, 65, NZBau 2004, Heft 11, VII, XII; Krohn, NZBau 2005, 92, 95; Arndt, Europarecht, 6. Auflage, 2003, S. 91.

[351] EuGH, Urteil vom 11.05.2006, Rs. C-340/04 (Carbotermo), Slg. 2006, I-4137 ff. Rn. 36, NZBau 2006, 452, 454.

§ 6 Kriterium: Kontrolle wie über die eigene Dienststelle

Die Frage, wann das Kriterium Kontrolle wie über die eigene Dienststelle zu bejahen ist, hat in der Vergangenheit viel Beachtung erfahren. Zu dem Verständnis und der Frage der Anwendbarkeit sind zahlreiche Entscheidungen ergangen und Veröffentlichungen erschienen. Kern dieses Kapitels ist daher die Auslegung des vom EuGH aufgestellten Kriteriums vor dem Hintergrund der im Einzelfall vorliegenden Gesellschaftsformen.

Der Rechtsanwender muss bei der Auslegung beachten, dass das Kriterium der Statuierung einer Ausnahme von der Anwendbarkeit des Vergaberechts dient und Ausnahmetatbestände im Vergaberecht grundsätzlich eng auszulegen sind.[352]

I. Inhalt und Reichweite des vergaberechtlichen Kontrollkriteriums

Die entscheidende Frage ist, wer zu welchem Zeitpunkt in welcher Art und Weise einen entscheidenden Einfluss ausüben muss und was der konkrete Umfang der Einflussnahmemöglichkeit ist.

1. Inhaber der Kontrollmöglichkeit

Fraglich ist, wer die Kontrolle ausüben muss - der öffentliche Auftraggeber, der den Auftrag erteilt, allgemein die öffentliche Hand oder alle an der Gesellschaft beteiligten öffentlichen Stellen gemeinschaftlich.

a) Kontrolle der öffentlichen Hand

Eine Ausschreibungsfreiheit sei bereits gegeben, wenn die auftragserteilende Gesellschaft nur Minderheitsgesellschafter sei: entscheidend sei nur, dass die öffentliche Hand (quasi als Einheit) eine Kontrolle ausübe.[353] Auf die Kontrolle

[352] Siehe Kapitel 4.

[353] Meines Erachtens zu Unrecht: Harms/Schmidt-Wotterich, LKV 2004, 337, 341: andernfalls sei die Freiheit der Formenwahl der Kommunen beschränkt. Ebenso: Gröning, ZIP 2001, 497, 502: Die Entscheidung Teckal sei falsch, weil bei paritätischer Beteiligung nie von einer Kontrolle durch einen Gesellschafter gesprochen werden könne. Die Entscheidung decke eine gemeinschaftliche Kontrolle, weil auch bei gemeinschaftlicher Kontrolle keine „eigene Entscheidungsgewalt“ bestünde (Dreher, NZBau 2004, 14, 17).

solle es nicht ankommen, maßgeblich sei ausschließlich *„die Verwirklichung eines Gemeinschaftswerks"*, das heißt der Wille, *„gemeinsam einzelne Aufgaben zu erfüllen"*.[354]

Diesem Ansatz einer abstrakten Kontrolle durch die öffentliche Hand, unabhängig von Beteiligungsstrukturen, das heißt der Stellung als Mitgesellschafter, kann nicht gefolgt werden, da sonst vielfältige Umgehungsmöglichkeiten eröffnet wären und dies nicht gewollt ist.[355]

So könnte sonst beispielsweise die Gemeinde X (auftragserteilende Gesellschaft) an die Gesellschaft Z der Gemeinde Y (Nachbargemeinde) ebenso vergabefrei einen Auftrag erteilen, weil diese Gesellschaft von der Gemeinde Y und damit von der öffentlichen Hand kontrolliert würde, wie an die Gemeinde Y direkt. Die Erteilung eines Auftrages von einer unabhängigen Gemeinde an eine andere ist aber evident ausschreibungspflichtig;[356] die Gemeinde Y aus dem Beispiel ist Vertragspartner und kann nicht der X zugerechnet werden. Somit muss das auch für die Gesellschaft Z gelten, an der X nicht einmal Anteile hält. Im Übrigen hätte es einer Teckal-Entscheidung seitens des EuGH gar nicht bedurft, denn es wäre widersinnig, wenn eine Gemeinde, die nicht Gesellschafter des Auftragnehmers ist, immer vergabefrei vergeben dürfte, eine Gemeinde die Gesellschafter ist, die Gesellschaft hingegen kontrollieren muss.

GA L.A. Geelhoed bestätigt in seinem Schlussantrag zur Rechtssache ANAV das gefundene Ergebnis mit dem Hinweis darauf, dass sonst Umgehungsmöglichkeiten bestünden.[357] Er sieht die Gleichbehandlung, Nichtdiskriminierung und Transparenz nicht gewahrt, wenn andere öffentliche Auftraggeber, die keine Anteile besitzen, vergabefrei Aufträge an eine kontrollierte Gesellschaft vergeben können.

---

354 Kleine/Flöther/Bräuer, NVwZ 2002, 1046, 1054.

355 GA Cosmas, Schlussanträge vom 01.07.1999, Rs. C-107/98 (Teckal), Slg. 1999, I-8121, 8137, Rn. 65.

356 Vgl. OLG Frankfurt, VergabeR 2005, 80, 85 mit Anmerkungen Trautner; OLG Düsseldorf, VergabeR 2004, 619, 620 mit Anmerkungen Zirbes.

357 GA L.A. Geelhoed, Schlussantrag vom 12.01.2006, Rs. C- 410/04 (ANAV), Slg. 2006, I-3303 ff., Rn. 21, NZBau 2006, Heft 2, VIII, X.

b) Gemeinschaftliche Kontrolle

Dieser Ansatz unterscheidet sich von dem erst genannten Ansatz unter (1) darin, dass der jeweilige auftragserteilende öffentliche Auftraggeber wenigstens Anteile an der zu beauftragenden Gesellschaft hält. Dabei gibt es verschiedene Möglichkeiten, wie die Eigengesellschaft der öffentlichen Hand (mehrere Gebietskörperschaften halten eine Gesellschaft) zusammengesetzt sein könnte.[358] Für die Vertreter dieses Ansatzes ist es nicht entscheidend, wie viele Anteile beide Gemeinden halten. Sie befürworten zu Unrecht eine abstrakte Gesamtbetrachtung, das heißt, sie fordern insgesamt eine Kontrolle durch die öffentliche Hand.[359] Dabei stützen sich ebenso auf die Teckal-Entscheidung des EuGH. Im Fall der Teckal-Entscheidung verfügte die Gemeinde Viano, die eine Lieferleistung in Anspruch nehmen wollte, lediglich über einen Beteiligungsanteil von 0,9 %. Ob dieser minimale Beteiligungsanteil ausreicht, um eine Kontrolle auszuüben, ließ der EuGH im konkreten Fall offen.[360] Er machte lediglich deutlich, dass Vergaben an selbstständige Gesellschaften nicht zwingend ausschreibungspflichtig sind. Von Bedeutung war lediglich, dass 100 % der Anteile von der öffentlichen Hand gehalten wurden.[361] Ob gesellschaftsrechtliche Einwirkungsmöglichkeiten bedeutsam seien, lasse die Entscheidung nicht erkennen. Der EuGH habe nicht darauf abgestellt, wer die meisten Stimmen hält oder Mehrheitsgesellschafter ist. Letztlich müsse nur die Gesellschaft kontrolliert werden. Nach hier vertretener Ansicht müsste dann jedoch das Kontrollkriterium aufrecht erhalten worden sein, weil der EuGH annahm, dass auch diese Gesellschaften ihren eigenen Willen entwickeln können und daher über eigene Entscheidungsgewalt verfügen. Um dies

---

358 Da auf größtmögliche Klarheit Wert gelegt wird, wird im Folgenden nur von zwei öffentlichen Auftraggebern (beziehungsweise in Anlehnung an die Teckal-Entscheidung von zwei Gemeinden als klassische öffentliche Auftraggeber) gesprochen. Unterschiede zu Gesellschaften mit mehreren Gesellschaftern bestehen dabei nicht.

359 GA Alber, Schlussantrag vom 18.03.1999, Rs. C-108/98 (RI.SAN), Slg. 1999, I-5219, 5234, Rn. 53; Dreher, NZBau 2004, 14, 17; Gnittke/Siederer, ZVgR 2000, 236, 238; Jasper/Pooth, VergabeR 2003, 613, 630; Schröder, NVwZ 2005, 25, 29; Steiff, NZBau 2005, 205, 208.

360 Anders der GA Cosmas: *„[man kann nicht davon ausgehen, dass die Gemeinde Viano mit 0,9 % Beteiligung] eine Kontrolle über das Konsortium ausübt, die der entspricht, die eine Einrichtung über eine interne Stelle ausübt.“* (GA Cosmas, Schlussantrag vom 01.07.1999, Rs. C-107/98 (Teckal), Slg. 1999, I-8121, 8136, Rn. 61).

361 Müller, VergabeR 2005, 436, 442; Steiff, NZBau 2005, 205, 208; Ziekow/Siegel, VergabeR 2005, 145, 147; Wittek, Das In-House Geschäft im EG-Vergaberecht, 2004, S. 245.

zu unterbinden bedarf es einer wie auch immer gearteten **dienststellenähnlichen Kontrolle**.

Diese Kontrolle, so die Vertreter dieser Ansicht, bedeute dann eine gemeinsame Kontrolle - analog § 36 II 2 GWB.[362] Die Gemeinden üben umfassende Entscheidungskompetenzen über die Zusammensetzung der Leitungsorgane aus und bestimmen über die finanzielle Abhängigkeit sowie über die wirtschaftlichen Grundlagen.[363] Der EuGH habe auf den kleinsten gemeinsamen Nenner abstellen wollen. Es komme nur auf eine Gesamtbetrachtung an. Andernfalls würde das Recht der öffentlichen Hand, sich frei zu organisieren, beschränkt (Organisationsfreiheit). Eine erhebliche Ausdehnung des Anwendungsbereiches könne nicht erwartet werden.[364] Für die Kontrolle durch nur irgendeine Einheit der öffentlichen Hand spreche ferner, dass keine eigene Entscheidungsbefugnis der Gesellschaft bestehe.

Eine gemeinsame Kontrolle über § 36 Abs. 2 S. 2 GWB eröffnet jedoch dem Missbrauch Tür und Tor.[365] Dies illustriert folgende Fallkonstellation: Die Gemeinde C erwirbt vor der Auftragserteilung 0,1 % der Anteile an einer florierenden Gesellschaft D von A und B und kann ausschreibungsfrei an D vergeben - wenn ein gemeinschaftlicher beherrschender Einfluss gegeben ist. Durch den Einkauf von Gesellschaftsanteilen im Vorfeld einer Ausschreibung wird der Wettbewerb eingeschränkt oder verzerrt. Ein möglicherweise bestehender Markt könnte umgangen werden. Private Unternehmer würden dann wiederum benachteiligt, da die gemischt-öffentlichen Gesellschaften wenigstens teilweise (s. 2. Kriterium) am freien Markt ihre Überschüsse anbieten könnten.[366]

---

362 So Krohn, NZBau 2005, 92, 95; Schröder, NVwZ 2005, 25, 29; Steiff, NZBau 2005, 205, 208; Gröning, ZIP 2001, 497, 502; Wittek, Das In-House Geschäft im EG-Vergaberecht, 2004, S. 245.

363 GA La Pergola, Schlussantrag vom 19.02.1998, Rs. C-360/96 (Gemeente Arnhem), Slg. 1998, I-6821, 6839, Rn. 36.

364 Wittek, Das In-House Geschäft im EG-Vergaberecht, 2004, S. 248.

365 Dieser Aspekt wurde von Wittek übersehen (Wittek, Das In-House Geschäft im EG-Vergaberecht, 2004, S. 248).

366 OLG Frankfurt, VergabeR 2005, 80, 85.

Eine gemeinsame Kontrolle widerspräche zudem vehement dem ursprünglichen In-House Gedanken – einer dienststellenartigen Kontrolle.[367] Die verschiedenen Gemeinden sind organisatorisch voneinander unabhängig, verfügen über getrennte Haushalte und können auf die Entscheidungen der jeweils anderen Gemeinde nicht einwirken. Von einer Vergabe innerhalb der eigenen vier Wände kann aus Sicht der auftragserteilenden Gemeinde nicht gesprochen werden. Eine globalisierende Gesamtbetrachtung wird von der gemeindlichen Selbstverwaltung nach Art. 28 GG ausgeschlossen. Im Rahmen der Selbstverwaltungsaufgaben unterstehen die Gemeinden nicht dem staatlichen Aufgaben- und Weisungsvollzug. Die **dienststellenähnliche Kontrolle** würde eine vergleichbare Interessenlage des jeweiligen Auftraggebers mit den anderen Gesellschaftern erfordern. Dabei ist es unübersehbar, dass auch Gemeinden in Konkurrenz zueinander stehen.[368] Die Gemeinden verfügen über verschiedene Haushalte, unterschiedliche Finanzmittel und werden zumeist von Personen unterschiedlicher Parteizughörigkeit regiert.

Von einer grundsätzlich gleichen Interessenlage und einer klar steuernden Gewalt durch die öffentliche Hand im Allgemeinen kann nicht die Rede sein.[369] Das wäre hingegen Voraussetzung, um das gemeinschaftliche Unternehmen als eigene Dienststellen zweier Gemeinden zu bewerten. Welches Organ sollte hier zur Interessenvertretung verpflichtet und befugt sein? Gemeinden verfügen nicht über gemeinsame Organe, die ihrer gemeinsamen Kontrolle unterliegen. Im Ergebnis überzeugt damit nur: mehrere Kommunen üben grundsätzlich nicht gemeinsam eine dienststellenartige Kontrolle aus.[370]

---

[367] Wirner, LKV 2005, 293, 295; a.A. Schröder, NVwZ 2005, 25, 29; Harms/Schmidt-Wotterich, LKV 2004, 337, 340, 341. Das Problem auch angedeutet, jedoch falsch gelöst: Wittek, Das In-House Geschäft im EG-Vergaberecht, 2004, S. 249.

[368] Starke Bedenken in dieser Richtung äußert auch Wirner, LKV 2005, 293, 295.

[369] GA Stix-Hackl, Schlussantrag vom 12.01.2006, Rs. C-340/04 (Carbotermo), Slg. 2006, I-4137 ff. Rn. 34, NZBau 2006, Heft 2, X, XIII.

[370] Krohn, NZBau 2005, 92, 95; ebenfalls Steiff, der aber zu einer anderen Lösung kommt (Steiff, NZBau 2005, 205, 208); Wirner, LKV 2005, 293, 295.

c) Eigene Kontrolle des öffentlichen Auftraggebers

Das Verständnis, dass der auftragserteilende öffentliche Auftraggeber kontrollieren muss[371], kann am Wortlaut der EuGH-Entscheidungen verdeutlicht werden:

In der Teckal-Entscheidung verwendet der EuGH den Begriff Gebietskörperschaft bewusst im Singular. Auch lassen seine weiteren Ausführungen im Urteil darauf schließen, dass nach Auffassung des EuGH nur der öffentliche Auftraggeber, der den Auftrag vergeben will, eine Kontrolle über die Gesellschaft ausüben muss.[372]

„Etwas anderes kann nur dann gelten [Anmerkung der Verfasserin: eine Ausschreibung ist nicht erforderlich], wenn **die Gebietskörperschaft** [Hervorhebung durch die Verfasserin] über die fragliche Person eine Kontrolle ausübt wie über **ihre eigenen Dienststellen** [Hervorhebung durch die Verfasserin] und wenn diese Person zugleich ihre Tätigkeit im Wesentlichen für die Gebietskörperschaft oder die Gebietskörperschaften verrichtet, die ihre Anteile innehaben."

Eine sprachliche Auslegung verdeutlicht, dass der EuGH an dieser Stelle seiner Entscheidung den Plural hätte verwenden müssen, wenn er auch eine Kontrolle wie über die eigene Dienststelle durch die weiteren Gebietskörperschaften als erste Voraussetzung für die In-House Vergabe gewollt hätte. Er hätte dann statt *„...wenn die Gebietskörperschaft über die fragliche Person..."* zum Beispiel formulieren müssen: „...wenn der öffentliche Auftraggeber und die anderen Gebietskörperschaften...„ oder „...die Gebietskörperschaften....".

---

[371] Diese Aussage hat nur Gültigkeit, wenn dem öffentlichen Auftraggeber nach § 98 GWB eine Selbstverwaltungskompentenz und Rechtsfähigkeit zukommt. Im Falle der Sondervermögens, das nach § 98 Nr. 1 2. Alternative GWB Auftraggeber sein kann (Hauptanwendungsfall ist der kommunaler Eigenbetrieb), ist dieser als Auftraggeber nur anzusehen, wenn ihm aufgrund besonderer rechtlicher Zuweisung Rechtsfähigkeit verliehen wurde. Ansonsten werde seine Handlungen dem rechtlichen Träger zugerechnet (Müller-Wrede in Ingenstau/Korbion, VOB, Kommentar, 15. Auflage, 2004, § 98 GWB, Rn. 6). Im letzteren Fall kommt es folglich wiederum auf die Kontrolle der dahinter stehenden Gebietskörperschaft an.

[372] So auch GA Cosmas, Schlussantrag vom 01.07.1999, Rs. C-107/98 (Teckal), Slg. 1999 I-8121, 8136, Rn. 61.

Der Plural Gebietskörperschaften wird allerdings erst für das zweite Kriterium relevant.[373] Für das Kontrollkriterium bedeutet es nur, dass die auftragserteilende Gesellschaft eine Kontrolle über die Gesellschaft wie über eine eigene Dienststelle ausüben muss, damit eine In-House Vergabe vorliegen kann. Selbst die von einigen Autoren favorisierte gemeinsame Kontrolle mehrerer Gebietskörperschaften ist nicht als ausreichend zu beurteilen.[374]

Entsprechend der Wortlautauslegung bei der Teckal-Entscheidung ist Bezugssubjekt das Kontrollerfordernis des öffentlichen Auftraggebers, der den Auftrag erteilt.[375] Diese Ansicht wurde durch den EuGH in der Stadt Halle-Entscheidung bestätigt. Nicht alle Gesellschafter müssen die Kontrolle ausüben, sondern nur die vergebende Gemeinde.[376] Augenscheinlich ist zunächst nur, dass der EuGH in dieser Entscheidung den Begriff Gebietskörperschaft (bei Teckal) durch denjenigen der öffentlichen Stelle (Stadt Halle) ersetzt.[377]

> *„Das gilt dann, wenn die öffentliche Stelle, die ein öffentlicher Auftraggeber ist, über die fragliche Einrichtung eine ähnliche Kontrolle ausübt wie über ihre eigenen Dienststellen und diese Einrichtung ihre Tätigkeit im Wesentlichen mit der oder den öffentlichen Stellen verrichtet, die ihre Anteile innehaben".*[378]

---

373 Zu Unrecht Jasper/Pooth, VergabeR 2003, 613, 620, die nicht zwischen den Kriterien trennen.

374 Die gemeinsame Kontrolle soll dann über § 36 II GWB erfolgen (Krohn, NZBau 2005, 92, 95; Schröder, NVwZ 2005, 25, 29; Steiff, NZBau 2005, 205, 208; Gröning, ZIP 2001, 497, 502; Wittek, Das In-House Geschäft im EG-Vergaberecht, 2004, S. 245). S. Kapitel 6 II 3 d (3).

375 Dass die Teckal-Entscheidung sowohl für als auch gegen die Auslegung Eigengesellschaft der öffentlichen Hand spricht, liegt an ihren ambivalenten, kurzen und unbestimmten Entscheidungsgründen. Siehe dazu bereits ausführlich unter Kapitel 5 II). Der jeweilige Auftraggeber muss kontrollieren (Gnittke/Siederer, ZVgR 2000, 236, 237; eindeutig vor allem: Hatting/Ruhland, VergabeR 2005, 425, 436).

376 So auch GA Cosmas, Schlussanträge vom 01.07.1999, Rs. C-107/98 (Teckal), Slg. 1999, I-8121, 8136, Rn. 61; GA Léger, Schlussantrag vom 15.06.2000, Rs. C-94/99 (ARGE Gewässerschutz), Slg. 2000, I-11037 ff., Rn. 56, 65-67; Brown/Smith, PPLR 2000, CS 41, CS 43; Rabolt in Cox, Ausschreibungswettbewerb bei öffentlichen Dienstleistungen, 2003, S. 109.

377 Der Begriff öffentliche Stelle ansich ist allerdings viel zu undifferenziert und kann hinsichtlich des Verständnisses, wer öffentlicher Auftraggeber ist, der theoretisch eine In-House Vergabe vornehmen kann nicht beitragen.

378 EuGH, Urteil vom 11.01.2005, Rs. C-26/03 (Stadt Halle), Slg. 2005, I-1 ff., Rn. 49, VergabeR 2005, 44, 51.

Im Übrigen bleibt es bei der Kontrolle wie über die eigene Dienststelle. Der Begriff der öffentlichen Stelle ist nicht im Gesetz definiert und soll nun als neuer Begriff die Gebietskörperschaft oder sonstige öffentliche Auftraggeber ersetzen.

Für die Annahme einer notwenigen Kontrolle durch den jeweiligen auftragserteilenden Auftraggeber sprechen mehrere Argumente:

Erstens wurde auch hier, wie schon bei Teckal, als Numerus der Singular gewählt - öffentliche Stelle anstelle von öffentlichen Stellen.[379] Eine Sinnesänderung lässt sich lediglich aus der Verwendung eines anderen Begriffs nicht ablesen. Außerdem würde die Aufgabe einer Kontrolle durch den auftragserteilenden Auftraggeber zu einer Ungereimtheit führen. Der EuGH schafft einen neuen Begriff der öffentlichen Stelle und hält dennoch an dem Kriterium der Kontrolle fest. Auch im neuen Urteil knüpft er hieran an. Hätte er es ausreichen lassen wollen, dass Gesellschafter einer inhousefähigen Gesellschaft alle Gebietskörperschaften oder öffentliche Stellen unabhängig von ihrer gesellschaftsrechtlichen Stellung sein sollten, so hätte er das Kriterium der Kontrolle schlicht fallen lassen können. Oder umgekehrt wäre es ein Einfaches gewesen, klarzustellen, dass die öffentliche Hand den Auftragnehmer an sich kontrollieren muss. Dies ist indes nicht erfolgt. Dies lässt sich auch aus dem Satz ablesen: *„Dagegen schließt die - auch nur minderheitliche - Beteiligung eines privaten Unternehmens am Kapital einer Gesellschaft, an der auch der betreffende öffentliche Auftraggeber beteiligt ist, es auf jeden Fall aus, dass* ***der*** *[Hervorhebung durch die Verfasserin] öffentliche Auftraggeber über diese Gesellschaft eine ähnliche Kontrolle ausübt wie über seine eigenen Dienststellen."*[380] Im gleichen Sinne plädiert die Generalanwältin Kokott: Es muss ausreichen, wenn *„**der** [Hervorhebung durch die Verfasserin] öffentliche Auftraggeber tatsächlich jederzeit in der Lage ist, in jenem Unternehmen seinen im öffentlichen Interesse liegenden Zielen in vollem Umfang Geltung zu verschaffen"*[381].

---

[379] So fälschlicherweise mit unpassender Folgerung: Müller, VergabeR 2005, 436, 442.

[380] EuGH, Urteil vom 11.01.2005, Rs. C-26/03 (Stadt Halle), Slg. 2005, I-1 ff., Rn. 49, VergabeR 2005, 44, 51.

[381] GA Kokott, Schlussantrag vom 01.03.2005, Rs. C-458/03 (Parking Brixen GmbH), Slg. 2005, I-8585 ff., NZBau 2005, Heft 4, VII, XV, Rn. 72.

Zweitens ist die Kommission bestrebt, alle Vereinbarungen auch interkommunaler Art als ausschreibungspflichtig einzustufen. Die Ausnahmen vom Anwendungsbereich des Vergaberechts sind weiterhin eng auszulegen.[382] Insofern muss es tatsächlich auf die Kontrolle des öffentlichen Auftraggebers ankommen.

Drittens wäre dem Ziel des Vergaberechts, eine Marktöffnung zu erreichen, nicht Genüge getan, würde man bei gemischt-öffentlichen Gesellschaften, und damit bei allen Anteilseignern, automatische eine Kontrolle bejahen. Dies verbietet sich bereits mit Blick auf den Zweck des europäischen Vergaberechts, da dieser auch bei gemischt-öffentlichen Gesellschaften verhindert werden kann.[383]

Kommunen und sonstige Gebietskörperschaften könnten sich ihre vergabefreien Refugien schaffen. Umgekehrt kommt es bei der hier vertretenen Alternative (siehe Beispiel unter b) gemeinschaftliche Kontrolle) zu einer (hinnehmbaren) starken Einschränkung des Anwendungsbereichs des In-House Geschäfts in der Praxis.[384]

Damit geht es letztendlich nicht um die Prüfung, ob die Gesellschaft eigene Entscheidungsgewalt hat,[385] sondern nach wie vor um die Frage, ob der jeweilige Auftraggeber eigenständig agiert und nicht mit den anderen Gesellschaftern gemeinsam kontrolliert und beherrscht.

d) Ergebnis

Entscheidend ist im Ergebnis, dass der jeweilige Auftraggeber nicht lediglich als herrschendes Unternehmen angesehen wird, sondern dass er eine Kontrolle wie über die eigene Dienststelle ausübt. Dies ist ohne direkte Beteiligung nicht möglich. Würde selbst irgendeine Kapitalbeteiligung ohne eigene Kontrolle ausreichen, könnte eine Gemeinde sich stets in öffentliche Gesellschaften einkaufen und wäre von der Ausschreibungspflicht befreit. Der Wettbewerb

---

[382] Siehe Kapitel 4.
[383] Faber, DVBl. 2001, 248, 252, 253.
[384] So auch gerade Hattig/Ruhland, VergabeR 2005, 425, 436.
[385] Dies wird teilweise zu Grunde gelegt (siehe: Dreher, NZBau 2004, 14, 17).

würde ausgeschaltet. Ein Vergleich mit einer internen Auftragserfüllung ist nicht mehr möglich. Die Umgehungsgefahr ist offenkundig.

2. Rechtsform des öffentlicher Auftraggebers

Es spielt nach den EuGH-Entscheidungen keine Rolle, ob der öffentliche Auftraggeber als Körperschaft oder als privatrechtliche Gesellschaft agiert. Die Nennung Gebietskörperschaft erfolgt insoweit nur beispielhaft.[386] Die Formulierung wurde bewusst allgemein gehalten. Schließlich muss es schon aufgrund des Diskriminierungsverbots ein vergabefreies In-House Geschäft auch bei Privaten geben, die im jeweiligen Einzelfall als öffentliche Auftraggeber eingestuft werden.

3. Umfang der Kontrolle

Entscheidend ist nicht nur eine prinzipielle Kontrolle, sondern gleichermaßen eine Aufgabenkontrolle im Einzelfall. Ergo kommt es auf eine umfassende Einflussnahme an.[387] Der öffentliche Auftraggeber muss damit nicht nur generell die Gesellschaft lenken und strategische Ziele verfolgen, sondern auch auf aktuelle Gegebenheiten einwirken können.[388] Die Tagespolitik muss ebenso positiv und umfassend gestaltend beeinflussbar sein wie die Gesellschaftspolitik allgemein.[389] Dabei ist für die Frage der Kontrolle immer der jeweilige Auftrag und dort das Innenverhältnis - wer kann interne und externe Entscheidungen bewirken und diese gegebenenfalls auch gegen andere Gesellschafter

386 So auch Dreher, NZBau 2004, 14, 16.

387 GA La Pergola, Schlussantrag vom 19.02.1998, Rs. C-360/96 (Gemeente Arnhem), Slg. 1998, I-6821, 6839, Rn. 36; BayObLG, VergabeR 2002, 244, 248 mit Anmerkungen Wagner; Dreher, NZBau 2002, 245, 253; Kleine/Flöther/Bräuer, NVwZ 2002, 1046, 1049.

388 EuGH, Urteil vom 13.10.2005, Rs. C-458/03 (Parking Brixen GmbH), Slg. 2005, I-8585 ff., Rn. 65, NZBau 2005, 644 ff.; GA Stix-Hackl, Schlussantrag vom 12.01.2006, Rs. C-340/04, (Carbotermo), Slg. 2006, I-4137 ff., Rn. 30, NZBau 2006, Heft 2, X, XII; Ollmann, VergabeR 2004, 669, 673; Jasper/Pooth, VergabeR 2003, 613, 619; Schauenburg, NZBau 2002, 259 (Printkurzfassung), unter www.nzbau.de Onlineversion, 2001_08241_1, S. 1,8; anders zum Beispiel Gröning, der eine Kontrolle über wichtige Entscheidungen, wie die Satzungsänderung bei der GmbH ausreichen lässt (Gröning, ZIP 2001, 497, 502).

389 Dreher, NZBau 2002, 245, 253.

durchsetzen[390] - und nicht das Erscheinungsbild, das die Gesellschaft nach außen vermittelt, zu betrachten.[391]

Mit anderen Worten ist also die gesamte Spannweite der Entscheidungen einer Gesellschaft zu kontrollieren: Entscheidungen über die Grundsätze der gesellschafterlichen Zusammenarbeit (Grundlagenangelegenheiten, wie insbesondere Satzungsänderung und Änderung des Gesellschafterkreises) als auch Entscheidungen der Geschäftstätigkeit (Tagesgeschäfte und Grundsatzgeschäfte der Geschäftsführung). Letzteres wird im Folgenden vereinfacht als Tagesgeschäft bezeichnet.

Die Auftragsvergabe an eine Enkelin kann auch die Anforderungen eines In-House Geschäfts erfüllen, wenn auf allen Ebenen dem Kontrollerfordernis Rechnung getragen wird.[392] Die Kontrollkette muss geschlossen sein.[393]

4. Art der Kontrolle

Grundlage aller Interpretationen ist, dass die vom EuGH geforderte Kontrolle wie über die eigene Dienststelle nicht bedeuten kann, dass die Art der Kontrolle mit derjenigen über eine Dienststelle identisch sein muss. Vielmehr genügt eine vergleichbare Kontrolle; ein Verständnis, das sowohl der Wortlaut[394] als auch Sinn und Zweck der Erwägungen des EuGH untermauern.[395] Außerdem

390 Leinemann, Die Vergabe öffentlicher Aufträge, 3. Auflage, 2004, Rn. 68.

391 GA Kokott, Schlussantrag vom 01.03.2005, Rs. C-458/03 (Parking Brixen GmbH), Slg. 2005, I-8585 ff., Rn. 65, 66, NZBau 2005, Heft 4, VII, XIV; Masing, ZfBR 2002, 450, 453.

392 GA Stix-Hackl, Schlussantrag vom 12.01.2006, Rs. C-340/04 (Carbotermo), Slg. 2006, I-4137 ff., Rn. 39, NZBau 2006, Heft 2, X, XIII.

393 EuGH, Urteil vom 11.05.2006, Rs. C-340/04 (Carbotermo), Slg. 2006, I-4137 ff., Rn. 47, NZBau 2006, 452, 455 mit Anmerkungen Koch, VergabeR 2006, 486, 486; Jennert, NZBau 2006, 421,422.

394 Vgl. die anderssprachigen Übersetzungen: „un controllo analogo“ (ital.) (Verfahrenssprache war Italienisch); „a control which is similar“ (engl.); „un contrôle analogue“ (franz.). So auch Rindtorff/Gabriel, VergabeR 2004, 577, 579.

395 GA Kokott, Schlussantrag vom 01.03.2005, Rs. C-458/03 (Parking Brixen GmbH), Slg. 2005, I-8585 ff., NZBau 2005, Heft 4, VII, XIII, Rn. 72; GA Stix-Hackl, Schlussantrag vom 23.09.2004, Rs. C-26/03 (Stadt Halle), Slg. 2005, I-1 ff., Rn. 64, NZBau 2004, Heft 11, VII, XII; BayObLG, VergabeR 2002, 244, 248 mit Anmerkungen Wagner.

wären andernfalls der Anwendungsbereich des Kriteriums und damit die Ausnahme insgesamt nahezu auf Null reduziert.[396]

Möchte man die Vergleichbarkeit einer Kontrolle zu der innerhalb einer Verwaltung[397] beurteilen, so ist es bedeutend, das verwaltungsrechtliche Verständnis nachzuvollziehen. Der für die Auslegung des EuGH-Kriteriums *„Kontrolle wie über eine eigene Dienststelle* [Hervorhebung durch die Verfasserin]" bedeutsame Aspekt kann nur den Bereich der Verwaltung im organisatorischen Sinn betreffen.[398] Die Kernfrage lautet dabei: Wie kann ein Wille von oben nach unten innerhalb der Verwaltung weitergegeben und überprüft werden? Eine Differenzierung nach unmittelbarer[399] oder mittelbarer Verwaltung ist unbedeutend. Entscheidend ist nur, dass eine interne Willens- und Handlungsabhängigkeit der zu beauftragenden Gesellschaft zu dem öffentlichen Auftraggeber besteht.[400] Damit bleibt einzig die Frage, wie die interne Organisation bei der Staatsverwaltung ausgestaltet ist.

Zunächst ist Folgendes klarzustellen: Von einer verwaltungsorganisatorischen Kontrolle kann nur gesprochen werden, wenn der Staat die Verantwortung und Gestaltungsmacht für die Erfüllung seiner Aufgaben nicht abgibt.[401]

---

396 OLG Naumburg, VergabeR 2003, 196, 202 mit Anmerkungen Schwenker/Heinze, Faber, DVBl. 2000, 248, 254; Jasper/Pooth, VergabeR 2003, 613, 615.

397 Wolff, Allgemeines Verwaltungsrecht, 4. Auflage, 2004, Kapitel 1, Rn. 4-6. Aufgrund der Schwierigkeit, den Begriff der Verwaltung positiv zu bestimmen, nahm die ältere Verwaltungslehre oftmals eine negative Begriffsbestimmung vor.

398 Welche Einrichtungen nutzt der Staat zur Erfüllung seiner Aufgaben? Siehe hierzu Kapitel 1 I 1. Verwaltung im formellen (funktionalen) Sinn umschreibt letztlich sämtliche Tätigkeiten, die die Verwaltung im organisatorischen Sinne vornimmt, unabhängig davon, ob sie im legislativen oder exekutiven Bereich liegen (Wolff, Allgemeines Verwaltungsrecht, 4. Auflage, 2004, Kapitel 1, Rn. 6) Anders die Verwaltung im materiellen Sinn, bei der der Schwerpunkt auf der Verwaltungstätigkeit liegt. Sie gibt antwort auf die Frage, wie die Verwaltungsangelegenheiten wahrgenommen werden. Wird eine Erlaubnis erteilt, ein Bescheid erlassen, ein Vertrag geschlossen oder eine Verordnung verabschiedet?

399 Unmittelbare Verwaltung meint, dass der Staat seine Aufgaben selbst oder durch eigene Verwaltungsbehörden wahrnimmt. Mittelbare Verwaltung hingegen ist die Wahrnehmung der Verwaltungsaufgaben durch selbstständige Verwaltungsträger (Wolff, Allgemeines Verwaltungsrecht, 4. Auflage, 2004, Kapitel 12 Rn. 5,6).

400 Kleine/Flöther/Bräuer, NVwZ 2002, 1046, 1049.

401 Eine solche Abgabe von Rechten und Pflichten liegt zum Beispiel bei einer materiellen oder sog. Aufgabenprivatisierung vor (siehe Kapitel 4 II 4 a).

Es kommt demnach auf die innere Organisation in der Verwaltung, den Verwaltungsaufbau an. Ausschlaggebend ist beispielsweise, ob die Entscheidungsmacht der Behördenleiter[402] es erlaubt, eine Aufgabe an weisungsabhängige Angestellte weiterzugeben oder ob eine Verpflichtung zur Selbsterfüllung besteht. Generelle und spezielle Aufsichts- und Weisungsrechte ermöglichen eine Stringenz von oben nach unten und sichern die Organisationsstruktur.[403] Die **Weisung** ist also das entscheidende Merkmal einer verwaltungsorganisatorischen Kontrolle; sie ist als *„zentrales Steuerungsinstrument"* auch im Gemeinderecht verankert.[404] Eine Weisung kann im Rahmen der Fach-, Dienst- und oder Rechtsaufsicht zum Ausdruck kommen.[405] Die übergeordnete Behörde prüft das Verhalten der untergeordneten Behörde in Bezug auf Recht- und Zweckmäßigkeit[406] und hat gegebenenfalls ein Selbsteintrittsrecht. Bei Beamten folgt die Pflicht zur Befolgung von Weisungen aus der Gehorsamspflicht.[407]

Im Ergebnis muss die Einflussnahme damit eine positive sein.[408] Der Behördenleiter muss die Möglichkeit haben, über Direktiven Handlungsweisen herbeizuführen. Er muss bestimmen können, welche Aufgaben die Gesellschaft wahrnimmt und wie sie umgesetzt werden, wie die Gesellschaft intern funktioniert, etc. Es geht also um eine positive Gestaltung der Geschäftstätigkeit und nicht nur um eine Verhinderung der Steuerung durch Dritte (negative Machtstellung). Auf letzteres läuft jedoch die negative Beherrschung in Form der Kontrolle hinaus. Negative Kontrolle[409] führt zu einer zwingenden Rücksicht-

---

402 Behörden sind Organe juristischer Personen, derer sich der Staat zur Erledigung seiner Aufgaben bedient, weil juristische Personen selbst mangels Rechtsfähigkeit nicht handlungsfähig sind.

403 Schwintowski, NJW 1995, 1316, 1317; Wittek, Das In-House Geschäft im EG-Vergaberecht, 2004, S. 178; Wolff, Allgemeines Verwaltungsrecht, 4. Auflage, 2004, Kapitel 12, Rn. 53.

404 Schwintowski, NJW 1995, 1316, 1317; Strobel, DVBl. 2005, 77, 78.

405 Vgl. Schauenburg, NZBau 2002, 259 (Printkurzfassung), www.nzbau.de Onlineversion, 2001_08241_1, S. 1, 3.

406 Burgi in Erichsen/Ehlers, Allgemeines Verwaltungsrecht, § 52 V 3, Rn. 44.

407 Maurer, Allgemeines Verwaltungsrecht, 15. Auflage, 2004, § 22, Rn. 34.

408 Nach einer nicht überzeugenden Gegenposition ist eine negative Beherrschung ausreichend, das heißt, dass die verschiedenen öffentlichen Gesellschafter nur gemeinschaftlich die Satzung ändern können (Gröning, ZIP 2001, 497, 502).

409 Sie ist zu bejahen, wenn aufgrund der Sperrminorität eine Rechtsmacht einhergeht, mittels derer Grundlagenentscheidungen in der Gesellschaft verhindert werden können

nahme nicht aber zu einer aktiven Gestaltungsfähigkeit; sie ist eher mit einem Vetorecht vergleichbar. Die bloße Verhinderungsmöglichkeit von Maßnahmen reicht nicht aus. Selbst wenn ohne die Sperrminorität die Besetzung der Organe nicht möglich ist, kann nicht von einer Beherrschung gesprochen werden. Entscheidend ist vielmehr, wer über die Entscheidungen und die Marschroute der Gesellschaft bestimmt.[410] Nur die positiven Gestaltungsmöglichkeiten[411] schließen eine eigene Entscheidungsgewalt der Gesellschaft aus, wie es der EuGH als Synonym anstelle einer Kontrolle wie über eine eigene Dienststelle fordert. Der konkret vergebende öffentliche Auftraggeber muss somit gestaltend einwirken können.[412] Eine negative Beherrschung kann nicht das vergaberechtliche Kontrollkriterium erfüllen.

Im Zusammenhang mit dem Einsatz von Beteiligungsgesellschaften für die Erfüllung öffentlicher Aufgaben wird die Einflussnahme unter dem Stichwort der Weisungsgebundenheit oder Weisungsfreiheit von Beteiligungsgesellschaften erörtert.[413] Auch hier ist entscheidend, dass die jeweiligen Träger der Beteiligungsgesellschaften, in der Regel Gemeinden, weiterhin die Gesellschaft lenken können, denn sie sind für die Beteiligungsgesellschaften verantwortlich.[414] Auch aus rechtsstaatlicher Perspektive muss eine positive Einwirkungsmöglichkeit gegeben sein.[415] Eine Rückkopplung mit dem Träger ist notwendig, da die Beteiligungsgesellschaften *„Teil der Gemeindeverwaltung im materiellen Sinne sind"*.[416]

Zudem kann auch eine Auftragsvergabe an eine Enkelin die Anforderungen eines In-House Geschäfts erfüllen, wenn auf allen Ebenen dem Kontrollerfor-

---

(statt aller: Emmerich in Emmerich/Habersack, Aktien und GmbH-Konzernrecht, Kommentar, 4. Auflage, 2005, § 17 AktG, Rn. 25).

410 Zwar sehr zurückhaltend, jedoch die Beherrschung im Einzelfall bejahend: Emmerich in Emmerich/Habersack, Aktien und GmbH-Konzernrecht, Kommentar, 4. Auflage, 2005, § 17 AktG, Rn. 25; Bayer in Münchner Kommentar zum Aktiengesetz, 2. Auflage, 2000, Band 1, § 17 AktG, Rn. 44, 31 ff.

411 Eine positive Gestaltungsfähigkeit fehlt ebenfalls, wenn der Vorstand bestimmte Geschäfte nur mit Zustimmung des Aufsichtsrats tätigen darf, § 111 Abs. 4 S. 2 AktG (Möstl, Grundrechtsbindung öffentlicher Wirtschaftstätigkeit, 1999, S. 16).

412 Siehe Kapitel 5 II 2 b) zur Würdigung des Stadt Halle-Urteils.

413 Strobel, DVBl. 2005, 77-81.

414 Spannowsky, DVBl. 1992, 1072, 1074.

415 Kluth in Wolff/Bachof/Stober, Verwaltungsrecht, Band 3, 5. Auflage, 2004, § 81, Rn. 51, 57.

dernis Rechnung getragen wird.[417] Die Kontrollmöglichkeit muss umfassend und die Kontrollkette geschlossen sein.[418]

5. Zeitpunkt der Kontrolle

Maßgeblicher Zeitpunkt für die Anwendung der EuGH-Kriterien ist grundsätzlich der Abschluss des Vertrages,[419] wobei im Wege einer Gesamtbetrachtung nachfolgende Nachprüfungsverfahren und Änderungen nach dem Zuschlag mit zu berücksichtigen sind (Umgehungsgeschäfte).[420] Dasselbe gilt für den Gesellschaftsvertrag und Zusatzvereinbarungen.[421] Ist zum Beispiel eine Anteilsveräußerung in naher Zukunft vorgesehen, die eine Kontrolle in Frage stellt, ist dies für die Wertung mit einzubeziehen.[422]

6. Tatsächliche Ausübung der Kontrolle

Allerdings muss die Kontrolle aus Gründen der Rechtssicherheit nicht tatsächlich ausgeübt werden, da die tatsächliche Einflussnahme schwer zu beweisen ist.[423] Entscheidend sind vielmehr die konkreten Befugnisse, die sich aus der kompletten Ausgestaltung der Beziehungen der Beteiligten im Einzelfall ergeben, das heißt nicht nur der Inhalt des Vergabevertrages. Die Möglichkeit der

---

416 Strobel, DVBl. 2005, 77, 78.

417 GA Stix-Hackl, Schlussantrag vom 12.01.2006, Rs. C-340/04 (Carbotermo), Slg. 2006, I-4137 ff., Rn. 39, NZBau 2006, Heft 2, X, XIII.

418 EuGH, Urteil vom 11.05.2006, Rs. C-340/04 (Carbotermo), Slg. 2006, I-4137 ff., Rn. 47, NZBau 2006, 452, 455 mit Anmerkungen Koch, VergabeR 2006, 486, 486; Jennert, NZBau 2006, 421,422.

419 GA Kokott, Schlussantrag vom 01.03.2005, Rs. C-458/03 (Parking Brixen GmbH), Slg. 2005, I-8585 ff., Rn. 56, NZBau 2005, Heft 4, VII, XIII. Eine laufende ex-post Kontrolle sei nicht umsetzbar (Dreher, NZBau 2001, 360, 363).

420 Anders GA Kokott, die mögliche künftige Beteiligungen Dritter an der Gesellschaft, die den Zuschlag erhalten soll, für unschädlich erachtet, sofern sie nicht unmittelbar bevorsteht und auf ein Umgehungsgeschäft hindeutet (GA Kokott, Schlussantrag vom 01.03.2005, Rs. C-458/03 (Parking Brixen GmbH), Slg. 2005, I-8585 ff., Rn. 56, NZBau 2005, Heft 4, VII, XIII.

421 VK Baden-Württemberg, Beschluss vom 18.03.2004, 1 VK 7/04.

422 Vgl. statt vieler: OLG Düsseldorf, NZBau 2004, 343, 345.

423 GA Stix-Hackl, Schlussantrag vom 12.01.2006, Rs. C-340/04 (Carbotermo), Slg. 2006, I-4137 ff, Rn. 30, NZBau 2006, Heft 2, X, XII; GA Stix-Hackl, Schlussantrag vom 23.09.2004, Rs. C-26/03 (Stadt Halle), Slg. 2005, I-1 ff., Rn. 76, NZBau 2004, Heft 11, VII, XIII; Dreher, NZBau 2001, 360, 363; Dreher, NZBau 2002, 245, 253.

umfassenden Einflussnahme reicht wie im Konzernrecht (vgl. § 17 Abs. 1 AktG) aus.[424]

II. Umsetzung des Kontrollkriteriums in der privatrechtlichen Organisation

Bei der Prüfung, ob eine In-House Vergabe vorliegt, erfährt stets die zu beauftragende Gesellschaft eine besondere Aufmerksamkeit. Setzt man das Kontrollkriterium in der privatrechtlichen Organisation um, so kommt es auf die interne Einwirkungsmöglichkeit[425] und damit die tatsächlichen gesellschaftsrechtlichen Einflussmöglichkeiten (nach der jeweiligen nationalen Gesetzeslage) an.[426] Insoweit unterliegt der öffentliche Auftraggeber den Spielräumen und Grenzen des von ihm gewählten privaten Organisationsrechts.[427]

Bislang wurden der Umfang und der Zeitpunkt der Kontrolle sowie die Person des Kontrollierenden usw. geklärt. Nun stellen sich die folgenden Fragen:

Welches Organ/Gremium muss in der jeweiligen Gesellschaft beeinflusst werden, damit von einer positiven Beeinflussung von Entscheidungen über das Tagesgeschäft und Grundlagenangelegenheiten gesprochen werden kann?

Welche Beeinflussungsmöglichkeiten lässt das private Organisationsrecht zu, die dem oben definierten Kontrollkriterium genügen?

Antworten darauf kann nur das Gesellschaftsrecht – unter Einschluss des Konzernrechts – für die jeweilig gewählte Organisationsform liefern. Der vergaberechtliche Kontrollbegriff[428] bedarf insoweit der Umsetzung. Es ist daher zu klären, welche Gesellschaftskonstellationen gesetzlicher oder vertraglicher Art das Kontrollkriterium in der Rechtstatsächlichkeit umsetzen bzw. wie die

[424] EuGH, Urteil vom 13.10.2005, Rs. C-458/03 (Parking Brixen GmbH), Slg. 2005, I-8585 ff., Rn. 65, NZBau 2005, 644 ff.
[425] GA Kokott, Schlussantrag vom 01.03.2005, Rs. C-458/03 (Parking Brixen GmbH), Slg. 2005, I-8585 ff., Rn. 67, NZBau 2005, Heft 4, VII, XIV; Maier, VR 98, 217, 217.
[426] GA Stix-Hackl, Schlussantrag vom 23.09.2004, Rs. C-26/03 (Stadt Halle), Slg. 2005, I-1 ff., Rn. 68, NZBau 2004, Heft 11, VII, XIII; OLG Naumburg, VergabeR 003, 196, 203; VK Baden-Württemberg, Beschluss vom 18.03.2004, 1 VK 7/04, 2.2 a.E.
[427] Siehe oben Kapitel 1 I 1.
[428] Siehe Kapitel 6 I.

Einflussnahmemöglichkeit auf/in die Gesellschaft durch den betreffenden öffentlichen Auftraggeber als Gesellschafter aussehen muss.

Im Folgenden sollen handhabbare Konstellationen entwickelt werden, die dem Rechtsanwender eine Prüfung des Kontrollkriteriums erleichtern. Hierbei erfolgt eine Fokussierung auf die GmbH und die Aktiengesellschaft, da die öffentliche Hand überwiegend auf diese Gesellschaftsformen zurückgreift.[429]

1. Vorfrage: Scheitert das Kontrollkriterium bereits an der Existenz einer gesellschafterlichen Treuepflicht?

Sofern die öffentliche Hand nicht an eine Eigengesellschaft, sondern an eine gemischt-öffentliche Gesellschaft einen Auftrag ohne förmliches Ausschreibungsverfahren erteilen möchte, sind neben dem öffentlichen Auftraggeber weitere Gesellschafter involviert.

Eine Minderheitsmeinung in der Literatur vertritt, dass eine Kontrolle immer ausgeschlossen und damit das Vergaberecht stets anwendbar sei, sobald es sich um eine gemischt-wirtschaftliche Gesellschaft handelt.[430] Schließlich seien die wirtschaftlichen Interessen des Partners nach Treu und Glauben zu beachten.[431] Jedes Hinzutreten eines (privaten) Unternehmers bedeute zumindest faktisch die Abgabe von Entscheidungsgewalt,[432] was schließlich dem Willen des öffentlichen Auftraggebers entspräche. Der (private) Partner werde hinzugezogen, um dessen *„Kapitalkraft und unternehmerische Energie"*[433] nutzbar zu machen und weil die öffentliche Hand eine bestimmte Leistung auf Dauer nicht mehr eigenverantwortlich erbringen wolle, nicht jedoch, um über ein neues Handlungsinstrument zu verfügen.[434] Die Beteiligung eines (privaten) Gesellschafters schließe damit immer ein In-House Geschäft aus.[435]

---

429 Siehe hierzu oben bereits unter: Kapitel 1 I 1. Die hier entwickelten Grundsätze dürften jedoch - mit entsprechenden Modifizierungen - auf die GmbH & Co KG zu übertragen sein.

430 Die Argumentation bezieht sich weitestgehend, sofern es überhaupt bezeichnet wird auf die gemischt-wirtschaftliche Gesellschaft.

431 VK Düsseldorf, NZBau 2001, 46, 48; Endler, NZBau 2002, 125, 132; Faber, DVBl. 2001, 248, 256; Gröning, ZIP 2001, 497, 502.

432 VK Düsseldorf, NZBau 2001, 46, 48; Jaeger, NZBau 2001, 6, 9.

433 VK Düsseldorf, NZBau 2001, 46, 49.

434 So insgesamt auch Gröning, ZIP 2001, 497, 502.

435 Jaeger, NZBau 2001, 6, 9.

Diese Minderheitsmeinung stützt sich insoweit - ohne es stets ausdrücklich zu benennen - auf die gesellschafterliche Treuepflicht.[436] Diese wäre jedoch nicht nur im Fall eines privaten Mitgesellschafters zu beachten, so dass die Argumentation dieser Minderheitsmeinung auch im Fall einer gemischt-öffentlichen Gesellschaft greifen könnte. Es stellt sich die Frage, ob bereits die Rücksichtnahme auf eine etwaige gesellschafterliche Treuepflicht die erforderliche Kontrollmöglichkeit des öffentlichen Auftraggebers ausschließt und damit letztendlich der öffentliche Auftraggeber in gemischt-öffentlichen Gesellschaften das Kontrollkriterium niemals umsetzen kann.

Die gesellschafterliche Treuepflicht ist Ausdruck einer allgemeinen Loyalitätspflicht aus § 242 BGB[437] und hat als Schutzrichtung zunächst den Schutz der Gesellschaft im Blick.[438] Insoweit verlangt sie ihrem Inhalt nach, dass die Gesellschafter sich innerhalb der Schranken des gemeinsamen Zwecks des Gesellschaftsvertrages bewegen. Dies bedeutet insbesondere, dass der Gesellschaft kein Schaden zufügt werden darf.[439] Ferner kann sich die Schutzrichtung auch auf die Mitgesellschafter erstrecken. Im Fall der hier behandelten Gesellschaftsformen der GmbH und der Aktiengesellschaft ist diesbezüglich eine personalistische Ausgestaltung[440] der Gesellschaftsstruktur Voraussetzung.[441] Ihrem Inhalt nach ist lediglich auf die Belange des Mitgesellschafters im Rahmen des vom Gesellschaftszweck umfassten mitgliedschaftlichen Be-

436 Von der Treupflicht spricht: Jaeger, NZBau 2001, 6, 9; Gröning, ZIP 2001, 497, 502.

437 Statt aller: Schmidt, 4. Auflage, 2002, Gesellschaftsrecht, § 20 IV 1 a).

438 Statt aller: Schmidt, 4. Auflage, 2002, Gesellschaftsrecht, § 20 IV 1 c); für die AG: BGHZ 103, 184, 194f; Bungeroth in Münchner Kommentar zum Aktiengesetz, 2. Auflage, Band 2, 2003, § 53aAktG, Vorbemerkungen, Rn. 17 mit weiten Nachweisen.

439 Bungeroth in Münchner Kommentar zum Aktiengesetz, 2. Auflage, Band 2, 2003, § 53 a AktG, Vorbemerkungen, Rn. 20.

440 Eine solche Ausgestaltung (Realstruktur) weicht vom gesetzlichen Leitbild ab, wonach eine GmbH bzw. Aktiengesellschaft über eine kapitalistische Idealstruktur verfügt (Statt aller: Schmidt, Gesellschaftsrecht, 4. Auflage, 2002, § 20 IV 2 d); Hueck/Fastrich in Baumbach/Hueck, GmbH-Gesetz, Kommentar, 18. Auflage, 2006, § 13 GmbHG, Rn. 28).

441 Für die GmbH: BGHZ 9, 157, 163; 14, 25, 38; 65, 15, 18; 76, 352, 355f.; 98, 276; Hueck/Fastrich in Baumbach/Hueck, GmbH-Gesetz, Kommentar, 18. Auflage, 2006, § 13 GmbHG, Rn. 33; für die AG: BGHZ 103, 184, 194f.; Bungeroth in Münchner Kommentar zum Aktiengesetz, 2. Auflage, Band 2, 2003, § 53 a AktG, Vorbemerkungen, Rn. 18 mit weiteren Nachweisen.

reichs, nicht hingegen auf seine außergesellschaftlichen Interessen Rücksicht zu nehmen.[442]

Die oben angeführte Minderheitsmeinung kann nur so verstanden werden, dass sie sich ausschließlich auf den Teilaspekt der gesellschafterlichen Treuepflicht gegenüber den Mitgesellschaftern bezieht. Insoweit kann bereits festgehalten werden, dass die von dieser Minderheitsmeinung in jedem Fall vorausgesetzte Existenz einer solchen Treuepflicht unzutreffend ist, da sie nur im Einzelfall einer personalistischen Realstruktur der GmbH oder Aktiengesellschaft vorliegt.

Da eine Treuepflicht mit Zielrichtung auf die Mitgesellschafter zudem nicht die außergesellschaftlichen Interessen der anderen öffentlichen Mitgesellschafter schützt, bleibt nur die Frage, ob die geforderte Rücksichtnahme auf die gesellschaftlichen Interessen dieser Mitgesellschafter einen Ausschluss der Kontrollmöglichkeit nach sich ziehen kann.

Das ist jedoch unzutreffend, denn verlangt ist nur eine Kontrollmöglichkeit über die Grundlagenangelegenheiten und des Tagesgeschäfts, nicht hingegen eine Missachtung der Grundregeln der Gesellschaftsstruktur bzw. ihres Innenverhältnisses, die auch dem Mitgesellschafter bekannt sind.[443] Das Kontrollkriterium bewegt sich grundsätzlich immer innerhalb der Grenzen der Treuepflicht. Hiervon scheint auch der EuGH auszugehen, der grundsätzlich eine Kontrolle auch bei der Hereinnahme eines Dritten für möglich hält. Ansonsten hätte er weder die Teckal-Konstellation (Gemeindenkonsortium) in der bekannten Art und Weise entscheiden können, noch in der Stadt Halle-Entscheidung nur private Dritte ausschließen dürfen, sondern sich gleich auf Eigengesellschaften beschränkt.

[442] Für die AG: Bungeroth in Münchner Kommentar zum Aktiengesetz, 2. Auflage, Band 2, 2003, § 53aAktG, Vorbemerkungen, Rn. 26; für die GmbH: Hueck/Fastrich in Baumbach/Hueck, GmbH-Gesetz, Kommentar, 18. Auflage, 2006, § 13 GmbHG, Rn. 23f, 33.

[443] Schauenburg, NZBau 2002, 259 (Printkurzfassung), unter www.nzbau.de Onlineversion, 2001_08241_1, S. 1, 5.

Aus den gleichen Gründen beeinträchtigt die von der Minderheitsmeinung angenommene gesellschafterliche Treuepflicht mit Zielrichtung auf die Gesellschaft das oben definierte Kontrollkriterium nicht.[444]

Somit steht die Treupflicht einer Kontrollmöglichkeit durch den öffentlichen Auftraggeber grundsätzlich nicht entgegen.[445]

2. Zielrichtung der Kontrollmöglichkeit

Wie bereits erläutert, ist eine umfassende positive Einflussnahmemöglichkeit auf die Entscheidungsträger (Organ/Gremium) für Entscheidungen über die Grundlagen der Gesellschaft und die Tagesgeschäfte erforderlich.[446] Bei den hier zu untersuchenden Gesellschaftsformen kommen folgende Entscheidungsträger in Betracht: Geschäftsführung bzw. Vorstand, Gesellschafter- bzw. Hauptversammlung sowie Aufsichtsrat, Beirat und sonstige Gremien.

a) GmbH

Nach dem gesetzlichen Leitbild sind in der GmbH die Gesellschafter in ihrer Gesamtheit Willensbildungs- und oberstes Organ.[447] Obwohl sie nicht zwingend in Versammlungen beschließen müssen,[448] wird nachfolgend vereinfachend von der Gesellschafterversammlung gesprochen. Bei ihr liegt die Zuständigkeit für die Grundlagenentscheidungen der Gesellschaft; sie steuert die Unternehmenspolitik insgesamt.[449]

Die Geschäftsführer sind das notwendige Geschäftsführungs- und Vertretungsorgan der Gesellschaft, §§ 6, 35 ff. GmbHG.[450] Sie übernehmen die Aufgaben der Geschäftsführung und sind damit in erster Linie für die Tagesgeschäfte zuständig. Sie vertreten die Gesellschaft wirksam nach außen, § 35 Abs. 1 GmbHG.

---

444 Würde man dies anders sehen und eine Kontrollmöglichkeit deshalb verneinen, so könnte auch bei Eigengesellschaften niemals eine In-House Vergabe angenommen werden.

445 Masing, ZfBR 2002, 450, 453; Schauenburg, NZBau 2002, 259 (Printkurzfassung), unter www.nzbau.de Onlineversion, 2001_08241_1, S. 1, 5, 6; Wittek, Das In-House Geschäft im EG-Vergaberecht, 2004, S. 241.

446 Siehe Kapitel 6 I 3 und 4.

447 Statt aller: Schmidt, Gesellschaftsrecht, 4. Auflage, 2002, § 36 III 1.

448 Schmidt, Gesellschaftsrecht, 4. Auflage, 2002, § 36 III 1.

449 Schmidt, Gesellschaftsrecht, 4. Auflage, 2002, § 36 I 2 b).

Da das Kontrollkriterium eine Kontrollmöglichkeit über die Entscheidungen der Grundlagen der Gesellschaft sowie über die Tagesgeschäfte verlangt, muss eine solche in bzw. auf die Gesellschafterversammlung sowie die Geschäftsführung bestehen. Da beide Organe zu kontrollieren sind, kommt es für die Frage der Zielrichtung der Kontrollmöglichkeit nicht darauf an, ob in der Satzung von dieser Zuständigkeitszuweisung abgewichen wird[451] bzw. ob die Geschäftsführer für außergewöhnliche Geschäfte die Zustimmung der Gesellschafter einholen müssen.[452]

Sofern im GmbH-Gesellschaftsvertrag andere Gremien wie ein fakultativer Aufsichtsrat nach § 52 GmbHG[453], ein Beirat[454] oder sonstige Ausschüsse etabliert wurden, ist auch ihnen gegenüber eine umfassende Kontrolle zu erfüllen, sofern ihnen Entscheidungsbefugnisse hinsichtlich der Tagesgeschäfte oder der Grundlagenentscheidungen zukommen. Der fakultative Aufsichtsrat könnte beispielsweise zur Entscheidung über Geschäftsführungsbefugnisse berufen sein[455]. Auch können sämtliche Zuständigkeiten der Gesellschafterversammlung wie zum Beispiel Prüfung und Überwachung der Geschäftsführung, Bestellung und Abberufung der Geschäftsführer übertragen werden.[456]

Sind bei der GmbH also Kompetenzen auf die genannten Organe verlagert, muss sich die umfassende Kontrolle hinsichtlich Grundlagenangelegenheiten und Tagesgeschäft auch auf diese Organe erstrecken.

b) Aktiengesellschaft

In der Aktiengesellschaft ist die Hauptversammlung der Wächter über die sog. Grundlagengeschäfte, wie zum Beispiel über Satzungsänderungen, Maßnahmen der Kapitalbeschaffung und die Auflösung der Gesellschaft. Diese erge-

---

450 Statt aller: Schmidt, Gesellschaftsrecht, 4. Auflage, 2002, § 36 II 1 a).
451 Hierzu Schmidt, Gesellschaftsrecht, 4. Auflage, 2002, § 36 III 2 a).
452 Dies ist umstritten, siehe hierzu Zöllner/Noack in Baumbach/Hueck, GmbH-Gesetz, Kommentar, 18.Auflage, 2006, § 37, Rn. 7 ff.
453 Ein obligatorischer Aufsichtsrat besteht nur nach § 6 MitgestG. Dies bleibt hier außer Acht.
454 Schmidt, Gesellschaftsrecht, 4. Auflage, 2002, § 36 III 3.
455 Zöllner/Noak in Baumbach/Hueck, GmbH-Gesetz, Kommentar, 18.Auflage, 2006, § 52, Rn. 26, 113.
456 Zöllner in Baumbach/Hueck, GmbH-Gesetz, Kommentar, 18.Auflage, 2006, § 46, Rn. 94.

ben sich zumindest teilweise aus § 119 Abs. 1 AktG.[457] Über Fragen der Geschäftsführung darf sie nur bei Anfrage des Vorstands entscheiden, § 119 Abs. 2 AktG.

Der Vorstand ist das Vertretungsorgan der AG nach außen.[458] Er hat die Gesellschaft gemäß § 76 Abs. 1 AktG unter eigener Verantwortung zu leiten und ist zuständig für Fragen des Tagesgeschäfts.

Der Aufsichtsrat ist das zwingend notwendige Kontrollorgan[459]. Er hat die Personalkompetenz, da der Vorstand ausschließlich von ihm bestellt und abberufen wird (§§ 133 Abs. 1, 101, 84 Abs. 1 und Abs. 3 AktG)[460] und er Geschäftsordnungen für diesen erlassen kann.[461] Das Recht zu Stellungnahmen, die Festlegung von Zustimmungsvorbehalten, Kontrolle des Vorstandes (§ 111 Abs. 1 AktG) und das Recht, die Hauptversammlung einzuberufen, ergänzen seine Einflussnahme.[462] Dem Aufsichtsrat kommt insoweit keine direkte Entscheidungsbefugnis über Grundlagenangelegenheiten und Tagesgeschäfte zu.[463] Er benennt zwar den Vorstand und bestimmte Tagesgeschäfte können von seiner Zustimmung abhängig sein; besteht jedoch eine fremdartige Kontrollmöglichkeit über die Hauptversammlung und den Vorstand, so sind insoweit die nur indirekten Einflussnahmemöglichkeiten des Aufsichtsrates wirkungslos.[464] Insbesondere im Fall einer Zustimmungsverweigerung des

---

457 Schmidt, Gesellschaftsrecht, 4. Auflage, 2002, § 28 IV 1 b), V 2b). Die Zuständigkeit für sonstige nicht normierte Grundlagenbeschlüsse sind seit dem Holzmüller-Urteil des BGH (BGHZ 83, 122) anerkannt.

458 Hoffmann-Becking, Münchner Handbuch des Gesellschaftsrechts, Band 4, 2. Auflage, 1999, § 19, Rn 12, 24.

459 Vgl. § 30 AktG, §§ 95 ff. AktG.

460 Lee, Die Geschäftsführung und Kontrolle in der Aktiengesellschaft, 1991, S. 103, 104.

461 Schmidt, Gesellschaftsrecht, 4. Auflage, 2002, § 28 II 2 a), b); Steinbeck, Überwachungspflicht und Einwirkungsmöglichkeiten des Aufsichtsrats in der Aktiengesellschaft, 1992, S. 137, 143, 145; Lee, Die Geschäftsführung und Kontrolle in der Aktiengesellschaft, 1991, S. 95-96.

462 Die Stellungsnahmen erhalten zwar keine Rechtsverbindlichkeit, können aber dennoch Einfluss auf den Vorstand begründen (Steinbeck, Überwachungspflicht und Einwirkungsmöglichkeiten des Aufsichtsrats in der Aktiengesellschaft, 1992, S. 145, 159). Der Zustimmungsvorbehalt führt zu einer Mitentscheidungskompetenz des Aufsichtsrats (Lee, Die Geschäftsführung und Kontrolle in der Aktiengesellschaft, 1991, S. 97).

463 Der Aufsichtsrat kann nicht anstelle des Vorstandes handeln, § 111 Abs. 4 S. 1 AktG.

464 Aus diesem Grund kann hier die Diskussion eines Entsendungsrechts („golden share") entfallen, denn damit kann nur mittelbar Einfluss auf den Vorstand über ein Entsendungsrecht in den Aufsichtsrat nach § 101 Abs. 2 S. 1 und 2 AktG genommen werden

Aufsichtsrats zu einer Geschäftsführungsmaßnahme bleibt dem Vorstand die Möglichkeit, die Hauptversammlung anzurufen, die dann über diese Maßnahme beschließt (§ 111 Abs. S. 3 bis 5 AktG).

Der Beirat als zusätzliches Gremium in der Aktiengesellschaft kann wegen der Formstrenge des Aktienrechts – im Gegensatz zur Situation bei der GmbH - nur beratende, aber keine Entscheidungsfunktion haben. Ein Abdelegieren von Entscheidungen ist hier allgemein nicht möglich.[465] Eine Kontrolle über dieses Gremium ist damit unbedeutend.

Im Ergebnis erfordert das Kontrollkriterium damit in der Aktiengesellschaft eine Kontrollmöglichkeit über die Hauptversammlung und den Vorstand.

3. Das Kontrollkriterium in konkreten Fallgruppen

Nachdem nun Klarheit über die zu kontrollierenden Organe und Gremien in der GmbH und der Aktiengesellschaft besteht, ist zu klären, wie das vergaberechtliche Kontrollkriterium konkret in der Gesellschaft umgesetzt werden kann. Um dem Rechtsanwender hierbei eine sachdienliche Auslegungshilfe an die Hand zu geben, orientiert sich die nachfolgende Prüfung an typischen Gesellschaftskonstellationen, wie sie in gesetzlichen Normen beschrieben sind oder rechtstatsächlich vorkommen. Insoweit wird versucht, Fallgruppen herauszuarbeiten, bei denen das Kontrollkriterium als erfüllt angesehen werden kann.

Wie bereits erörtert,[466] reicht bei den gesellschaftlichen Einflussnahmemöglichkeiten eine rein passive Kontrolle nicht aus. Erforderlich ist vielmehr eine umfassende positive Einflussnahme auf Grundlagenangelegenheiten und

---

(Schlitt in Münchner Kommentar zum Aktienrecht, 2. Auflage, 2004, § 33 WpÜG, Rn. 281). Ob die „golden shares" im Einzelnen zulässig ist, hängt stark von ihrer Ausgestaltung und dem dienenden Zweck ab. Art. 56 I EG, die Kapitalverkehrsfreiheit darf jedenfalls nicht beschränkt werden (EuGH, Urteil vom 21.04.2006, Rs. C-282/04 (Golden Shares VI), Slg. 2006, I-9141ff., Rn. 20, NZG 2006, 942ff.).

[465] Semler in Münchner Kommentar zum Aktiengesetz, 2. Auflage, 2004, Band 3, § 111 AktG, Rn. 455.

[466] Siehe dazu unter Kapitel 6 I 4.

Tagesgeschäft.[467] Eine **Sperrminorität** seitens des öffentlichen Auftraggebers kann damit nie als Mittel einer Kontrolle in Betracht kommen.

Wie ist es jedoch zu beurteilen, wenn dem öffentlichen Auftraggeber **Minderheitenrechte**[468] zustehen? Solche Rechte sind nur mittelbare Mitverwaltungsrechte. Sie gewähren keinen Einfluss auf die Tätigkeit der Gesellschaft als solche.[469] Zwar können sie zu erheblichen Streitigkeiten und Unstimmigkeiten innerhalb der Gesellschaft führen, aber zum Beispiel das stärkste Recht unter ihnen, die Auflösungsklage, hat nur Erfolg, wenn für die Auflösung ein wichtiger Grund besteht oder die Erreichung des Gesellschaftszwecks unmöglich wird.[470] Zudem ist rein rechtstatsächlich anzumerken, dass die Auflösungsklage de-facto ein totes Recht ist und sie sehr restriktiv unter Beachtung des Verhältnismäßigkeitsgebots gehandhabt wird.[471]

Das Kontrollkriterium können damit nur Gesellschaftskonstellationen umsetzen, in denen dem öffentlichen Auftraggeber Rechte zustehen, die eine aktive Möglichkeit der umfassenden Einflussnahme eröffnen. Im Sinne der oben genannten Fallgruppenbildung werden nachfolgend die folgenden Konstellationen behandelt: Mehrheit in der Gesellschafter-/Hauptversammlung, Weisungen, Einflussnahme auf die Besetzung der Geschäftsführung bzw. des Vorstands, sonstige konzern- und kartellrechtliche Fallgruppen sowie die Kombination einzelner dieser Konstellationen.

Hierbei beschränkt sich die Darstellung zur Vereinfachung auf eine Beeinflussungsmöglichkeit der Gesellschafter-/Hauptversammlung und der Geschäfts-

---

[467] Siehe dazu unter Kapitel 6 I 3.

[468] Minderheitsrechte sind unabdingbar (Schulze-Osterloh in Baumbach/Hueck, GmbH-Gesetz, Kommentar, 18. Auflage, 2006, § 66 GmbHG, Rn. 19, § 61 GmbHG, Rn. 2; Zöllner in Baumbach/Hueck, GmbH-Gesetz, Kommentar, 18. Auflage, 2006, § 50 GmbHG, Rn. 2; Schmidt, Gesellschaftsrecht, 4. Auflage, 2002, § 16 III 3 a); Lutter/Kleindiek in Lutter/Hommelhoff, GmbH-Gesetz, Kommentar, 16. Auflage, 2004, § 60 GmbHG, Rn. 5; § 50 GmbHG, Rn. 3).

[469] Statt aller: Schmidt, Gesellschaftsrecht, 4. Auflage, 2002, § 16 III 2 und3.

[470] Schulze-Osterloh in Baumbach/Hueck, GmbH-Gesetz, Kommentar, 18. Auflage, 2006, § 61 GmbHG, Rn. 5.

[471] So Schmidt, Gesellschaftsrecht, 4. Auflage, 2002, § 16 III 2 c) Zudem folgt dies bereits aus dem Grundsatz der Subsidiarität der Auflösungsklage gegenüber der anderen, milderen zur Verfügung stehenden Mitteln (Schulze-Osterloh/Fastrich in Baumbach/Hueck, GmbH-Gesetz, Kommentar, 18. Auflage, 2006, § 61 GmbHG, Rn. 5).

führung bzw. des Vorstands.[472] Sofern bei der GmbH ein Aufsichtsrat, Beirat oder sonstiges Gremium mit Entscheidungskompetenz gebildet wurde, muss sich eine etwaige in den jeweiligen Fallgruppen festzustellende Beeinflussungsmöglichkeit ihrem Inhalt nach (Grundlagenangelegenheiten und/oder Tagesgeschäft) auch auf dieses Gremien erstrecken, sofern und soweit diesem Gremium auf diesen Inhalt bezogen die Entscheidungskompetenz zukommt.

a) Mehrheit in der Gesellschafter-/Hauptversammlung

In der ersten Fallgruppe ist der Frage nachzugehen, ob eine Mehrheit des öffentlichen Auftraggebers in der Gesellschafter-/Hauptversammlung das Kontrollkriterium umsetzen kann. Es ist zu untersuchen, ob die Mehrheit als Stimmen- oder Kapital- bzw. Anteilsmehrheit gestaltet (Art der Mehrheit), wie hoch sie sein muss, um eine umfassende Kontrolle des Zielobjekts zu gewährleisten, und ob allein diese Mehrheit ausreicht, um von einer Kontrolle wie über die eigene Dienststelle zu sprechen. Dabei sind sowohl die gesetzlichen Regelungen, als auch die Satzung[473] oder sonstige schuldrechtliche Nebenvereinbarungen und Abreden (Stimmrechtskonsortium[474], Stimmbindungsverträge[475]) von Bedeutung.[476]

Die Frage, wie hoch und welcher Art die Mehrheit in der Gesellschafter-/Hauptversammlung sein muss, stellt sich bei der **Eigengesellschaft** nicht, da hier der öffentliche Auftraggeber alleiniger Gesellschafter ist.[477] Im Fall der

---

472 Im Rahmen der Aktiengesellschaft kommt es auf den Aufsichtsrat oder etwaige Beiträte für eine Kontrolle wie über die eigene Dienststelle nicht an (siehe: Kapitel 6 II 2 b)).

473 GA Stix-Hackl, Schlussantrag vom 23.09.2004, Rs. C-26/03 (Stadt Halle), Slg. 2005, I-1 ff., Rn. 65, 68, NZBau 2004, Heft 11, VII, XII, XIII.

474 So Kleine/Flöther/Bräuer, NVwZ 2002, 1046, 1052.

475 Bedeutend sind auch Stimmbindungsverträge, wenn die abschließende Verantwortung und Entscheidungsgewalt beim öffentlichen Auftraggeber liegt (VK Baden-Württemberg, Beschluss vom 18.03.2004, 1 VK 7/04, 2.2 a.E.; Dreher, NZBau 2001, 360, 362; Jasper/Pooth, VergabeR 2003, 613, 616; Masing, ZfBR 2002, 450, 453; Zeiss, ZfBR 2002, 456, 456; Prieß, Handbuch des Europäischen Vergaberechts, 3. Auflage 2005, S. 193; Stickler in Reidt/Stickler/Glahs, Vergaberecht, Kommentar, 2. Auflage, 2003, § 99 GWG, Rn. 5 c).

476 OLG Naumburg, VergabeR 2003, 196, 203 mit Anmerkungen Schwenker/Heinze.

477 Etwas anderes könnte gelten, sofern der öffentliche Auftraggeber sich durch Stimmbindungsvereinbarung von einem gesellschaftsfremden Dritten – sofern gesetzlich zulässig – abhängig gemacht hat (Zöllner in Baumbach/Hueck, GmbH-Gesetz, Kommentar, 18.

gemischt-öffentlichen Gesellschaft kommt es hingegen gerade auf die Mehrheit in den bedeutenden Entscheidungsgremien an, die die Tagesgeschäfte und Grundlagengeschäfte steuern.

(1) Art der Mehrheit – Anteils oder Stimmenmehrheit

In der gesetzlichen Ausgangslage der GmbH entspricht die Beteiligungsquote am Stammkapital (Kapital- bzw. Anteilsmehrheit) der Anzahl der Stimmen in der Gesellschafterversammlung (Stimmenmehrheit). Sind mehrere Gesellschafter an einer Gesellschaft beteiligt, so sind unterschiedliche Varianten der Anteilsverteilung denkbar. Hält der öffentliche Auftraggeber 75 % der Kapitalanteile und entsprechend ¾ der Stimmanteile, so ist dies ausreichend, damit der Gesellschafter zum Beispiel die Änderung des Gesellschaftszwecks durchsetzen oder Grundlagengeschäfte genehmigen kann, § 53 GmbHG.[478]

Der Anteilsbesitz kann somit als Indiz für die Kontrolle dienen.[479] Ausschlaggebend ist im Ergebnis jedoch nicht die Größe des Kapitalanteils,[480] sondern der Einfluss des öffentlichen Auftraggebers in der Gesellschafterversammlung und damit die Stimmenmehrheit, §§ 53, 47 Abs. 2 GmbHG.[481] Dass hierauf abzustellen ist, ergibt sich ebenfalls aus Art. 1 Nr. 2 DKR (Richtlinie 93/98) und § 10 Abs. 2 S. 3 VgV.[482]

In der GmbH kann in der Satzung von der Regelung des § 47 Abs. 2 GmbHG insoweit abgewichen werden, dass der Stimmanteil nicht mit dem Kapitalanteil übereinstimmt.[483] Es ist also beispielsweise möglich und kommt auch häufig

---

Auflage, 2006, § 47 GmbHG, Rn. 113 m.w.N). Auf diese Konstellation ist jedoch nachfolgend nicht weiter einzugehen.

478 Zöllner in Baumbach/Hueck, GmbH-Gesetz, Kommentar, 18. Auflage, 2006, § 53 GmbHG, Rn. 66f.

479 BayObLG, VergabeR 2002, 244, 249.

480 OLG Naumburg, VergabeR 2003, 588, 592 mit Anmerkungen Reidt.

481 Wird bei der GmbH zusätzlich ein Aufsichtsrat gebildet, so ist das erste Kriterium der vergleichbaren Kontrolle erfüllt, wenn die Mitglieder des Aufsichtsrats vom Auftraggeber gestellt werden (OLG Brandenburg, VergabeR 2003, 168, 172 mit Anmerkungen Zirbes).

482 Beherrschender Einfluss liegt dann vor, wenn die öffentliche Hand *„mehr als die Hälfte aller Mitglieder des Verwaltungs-, Leitungs- oder Aufsichtsorgans bestellen kann"* (Jasper/Pooth, VergabeR 2003, 613, 620).

483 Zöllner in Baumbach/Hueck, GmbH-Gesetz, Kommentar, 18. Auflage, 2006, § 47 GmbHG, Rn. 71ff. Mit der Argument die Stimmenanteile sind entscheidend, ist schon die Meinung zu verwerfen, die pauschal eine In-House Vergabe verneint, wenn

vor, dass ein öffentlicher Auftraggeber, dem lediglich 25 % der Gesellschaftsanteile zustehen, eine ¾-Stimmenmehrheit in der Gesellschafterversammlung innehat. Dasselbe gilt für ein erhöhtes Stimmrecht aufgrund eines Sonderrechts nach § 35 BGB.[484] Darüber hinaus kann außerhalb der Satzung mit Stimmbindungsvereinbarungen oder Stimmrechtskonsortien erreicht werden, dass der öffentliche Auftraggeber über eine Mehrheit verfügt, obwohl sie ihm nach der Satzung nicht zustände (indirekte Stimmenmehrheit).[485]

In der Aktiengesellschaft ist die Ausgangslage anders zu beurteilen. Für Beschlüsse innerhalb der Hauptversammlung kommt es zwar auf die (einfache) Stimmenmehrheit gemäß § 133 Abs. 1 AktG an. Die Kapitalbeteiligung ist allerdings für Satzungsänderungen relevant.[486] Nach § 179 Abs. 2 S. 1 AktG muss ¾ des in der Hauptversammlung vertretenen Kapitals zustimmen, jedenfalls unabdingbar durch Satzung bei der Unternehmensgegenstandsänderung, § 179 Abs. 2 S. 2 AktG. Im Ergebnis bedarf es damit für eine Kontrollmöglichkeit seitens des öffentlichen Auftraggebers bei der Aktiengesellschaft sowohl einer Stimmen- als auch Anteilsmehrheit.

(2) Höhe der Mehrheit

Anschließend ist zu untersuchen, wie hoch die direkte oder indirekte Stimmenmehrheit sein muss, um die geforderte Kontrollmöglichkeit zu eröffnen. Insoweit ist von Bedeutung, ob und aus welcher Beteiligungshöhe den anderen Mitgesellschaftern Kontrollrechte zustehen, die eine Dominanz beziehungsweise eine Kontrolle des öffentlichen Auftraggebers ausschließen oder

der öffentliche Auftraggeber nur Minderheitsgesellschafter ist;(OLG Düsseldorf, NZBau 2001, 696 ff. (Der Senat ging stillschweigend von einer Ausschreibungspflicht aus; der öffentliche Auftraggeber hielt 25,1 % der Anteile); Faber, DVBl. 2001, 248, 255; Kleine/Flöther/Bräuer, NVwZ 2002, 1046, 1052; Ortlieb, WuW 2003, 146, 152; Tomerius, NVwZ 2000, 727, 732).

484 Reuter in Münchner Kommentar zum BGB, Band 1, 5. Auflage, 2006, § 35, Rn. 5.

485 Zöllner in Baumbach/Hueck, GmbH-Gesetz, Kommentar, 18. Auflage, 2006, § 47 GmbHG, Rn. 113ff.

486 BVerfG, NJW 1999, 1095, 1098. Auch der Mehrheitsaktionär ohne Stimmenmehrheit im Aufsichtsrat kann entscheidenden Einfluss auf die Satzungsänderung, Abberufung von Aufsichtsratsmitgliedern und Vorstandsmitgliedern nehmen (vgl. §§ 179 Abs. 2, 103 Abs. 1 S. 2, 84 Abs. 3 S. 2 AktG).

jedenfalls wesentlich beschränken[487] können. Die Höhe der Stimmenmehrheit ergibt sich damit negativ aus der im Einklang mit dem Kontrollkriterium maximal möglichen Höhe des Kapital- oder Stimmanteils der anderen Mitgesellschafter.

Eine Kontrollmöglichkeit wird bei der GmbH teilweise bereits ausgeschlossen, sofern dem Minderheitsgesellschafter überhaupt eigene Kontrollrechte zustehen, was bei einer GmbH ab 10 % Anteilsbesitz der Fall ist.[488] Ab dieser Anteilsschwelle kann zum Beispiel die Einberufung der Gesellschafterversammlung verlangt (§ 50 GmbHG), Bestellung von Liquidatoren erwirkt (§ 66 Abs.2 GmbHG) oder auch eine Auflösungsklage (§ 61 GmbHG) erhoben werden. Auf eine etwaige abweichende Regelung der Stimmanteile in der Satzung kommt es hierbei nicht an. Wie oben bereits erwähnt, gewähren die Minderheitsrechte keine aktive Einflussnahmemöglichkeit auf die Geschäftsführung bzw. die Grundlagenentscheidungen.[489] Ihrer Zielrichtung nach können sie solche Entscheidungen auch nicht grundsätzlich verhindern; beispielsweise führt das Recht aus § 50 GmbHG lediglich zu einer Einberufung der Gesellschafterversammlung, kann aber weder einen Gesellschafterbeschluss erzwingen noch verhindern. Damit beschränken sie die vergaberechtliche Kontrollmöglichkeit des öffentlichen Auftraggebers nicht. Eine andere Bewertung ist allenfalls im Einzelfall bei vertraglich vereinbarten Minderheitsrechten möglich.[490]

Eine **Sperrminorität**, mit der Satzungsänderungen und damit Grundlagenentscheidungen gemäß § 53 Abs. 2 S. 1 GmbHG verhindert werden können, würde hingegen genügen, um die Kontrollmöglichkeit zu verhindern. Nach der gesetzlichen Ausgangslage sind hierfür mehr als 25 % der Stimmanteile erfor-

[487] GA Stix-Hackl, Schlussantrag vom 23.09.2004, Rs. C-26/03 (Stadt Halle), Slg. 2005, I-1 ff., Rn. 65-68, NZBau 2004, Heft 11, VII, XII. Der nationalen Regelung kommt nur eine Vermutungswirkung zu, entscheidend ist die Ausgestaltung im Einzelfall. Ebenso: BayObLG, VergabeR 2002, 244, 249; Dreher, NZBau 2001, 360, 363 f.; Jaeger, NZBau 2001, 6, 9; Masing ZfBR 2002, 450, 453; Müller, NZBau 2001, 416, 419.

[488] Jaeger, NZBau 2001, 6, 9; Schmidt, Gesellschaftsrecht, 4. Auflage, 2002, § 16 III 2 b), a.A. Jasper/Pooth, VergabeR 2003, 613, 618.

[489] Kapitel 6 II 3 Einleitung.

[490] Schließlich können die Rechte der Minderheitsgesellschafter in dem jeweiligen Gesellschaftsvertrag jedenfalls bei der GmbH besondere Bedeutung erhalten haben. Beden-

derlich; der für die Sperrminorität notwendige Stimmanteil kann jedoch bis zum Erfordernis der Einstimmigkeit bei solchen Entscheidungen verringert, nicht aber erhöht werden.[491] Berücksichtigt man zudem den möglichen Abschluss von Stimmbindungsverträgen und Stimmrechtskonsortien, lässt sich eine allgemeingültige Höhe der Stimmenmehrheit nur insoweit herleiten, dass sie mindestens ¾ der direkten bzw. indirekten Stimmanteile betragen muss. Sie kann bei entsprechender Gestaltung in der Satzung der GmbH aber auch höher, im Einzelfall bis zu 100%, ausfallen. Dass also die Kontrollmöglichkeit dann eindeutig ausgeschlossen werden kann, wenn nach dem Gesellschaftsvertrag alle Entscheidungen nur **einstimmig** ergehen können und dem Mitgesellschafter ein Stimmrecht zukommt,[492] ist nur zutreffend, sofern dieses Stimmrecht nicht durch den öffentlichen Auftraggeber über eine Stimmbindungsvereinbarung oder ein Stimmrechtskonsortium indirekt ausgeübt werden kann.

Abschließend muss die geforderte Kontrollmöglichkeit verneint werden, wenn zwei Gebietskörperschaften **paritätisch** die Gesellschafterversammlung beherrschen und nach der Satzung jeder Gesellschafter Weisungen für seinen örtlichen Wirkungskreis erteilen darf. Es besteht dann eine konkrete Aufgabenkontrolle (operatives Geschäft), nicht aber eine umfängliche, generelle Kontrolle über den gesamten Wirkungskreis, da die Satzung zum Beispiel nicht von einem Gesellschafter geändert werden kann. Diese Schlussfolgerung wird dadurch bestätigt, dass sich der Geschäftsführer in einer klaren Abhängigkeit von der Gesellschafterversammlung befindet und dieser in der vorliegenden Konstellation nur von beiden Gesellschaftern bestimmt werden kann. Von der erforderlichen umfassenden Kontrolle des auftragserteilenden Auftraggebers kann nicht gesprochen werden.[493] Die notwendige Bestimmungsgewalt hinsichtlich der Finanzausstattung und der Satzungsgrundlage,

---

kenswert ist dabei, dass das GmbHG weitgehend dispositives Recht darstellt, sodass ein Mehr an Rechten für die Minderheitsgesellschafter grundsätzlich möglich ist.

491 Zöllner in Baumbach/Hueck, GmbH-Gesetz, Kommentar, 18. Auflage, 2006 § 53 Rn. 67 f.

492 BayObLG, VergabeR 2002, 244, 249; Müller-Wrede in Ingenstau/Korbion, VOB, Kommentar, 15. Auflage, 2004, § 99 GWB, Rn. 11; Boesen, Vergaberecht, Kommentar, 2000, § 100 GWB, Rn. 102.

493 Vgl. Kapitel 6 I 1 und 3.

die beide sowohl für die Tagespolitik als auch für längerfristige Planungen bedeutsam sind,[494] liegt nicht vor.

Für die GmbH lässt sich also festhalten: Es ist zumindest eine indirekte Stimmenmehrheit von 75% erforderlich, wobei die genaue Höhe von der konkreten Gestaltung der Satzung und etwaiger Stimmbindungsverträgen bzw. Stimmrechtskonsortien abhängt. Negativ ausgedrückt: die anderen Mitgesellschafter dürfen in Summe nicht über eine Sperrminorität verfügen.

Ebenso wie für die GmbH gewährt das Aktienrecht für die Aktiengesellschaft vergleichbare Minderheitsrechte (Vgl. § 122 AktG – Recht auf Einberufung der Hauptversammlung, § 309 Abs. 3 AktG – Recht auf Erhaltung von Ersatzansprüchen des Verbandes, usw.). Auch hier gilt entsprechend den Ausführungen zur GmbH, dass Minderheitsrechte keine aktive Einflussnahmemöglichkeit auf die Geschäftsführung bzw. die Grundlagenentscheidungen statuieren.[495] Eine Kontrollmöglichkeit kann somit nicht beeinträchtigt werden.

Ebenso wie bei der GmbH kann in der Aktiengesellschaft eine **Sperrminorität** genügen, um die geforderte Kontrollmöglichkeit hinsichtlich der Grundlagenentscheidungen zu verhindern. Sperrminoritäten in der Aktiengesellschaft, die die Beschlussfähigkeit der Hauptversammlung zulasten des öffentlichen Auftraggebers als Mehrheitsgesellschafter verhindern können, könnten sich aus Gesetz oder Satzung herleiten.[496] Gemäß § 179 Abs. 2 S. 1 AktG bedarf es für die Sperrminorität mehr als ¼ des bei der Beschlussfassung vertretenen Grundkapitals. Von diesem Erfordernis kann jedoch durch Satzung[497] und oder Stimmbindungsverträgen bzw. Stimmrechtskonsortien abgewichen werden. Damit lässt sich ähnlich wie bei der GmbH keine allgemeingültige Höhe der erforderlichen Mehrheit des öffentlichen Auftraggebers festlegen. Seine indirekte Stimmenmehrheit muss nur im Einzellfall hoch genug sein, um eine Sperrminorität der anderen Mitgesellschafter auszuschließen.

---

494 Schauenburg, NZBau 2002, 259 (Printkurzfassung), unter www.nzbau.de Onlineversion, 2001_08241_1, S. 1, 8.

495 Siehe Kapitel 6 II 3 Einleitung und 3 a) (2); Schmidt, Gesellschaftsrecht, 4. Auflage, 2002, § 16 III 2ff.

496 Henn, Henn, Handbuch des Aktienrechts, 7. Auflage, 2002, § 8, Rn. 744.

497 Zu der Möglichkeit die Sperrminorität durch Satzung zu verändern: Stein, Münchner Kommentar zum Aktiengesetz, 2. Auflage, 2005, Band 6, § 179, Rn. 88ff.

(3) Kontrollmöglichkeit aufgrund der Mehrheit?

Eine Stimmenmehrheit in der Gesellschafterversammlung der GmbH in dem oben beschriebenen Sinne erlaubt dem öffentlichen Auftraggeber, in diesem Organ die Grundlagenentscheidungen zu kontrollieren und über dieses Organ dem Geschäftsführer nach § 37 GmbHG Weisungen zu erteilen. Mittels Weisung kann auf das Tagesgeschäft ebenso Einfluss ausgeübt werden wie auf die Unternehmenspolitik insgesamt. Liegt eine solche Stimmenmehrheit vor, das heißt eine Sperrminorität der anderen Mitgesellschafter besteht nicht, ist das vergaberechtliche Kontrollkriterium in der GmbH als erfüllt anzusehen.[498] Zwar erfordert diese Stimmenmehrheit grundsätzlich das Weisungsrecht gegenüber der Geschäftsführung; da dieses in der GmbH aber „automatisch" vorhanden ist und somit von ihm Gebrauch gemacht werden kann, genügt ein Abstellen auf die beschriebene Stimmenmehrheit. Dies gilt sowohl für die ***Eigen-*** als auch die ***gemischt-öffentliche Gesellschaft***.

Bei der Aktiengesellschaft genügt hingegen die beschriebene Mehrheit für sich alleine nicht. Denn durch sie können nur die Grundlagenangelegenheiten kontrolliert werden; der Vorstand ist gemäß § 76 AktG nicht von der Hauptversammlung weisungsabhängig. Um das Kontrollkriterium zu erfüllen, müssen bei der Aktiengesellschaft sowohl bei der **Eigen-** als auch bei der **gemischt-öffentlichen Gesellschaft** noch weitere Einflussnahmemöglichkeiten hinzukommen. Die Meinung, die sich darauf beschränkt, bei einer Eigengesellschaft immer von einem In-House Geschäft auszugehen,[499] erweist sich damit insbe-

---

[498] Vgl. OLG Düsseldorf, NZBau 2004, 343, 345.

[499] BGHZ 148, 55, 61, 63. Der Entscheidung des BGH lag ein Dienstleistungsauftrag zu Grunde, der an eine Gesellschaft des Landes Thüringen ohne Ausschreibung erteilt werden sollte; das Land hielt an der Gesellschaft 100 % der Anteile. Ebenso geht das OLG Brandenburg in einer Folgeentscheidung (OLG Brandenburg, ZfBR 2003, 620, 621) anders als zuvor (OLG Brandenburg, VergabeR 2003, 168-173 mit Anmerkungen Zirbes) selbstverständlich davon aus, dass die Kontrolle bei einer Eigengesellschaft stets begründet ist. Wer alle Anteile innehat, übt auch die Kontrolle aus. Auch deutet das OLG Düsseldorf ebenfalls eine gewisse Automatisierung an, dennoch werden hier weitere Gründe aufgeführt (sämtliche Mitglieder der Gesellschafterversammlung und des Aufsichtsrats gehören zum öffentlichen Auftraggeber) (OLG Düsseldorf, VergabeR 2004, 63, 64, 66; ferner: VK Düsseldorf, NZBau 2001, 46, 48; Jaeger, NZBau 2001, 6, 10; Harms/Schmidt-Wotterich, LKV 2004, 337, 339; Masing, ZfBR 2002, 450, 452; Ortlieb, WuW 2003, 146, 146; Rabolt in Cox, Ausschreibungswettbewerb bei öffentlichen Dienstleistungen, 2003, S. 109; Scharpf, EuZW 2005, 295, 297. Nach **a.A.** (Mindermeinung) sind die Kriterien so eng zu verstehen, dass Eigengesellschaften nie und unter Umstän-

sondere vor dem Hintergrund der Ausführungen zu der Aktiengesellschaft als widerlegt.

b) Weisungen

Eine Weisung in der hier zu untersuchenden GmbH und Aktiengesellschaft kann auf dreierlei Grundlagen beruhen: der verwaltungsrechtlichen Weisung, der gesellschaftsrechtlichen intraorganschaftlichen Weisung und der Weisung aufgrund eines Beherrschungsvertrages.

(1) Verwaltungsrechtliche Weisung

Die verwaltungsrechtliche Weisung ist das zentrale Steuerungsinstrument in der öffentlich-rechtlichen Verwaltung, mit dem ihre Organisationsstruktur gesichert wird.[500] Adressat der Weisung ist dabei der jeweilige Vertreter der öffentlichen Hand, im Normalfall der kommunale Vertreter. Dieser sitzt als handlungsfähiger Vertreter des öffentlichen Auftraggebers in der Gesellschafter- bzw. Hauptversammlung oder ist Mitglied der Geschäftsführung oder des Vorstands. Dort kann er die verwaltungsrechtliche Weisung derart umsetzen, dass er dafür Sorge trägt, dass die unternehmerischen Entscheidungen den öffentlichen Interessen nicht zuwiderlaufen. Adressat ist also nicht die Gesellschaft bzw. ihre Organe selbst.[501] Kollidiert die verwaltungsrechtliche Weisung ihrem Inhalt nach mit dem Gesellschaftsrecht, so geht letzteres vor. Dies folgt neben dem Grundsatz aus Art. 31 GG, Bundesrecht bricht Landesrecht, aus der Organisationsfreiheit der Kommunen. Sie sind nicht verpflichtet, sich privatrechtlich zu organisieren. Wählen sie dennoch diesen Weg, so müssen sie auch die geltenden Vorschriften des AktG und GmbHG beachten.[502] Was die Weisung des öffentlichen Auftraggebers an seinen kommunalen Vertreter in der Gesell-

---

den selbst Eigenbetriebe nicht erfasst werden (Plassmann in Cox, Ausschreibungswettbewerb bei öffentlichen Dienstleistungen, 2003, S. 101).

500 Schwintowski, NJW 1995, 1316, 1317; Wittek, Das In-House Geschäft im EG-Vergaberecht, 2004, S. 178; Wolff, Allgemeines Verwaltungsrecht, 4. Auflage, 2004, Kapitel 12, Rn. 53.

501 Insoweit auch zu Unrecht die Bemerkung von Endler, verwaltungsrechtliche Aufsichts- und Weisungsbefugnisse gibt es für privatrechtlich organisierte Unternehmen nicht. (Endler, NZBau 2002, 125, 131).

502 BGHZ 36, 296, 306; Schwintowski, NJW 1995, 1316, 1318; Meier, VR 1998, 217, 217; Spannowsky, DVBl. 1992, 1072, 1074; Zugmaier, BayVBl. 2001, 233, 235-236; Möstl, Grundrechtsbindung öffentlicher Wirtschaftstätigkeit, 1999, S. 15.

schafter-/Hauptversammlung betrifft, so ist diese für die Frage des Kontrollkriteriums ohne Bedeutung. Denn sie stellt lediglich die Handlungsfähigkeit des öffentlichen Auftraggebers in diesem Organ sicher und ist damit ein Verwaltungsinternum. Die Weisung an kommunale Vertreter in der Geschäftsführung bzw. im Vorstand hingegen kann nur im Rahmen der Grenzen des Gesellschaftsrecht erfolgen, so dass die verwaltungsrechtliche Weisung letztlich keine Auskunft darüber geben kann, ob der öffentliche Auftraggeber tatsächlich über die geforderte Kontrollmöglichkeit in der GmbH oder Aktiengesellschaft verfügt. Entscheidend sind vielmehr die gesellschaftsrechtlichen intraorganschaftlichen Weisungsmöglichkeiten und solche aufgrund eines Beherrschungsvertrages.

(2) Gesellschaftsrechtliche intraorganschaftliche Weisung

Im Rahmen des Gesellschaftsrechts ermöglicht bei der GmbH die Weisung nach § 37 Abs. 1 GmbHG eine Einflussnahme der Gesellschafterversammlung auf die Tätigkeiten der Geschäftsführung.[503] Seitens dieser korrespondieren das Weisungsrecht mit einer Folgepflicht - Weisungsgebundenheit[504]. Mittels Weisung kann also auf das Tagesgeschäft Einfluss genommen werden. Mangels Einflussnahme auf die Grundlagenangelegenheiten genügt das gesellschaftsrechtliche intraorganschaftliche Weisungsrecht in der GmbH für sich alleine nicht, um das Kontrollkriterium umzusetzen. Es muss insofern mit anderen Einflussnahmemöglichkeiten zusammentreffen, wie nämlich der oben bereits genannten, eine Sperrminorität anderer Gesellschafter nicht zulassenden Stimmenmehrheit in der Hauptversammlung.

Bei der selbständigen Aktiengesellschaft[505] gibt es im Unterschied zur GmbH das Merkmal der Weisungsgebundenheit gegenüber der Hauptversammlung

[503] Der Unternehmensgegenstand (§ 3 Abs. 1 Nr. 2 GmbHG) und die unternehmenspolitischen Vorgaben (Weisungen) bestimmen das Agieren des Geschäftsführers (Lutter/Hommelhoff in Lutter/Hommelhoff, GmbH-Gesetz, Kommentar, 16. Auflage, 2004, § 37 GmbHG, Rn. 17).

[504] Statt aller: Schneider in Scholz, GmbHG, Kommentar, 9. Auflage, 2000, Band 1, § 37 GmbHG, Rn. 30.

[505] Fragen der abhängigen Gesellschaft werden unter dem nächsten Gliederungspunkt des Beherrschungsvertrages bearbeitet.

nicht. Der Vorstand, der das Vertretungsorgan der AG nach außen ist,[506] hat die Gesellschaft gemäß § 76 Abs. 1 AktG unter eigener Verantwortung zu leiten. Diese Eigenverantwortlichkeit schließt Weisungsbefugnisse der Kapitaleigner (Aktionäre) aus.[507] Dies bedeutet, dass dem öffentlichen Auftraggeber keine unmittelbare Kontrollmöglichkeit über die Tagesgeschäfte mittels intraorganschaftlicher Weisung zusteht.

(3) Weisung aufgrund eines Beherrschungsvertrages

Aus Beherrschungsverträgen im Sinne von § 291 Abs. 1 S. 1 1. Fall AktG ergibt sich nach § 308 AktG als Mittel des Konzernrechts ein Weisungsrecht des herrschenden Unternehmens gegenüber dem Vorstand der abhängigen Aktiengesellschaft.[508] Dieses setzt die Eigenverantwortlichkeit des Vorstandes außer Kraft, soweit von der Weisungsbefugnis Gebrauch gemacht wird.[509] Die Vorschriften der §§ 291 ff. AktG regeln die Rechte der Aktiengesellschaft als herrschendes Unternehmen, gelten aber auch für herrschende Unternehmen anderer Rechtsformen.[510] – somit auch für die GmbH[511]. Ihr Geltungsbereich und damit die Anwendbarkeit des gesamten Aktienkonzernrechts sind seit der VEBA/Gelsenberg-Entscheidung von 1977 mehrheitlich ebenso für Gebiets-

---

506 Hoffmann-Becking, Münchner Handbuch des Gesellschaftsrechts, Band 4, 2. Auflage, 1999, § 19, Rn 12, 24.

507 Hoffmann-Becking, Münchner Handbuch des Gesellschaftsrechts, Band 4, 2. Auflage, 1999, § 19, Rn. 16,18; Hüffer, Aktiengesetz, Kommentar, 6. Auflage, 2004, § 76 AktG, Rn. 10; Schmidt, Gesellschaftsrecht, 4. Auflage, 2002, § 28 II 1; Endler, NZBau 2002, 125, 131.

508 Bayer in Münchner Kommentar zum Aktiengesetz, 2. Auflage, 2000, Band 1, § 17 AktG, Rn. 64; Koppensteiner in Kölner Kommentar, Aktiengesetz, 3. Auflage, 2004, Band 6, § 17 AktG, Rn. 51; Spannowsky, DVBl. 1992, 1072, 1074.

509 Hüffer, Aktiengesetz, Kommentar, 6. Auflage, 2004, § 291 AktG, Rn. 2, 37; Selzner/Sustmann, Der Konzern 2003, 85, 88.

510 Emmerich in Emmerich/Habersack, Aktien- und GmbH-Konzernrecht, 4. Auflage, 2005, § 308 AktG, Rn. 9; Henze, Konzernrecht, 2001, Rn. 172; Emmerich in Scholz, GmbHG, Kommentar, 9. Auflage, 2000, Band 1, Anhang Konzernrecht, Rn. 136; Henn, Handbuch des Aktienrechts, 7. Auflage, 2002, § 8, Rn. 231; Schauenburg, NZBau 2002, 259 (Printkurzfassung), unter www.nzbau.de Onlineversion, 2001_08241_1, S. 1, 9.

511 Habersack in Emmerich/Habersack, Aktien und GmbH-Konzernrecht, Kommentar, 4. Auflage, 2005, Einl. Rn. 2, 14; Emmerich in Scholz, GmbHG, Kommentar, 9. Auflage, 2000, Band 1, Anhang Konzernrecht, Rn. 8; Sulzner/Sustmann, Der Konzern 2003, 85, 86 (Die besondere Bedeutung einer Übertragung des Konzernrechts liegt daran, dass bei der Weisungsbefugnis aufgrund eines Beherrschungsvertrages anders als bei § 37 GmbHG nachteilige Weisungen möglich sind).

körperschaften anerkannt.[512] Maßgeblicher Grund ist das Schutzbedürfnis des Minderheitsgesellschafters vor fremdbestimmten unternehmerischen Eingriffen.[513] Aus seiner Sicht ist es unbedeutend, ob sich die Gesellschaft vorwiegend dem öffentlichen Wohl widmet oder ein sonstiger Großaktionär agiert. Die Konkurrenz wirtschaftlicher und politischer Interessen innerhalb der öffentlichen Hand schließt die Anwendbarkeit daher nicht aus. [514]

Sofern sich also juristische Personen des öffentlichen Rechts (Körperschaften, Anstalten und Stiftungen)[515] an einer Aktiengesellschaft beteiligen, können sie auch herrschende und abhängige Unternehmen im Sinne des Konzernrechts sein.[516]

Im Ergebnis kann damit auch die öffentliche Hand über § 308 Abs. 1 S. 1 AktG im Rahmen eines wirksam geschlossenen[517] Beherrschungsvertrages Weisungen erteilen.[518] Der Umfang des Weisungsrechts erstreckt sich auf die ge-

---

[512] BGHZ 69, 334, 244. (VEBA/Gelsenberg); BGHZ 135, 107, 113 (VW); BVerfG, NJW 1999, 1095, 1097; Emmerich, AG 1976, 225, 226; Fabry in Fabry/Augsten, Handbuch, Unternehmen der öffentlichen Hand, 2002, Teil 1 IV 5., Rn. 78; Gratzel, BB 1998, 175, 176; Hüffer, Aktiengesetz, Kommentar, 6. Auflage, 2004, § 16, Rn. 13; Kuhl/Wagner, ZIP 1995, 433, 440; von Mutius/Nesselmüller, NJW 1976, 1878, 1879; Krieger in Münchner Handbuch des Gesellschaftsrechts, Band 4, 2. Auflage, 1999, § 68, Rn. 12; Raiser, ZGR 1996, 458, 464; Schmidt, Gesellschaftsrecht, 4. Auflage, 2002, § 31 II 1 b und c. Zuvor wurde dies im Schrifttum mehrheitlich vor allem mit dem Argument abgelehnt, dass die *„Verfolgung öffentlicher Zwecke eine Durchbrechung des Zivilrechts"* erlaube (Emmerich in Emmerich/Habersack, Konzernrecht, 8. Auflage, 2005, S. 30 m.w.N.; kritisch in Bezug auf „der Bund als Unternehmer", auch Zöllner, AG 1978, 40, 42, 44). Von dieser Ansicht rückte man ab, da es eine grundsätzliche Hierarchie dieser Art zwischen den Rechtsordnungen nicht gibt. Ausführlich auch zur ehemals verneinenden Ansicht (Ehinger, Die juristischen Personen des öffentlichen Rechts als herrschende Unternehmen, 2000, S. 2-12) beziehungsweise zu der Frage, welche Normen des Konzernrechts für den Bund gelten (Kropff, ZHR 144, 74-99) sowie gute Darstellung zu den Argumenten, warum letztendlich den öffentlichen Unternehmen der Unternehmensstatus anerkannt wurde (Ehinger, Die juristischen Personen des öffentlichen Rechts als herrschende Unternehmen, 2000, S. 18-28).

[513] BGHZ 69, 334, 340 (VEBA/Gelsenberg).

[514] So zum Beispiel: Kleespies, Police Private Partnership, 2003, S. 317-322; Möstl, Grundrechtsbindung öffentlicher Wirtschaftstätigkeit, 1999, S. 20.

[515] Siehe Kapitel 5 II.

[516] Ausgenommen sei nur die Bundesanstalt für vereinigungsbedingte Sonderaufgaben (Ehninger, Die juristischen Personen des öffentlichen Rechts als herrschende Unternehmen, 2000, S. 35-50).

[517] Hüffer, Aktiengesetz, Kommentar, 6. Auflage, 2004, § 291 AktG, Rn. 10.

[518] Emmerich in Emmerich/Habersack, Aktien- und GmbH-Konzernrecht, 4. Auflage, 2005, § 308 AktG, Rn. 4. Allerdings ist wegen der Pflicht zur Verlustübernahme aus § 302 AktG zu bedenken, dass diese Übernahme dem jeweiligen öffentlichen Auftraggeber möglich

samte Leitung (Geschäftsführung und Vertretung) der abhängigen Gesellschaft.[519] Es unterliegt nur den Schranken aus §§ 299 und 308 Abs. 1 S. 2 AktG, dem Beherrschungsvertrag, der Satzung der abhängigen Gesellschaft[520], der Sittenwidrigkeit und Gesetzwidrigkeit, sowie der Sorgfaltswidrigkeit nach § 309 Abs. 1 AktG.[521] Durch die dann erzeugte Weisungsbefugnis des auftragserteilenden öffentlichen Auftraggebers kann insbesondere die Geschäftsführung bzw. der Vorstand, d.h. die Tagespolitik und Grundsatzgeschäfte der Geschäftsführung bestimmt werden. Das Weisungsrecht ermöglicht eine straffe Konzernleitung.[522] Diese Grundsätze gelten bei beiden hier zu untersuchenden Gesellschaftsformen der GmbH und Aktiengesellschaft.[523] Damit ist der Ansicht der Boden entzogen, nach der in einer Aktiengesellschaft aufgrund des Fehlens der gesellschaftsrechtlichen intraorganschaftlichen Weisungsmöglichkeit das Kontrollkriterium niemals erfüllt werden und damit an sie niemals ein vergabefreies Geschäft erteilt werden kann.[524] Selbst der EuGH stört sich nicht an der Rechtsform, sondern prüft auch hier das Vorliegen der Kriterien, was darauf schließen lässt, dass er de-

---

sein muss, unter Umständen kann dies beispielsweise gemeinderechtlich ausgeschlossen sein (dazu gut Bergmann, Die Vergabe öffentlicher Aufträge und das In-house-Geschäft, 2004, S. 213-214; Meier, VR 1998, 217, 219). Daher liegen meist in der Praxis faktische Konzerne vor (Emmerich, AG 1976, 225, 227; Möstl, Grundrechtsbindung öffentlicher Wirtschaftstätigkeit, 1999, S. 20). Abgesehen davon ist die Nachteilsausgleichspflicht nicht überzubewerten, da die öffentliche Hand bei Eigenerfüllung, die finanziellen Lasten zu tragen verpflichtet wäre (Möstl, Grundrechtsbindung öffentlicher Wirtschaftstätigkeit, 1999, S. 29). Nach a.A. ist das Haftungsrisiko sowieso beherrschbar (Schmidt, ZGR 1996, 345, 361).

519 Emmerich in Scholz, GmbHG, Kommentar, 9. Auflage, 2000, Band 1, Anhang Konzernrecht, Rn. 181; Emmerich in Emmerich/Habersack, Aktien- und GmbH-Konzernrecht, 4. Auflage, 2005, § 308 AktG, Rn. 26 ff. m.w.N.; Krieger in Münchner Handbuch des Gesellschaftsrechts, Band 4, 2. Auflage, 1999, § 70, Rn 138.

520 Dazu ausführlich: Emmerich in Emmerich/Habersack, Aktien- und GmbH-Konzernrecht, 4. Auflage, 2005, § 308 AktG, Rn. 56, 57.

521 Emmerich in Emmerich/Habersack, Aktien- und GmbH-Konzernrecht, 4. Auflage, 2005, § 308 AktG, Rn. 55-58.

522 Sulzner/Sustmann, Der Konzern 2003, 85, 86.

523 Zur GmbH: Bayer in Münchner Kommentar zum Aktiengesetz, 2. Auflage, 2000, Band 1, § 17 AktG, Rn. 123 ff.

524 Endler, NZBau 2002, 125, 131. Ähnlich wie hier auch GA Stix-Hackl, Schlussantrag vom 12.01.2006, Rs. C-340/04 (Carbotermo), Slg. 2006, I-4137 ff., Rn. 60, NZBau 2006, Heft 2, X, XIV; GA Kokott, Schlussantrag vom 01.03.2005, Rs. C-458/03 (Parking Brixen GmbH), Slg. 2005, I-8585 ff., Rn. 76, NZBau 2005, Heft 4, VII, XVI.

ren Bejahung prinzipiell für möglich erachtet.[525] Andernfalls würde die Organisationsfreiheit der öffentlichen Hand auf die Gründung von GmbHs beschränkt, was das Vergaberecht ausdrücklich nicht beabsichtigt.[526]

Ein Einfluss auf die langfristige Strategie und insgesamt auf die Grundlagengeschäfte folgt aus einem solchen Weisungsrecht hingegen nicht; dieser kann unabhängig vom Beherrschungsvertrag nur über eine ausreichende Mehrheit in der Gesellschafter- bzw. Hauptversammlung, zum Beispiel durch die Möglichkeit von Satzungsänderungen, gewährleistet werden.[527] Die Weisung kann sich nur auf das beziehen, wozu der Weisungsempfänger – die Leitung der Gesellschaft, d.h. bei der Aktiengesellschaft der Vorstand – berechtigt ist und was sich als Frage der Geschäftsführung im Rahmen der Satzung der abhängigen Gesellschaft bewegt.[528] Für Grundlagenangelegenheiten ist ausschließlich die Hauptversammlung zuständig,[529] so dass das Weisungsrecht aufgrund eines Beherrschungsvertrages wiederum für sich alleine genommen das Kontrollkriterium nicht erfüllen kann.[530]

(4) Ergebnis

Ein für das Kontrollkriterium relevantes Weisungsrecht ergibt sich in der GmbH aus der Weisungsabhängigkeit der Geschäftsführung und bei Abschluss eines

525 EuGH, Urteil vom 11.05.2006, Rs. C-340/04 (Carbotermo), Slg. 2006, I-4137 ff., Rn. 38, NZBau 2006, 452, 454; EuGH, Urteil vom 06.04.2006, Rs. C-410/04 (ANAV), Slg. 2006, I-3303 ff., Rn. 26-32, NZBau 2006, 326, 327.

526 GA Kokott, Schlussantrag vom 01.03.2005, Rs. C-458/03 (Parking Brixen GmbH), Slg. 2005, I-8585 ff., Rn. 68, 69, 71, NZBau 2005, Heft 4, VII, XIV: Auch unter dem Blickwinkel, dass Teckal nur eine ähnliche/vergleichbare Kontrolle fordert, muss es ausreichen, wenn *„der öffentliche Auftraggeber tatsächlich jederzeit in der Lage ist, in jenem Unternehmen seinen im öffentlichen Interesse liegenden Zielen in vollem Umfang Geltung zu verschaffen"* (GA Kokott, Schlussantrag vom 01.03.2005, Rs. C-458/03 (Parking Brixen GmbH), Slg. 2005, I-8585 ff., Rn. 72, NZBau 2005, Heft 4, VII, XV).

527 Emmerich in Emmerich/Habersack, Aktien- und GmbH-Konzernrecht, 4. Auflage, 2005, § 308 AktG, Rn. 39; Krieger in Münchner Handbuch des Gesellschaftsrechts, Band 4, 2. Auflage, 1999, § 70, Rn 133.

528 Henn, Handbuch des Aktienrechts, 7. Auflage, 2002, § 9, Rn. 260.

529 Siehe Kapitel 6 II 2 b).

530 Allein den Beherrschungsvertrag bejahend und nicht zwischen Grundlagen- und Grundsatzgeschäften trennend: Endler, NZBau 2002, 125, 131; Michaels, NZBau 2004, 27, 29.

Beherrschungsvertrages. Bei der AG ist nur letzteres möglich.[531] Das Weisungsrecht kann jedoch für sich alleine genommen das Kontrollkriterium nicht umsetzen, da es sich nur auf die Tagesgeschäfte bezieht. Es muss vielmehr mit weiteren Einflussnahmemöglichkeiten zusammentreffen.[532]

c) Einflussnahme auf die Besetzung der Geschäftsführung bzw. des Vorstands

Neben der Weisung kann der öffentliche Auftraggeber auch auf die Besetzung der Geschäftsführung bzw. des Vorstandes Einfluss nehmen. Ein solches Recht kann sich beispielsweise aus §§ 6 Abs. 3 S. 2, 46 Nr. 5 GmbHG und der Personalentscheidungsbefugnis (§ 84 AktG) ergeben. In der GmbH kann ein solches Entsendungsrecht auch in die Satzung aufgenommen werden, wodurch ein statuiertes Sonderrecht nach § 35 BGB[533] vorliegt. Somit können wohlgesonnene Vorstandsmitglieder bzw. Mitglieder der Geschäftsführung eingesetzt werden, welche die Politik des öffentlichen Auftraggebers umsetzen und schon im Interesse ihrer Wiederwahl ihre Handlungen an den Ideen und Vorstellungen des herrschenden Unternehmens ausrichten.[534] Es wird insoweit mittelbar Einfluss genommen. Manche Autoren gehen davon aus, dass das Kontrollkriterium als erfüllt angesehen werden kann, wenn der Geschäftsführer oder Vorstand einer Beteiligungsgesellschaft zugleich Mitglied des Vorstandes, Geschäftsführer, Behördenleiter oder Ähnliches des öffentlichen Auftraggebers ist. Es sei anzunehmen, dass eine gewisse Weisungsgebundenheit daher rührt, dass der Vorstand bzw. Geschäftsführer die Entscheidungen des öffentlichen Auftraggebers mitträgt.[535] Dieser Ansatz ist jedoch abzulehnen;

---

[531] Ein grundsätzlicher Ausschluss ist gerade nicht indiziert, so aber: Dreher, NZBau 2002, 245, 253.

[532] Insoweit zu Unrecht mit der Aussage: Die Weisungsgebundenheit sei allein entscheidend (Gnittke/Siederer, ZVgR 2000, 236, 238; Harms/Schmidt-Wotterich, LKV 2004, 337, 340).

[533] Sonderrechte nach § 35 BGB sind in der Satzung gewährte Rechte eines Mitglieds, die nicht ohne dessen Zustimmung d.h. gegen seinen Willen entzogen werden können (Hueck/Fastrich in Baumbach/Hueck, GmbH-Gesetz, Kommentar, 18. Auflage, 2006, § 3, Rn. 37f, § 38, Rn. 10; Reuter in Münchner Kommentar zum BGB, Band 1, 5. Auflage, 2006, § 35, Rn. 5).

[534] Bayer in Münchner Kommentar zum Aktiengesetz, 2. Auflage, 2000, Band 1, § 17 AktG, Rn. 27; Emmerich in Emmerich/Habersack, Aktien und GmbH-Konzernrecht, Kommentar, 4. Auflage, 2005, § 17 AktG, Rn. 6.

[535] GA Kokott, Schlussantrag vom 01.03.2005, Rs. C-458/03 (Parking Brixen GmbH), Slg. 2005, I-8585 ff., Rn. 75, NZBau 2005, Heft 4, VII, XVI.

denn aus der Platzierung der gewünschten Personen im Geschäftsführungsorgan ergibt sich noch keine Kontrollmöglichkeit über die Tagesgeschäfte. Eine solche kann nur vorliegen, wenn noch weitere Mittel – zum Beispiel ein Weisungsrecht - hinzukommen. Damit kommt es aber maßgeblich auf das Weisungsrecht an, die Einflussnahme auf die Besetzung ist allein betrachtet ohne Bedeutung. Zudem würde hieraus niemals eine Kontrolle über die Grundlagenangelegenheiten folgen.

d) Sonstige konzern- und kartellrechtliche Fallgruppen

Neben den bereits gewürdigten Fallgruppen gibt es weitere konzern- und kartellrechtliche Sachverhalte, die darauf zu überprüfen sind, ob in ihnen der vergaberechtliche Kontrollbegriff umgesetzt ist.[536] Insoweit sind die Fälle zu untersuchen, die an den Einfluss eines Unternehmens auf ein anderes anknüpfen bzw. diesen rechtlich umschreiben. Solche Fälle sind der konzernrechtliche Abhängigkeitsbegriff sowie der konzern- und kartellrechtliche Kontrollbegriff.

(1) Konzernrechtlicher Abhängigkeitsbegriff

Ist die Abhängigkeit im Sinne des Konzernrechts,[537] der in § 17 AktG definiert wird,[538] vom Inhalt her identisch mit der vergaberechtlichen Kontrollmöglichkeit?[539]

---

536 So auch: GA Kokott, Schlussantrag vom 01.03.2005, Rs. C-458/03 (Parking Brixen GmbH), Slg. 2005, I-8585 ff., Rn. 67, NZBau 2005, Heft 4, VII, XIV; Faber, DVBl. 2001, 248, 254; Schauenburg, NZBau 2002, 259 (Printkurzfassung), unter www.nzbau.de Onlineversion, 2001_08241_1, S. 1, 8.

537 Ziel der konzernrechtlichen Abhängigkeitsregelungen im Aktienrecht ist in erster Linie der Schutz der abhängigen Gesellschaft (Bayer in Münchner Kommentar zum Aktiengesetz, 2. Auflage, 2000, Band 1, § 17 AktG, Rn. 6).

538 Es ist nicht geklärt, ob der Begriff der Abhängigkeit je nach Bezugnahme und Gesetz unterschiedlich zu interpretieren ist (BGH, NJW 1993, 2114, 2115 (nicht in amtlicher Sammlung erschienen)). Einigermaßen gesichert ist aber die Annahme, dass der Begriff im Aktienrecht wenigstens einheitlich definiert wird, weil § 17 Abs. 1 AktG offensichtlich als Definitionsnorm gedacht ist (Bayer in Münchner Kommentar zum Aktiengesetz, 2. Auflage, 2000, Band 1, § 17 AktG, Rn. 4; Emmerich in Emmerich/Habersack, Aktien und GmbH-Konzernrecht, Kommentar, 4. Auflage, 2005, § 17 AktG, Rn. 4; Köhler, NJW 1978, 2473, 2476).

539 Zur Anwendbarkeit des Konzernrechts siehe bereits unter Kapitel 6 II 3 b) (3).

Eine Abhängigkeit wird nach § 17 AktG angenommen, wenn die rechtlich gesicherte Möglichkeit besteht, dem abhängigen Unternehmen Konsequenzen anzudrohen, sodass es im Sinne des herrschenden Unternehmens oder der herrschenden Unternehmen agiert[540] und sich letztlich dessen Willen und Einflüssen nicht entziehen kann.[541] Ausschlaggebend ist die Sicht des abhängigen Unternehmens.[542]

Eine Abhängigkeit setzt nicht voraus, dass von der bestehenden Einflussnahmemöglichkeit tatsächlich Gebrauch gemacht wird.[543] Die reine Möglichkeit, ein Unternehmen zu beherrschen, reicht aus.[544] Dies folgt aus § 17 Abs. 1 AktG. Grund dafür ist die Rechtssicherheit; sonst bestünde die Gefahr, im jeweiligen Einzelfall den Nachweis der Einflussnahme nicht erbringen zu können, obwohl theoretisch ein Über-/Unterordnungsverhältnis besteht. Für die Annahme einer Abhängigkeit ist es unentbehrlich, dass der Einfluss sich über einen gewissen Zeitraum erstreckt. Die Abhängigkeit muss in Bezug auf die Dauer eine gewisse Beständigkeit aufweisen.[545] Allerdings muss sie

---

540 Dies ergibt sich schon aus dem Sinn und Zweck der Regelung; über die Abhängigkeitsregelungen sollen die Minderheitsaktionäre sowie die Gläubiger geschützt werden (vgl. §§ 312ff. AktG) (BGHZ 62, 193, 197 (Seitz); BGH NJW 1987, 1639, 1640 (nicht in amtlicher Sammlung erschienen)). Andernfalls ließe sich der Schutz des beherrschten Gesellschafter leicht durch eine formale Aufspaltung der Mehrheitsbeteiligung aushöhlen (BGHZ 62, 193, 197 (Seitz), Lutter, NJW 1973, 113, 118).

541 BGH, NJW 1993, 2114, 2115 (nicht in amtlicher Sammlung erschienen); OLG Karlsruhe, AG 2004, 147, 148; Emmerich in Emmerich/Habersack, Aktien und GmbH-Konzernrecht, Kommentar, 4. Auflage, 2005, § 17 AktG, Rn. 8; Koppensteiner in Kölner Kommentar, Aktiengesetz, 3. Auflage, 2004, Band 6, § 17 AktG, Rn. 20; Schmidt, Gesellschaftsrecht, 4. Auflage, 2002, § 31 II 3 b).

542 BGHZ 62, 193, 197 (Seitz); Windbichler in Großkommentar AktG, 4. Auflage, 10. Lieferung §§ 15-22, 1999, § 17 AktG, Rn. 18.

543 Siehe auch BegrRegE; erstmals: BGHZ 62, 193, 201 (Seitz); zustimmend dann: BGH, NJW 1987, 1639, 1640 (nicht in amtlicher Sammlung erschienen); Geßler, ZHR 145 (1981), 457, 461; Henn, Handbuch des Aktienrechts, 7. Auflage, 2002, § 9, Rn. 234; Köhler, NJW 1978, 2473, 2474; Ulmer, ZGR 1978, 457, 461; Zöllner, AG 1978, 40, 42

544 Siehe auch Begr. RegE.; erstmals: BGHZ 62, 193, 201 (Seitz); zustimmend dann: GA Stix-Hackl, Schlussantrag vom 23.09.2004, Rs. C-26/03 (Stadt Halle), Slg. 2005, I-1 ff., Rn. 76, NZBau 2004, Heft 11, VII, XIII; BGH, NJW 1987, 1639, 1640 (nicht in amtlicher Sammlung erschienen); Geßler, ZHR 145 (1981), 457, 461; Köhler, NJW 1978, 2473, 2474; Ulmer, ZGR 1978, 457, 461; Zöllner, AG 1978, 40, 42. Die Begründung von Herrschaftsmacht ist hingegen nicht ausreichend (Bayer in Münchner Kommentar zum Aktiengesetz, 2. Auflage, 2000, Band 1, § 17 AktG, Rn. 11).

545 BGH, NJW 1981, 2699, 2700 (nicht in amtlicher Sammlung erschienen); BGHZ 135, 107, 114 (VW); Ulmer, ZGR 1978, 457, 461; a.A.: Koppensteiner in Kölner Kommentar, Aktiengesetz, 3. Auflage, 2004, Band 6, § 17 AktG, Rn. 25.

nicht jederzeit und sofort durchsetzbar sein.[546] Hinsichtlich des Umfangs gilt: An sich muss der gesamte Tätigkeitsbereich erfasst werden, eine punktuelle Abhängigkeit reicht nicht aus.[547] Dies ist gleichwohl nicht ganz unstreitig, denn heute wird teilweise selbst dann von einem Konzern gesprochen, wenn das herrschende Unternehmen einen zentralen Unternehmensbereich bestimmt.[548] Besondere Bedeutung hat dabei natürlich der Bereich der Finanzierung. Grundsätzlich wird aber eine generell-umfassende Abhängigkeit vorausgesetzt,[549] was eine Finanzierung meist nicht leisten kann.[550] Fehlt die Möglichkeit, die Unternehmensleitung zu bestellen, so kann die generell-umfassende Abhängigkeit allenfalls bejaht werden, wenn das herrschende Unternehmen alle wichtigen Geschäftsfelder kontrolliert.[551] Die Einflussnahme muss zudem gesichert sein.[552]

Unter diesen Gesichtspunkten der Dauer und Möglichkeit der Einflussnahme erfüllt der konzernrechtliche Abhängigkeitsbegriff die Vorgaben des vergaberechtlichen Kontrollbegriffs.

Es bleibt jedoch noch zu klären, ob dies auch für den Umfang bzw. die Intensität der Einflussnahmemöglichkeit gilt, also ob der konzernrechtliche Abhängigkeitsbegriff eine umfassende Kontrollmöglichkeit der Entscheidungen der Grundlagenangelegenheiten und des Tagesgeschäfts erfordert oder ob bereits eine geringere Intensität für sein Vorliegen genügt. Eine die Abhängigkeit im Sinne des § 17 AktG begründende Beherrschung kann durch Beteiligung,

---

546 Bayer in Münchner Kommentar zum Aktiengesetz, 2. Auflage, 2000, Band 1, § 17 AktG, Rn. 12.

547 Emmerich in Emmerich/Habersack, Aktien und GmbH-Konzernrecht, Kommentar, 4. Auflage, 2005, § 17 AktG, Rn. 9.

548 OLG Düsseldorf, ZIP 1993, 1791, 1793; Bayer in Münchner Kommentar zum Aktiengesetz, 2. Auflage, 2000, Band 1, § 17 AktG, Rn. 24; Hüffer, Aktiengesetz, Kommentar, 6. Auflage, 2004, § 17 AktG, Rn. 7 a.E.; Koppensteiner in Kölner Kommentar, Aktiengesetz, 3. Auflage, 2004, Band 6, § 17 AktG, Rn. 27.

549 Ulmer, ZGR 1978, 457, 461; Windbichler in Großkommentar AktG, 4. Auflage, 10. Lieferung §§ 15-22, 1999, § 17 AktG, Rn. 17.

550 Anders aber das OLG Brandenburg, das aufgrund partnerschaftlicher Finanzierung annimmt, das beide Partner kontrollieren (OLG Brandenburg, VergabeR 2003, 168, 171).

551 OLG Düsseldorf, ZIP 1993, 1791-1793; Hüffer, Aktiengesetz, Kommentar, 6. Auflage, 2004, § 17 AktG, Rn. 7 a.E.

552 Emmerich in Emmerich/Habersack, Aktien- und GmbH-Konzernrecht, Kommentar, 4. Auflage, 2005, § 17 AktG, Rn. 11; Emmerich in Scholz, GmbHG, Kommentar, 9. Auflage, 2000, Band 1, Anhang Konzernrecht, Rn. 23.

sonstige Konstellationen - zum Beispiel: organisatorische Abhängigkeit ohne Beteiligung, kombinierte Beherrschung - oder Unternehmensvertrag vermittelt werden.[553] Der beherrschende Einfluss kann hierbei ein unmittelbarer oder mittelbarer sein.[554]

Eine tatsächliche Abhängigkeit reicht nach heute herrschender Meinung alleine nicht aus, um eine aktienrechtliche Abhängigkeit zu begründen.[555] Erst in Verbindung mit einer gesellschaftlich vermittelten[556] Einflussnahme kann sie dann, wenn die Beteiligung für sich alleine schon einen spürbaren Einfluss ermöglicht, eine Abhängigkeit verstärken.[557] Ob die gesellschaftsrechtliche Vermittlung des Einflusses den vergaberechtlichen Kontrollbegriff zu erfüllen

---

553 BGHZ 90, 381, 389; Bayer in Münchner Kommentar zum Aktiengesetz, 2. Auflage, 2000, Band 1, § 17 AktG, Rn. 14, 21 f..

554 Emmerich in Emmerich/Habersack, Konzernrecht, 8. Auflage, 2005, S. 36; Krieger in Münchner Handbuch des Gesellschaftsrechts, Band 4, 2. Auflage, 1999, § 68, Rn 35.

555 Früher reichte es für die Annahme einer Beherrschung aus, wenn familiäre oder faktische Bande ein gleichgerichtetes Interesse erzeugten, das über die Unternehmensführung entschied, und dies einheitlich nach außen zu Tage trat (BGHZ 62, 193, 200 (Seitz); BGH, NJW 1981, 2699, 2700 (nicht in amtlicher Sammlung erschienen); Henze, Konzernrecht, 2000, Rn. 37-39).
Die alleinige wirtschaftliche Abhängigkeit genügt hingegen nicht; vgl. BGHZ 90, 381, 395, 396; BGH, NJW 1993, 2114, 2115 (nicht in amtlicher Sammlung erschienen); Bayer in Münchner Kommentar zum Aktiengesetz, 2. Auflage, 2000, Band 1, § 17 AktG, Rn. 29; Emmerich in Emmerich/Habersack, Aktien- und GmbH-Konzernrecht, 4. Auflage, 2005, § 17 AktG, Rn. 15; Schauenburg, NZBau 2002, 259 (Printkurzfassung), www.nzbau.de Onlineversion, 2001_08241_1, S. 1, 9). Das Gleiche gilt für eine alleinige tatsächliche Abhängigkeit (zum Beispiel Lieferbeziehung). Bei den tatsächlichen Abhängigkeiten geht es um den Schutz vor wirtschaftlicher Abhängigkeit, die über das allgemeine BGB und das GWB gewährleistet wird, das AktG ist hierzu nicht erforderlich. Der Zweck des Konzernrechts ist es, die aus dem Ruder gelaufene innergesellschaftliche Machtbalance wieder herzustellen (OLG Karlsruhe, NZG 2004, 334, 335 = AG 2004, 147. 148). Zur Entwicklung des Begriffes und zur Frage, ob eine externe Einflussnahme eine Abhängigkeit begründen kann oder sie intern begründet werden muss (Ulmer, ZGR 1978, 457, 464, 465)

556 Eine Abhängigkeit wird erst bejaht, wenn wenigstens eine parallel bestehende gesellschaftsrechtlich begründete Einflussmöglichkeit besteht: Hüffer, Aktiengesetz, Kommentar, 6. Auflage, 2004, § 17 AktG, Rn. 8; Krieger in Münchner Handbuch des Gesellschaftsrechts, Band 4, 2. Auflage, 1999, § 68, Rn 40; Windbichler in Großkommentar AktG, 4. Auflage, 10. Lieferung §§ 15-22, 1999, § 17 AktG, Rn. 12.

557 BGHZ 90, 381, 397; BGH, NJW 1993, 2214, 2215 (nicht in amtlicher Sammlung erschienen); OLG Düsseldorf, AG 2003, 688, 689; Bayer in Münchner Kommentar zum Aktiengesetz, 2. Auflage, 2000, Band 1, § 17 AktG, Rn. 31; Emmerich in Emmerich/Habersack, Aktien- und GmbH-Konzernrecht, Kommentar, 4. Auflage, 2005, § 17 AktG, Rn. 17; Hüffer, Aktiengesetz, Kommentar, 6. Auflage, 2004, § 17 AktG, Rn. 8. Dafür sprechen die systematische Auslegung der Vorschriften und der Schutzzweck (Ulmer, ZGR 1978, 457, 468).

vermag, kommt wiederum auf die gesellschafts- bzw. konzernrechtlichen Ausgestaltungen an.

Im Falle der Beteiligung ist aufgrund der Vermutung des § 17 Abs. 2 AktG grundsätzlich eine Stimmenmehrheit in der Gesellschafter- bzw. Hauptversammlung erforderlich,[558] die dann eine Personalentscheidungsgewalt nach sich zieht.[559] Nach dieser Norm kann jedoch auch eine Kapitalmehrheit genügen, ohne dass gleichzeitig eine Stimmenmehrheit gegeben ist; hierzu ist jedoch erforderlich, dass nach den Gesamtumständen des Einzelfalls eine zur Stimmenmehrheit vergleichbare Situation gegeben ist.[560] Dies kann beispielsweise durch eine Kombination mit anderen Mittel der Beherrschung oder in Ausnahmefällen bei gleichzeitig vorliegender wirtschaftlicher Abhängigkeit der Fall sein.[561]

In Betracht käme ferner die Fallkonstellation der faktischen Hauptversammlungsmehrheit. Die faktische Mehrheitsbeteiligung liegt vor, wenn ein Minderheitsgesellschafter aufgrund ständig niedriger Hauptversammlungspräsenz faktisch in der Lage ist, Mehrheitsbeschlüsse zu fassen. In diesen Fällen spricht man von der sog. faktischen Hauptversammlungsmehrheit. Die Aktionärsstruktur (Streubesitz) und die niedrige Hauptversammlungspräsenz führen dazu, dass mit weniger als 50 % der Stimmen höchstwahrscheinlich eine Mehrheit erreicht wird.[562] Die Bejahung der Abhängigkeit in diesen Fällen ist wiederum mit dem Schutzzweck des Konzernrechts zu begründen.[563] Personelle Verflechtungen sowie Satzungsbestimmungen können den tatsächlichen und rechtlichen Einfluss zusätzlich sichern. Für die Bejahung des vergabe-

---

558 Bayer in Münchner Kommentar zum Aktiengesetz, 2. Auflage, 2000, Band 1, § 17 AktG, Rn. 26.

559 OLG München, AG 1995, 383, 383; Bayer in Münchner Kommentar zum Aktiengesetz, 2. Auflage, 2000, Band 1, § 17 AktG, Rn. 26; Emmerich in Scholz, GmbHG, Kommentar, 9. Auflage, 2000, Band 1, Anhang Konzernrecht, Rn. 23.

560 Bayer in Münchner Kommentar zum Aktiengesetz, 2. Auflage, 2000, Band 1, § 17 AktG, Rn. 28.

561 Bayer in Münchner Kommentar zum Aktiengesetz, 2. Auflage, 2000, Band 1, § 17 AktG, Rn. 29, 31 ff.

562 LG Berlin, AG 1996, 230, 231. Eine Beherrschung bei faktischer Mehrheitsbeteiligung kommt häufig bei Gesellschaften mit sog. Volksaktien vor und ist von der Rechtsprechung anerkannt (BGHZ 69, 334ff. (VEBA); BGHZ 135, 107, 114 (VW).

563 Bayer, Münchner Kommentar zum Aktiengesetz, 2. Auflage, 2000, Band 1, § 17 AktG, Rn. 35.

rechtlichen Kontrollbegriffs muss hingegen zusätzlich die Einflussnahme auf die Tagesgeschäfte über den Vorstand bestehen, was über die Hauptversammlung nicht möglich ist. Folglich reicht die beschriebene Konstellation nicht aus.

Auf den Beherrschungsvertrag als Instrument des Unternehmensvertrages wurde bereits eingegangen.[564]

Ansonsten genügt für den konzernrechtlichen Abhängigkeitsbegriff nach den oben genannten Ausführungen eine Stimmenmehrheit von über der Hälfte der Stimmenanteile in der Gesellschafter- bzw. Hauptversammlung oder eine hierzu vergleichbare Situation, zum Beispiel das Vorliegen eines die entsprechende Mehrheit indirekt herstellenden Stimmbindungsvertrages. Da es vorliegend nur um die Frage geht, ob der Abhängigkeitsbegriff als Fallgruppe im Sinne einer Auslegungshilfe für den vergaberechtlichen Kontrollbegriff herangezogen werden kann, sind nur diese Mindestvoraussetzungen einer Abhängigkeit von Bedeutung; denn nur diese werden durch § 17 AktG beschrieben.

Es kann somit an die bereits zur Fallgruppe „Mehrheit in der Gesellschafter-/Hauptversammlung" gemachten Ausführungen[565] angeknüpft werden. In der GmbH kann mit einer solchen Mehrheit zwar über die Weisungsmöglichkeit gegenüber der Geschäftsführung Einfluss auf die Tagesgeschäfte genommen werden; bei der genannten Stimmenmehrheit von über der Hälfte der Stimmanteile kann jedoch eine Sperrminorität der anderen Gesellschafter nicht ausgeschlossen werden, so dass nicht bei jeder Abhängigkeit eine Kontrollmöglichkeit über die Grundlagenangelegenheiten besteht. Im Falle der GmbH erfüllt somit der konzernrechtliche Abhängigkeitsbegriff die Vorgaben des vergaberechtlichen Kontrollbegriffs nicht. Da eine Sperrminorität nur durch eine höhere Mehrheit als es der Abhängigkeitsbegriff fordert, ausgeschlossen werden könnte, würde auch das Hinzutreten weiterer Einflussnahmemöglichkeiten zu keinem anderen Ergebnis führen.

In der Aktiengesellschaft hingegen kommt es auf den konkreten Einzelfall an, ob aufgrund der jeweiligen Satzungsgestaltung eine Sperrminorität der ande-

---

[564] Kapitel 6 II 3 b) (3).
[565] Kapitel 6 II 3 a) (2).

ren Gesellschafter gegeben ist. Sollte eine solche ausgeschlossen sein, besteht eine Kontrollmöglichkeit über Grundlagenangelegenheiten, nicht jedoch über das Tagesgeschäft.[566] Es müssten demnach noch weitere Einflussnahmemöglichkeiten hinzutreten, um den vergaberechtlichen Kontrollbegriff zu erfüllen. Der konzernrechtliche Abhängigkeitsbegriff vermag dies für sich alleine nicht.

Damit kann im Ergebnis festgehalten werden, dass die Abhängigkeit als solche keine weiteren Möglichkeiten eröffnet, das vergaberechtliche Kontrollkriterium handhabbarer zu machen. Der Begriff der Kontrollmöglichkeit im vergaberechtlichen Sinne ist enger als jener der Abhängigkeit im Sinne des Konzernrechts.[567] Von der jeweiligen Schutzrichtung her gesehen sollen mit der Abhängigkeit die negativen Folgen für die Minderheit und Gläubiger beschränkt werden.[568] Mit der vergaberechtlichen Kontrollmöglichkeit soll hingegen eine Ausweitung des Ausnahmetatbestandes In-House Geschäft als ausschreibungsfreie Vergabe verhindert werden, um den europäischen Binnenwettbewerb nicht zu gefährden. Ein herrschendes Unternehmen verfügt nicht zwingend wie über eine eigene Dienststelle über das abhängige Unternehmen, das seinerseits auch nicht die eigene Entscheidungsgewalt verliert.[569] Die Möglichkeit eines Zwangs gibt es nicht.[570] Ein „Schalten und Walten" über die Tagesgeschäfte und die Grundlagenangelegenheiten wie bei der eigenen Dienststelle ist im Allgemeinen bei dem abhängigen Unternehmen nicht gegeben.

---

566 Kapitel 6 II 3 c).

567 Dreher, NZBau 2001, 360, 363; Dreher, NZBau 2002, 245, 253; Jaeger, NZBau 2001, 6, 9.

568 Bayer in Münchner Kommentar zum Aktiengesetz, 2. Auflage, 2000, Band 1, § 17 AktG, Rn. 21.

569 Dreher, NZBau 2001, 360, 363; Harms/Schmidt-Wotterich, LKV 2004, 337, 340.

570 Koppensteiner in Kölner Kommentar, Aktiengesetz, 3. Auflage, 2004, Band 6, § 17 AktG, Rn. 21.

(2) Konzernrechtlicher Kontrollbegriff

Da die Anforderungen an die Bejahung einer Abhängigkeit höher sind als die an die Kontrolle im Sinne des Konzernrechts,[571] und allein schon die Abhängigkeit dem vergaberechtlichen Kontrollbegriffs nicht gerecht werden kann, erübrigt sich ein Eingehen auf den konzernrechtlichen Kontrollbegriff.

(3) Kartellrechtlicher Kontrollbegriff

Zuletzt ist zu klären, ob die Kontrolle wie über eine eigene Dienststelle mit dem Kontrollbegriff im Sinne des Kartellrechts identisch ist.[572] Wettbewerbliche Vorschriften lassen sich grundsätzlich aufgrund des ähnlichen Schutzcharakters gut als Auslegungshilfe heranziehen. In beiden Fällen geht es um den Schutz des Wettbewerbs.[573]

Zwar spricht das Kartellrecht teilweise von Abhängigkeit, wie beispielsweise in § 36 Abs. 2 S. 1 GWB[574], jedoch ist dort das Konzept der Abhängigkeit durch das Konzept der Kontrolle ersetzt worden. Für eine Kontrolle reicht es hier aus, wenn mehrere Unternehmen zusammen die Möglichkeit besitzen, die Umsetzung bestimmter Geschäftsführungsmaßen aufzuhalten, die das strategische Verhalten eines Unternehmens bestimmen. Dann besteht ein faktischer Einigungszwang.[575] Nicht entscheidend ist das Zusammenwirken der Gesellschafter, die Struktur der Gesellschaft oder die Frage, ob der Mitgesellschafter ein abhängiges Unternehmen im Sinne des Konzernrechts[576] ist.[577] Die reine

---

571 Bayer in Münchner Kommentar zum Aktiengesetz, 2. Auflage, 2000, Band 1, § 17 AktG, Rn. 42; Koppensteiner in Kölner Kommentar, Aktiengesetz, 3. Auflage, 2004, Band 6, § 17 AktG, Rn. 24.

572 Das Prinzip der Kontrolle entstammt dem amerikanischen und französischen Rechtskreis. Ein Beispiel für das Prinzip der Kontrolle ist § 37 Abs. 1 Nr. 2 GWB.

573 Dreher in Immenga/Mestmäcker, GWB, Kommentar, 3. Auflage, 2001, Vorbem. §§ 97 ff. GWB, Rn. 2; Säcker, NJW 1980, 801, 802; Schütz in Gemeinschaftskommentar, 5. Auflage, 2. Lfg, 2000, § 36 GWB, Rn. 5.

574 Sinn und Zweck der Regelung ist es, eine Kontrollen von Unternehmenszusammenschlüssen zu ermöglichen, um Wettbewerbsverzerrungen durch Fusionen zu vermeiden (Schütz in Gemeinschaftskommentar, 5. Auflage, 2. Lfg, 2000, § 36 GWB, Rn. 5).

575 Emmerich in Emmerich/Habersack, Aktien und GmbH-Konzernrecht, Kommentar, 4. Auflage, 2005, § 17 AktG, Rn. 29a.

576 Kapitel 6 II 3 d) (1).

577 Abgesehen davon ersetzt § 36 Abs. 2 GWB nicht die materielle Prüfung nach § 36 Abs. 1 GWB, bei der es aber anerkanntermaßen um die Frage geht, ob Tochtergesellschaften nicht autonom auf dem Markt agieren, weil sie *„die Weisungen der Mutter-*

Parität, die für eine kartellrechtliche Kontrolle ausreicht, führt nicht zu einer Abhängigkeit (wechselnde Mehrheiten, Entscheidungen). Es bedarf dann vielmehr Vereinbarungen zwischen den Muttergesellschaften oder besonderer Umstände/tatsächliche Gegebenheiten wie zum Beispiel eine gemeinsame Politik.[578] Man kann folglich nur von einer negativen Beherrschung sprechen.

Da wie bereits oben erarbeitet weder eine negative Beherrschung für die Erfüllung des vergaberechtlichen Kontrollbegriff ausreicht,[579] noch eine Kontrolle über die Gesellschaft durch die öffentliche Hand im Allgemeinen[580], erübrigt sich eine weitere Erörterung. Obwohl das Vergaberecht Teil des Kartellrechts ist, ist der Beherrschungs- oder Kontrollbegriff in beiden Rechtsgebieten unterschiedlich ausgeprägt. Der kartellrechtliche Kontrollbegriff beschreibt somit keine Konstellation, die dem vergaberechtlichen Kontrollbegriff gerecht wird.

(4) Kombinierte Beherrschung

Verfügt der jeweilige Gesellschafter (Unternehmen) weder über eine Stimmenmehrheit noch über eine Kapitalmehrheit, so kann er im Wege der kombinierten Beherrschung ein Unternehmen beherrschen. Neben der Minderheitsbeteiligung kommen außergesellschaftliche Mittel hinzu, die einen so gravierenden wirtschaftlichen Druck auf das Unternehmen aufbauen können, dass letztendlich der Minderheitsgesellschafter die Geschäftsführung beeinflusst. Die Akzeptanz dieser kombinierten Beherrschung ist umstritten; sie wird von der Rechtsprechung und Teilen der Literatur zu Recht bejaht.[581] Die rein schuldrechtlichen Druckmittel reichen nicht aus. Ist aber nach einer Gesamtbetrachtung aller Beeinflussungsmöglichkeiten ein Minderheitsgesellschafter

---

gesellschaft befolgen“ (Schütz in Gemeinschaftskommentar, 5. Auflage, 2. Lfg, 2000, § 36 GWB, Rn. 118). Die Abhängigkeit muss auch hier separat festgestellt werden.

578 Steindorff, NJW 1980, 1921, 1923; a.A. Säcker, NJW 1980, 801, 804.

579 Siehe Kapitel 6 I 4; a. A.: Gröning, ZIP 2001, 497, 50.

580 Kapitel 6 I 1.

581 BGHZ 90, 381, 397; BGH, NJW 1993, 2114, 2115 (nicht in amtlicher Sammlung erschienen); OLG München, AG 1995, 383, 383; Ulmer, ZGR 1978, 457, 472; Köhler, NJW 1978, 2473, 2477; a.A. (Koppensteiner in Kölner Kommentar, Aktiengesetz, 3. Auflage, 2004, Band 6, § 17 AktG, Rn. 58. *„Eine Beherrschung kann nicht angenommen werden, wenn keines dieser Mittel für sich alleine betrachtet beherrschenden Einfluss ermöglicht und wenn die Mittel nicht ohne weiteres kumulierbar sind wie etwa ein Stimmgewicht aus eigener Beteiligung und aufgrund einer Stimmrechtsvollmacht“* (Mertens, AG 1996, 241, 246).

mit parallelem wirtschaftlichem Druck ebenso stark wie ein Mehrheitsgesellschafter, so besteht auch hier die Notwendigkeit, die Schutzvorschriften zugunsten der abhängigen Partei anzuwenden. Neben den Banken, die oftmals eine kombinierte Beherrschung ausüben, wird diese Konstellation häufig bei personellen Doppelmandaten auf der Leitungsebene bejaht.[582]

Problematisch ist allerdings wiederum, ob die dann begründete Abhängigkeit mit den oben genannten Möglichkeiten vergleichbar ist, die einen umfassenden Einfluss in Sinne der vergaberechtlichen Kontrolle auf Geschäftsführung (Tagesgeschäfte) bzw. die Grundlagenentscheidungen beschreiben. Dies kann nicht bejaht werden. Dieser faktische Konzern kann alleine, d.h. ohne Beherrschungsvertrag, keine Konstellation liefern,[583] die den vergaberechtlichen Kontrollbegriff umzusetzen vermag, da es jedenfalls immer an der Möglichkeit fehlt, „den Willen im Wege der Weisung des Vorstands für Grundsatzgeschäfte aufzuzwängen", als dass man von einer dienststellenähnlichen Kontrolle sprechen könnte.

e) Kombination einzelner Mittel (exemplarisch)

Bei der Untersuchung der verschiedenen Fallgruppen qualifizierten sich nicht alle genannten Konstellationen alleine für die Umsetzung des vergaberechtlichen Kontrollbegriffs: Für die GmbH genügt beispielsweise eine zumindest indirekte, die Sperrminorität der anderen Gesellschafter ausschließende Stimmenmehrheit in der Gesellschafterversammlung, wohingegen dies für die Aktiengesellschaft nicht gilt. Es ist jedoch möglich, dass dies durch eine Kombination solcher „unvollständiger" Gesellschaftskonstellationen erreicht wird. Als prägnantes Beispiel für die Aktiengesellschaft ist zu nennen: das Vorliegen einer Stimmenmehrheit in der Hauptversammlung, die die Sperrminorität der anderen Gesellschafter ausschließt, sowie der Abschluss eines Beherrschungsvertrages mit dem öffentlichen Auftraggeber.

---

[582] Bayer in Münchner Kommentar zum Aktiengesetz, 2. Auflage, 2000, Band 1, § 17 AktG, Rn. 33. Ein Beispiel aus der Rechtssprechung: OLG München, AG 1995, 383, 383.

[583] Eine Kontrollmöglichkeit beim faktischen Konzern ist nicht ausreichend, auch wenn sich der Vorstand möglicherweise tatsächlich nach den Wünschen der öffentlichen Hand richten würde, sind die rechtlichen Einwirkungsmöglichkeiten nicht mit einem originären Weisungsrecht zu vergleichen (Endler, NZBau 2002, 125, 132). A.A zu Unrecht sich auf Faber berufend (Faber, DVBl. 2001, 248, 254)(Mestmäcker/Schweitzer, Europäisches Wettbewerbsrecht, 2. Auflage, 2004, § 39, Rn. 16).

f) Ergebnis

Nur eine der untersuchten Gesellschaftskonstellationen setzt das vergaberechtliche Kontrollkriterium in der Gesellschaftsform der GmbH alleine um: die direkte bzw. indirekte, eine Sperrminorität der anderen Gesellschafter ausschließende Stimmenmehrheit in der Gesellschafterversammlung. Sie ermöglicht eine Kontrolle der Grundlagengeschäfte[584] und Tagesgeschäfte über das Mittel der Weisung[585]. Bei der Aktiengesellschaft sowie für alle anderen Konstellationen in der GmbH kann im Einzelfall eine Kombination dieser Konstellationen zum Ziel führen, wie beispielsweise in der Aktiengesellschaft die entsprechende Mehrheit in der Hauptversammlung samt Abschluss eines Beherrschungsvertrages. Die untersuchten Gesellschaftskonstellationen können damit grundsätzlich als Auslegungshilfe in Form von Fallgruppen das Kriterium der Kontrolle wie über eine eigene Dienststelle mit Leben erfüllen,[586] wenn auch nicht in dem von Teilen der Literatur erhofften Umfang.

Der vergaberechtliche Kontrollbegriff fordert eine umfassende qualifizierte Beherrschung und ist in seinen Anforderungen deutlich strenger als seine konzern- und kartellrechtlichen Pendants und besitzt eine gewisse Nähe zu dem im Konzernrecht vor langer Zeit aufgegebenen Kontrollbegriff des Reichsgerichts.[587] Damit kann den besonderen wettbewerblichen Zwecken Rechung getragen werden, d.h. der freie und transparente Wettbewerb im Binnenmarkt sich entfalten.

III. Sonstige Auslegungshilfen

Des weiteren stellt sich die Frage, ob es zusätzliche Regelungen aus anderen Bereichen gibt, deren Zuhilfenahme eine Auslegung und damit Handhabung des Kontrollkriteriums vereinfachen könnten. Welche zusätzlichen Sachverhaltskonstellationen setzen das Kontrollkriterium um?

---

584 Kapitel 6 II 3 a) (3).

585 Kapitel 6 II 3 b) (2).

586 Es komme auf die interne Einwirkungsmöglichkeit bei der Aktiengesellschaft an, die Aktiengesellschaft als Organisationsform solle nicht per se ausgeschlossen sein (GA Kokott, Schlussantrag vom 01.03.2005, Rs. C-458/03 (Parking Brixen GmbH), Slg. 2005, I-8585 ff., Rn. 67, NZBau 2005, Heft 4, VII, XIV).

587 So auch Dreher, NZBau 2001, 360, 363; RGZ 167, 40, 49ff. Ähnlichkeit besteht hingegen nicht was die tatsächliche Ausübung der Beherrschung angeht.

1. Übertragung von Grundsätzen des Vergaberechts

Die Regelung des § 10 VgV (beziehungsweise Art. 13 SKR) bringt zum Ausdruck, dass es für eine Beherrschung auf die konkrete Ausgestaltung der Leitungsorgane eines Unternehmens ankommt. Diesen, für den Sektorenbereich formulierten Grundsatz, möchte eine Ansicht in der Literatur auf die klassischen Richtlinien übertragen wissen.[588] Grund dafür sei, dass diese Wertung keine Besonderheit des Sektorenbereichs darstelle, sondern Allgemeingültigkeit besitze. Die herrschende Meinung bewertet dies anders. Nach dem Willen des Gesetzgebers sollte die Vorschrift eine Ausnahmevorschrift nur für Sektorenauftraggeber sein.[589] Gegen die Übertragung von Vorschriften auf die Auslegung des Kriteriums der Kontrolle spricht schon, dass auch der EuGH dies in seiner Ausgangsentscheidung nicht vorgenommen hat.[590] Entscheidend ist jedoch nicht, dass er statt von Beherrschung von Kontrolle spricht,[591] sondern dass Sinn und Zweck der Vorschriften konträr sind. Die sektorenrechtliche Vorschrift ist weit auszulegen, weil durch sie eine möglichst umfassende Anwendbarkeit herbeigeführt werden soll, während die EuGH-Kriterien eng auszulegen sind, da sie eine Ausnahme von der Anwendbarkeit umschreiben.[592] Letztlich ist der unterschiedliche Regelungsbereich bedeutsam, der es verhindert, die Norm direkt zu übertragen. Wird bei § 10 VgV (beziehungsweise

---

588 So Jasper/Pooth, VergabeR 2003, 613, 620; Marx, NZBau 202, 311, 314-315; Willenbruch in Byok/Jaeger, Kommentar zum Vergaberecht, 2. Auflage, 2005, § 10 VgV, Rn. 1558.

589 GA Stix-Hackl, Schlussantrag vom 23.09.2004, Rs. C-26/03 (Stadt Halle), Slg. 2005, I-1 ff., Rn. 94, NZBau 2004, Heft 11, VII, XIV; Opitz, Marktmacht und Bieterwettbewerb, 2003, S. 216; Bergmann, Die Vergabe öffentlicher Aufträge und das In-house-Geschäft, 2004, S. 255. Zu diesem Punkt ausführlicher in Kapitel 7.

590 GA Stix-Hackl, Schlussantrag vom 23.09.2004, Rs. C-26/03 (Stadt Halle), Slg. 2005, I-1 ff., Rn. 72, 73, 74, NZBau 2004, Heft 11, VII, XIII. Auch die Generalanwältin schließt die generelle Anwendung von vergaberechtlichen Vorschriften für die Auslegung einer Ausnahme von der Anwendbarkeit des Vergaberechts aus, da wegen des Ausnahmecharakters die Anforderungen über andere vergaberechtliche Ausnahmen hinausgehen (GA Stix-Hackl, Schlussantrag vom 23.09.2004, Rs. C-26/03 (Stadt Halle), Slg. 2005, I-1 ff., Rn. 74, NZBau 2004, Heft 11, VII, XIII). Insbesondere die Heranziehung des Art. 1 Nr. 3 i.V.m. Art. 13 der Richtlinie 93/38 (SKR) ist nicht möglich. Diese Vorschrift gilt eindeutig nur für Sektorenauftraggeber und wurde nicht in anderen Richtlinien übernommen, sodass eine Übertragung bewusst unterlassen wurde (GA Stix-Hackl, Schlussantrag vom 23.09.2004, Rs. C-26/03 (Stadt Halle), Slg. 2005, I-1 ff., Rn. 72, NZBau 2004, Heft 11, VII, XIII).

591 So jedoch irrtümlich: Bergmann, Die Vergabe öffentlicher Aufträge und das In-house-Geschäft, 2004, S. 193.

592 Bergmann, Die Vergabe öffentlicher Aufträge und das In-house-Geschäft, 2004, S. 194.

Art. 13 SKR) eine reale Unternehmensstruktur anerkannt, geht es bei der In-House Vergabe um eine Gleichstellung mit dem Eigengeschäft.[593] Zudem handelt es sich bei § 10 VgV primär um eine Definitionsnorm und ist daher e-her ungeeignet, einer wichtigen Rechtsfrage verbindliche Orientierung vorzugeben. Allerdings stimmt der genannte Grundsatz insofern mit den gefundenen Ergebnissen überein, dass auch für die vergaberechtliche Kontrolle es entscheidend auf eine umfassende Einflussnahme und damit letztlich auf die Entscheidungsorgane in der Gesellschaft ankommt.[594]

Aus demselben Gründen kann auch § 98 Nr. 2 GWB nicht herangezogen werden. Die Norm eröffnet und definiert den Anwendungsbereich des Vergaberechts und ist weit auszulegen. Umgekehrt geht es bei der Frage der Kontrolle um eine Einschränkung des Anwendungsbereichs und ist daher eng zu interpretieren.[595] Außerdem sagt eine überwiegende Finanzierung nichts über eine Einflussnahme/Kontrolle aus, die enger zu verstehen ist.[596]

2. Die Transparenzrichtlinie als Auslegungshilfe?

Die Transparenzrichtlinie[597] richtet sich an öffentliche Unternehmen. Die Mitgliedstaaten sind danach verpflichtet, ihre finanziellen Beziehungen zu Unternehmen offen zu legen, auf die sie als öffentliche Hand rechtlich oder tatsächlich einen entscheidenden Einfluss nehmen können. Diese Vorschrift steht im Zusammenhang mit der Beihilfeaufsicht nach Art. 88 EGV. Sinn und Zweck des Art. 86 EGV, auf dem die Transparenzrichtlinie fußt, ist es, einen wirksamen und unverfälschten Wettbewerb herzustellen.[598] Ein öffentliches Unternehmen ist *„jedes Unternehmen, auf das die öffentliche Hand aufgrund Eigentums, finanzieller Beteiligung, Satzung oder sonstiger Bestimmung, die die Tä-*

[593] Dreher, NZBau 2004, 14, 16.
[594] Kapitel 6 I 3 und 4.
[595] Dreher, NZBau 2001, 360, 363, vgl. Kapitel 6 I und VIII.
[596] A.A. Ohler, Zum Begriff des Öffentlichen Auftraggebers im Europäischen Vergaberecht, 2001, S. 99: Die Finanzierung ist das entscheidende Einfluss- und Kontrollmerkmal im Wirtschaftsleben. Diese Aussage wird allerdings im Kontext des öffentlichen Auftraggebers getroffen (siehe oben).
[597] Richtlinie 80/723/EWG der Kommission vom 25.06.1980, ABl. Nr. L 195 vom 29.07.1980, S. 35 ff., im Folgenden zitiert als „Transparenzrichtlinie“, zuletzt geändert durch die Richtlinie 2000/52/EG vom 26.07.00, ABl. L 193 vom 29.07.2000, S. 75 ff.

tigkeiten des Unternehmens regeln, unmittelbar oder mittelbar einen beherrschenden Einfluss ausüben kann."[599] Eine Beherrschung wird dann nach Art. 2 Abs. 2 Transparenzrichtlinie vermutet, wenn die öffentliche Hand unmittelbar oder mittelbar die Mehrheit des Kapitals besitzt, über die Mehrheit der Stimmrechte verfügt oder mehr als die Hälfte der Mitglieder des Verwaltungs-, Leistungs-, oder Aufsichtsorgans des betreffenden Unternehmens bestellen kann.

Es ist unerheblich, dass es bislang umstritten ist, ob die Vorschriften des Beihilferechts (Art. 87 ff. EGV) auf das Vergaberecht anzuwenden sind,[600] denn wie bereits mehrfach ausgeführt, können die hier genannten Möglichkeiten der Einflussnahme nicht dem umfassenden Ansatz der Einflussnahme des vergaberechtlichen Kontrollkriteriums genügen.[601] Die Transparenzrichtlinie kann demnach keine letztverbindliche Interpretationsgrundlage für eine Auslegung des Kriteriums Kontrolle wie über eine eigene Dienststelle liefern.

3. Recht der Beihilfen als Auslegungskriterium?

Die Kontrolle wie über eine eigene Dienststelle könnte ferner mittels des europäischen Beihilferechts konkretisiert werden. Beide Gesetzte haben das Ziel, den Wettbewerb von staatlichen Eingriffen freizuhalten.[602] In einer bedeutenden Entscheidung zum Beihilferecht (Art. 87 EG) hat der EuGH bei der Frage der Zurechenbarkeit von Finanzmitteln zum Staat darauf abgestellt, inwieweit die Bereitstellung der Mittel durch den Staat **kontrolliert** wird.[603] Dabei ließ er

[598] Hochbaum/Klotz in von der Groeben/Schwarze, EU-/EG-Vertrag, Kommentar, 6. Auflage, 2003, Band 2, Art. 86 EG, Rn. 1.

[599] Art. 2 der Transparenzrichtlinie und Begründungserwägung Nr. 9 der Richtlinie 80/723/EWG; Ohler, Zum Begriff des Öffentlichen Auftraggebers im Europäischen Vergaberecht, 2001, S. 68.

[600] Boesen, Vergaberecht, Kommentar, 2000, Einl., Rn. 28, 36; bejahend: Crass, Der öffentliche Auftraggeber, 2004, S. 15 mit dem nicht ganz schlüssigen Argument, dass Art. 86 EGV direkt auf die Grundfreiheiten verweist und damit deren Verletzung auch im Vergabeverfahren möglich sein muss.

[601] Kapitel 6 I 3 und 4, II 3.

[602] Mestmäcker/Schweitzer, Europäisches Wettbewerbsrecht, 2. Auflage, 2004, § 36, Rn. 54.

[603] EuGH, Urteil vom 30.01.1985, Rs. C-290/83 (Frankreich./.Kommission), Slg. 1985, 439, 448, 449, Rn. 9, 14; GA Mancini, Schlussantrag in dieser Rs. Slg. 1985, 439, 443; EuGH, Urteil vom 02.02.1988, verb. Rs. 67/85 (van der Kooy BV/Kommission), Slg. 1988, 219, 272, Rn. 35, 36, 37.

eine mittelbare staatliche Kontrolle genügen. Im vorliegenden Fall war eine behördliche Genehmigung erforderlich, was der EuGH als einen wesentlichen Einflussfaktor des Staates wertete.[604] Als Zurechnungskriterium wurden neben einer Genehmigung auch personelle Einflussmöglichkeiten des Staates anerkannt. Kann der Staat beispielsweise die Mitglieder des Aufsichts- oder Verwaltungsrates bestimmen, so fehlt es dem jeweiligen Unternehmen an einer autonomen Entscheidungskompetenz.[605]

Diese mittelbare Einflussnahmemöglichkeit genügt dem umfassenden vergaberechtlichen Kontrollbegriff wiederum nicht;[606] insoweit lassen sich aus dem Beihilferecht keine neuen Erkenntnisse gewinnen.

IV. Sonderkonstellation: Optionsgesellschafter

Ein Aspekt hat vermehrte Aufmerksamkeit verdient, der das Kriterium der Kontrolle wie über die eigene Dienststelle fortentwickelt hat.[607]

In Frage steht die Bewertung der Situation, wenn die Satzung der zu beauftragenden Gesellschaft oder sonstige Abreden (statuierte Eintrittsklauseln) – zum Beispiel eine Stimmbindungsvereinbarung der Gesellschafter - die Möglichkeit einer Beteiligung eines Dritten vorsehen, die zum Zeitpunkt der Vergabe aber nicht ausgenutzt wurde.

Mit dieser Thematik hat sich der EuGH bei den Rechtsachen Coname, Parking Brixen und ANAV auseinander gesetzt.[608] In diesen Rechtssachen ging es

---

604 Siehe vorherige Fußnote; Ohler, Zum Begriff des Öffentlichen Auftraggebers im Europäischen Vergaberecht, 2001, S. 74-75.

605 EuGH, Urteil vom 21.03.1991, Rs. C-303/88 (Italien./.Kommission), Slg. 1991, I-1433, 1474, Rn. 12; EuGH, Urteil vom 21.03.1991, Rs. C-305/89 (Italien./.Kommission), Slg. 1991, I- 1603, 1639, Rn. 14.

606 Kapitel 6 II 3.

607 Nicht in dieser Konsequenz: Hausmann, VergabeR 2005, 612, 615. Die Bedeutung einzelner Entscheidungen sollte vor dem jeweiligen Hintergrund der Entscheidung bewertet werden, eine allgemeine Übertragung auf die In-House Kriterien sei nur vorsichtig vorzunehmen.

608 EuGH, Urteil vom 13.10.2005, Rs. C-458/03 (Parking Brixen GmbH), Slg. 2005, I-8585 ff.; EuGH, Urteil vom 06.04.2006, Rs. C-410/04 (ANAV), Slg. 2006, I-3303 ff; EuGH, Urteil vom 21.07.2005, Rs. C-231/03 (Coname), Slg. 2005, I-7287 ff.

zwar um Dienstleistungskonzessionen[609], die Ausführungen sind jedoch auf „normale" Aufträge übertragbar.

Dabei kristallisieren sich zwei Schwerpunkte heraus:

a) Was ist der maßgebliche Beurteilungszeitpunkt für die Voraussetzungen einer In-House Vergabe? Ex ante oder ex post?

b) Wie ist eine Eintrittsoption zu werten - für Private oder für sonstige Dritte?

1. Maßgeblicher Beurteilungszeitpunkt

Die erste entscheidende Frage zur Beurteilung von Eintrittsmöglichkeiten ist der Zeitpunkt der Betrachtung. Dies gilt allgemein für die Beurteilung des In-House Geschäfts.

Nach einer Ansicht ist aufgrund der Rechtssicherheit eine ex ante Betrachtung der Voraussetzungen der In-House Vergabe erforderlich.[610] Das heißt, dass zum Zeitpunkt des Vertragsabschlusses die öffentliche Hand und die Unternehmen in der Lage sein müssen eine Beurteilung zu treffen, ob das Vergaberecht beachtet werden muss oder nicht. Von diesem Grundsatz geht auch der

[609] Die Dienstleitungskonzession ist ein Vertrag, in dem der Vertragspartner die Verantwortung für irgendeine Aufgabe übertragen bekommt (Hattung/Ruhland, VergabeR 2005, 425, 429; Jennert, NZBau 2005, 131, 132). Zugleich erhält er als Gegenleistung das Recht, *„die eigene Leistung selbst zu nutzen oder entgeltlich zu verwerten"* (BGHZ 162, 116, 131 (Altpapierverkauf)). Entscheidendes Merkmal ist dabei die Übernahme des wirtschaftlichen Risikos (Art. 1 Abs. 4 VKR (Legaldefinition); statt aller: EuGH, Urteil vom 07.12.2000, Rs. C-324/98 (Teleaustria), Slg. 2000, I-10745 ff., Rn. 57, 60-62, NZBau 2001, 148, 151; GA Kokott, Schlussantrag vom 01.03.2005, Rs. C-458/03 (Parking Brixen GmbH), Slg. 2005, I-8585 ff., Rn. 29, 30, NZBau 2005, Heft 4, VII, X,; GA La Pergola, Schlussantrag vom 19.02.1998, Rs. C-360/96 (Gemeente Arnhem), Slg. 1998, I-6821, 6834, Rn. 26; OLG Celle, NZBau 2005, 51, 51; Enzian, DVBl. 2002, 235, 236; Jennert, NZBau 2005, 131, 133; Stemmer/Aschl, VergabeR 2005, 287, 290. Zirbes, VergabeR 2004, 133, 154) - das Risiko der wirtschaftlichen Armotisation (Mestmäcker/Schweitzer, Europäisches Wettbewerbsrecht, 2. Auflage, 2004, § 39, Rn. 20.), Kennzeichnend ist also, dass die Gegenleistung nicht direkt vom öffentlichen Auftraggeber, sondern von Dritten bewirkt wird. (EuGH, Urteil vom 06.04.2006, Rs. C-410/04 (ANAV), Slg. 2006, I-3303 ff., Rn. 16, NZBau 2006, 326, 327; EuGH, Urteil vom 13.10.2005, Rs. C-458/03 (Parking Brixen GmbH), Slg. I 2005, 8585 ff., Rn. 40, NZBau 2005, 644 ff.). Nach Art. 17 i.V.m. Art. 1 Abs. 4 der Vergabekoordinierungsrichtlinie 2004/18/EG vom 31.03.2004, Abl. L 134/114, 132 werden Dienstleistungskonzessionen nicht von der Dienstleistungsrichtlinie umfasst.

[610] GA Kokott, Schlussantrag vom 01.03.2005, Rs. C-458/03 (Parking Brixen GmbH), Slg. 2005, I-8585 ff., Rn. 56, NZBau 2005, Heft 4, VII, XIII.

EuGH aus.[611] Die Pflicht des öffentlichen Auftraggebers bei einer Ausschreibung besteht aus Gründen der Rechtssicherheit darin, die Bedingungen zu prüfen, die **zum Zeitpunkt der Vergabe** des fraglichen öffentlichen Auftrags vorlagen.

Eine Berücksichtigung späterer Umstände ist nur notwendig, wenn *„ihr Eintreten zum Zeitpunkt der Vergabe sicher vorhersehbar war"* oder der *„Erwerb einer Gesellschafterbeteiligung durch einen konkreten Dritten bereist unmittelbar bevorgestanden [Hervorhebungen durch die Verfasserin] hätte"*.[612] Erst recht gilt dies natürlich, wenn die Öffnung der Gesellschaft für Fremdkapital *„vorgeschrieben"*[613] oder beabsichtigt ist.[614] Grundlage dieser allgemeinen Anknüpfung ist der Grundsatz der Rechtssicherheit[615] und die Vermeidung von der Umgehung des Sinns und Zwecks der Richtlinie (teleologische Betrachtung).[616] Wird also in nahem zeitlichen Zusammenhang eine Kontrolle des öffentlichen Auftraggebers ausgeschlossen, weil der neue Gesellschafter diese verhindern kann vor, so implizieren diese Anzeichen eine Umgehung des Vergaberechts und sind bei der Vergabeentscheidung zu würdigen.[617]

Hingegen kann auch auf das Ende des Vertrages abgestellt werden. Mit der ex post Betrachtung würde der Umgehungsgefahr am weitesten Rechnung getragen werden.[618] Erst nach Vollzug des Auftrages ist klar, ob nicht doch Private oder sonstige Dritte, die eine Kontrolle des öffentlichen Auftraggebers ausschließen könnten, Gesellschaftsanteile erworben haben. Der klare Nach-

---

611 EuGH, Urteil vom 10.11.2005, Rs. C-29/04 (Mödling), Slg. 2005, I-9705 ff., Rn. 38, VergabeR 2006, 47 ff mit Anmerkungen Opitz.

612 GA Kokott, Schlussantrag vom 01.03.2005, Rs. C-458/03 (Parking Brixen GmbH), Slg. 2005, I-8585 ff., Rn. 56, 67, NZBau 2005, Heft 4, VII, XIII.

613 EuGH, Urteil vom 13.10.2005, Rs. C-458/03 (Parking Brixen GmbH), Slg. 2005, I-8585 ff., Rn. 67.

614 EuGH, Urteil vom 06.04.2006, Rs. C-410/04 (ANAV), Slg. 2006, I-3303 ff., Rn. 30, NZBau 2006, 326, 327.

615 GA Kokott, Schlussantrag vom 01.03.2005, Rs. C-458/03 (Parking Brixen GmbH), Slg. 2005, I-8585 ff. Rn. 56, NZBau 2005, Heft 4, VII, XIII.

616 EuGH, Urteil vom 10.11.2005, Rs. C-29/04 (Mödling), Slg. 2005, I-9705 ff., Rn. 42, VergabeR 2006, 47 ff mit Anmerkungen Opitz; Jasper/Arnold, NZBau 2006, 24, 25; Kühling, ZfBR 2006, 661, 662.

617 EuGH, Urteil vom 10.11.2005, Rs. C-29/04 (Mödling), Slg. 2005, I-9705 ff., Rn. 42, VergabeR 2006, 47 ff mit Anmerkungen Opitz; Jasper/Arnold, NZBau 2006, 24, 25.

618 EuGH, Urteil vom 06.04.2006, Rs. C-410/04 (ANAV), Slg. 2006, I-3303 ff., R. 30, NZBau 2006, 326, 327.

weis, dass dies von Anfang an gewollt gewesen sei, lässt sich, wie so oft im Bereich der Wirtschaftskriminalität, schwer erbringen.

Was ist nun der richtige Betrachtungszeitpunkt?

Vor dem Hintergrund, dass die Vergabestelle entscheiden muss, ob sie ein Vergabeverfahren durchzuführen hat oder ob eine Ausnahme vorliegt, kann nur der Zeitpunkt des Vertragsschlusses relevant sein. Basis ist, ob in diesem Moment Private an der Gesellschaft beteiligt sind oder andere Dritte, die eine Kontrolle ausschließen. Allerdings sind selbstverständlich Indizien zu beachten, die nahe legen, dass sich der Einfluss des öffentlichen Auftraggebers während der Vertragslaufzeit so verändern würde, dass seine Kontrolle nicht dauerhaft für das Vertragsverhältnis gewährleistet ist. Umstände, die erst später zu Tage treten, können nicht wertend vorweggenommen werden.

Geplante Umgehungsgeschäfte können letztlich nur dazu führen, dass gegen die Gesellschaft vorgegangen werden muss, nicht aber, dass durch eine Unwirksamkeitserklärung der Vergabeentscheidung unabsehbare Folgen auf die öffentliche Hand zukommen. Was für die Vergabestelle nicht ersichtlich war, kann ihr anschließend auch nicht vorgeworfen werden. Der Gefahr einer Umgehung des Vergaberechts könnte bei der Eintrittsmöglichkeit Dritter in langfristige Verträge dadurch entgegengewirkt werden, dass *„Vorkehrungen zum Zeitpunkt der Auswahl des Dritten“* getroffen werden.[619]

Unter diesen Vorkehrungen könnte zum Beispiel zu verstehen sein, dass die Gesellschaften sich selbst verpflichten, eine Änderung des Gesellschafterkreises, die eine Kontrollfähigkeit des öffentlichen Auftraggebers ausschließt, während der Vertragslaufzeit nicht herbeizuführen. Umgekehrt sollte die öffentliche Hand eine hohe Vertragsstrafeklausel in die Vergabeunterlagen aufnehmen. Dies würde den nötigen finanziellen Druck aufbauen, Unternehmen davon abzuhalten, Umgehungsmöglichkeiten zu suchen. Zudem kann sich die öffentliche Hand absichern, sollte später ein entscheidendes Gericht eine andere Wertung treffen.

---

[619] GA Kokott, Schlussantrag vom 01.03.2005, Rs. C-458/03 (Parking Brixen GmbH), Slg. 2005, I-8585 ff., Rn. 61, NZBau 2005, Heft 4, VII, XIV.

Selbstverständlich ist auch, dass die Gerichte bei ihren Entscheidungen sämtliche relevanten Zeitpunkte, also auch jene nach Vertragsschluss, würdigen, um die genannten Umgehungsgeschäfte zu verhindern.

Im Ergebnis ist dies auch die Ansicht des EuGH, der Anteilsveräußerungen nicht grundsätzlich als beschaffungsrelevant wertet, sondern nur den Grundsatz der ex ante Betrachtung für den Fall modifiziert, dass die Anteilsabtretung bereits zum Zeitpunkt der Vergabe geplant war. Eine getrennte Betrachtung käme einer künstlichen Trennung gleich und würde das Umgehungsgeschäft ermöglichen.[620]

2. Eintrittsoption Dritter

Ist also auf den modifizierten Zeitpunkt der Vergabe mit Vorschau auf die Zukunft abzustellen, so bleibt dennoch die Frage, was passiert, wenn im Gesellschaftsvertrag oder in sonstigen Abreden positiv eine Eintrittsmöglichkeit vorgesehen ist. Sie indiziert natürlich eine generelle Absicht, weitere Gesellschafter aufzunehmen.

Nicht auf die tatsächliche Beteiligung, sondern auf die **Möglichkeit** der Beteiligung eines Privaten an der zu beauftragenden Gesellschaft stellt der EuGH in der Rechtssache ANAV ab. Im Urteil Coname ließ er dies hingegen offen.[621] Der EuGH vertritt hier eine strengere Ansicht als noch im Urteil Mödling. Eine In-House Vergabe ist selbst dann auszuschließen, obwohl momentan kein Privater an der Gesellschaft beteiligt ist, wenn die Gesellschaft *„zumindest teilweise privatem Kapital offen steht“*[622]. Von einer **vergleichbaren Struktur** [Hervorhebung durch die Verfasserin] *„interne[...][r] Verwaltung“* kann nicht

[620] EuGH, Urteil vom 10.11.2005, Rs. C-29/04 (Mödling), Slg. 2005, I-9705 ff., Rn. 42, VergabeR 2006, 47 ff mit Anmerkungen Opitz; Jasper/Arnold, NZBau 2006, 24, 26.
[621] Koch, VergabeR 2006, 486, 486.
[622] EuGH, Urteil vom 21.07.2005, Rs. C-231/03 (Coname), Slg. 2005, I-7287 ff., Rn. 26, VergabeR 2005, 609, 612 mit Anmerkung Hausmann; EuGH, Urteil vom 06.04.2006, Rs. C-410/04 (ANAV), Slg. 2006, I-3303 ff., Rn. 30, 32, NZBau 2006, 326, 327.

gesprochen werden.[623] Es darf während der Laufzeit des Vertrages nicht die Möglichkeit bestehen, dass ein Privater Anteile an der Gesellschaft erwirbt.[624]

Besaß im Ausgangsfall die Auftragnehmerin bereits private Anteile, so haben die hier entwickelten Gedanken dennoch Allgemeingültigkeit für sämtliche Private als Dritte.[625] Der EuGH spricht von der *„vergleichbaren Struktur“*, die im Fall nur deshalb nicht gegeben ist, weil Private Eintritt erhalten können. Das bedeutet nicht, dass wie im Ausgangsfall ein Privater beteiligt sein muss, sondern eben nur eine ähnliche Struktur, das heißt die Möglichkeit der Beteiligung Privater ausreichend ist. Dies wurde schon lange von der Kommission gefordert und im neueren Urteil ANAV bestätigt.

Anders die Generalanwältinnen Kokott und Stix-Hackl: Die Öffnung für Fremdkapital alleine reicht **nicht** für die Verneinung einer Kontrolle aus, es müssen weitere Gesichtspunkte hinzukommen. Im Urteil waren die *„Ausweitung des geografischen Tätigkeitsbereich der Gesellschaft“*, *„die Natur der Gesellschaftsform*[626]*“*, *„Ausweitung des Gesellschaftszwecks“* und *„die beträchtlichen dem Verwaltungsrat übertragenen Vollmachten, die praktisch ohne Kontrolle der Geschäftsführung durch die Gemeinde ausgeübt werden“* genannt.[627] Die rein potenzielle Beteiligung eines Dritten sei nicht ausreichend; es kommt auf die *„tatsächliche“* Einwirkung an, nicht auf etwas Hypothetisches.[628] Schließlich wird hier ein Unternehmen benachteiligt, das möglicherweise immer der Kontrolle der öffentlichen Hand unterliegt. Eine Gleichstellung der Option, einen Dritten mit der tatsächlichen Beteiligung Dritter aufzunehmen, ist nur dann notwendig, wenn auf private Interessen Rücksicht genommen werden muss.[629] Das ist allerdings erst dann der Fall, wenn Dritte wirklich an der Gesellschaft beteiligt sind. Für die Beteiligung Privater sind dann insbesondere

---

623 EuGH, Urteil vom 21.07.2005, Rs. C-231/03 (Coname), Slg. 2005, I-7287 ff., Rn. 26, VergabeR 2005, 609, 612 mit Anmerkung Hausmann.

624 EuGH, Urteil vom 06.04.2006, Rs. C-410/04 (ANAV), Slg. 2006, I-3303 ff., Rn. 30, 32, NZBau 2006, 326, 327.

625 Hausmann, VergabeR 2005, 612, 615.

626 Bei dem Urteil ging es um eine Aktiengesellschaft.

627 EuGH, Urteil vom 13.10.2005, Rs. C-458/03 (Parking Brixen GmbH), Slg. 2005, I-8585 ff. Rn. 67, 72.

628 GA Stix-Hackl, Schlussantrag vom 12.01.2006, Rs. C-340/04 (Carbotermo), Slg. 2006, I-4137 ff., Rn. 43-50, NZBau 2006, Heft 2, X, XIII.

die Argumente des EuGH aus der Stadt Halle-Entscheidung, Private verfolgen nur private Interessen und andere Unternehmen erleiden einen Wettbewerbsnachteil, hinfällig, wenn in Wirklichkeit kein Privater beteiligt ist.[630]

Den Ausführungen der Generalanwältinnen ist der EuGH nach hier vertretener Auffassung zu Unrecht nicht gefolgt. Die vergaberechtlichen Vorschriften setzen voraus, dass eine Auftragsvergabe vorliegt. Die Veräußerung von Gesellschaftsanteilen dient der Beschaffung von Kapital, steht einer Auftragserteilung aber nicht gleich.[631] Erst wenn die getrennte Betrachtung dieser zwei unabhängigen Geschäfte als künstlich erscheint und ein Umgehungsgeschäft ermöglichen würde, ist eine Ausschreibungspflicht indiziert. Die momentan geltenden gesetzlichen Regelungen lassen eine andere Wertung nicht zu. Unter Umständen wurde das Urteil Brixen, auf das sich die Richter bei den Urteilen Coname und ANAV berufen, auch fehlinterpretiert. Schließlich wurde in Brixen die Nennung, dass die Gesellschaft der Öffnung von Fremdkapital offen steht, nur als Schwierigkeit bezeichnet, nicht als definitiver Ausschlussgrund. Ein Ausschluss ohne tatsächliche Beschränkung in modifizierter ex ante Betrachtung schränkt die Handlungsfreiheit von Unternehmen zu sehr ein. Zudem ist sie sachlich auch nicht gerechtfertigt, weil das Vergaberecht nicht beeinträchtigt wird. Eine andere Betrachtung käme einer unbegründeten Beschuldigung oder einer Zweckbestimmung gleich, worauf der EuGH grundsätzlich nicht abstellt. Die Auffassung beziehungsweise Interpretation des EuGH, dass allein die Möglichkeit der Beteiligung von Fremdkapital den Ausschluss zur Folge hat, führt zu weit.[632]

Dasselbe gilt daher auch für die Möglichkeit der Beteiligung Dritter, die Teil der öffentlichen Hand sind. Eine Eintrittsoption alleine schließt die Inhousefähigkeit nicht aus. Der öffentliche Auftraggeber kann die Kontrolle wie über die eigene Dienststelle erst dann verlieren, wenn tatsächlich ein Dritter an der Gesellschaft beteiligt ist oder dies als sicher vorauszusehen ist. Davor stehen dem

629 GA Kokott, Schlussantrag vom 01.03.2005, Rs. C-458/03 (Parking Brixen GmbH), Slg. 2005, I-8585 ff., Rn. 60, NZBau 2005, Heft 4, VII, XIV.

630 EuGH, Urteil vom 11.01.2005, Rs. C-26/03 (Stadt Halle), Slg. 2005, I-1 ff., Rn. 50, 51, VergabeR 2005, 44, 51.

631 Kühling, ZfBR 2006, 661, 663.

632 Ziekow, VergabeR 2006, 608, 612.

Dritten keine Rechte zu, die eine umfassende Einflussnahme ausschließen könnten.

3. Ergebnis

Damit schließt sich der Kreis zu den Ausführungen in der Rechtssache Parking Brixen GmbH. Zusammenfassend ist es überzeugend, keine Trennung bei der Option im Gesellschaftsvertrag oder in sonstigen Abreden, die eine Beteiligung Dritter an einer zu beauftragenden Gesellschaft erlauben, zwischen Privaten und öffentlichen Unternehmen vorzunehmen. Für die Verneinung eines In-House Geschäfts muss über die bloße Möglichkeit hinaus eine greifbare Tatsache gegeben sein, die eine Einschränkung der umfassenden Kontrolle des öffentlichen Auftraggebers begründet. Das ist selbstverständlich der Fall, wenn die Regelungen erkennen lassen, dass eine Kontrolle des auftragserteilenden öffentlichen Auftraggebers bei Ausübung der Option ausgeschlossen ist **und** der Eintritt eines ***„konkreten Dritten“*** vorhersehbar ***„unmittelbar*** *bevor[...][steht]“* [Hervorhebung durch die Verfasserin].[633] Die *„vorgeschriebene baldige Öffnung der Gesellschaft für Fremdkapital“* ist für die Verneinung der In-House Vergabe ausreichend, sobald weitere Gesichtspunkte hinzutreten, die zusammen eine Kontrolle entfallen lassen.[634]

4. Dauer der Kontrolle

Weiterhin ist der zeitliche Aspekt zu beachten. Die Möglichkeit eines Dritten, sich an einer Gesellschaft zu beteiligen, muss für die Dauer beziehungsweise Laufzeit des Vergabeauftrages ausgeschlossen sein.[635] Zu weit geht die Forderung des GA L.A. Geelhoed, der eine *„dauerhaft[e]“* Erfüllung der Kriterien fordert.[636] Dies schießt über das Ziel hinaus und würde endgültig die Gestaltungsfreiheit der öffentlichen Hand beschränken. Wäre ein Auftrag seit Jahren

---

[633] GA Kokott, Schlussantrag vom 01.03.2005, Rs. C-458/03 (Parking Brixen GmbH), Slg. 2005, I-8585 ff., Rn. 56, 57, NZBau 2005, Heft 4, VII, XIII.

[634] EuGH, Urteil vom 13.10.2005, Rs. C-458/03 (Parking Brixen GmbH), Slg. 2005, I-8585 ff. Rn. 67, 72.

[635] EuGH, Urteil vom 06.04.2006, Rs. C-410/04 (ANAV), Slg. 2006, I-3303 ff., Rn.30, NZBau 2006, 326, 327.

[636] GA L.A. Geelhoed, Schlussantrag vom 12.01.2006, Rs. C-410/04 (ANAV), Slg. 2006, I-3303 ff., Rn. 19, NZBau 2006, Heft 2, VIII, X.

abgeschlossen, so kann das keine Auswirkungen auf die ursprüngliche Vergabe haben, wenn sich später ein privater Dritter an der Gesellschaft beteiligt. Alles andere würde zu weitreichender Rechtsunsicherheit führen.

V. Gesetzesentwurf der Bundesregierung vom März 2005

Der Gesetzesentwurf der Bundesregierung zur Änderung des GWB vom 18. März 2005 wurde nach der Bundestagswahl im Herbst 2005 zurückgezogen. Bislang ist kein neuer Entwurf eingebracht worden. Dennoch lohnt ein Blick in den Entwurf, weil dieser erstmals das In-House Geschäft und angrenzende bislang nicht kodifizierte Fragestellungen behandelt.

In § 99 Abs. 1 S. 2 GWBE sieht der Gesetzesentwurf folgende Regelung für das In-House Geschäft vor[637]:

> *„Ein öffentlicher Auftrag liegt nicht vor, wenn ein öffentlicher Auftraggeber nach § 98 Nr. 1, 2 oder 3 Liefer-, Bau- oder Dienstleistungen durch einen anderen öffentlichen Auftraggeber erbringen lässt, sofern dieser Auftraggeber im wesentlichen für den öffentlichen Auftraggeber oder überhaupt nicht am Markt für die einzukaufende Leistung tätig ist und an ihm Private nicht beteiligt sind."*

Für das erste Kriterium bezieht sich der Entwurf bei der Beherrschung auf § 98 Nr. 1, 2 und 3 GWB. Ein In-House Geschäft liegt in Bezug auf das erste Kriterium demnach vor, wenn an einen anderen öffentlichen Auftraggeber vergeben wird. Damit wäre eine überwiegende Finanzierung nach § 98 GWB bereits ausreichend für die Bejahung einer In-House Vergabe.[638]

Der Entwurf ist nach der neusten Rechtsprechung des EuGH allerdings schon allein unter dem Gesichtspunkt der interkommunalen Zusammenarbeit hinfällig. Diese ist nicht per se ausschreibungsfrei.[639] Dies statuiert § 99 Abs. 1 S. 2 GWBE jedoch. Die Vergabe eines Auftrages von einer Gemeinde A an eine Gemeinde B wäre, das zweite Kriterium unterstellt, nicht

---

637 Gesetzesentwurf des BMWA zum GWB vom 18. März 2005, veröffentlicht unter: http://www.bmwa.bund.de; Stand: 25.10.2005; vgl. NZBau 2005, Beilage zu Heft 5, nicht in amtlicher Drucksache erschienen.

638 Dies ist zu kurz gegriffen (Ollmann, VergabeR 2004, 669, 673).

vergabepflichtig. Eine Kontrolle wie über die eigene Dienststelle, der ein engeres Verständnis als der überwiegenden Finanzierung oder Ähnliches aus § 98 GWB zu Grunde liegt[640], wäre nicht mehr notwendig. Dies stellt eine offensichtliche Missachtung des Kontrollkriteriums und der Rechtsprechung des EuGH dar und ist folglich hinfällig. Der Entwurf steht in einem offenen Missverhältnis zu dem Bestreben der EU, Ausnahmen gering zu halten, um einen breiten Binnenmarkt zu schaffen. Schon aus diesem Grund ist die Regelung europarechtswidrig;[641] eine weitere Auseinandersetzung erübrigt sich an dieser Stelle.

639 Vgl. Kapitel 4 II 6.
640 Vgl. Kapitel 6 IV 5.
641 So auch: Positionspapier der Deutschen Bauwirtschaft zum Arbeitsentwurf des Bundesministeriums für Wirtschaft und Arbeit vom 08.10.2004 zur Neuregelung des deutschen Vergaberechts, www.ibr-online.de; Stand: 28.11.2004.

§ 7 Das Kriterium der Wesentlichkeit

Neben der Kontrollmöglichkeit hat die Rechtsprechung für das Vorliegen eines In-House Geschäfts eine zweite Voraussetzung eingeführt, die kumulativ erfüllt sein muss.[642] Die zu beauftragende Gesellschaft muss ihre *„Tätigkeit im Wesentlichen für die Gebietskörperschaft oder die Gebietskörperschaften verrichten, die ihre Anteile innehaben"*.[643]

Inhalt dieses Kapitels ist es, den unbestimmten Rechtsbegriff der Wesentlichkeit auszulegen und mit abgrenzbaren, praxisnahen Kriterien zu füllen. In der Literatur und Rechtsprechung werden verschiedene Ansätze diskutiert, eine einheitliche Linie konnte aber noch nicht entwickelt werden.[644] Folgende Gründe sind die Ursache hierfür. Es existiert deutlich weniger Literatur als zur Frage der Kontrolle. Dies hat seine Ursache in der Forderung, dass beide Kriterien kumulativ vorliegen müssen. Oftmals konnte bereits das erste Kriterium verneint werden, sodass es auf die Wesentlichkeit der Tätigkeit nicht mehr ankam. Viele Gerichte ließen diese Frage deshalb dahingestellt. Das gilt für den BGH[645] ebenso wie für den EuGH[646], der vom OLG Naumburg[647] und vom

642 Statt aller in der Rechtsprechung: EuGH, Urteil vom 18.11.1999, Rs. C-107/98 (Teckal), Slg. 1999, I-8121 ff., Rn. 50, NZBau 2000, 90, 91; Mertens, Die Rügeobliegenheit im Vergaberecht, 2004, S. 79; Ortlieb, WuW 2003, 146, 156; a.A. Ollmann, VergabeR 2004, 669, 673: Er bewertet das zweite Kriterium als eine Art Hilfskriterium. Masing hält das Kriterium bei der Auftragsvergabe an eine Eigengesellschaft für falsch und vergabefremd; dieser Ansatz ist eine Frage der Subsidiarität im Rahmen des Kommunalrechts (Masing, ZfBR 2002, 450, 453). Das Kriterium der Wesentlichkeit sei *„beinahe redundant"* (Steiff, NZBau 2005, 205, 208).

643 EuGH, Urteil vom 18.11.1999, Rs. C-107/98 (Teckal), Slg. 1999, I-8121 ff., Rn. 50, NZBau 2000, 90, 91; GA Stix-Hackl, Schlussantrag vom 23.09.2004, Rs. C-26/03 (Stadt Halle), Slg. 2005, I-1 ff., Rn. 79; NZBau 2005, Heft 11, VII, XIII; OLG Düsseldorf, NZBau 2004, 343, 345; Dreher NZBau 2002, 245, 253.

644 Unzutreffend die Darstellung, dass dieses Kriterium klar sei und die herrschende Meinung sich auf Art. 13 Abs. 1 SKR i.V.m. § 10 VgV stützt (Wagner/Steinkemper, BB 2004, 1577, 1580).

645 BGHZ 148, 55, 65; Wagner, VergabeR 2002, 244, 251.

646 EuGH, Urteil vom 11.01.2005, Rs. C-26/03 (Stadt Halle), Slg. 2005, I-1 ff., Rn. 52, VergabeR 2005, 44, 52.

647 OLG Naumburg, VergabeR 2003, 196, 204 mit Anmerkungen Schwenker/Heinze.

OLG Brandenburg[648] zu dieser Frage angerufen wurde. Eine abschließende Klärung steht folglich noch aus.[649]

I. Sinn und Zweck

Der Grund für die Einführung des zweiten Merkmals als Voraussetzung für eine In-House Vergabe liegt darin, dass ein staatliches Unternehmen, das in nicht ganz unerheblichem Umfang auch für Dritte tätig wird, in Konkurrenz zu anderen Unternehmen als Marktteilnehmer auftritt. Die Befreiung eines solchen Unternehmens vom Vergaberecht würde zu einer Diskriminierung der potenziellen Konkurrenten führen.[650] Durch die Beauftragung im Wege eines In-House Geschäfts verfügen die Beteiligungsgesellschaften über ein festes, nicht dem Wettbewerbsdruck unterworfenes Stammgeschäft. Die so erzielte Deckung von Fixkosten bedeutet gleichzeitig eine Senkung des unternehmerischen Risikos[651] und damit einhergehend die Möglichkeit einer Wettbewerbsverzerrung im Vergleich zu dritten Unternehmen.[652] Wettbewerbsverzerrungen und Quersubventionierungen sollen vermieden, die Beeinflussung des Marktes gering gehalten werden. Die elementaren Grundsätze des Vergaberechts, die Wahrung eines ordnungsgemäßen Wettbewerbes und die Einhaltung des Gleichheitsgrundsatzes (§ 97 Abs. 1 und Abs. 2 GWB) wären dann verletzt. Mithilfe der Wesentlichkeit sollen diese Verstöße verhindert werden. Für die Bewertung der Tätigkeit im Wesentlichen für den öffentlichen Auftraggeber ist folglich ein strenger Prüfungsmaßstab anzulegen.[653] Die Wesentlichkeit gilt ferner als Indiz und Gewähr für eine gleiche Interessenlage.[654]

---

[648] OLG Brandenburg, ZfBR 2003, 620, 621.

[649] Hailbronner in Byok/Jaeger, Kommentar zum Vergaberecht, 2. Auflage, 2005, § 99 GWB, Rn. 442.

[650] OLG Düsseldorf, NZBau 2004, 343, 345; Stickler in Reidt/Stickler/Glahs, Vergaberecht, Kommentar, 2. Auflage, 2003, § 99 GWB, Rn. 5; Weyand, Onlinekommentar, Vergaberecht, 8.1.3.4.2 (Stand: 15.03.2005).

[651] So auch Schimanek, NZBau 2005, 304, 309.

[652] Zeiss, ZfBR 2002, 456, 457. Wenn ein subventioniertes Unternehmen über ein zweites Standbein verfügt, das heißt es ist nicht nur exklusiv für den öffentlichen Auftraggeber tätig, ist die Gefahr einer Wettbewerbsverzerrung besonders groß (Zeiss, DVBl. 2003, 435, 438).

[653] OLG Düsseldorf, NZBau 2004, 343, 345; Stickler in Reidt/Stickler/Glahs, Vergaberecht, Kommentar, 2. Auflage, 2003, § 99 GWB, Rn. 5c.

[654] VK Arnsberg, Beschluss vom 05.08.2003, VK 2 - 13/2003.

Umgekehrt ermöglicht das Kriterium der Wesentlichkeit der bevorzugten Gesellschaft eine Teilnahme am freien Markt. Statt einer ausschließlichen Tätigkeit für den öffentlichen Auftraggeber legt der EuGH einen geringeren Maßstab an - Wesentlichkeit ist ausreichend. Damit soll der öffentlichen Hand gestattet werden, Überkapazitäten auf den freien Märkten einzusetzen.[655] Vor dem Hintergrund mittels des Vergaberechts Steuergelder sparsam für öffentliche Beschaffungen zu verwenden, wird der Gesellschaft zu Recht der Zugang zu Wettbewerb und Markt eröffnet.

Die entscheidende Frage ist nun, in welchen Fällen eine Wesentlichkeit der Tätigkeit vorliegt.

II. Allgemeine Grundsätze für die Tätigkeit im Wesentlichen

Wurden bislang nur quantitative Merkmale erörtert, so drängt es sich geradezu auf, auch qualitative Merkmale zur Bestimmung der Wesentlichkeit der Tätigkeit heranzuziehen. Zum ersten Mal wurden qualitative Merkmale expressis verbis von Generalanwältin Stix-Hackl angesprochen.[656] Für die Anwendung nicht nur quantitativer Merkmale, sondern auch qualitativer Merkmale spreche *„der Wortlaut und der Sinn der Ausnahme“*, stellt Generalanwältin Stix-Hackl ohne weitere Ausführungen fest.[657] Dies ist schon aufgrund der Wortlautauslegung überzeugend. Die direkte wörtliche Übersetzung in „der wichtigste Teil“ zeigt, dass ein wertendes Merkmal verwendet wurde. Eine sachgerechte Auflösung dieser Wertung kann am besten mit qualitativen und quantitativen Kriterien vorgenommen werden.[658] Diesen Ansatz hat sich mittlerweile auch der

[655] Vgl. dazu auch die in der Literatur unter den Grundsätzen der Wirtschaftlichkeit diskutierte Frage der Randnutzung – öffentliche Unternehmen dürfen Gewinne aus Annextätigkeiten erzielen (Berg, WiVerw 2000, 141, 154; Britz, NVwZ 2001, 380, 384; Stober, NJW 2002, 2357, 2361-2362; Stober in Wolff/Bachof/Stober, Verwaltungsrecht, Band 1, 11. Auflage, 1999, § 23 II 3, Rn. 10).

[656] GA Stix-Hackl, Schlussantrag vom 23.09.2004, Rs. C-26/03 (Stadt Halle), Slg. 2005, I-1 ff., Rn. 87, NZBau 2004, Heft 11, VII, XIV.

[657] GA Stix-Hackl, Schlussantrag vom 23.09.2004, Rs. C-26/03 (Stadt Halle), Slg. 2005, I-1 ff., Rn. 87, NZBau 2004, Heft 11, VII, XIV.

[658] Selbst ein Verwaltungsmonopol kann ein qualitatives Merkmal sein (Gabriel/Joachimsmeier, VergabeR 2005, 103, 106-107).

EuGH zu Eigen gemacht.[659] Für die Analyse einer Wesentlichkeit bedarf es einer *„wertenden Gesamtbetrachtung“*.[660]

1. Anwendbarkeit

Das Kriterium der Wesentlichkeit wird nach einer Ansicht bei reinen Eigengesellschaften zu Unrecht als hinfällig angesehen. Das Argument, dass zwischen dem Erbringen der Leistungen für Außenstehende als zusätzliche Einnahmequelle oder gar geschäftlicher Betätigung einerseits und dem Verhältnis zwischen Eigengesellschaft und Auftraggeber kein sachlicher Zusammenhang besteht,[661] soweit der Charakter der Einrichtung als Verwaltungseinheit bestehen bleibt, trägt nicht. Dem steht das Gebot des Wettbewerbs entgegen, weil auch die Eigengesellschaft in den Wettbewerb mit anderen treten kann.[662] Andernfalls hätte sie einen nicht ausgleichbaren Vorteil. Ferner hat der EuGH die kumulativ[663] erforderlichen Kriterien gerade anhand einer Tochtergesellschaft der öffentlichen Hand entwickelt, was von der nationalen Rechtsprechung übernommen wurde.[664] Überzeugender ist letztlich eine Ausnahme vom Vergaberecht nur dann, wenn die jeweilige Gesellschaft im Wesentlichen ihre Tätigkeit für den Auftraggeber verrichtet, da andernfalls der Zweck der Einführung des zweiten Kriteriums - Verhinderung von Wettbewerbsverzerrungen, Diskriminierung der Konkurrenten - missachtet würde.

Eine grundsätzlich ablehnende Haltung zur Anwendbarkeit des zweiten Kriteriums auf andere Gesellschaften wird nicht vertreten.

---

[659] EuGH, Urteil vom 11.05.2006, Rs. C-340/04 (Carbotermo), Slg. 2006, I-4137 ff., Rn. 64, NZBau 2006, 452, 455.

[660] GA Kokott, Schlussantrag vom 01.03.2005, Rs. C-458/03 (Parking Brixen GmbH), Slg. 2005, I-8585 ff., Rn. 83, NZBau 2005, Heft 4, VII, XVI. *"Wirtschaftlichen Gesamtbetrachtung"* (Hausmann/Greb, VergabeR 2005, 67, 68; Jäger, NZBau 2001, 6, 10).

[661] Boesen, Vergaberecht, Kommentar, 2000, § 100 GWB, Rn 97.

[662] GA Kokott, Schlussantrag vom 01.03.2005, Rs. C-458/03 (Parking Brixen GmbH), Slg I 2005, 8585 ff., ab Rn. 77, NZBau 2005, Heft 4, VII, XVI; Stickler in Reidt/Stickler/Glahs, Vergaberecht, Kommentar, 2. Auflage, 2003, § 99 GWB, Rn. 5; Zeiss, ZfBR 2002, 456, 457.

[663] Siehe dazu Kapitel 7 I.

[664] EuGH, Urteil vom 18.11.1999, Rs. C-107/98 (Teckal), Slg. 1999, I-8121 ff., NZBau 2000, 90, 91; BGHZ 148, 55, 62; a.A. Ollmann, VergabeR 2004, 669, 673.

2. Negative oder positive Abgrenzung

Der Generalanwalt Léger stellt auf eine negative Abgrenzung ab. Ein In-House Geschäft besteht nicht, *„...wenn diese Einrichtung im Wesentlichen für andere Wirtschaftsteilnehmer oder andere Körperschaften als diejenigen tätig wird, aus denen sich dieser öffentliche Auftraggeber zusammensetzt“.*[665]

Anders hingegen die Generalanwältin Stix-Hackl[666] und die Generalanwältin Kokott[667], beide halten an der positiv aufgestellten Formulierung des EuGH fest. Der EuGH bejaht das 2. Kriterium, *„... wenn die Person zugleich ihre Tätigkeit im Wesentlichen für die Gebietskörperschaft oder die Gebietskörperschaften verrichtet, die ihre Anteile innehaben.“*[668] Für die positive Abgrenzung spricht der vom EuGH gewählte Blickwinkel. Es geht um die Haupttätigkeit für den öffentlichen Auftraggeber und nicht für andere.

Eine negative Abgrenzung führt außerdem zu einer Verschiebung der Relationen. Dazu ein einfaches Beispiel: Angenommen, Wesentlichkeit bedeutet 70 % der Gesamttätigkeit. So liegt nach dem negativen Ansatz von Generalanwalt Léger bereits eine Tätigkeit von 69 % für andere Wirtschaftteilnehmer eine In-House Vergabe vor. Wohingegen nach Ansicht der Generalanwältin Stix-Hackl erst eine Tätigkeit von weniger als 30 % für andere Unternehmen diese Ausnahme erfüllt.

---

[665] GA Léger, Schlussantrag vom 15.06.2000, Rs. C-94/99 (ARGE Gewässerschutz), Slg. 2000, I-11037 ff., Rn. 93; OLG Düsseldorf, NZBau 2004, 343, 345.

[666] GA Stix-Hackl, Schlussantrag vom 12.01.2006, Rs. C-340/04 (Carbotermo), Slg. 2006, I-4137 ff., Rn. 81, NZBau 2006, Heft 2, X, XV; GA Stix-Hackl, Schlussantrag vom 23.09.2004, Rs. C-26/03 (Stadt Halle), Slg. 2005, I-1 ff., Rn. 85, NZBau 2004, Heft 11, VII, XIII-XIV.

[667] GA Kokott, Schlussantrag vom 01.03.2005, Rs. C-458/03 (Parking Brixen GmbH), Slg. 2005, I-8585 ff., Rn. 82, NZBau 2005, Heft 4, VII, XVI.

[668] EuGH, Urteil vom 18.11.1999, Rs. C-107/98 (Teckal), Slg. 1999, I-8121 ff. Rn. 50, NZBau 2000, 90, 91.

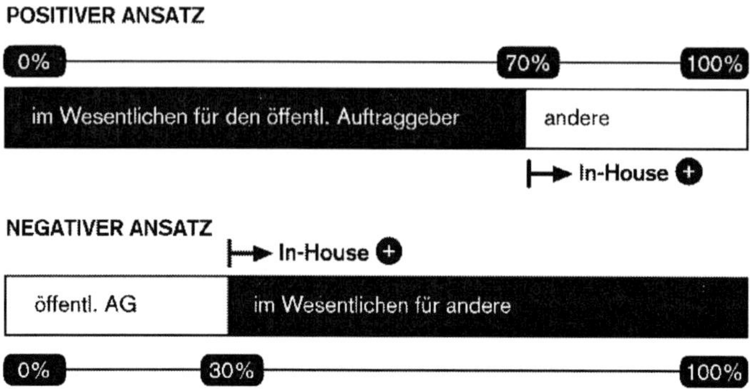

Bild 5: positiver und negativer Ansatz für die Bestimmung der Wesentlichkeit (Darstellung der Verfasserin);
Mit der Abkürzung AG ist hier der öffentliche Auftraggeber gemeint.

Es kann allerdings unterstellt werden, dass dies auch von Generalanwalt Léger nicht gewollt gewesen ist. Mathematisch identisch wäre dieser Ansatz nur, wenn man mit Wesentlichkeit eine Größenordnung von mehr als 50 % umschreiben wollte. Hier gäbe es keinen Unterschied, ob man entweder

- im Wesentlichen für die öffentliche Hand (zum Beispiel 51 %, positiver Ansatz) tätig ist, dann läge eine In-House Vergabe vor oder
- im Wesentlichen für andere Wirtschaftsteilnehmer (zum Beispiel 51 %, negativer Ansatz) tätig ist, womit kein In-House Geschäft vorläge.

Unter dem Gesichtspunkt, dass die Ausnahmen von der Anwendbarkeit eng auszulegen sind, ist die negative Anknüpfung zu verwerfen.

3. Tätigkeit für wen?

In erster Linie soll die wesentliche Tätigkeit für den öffentlichen Auftraggeber oder sonstige Gebietskörperschaften beziehungsweise öffentliche Stellen erbracht werden, die Anteile an der Gesellschaft halten. Dies lässt sich aus dem eindeutigen Wortlaut der Entscheidungen des EuGH entnehmen.

Allerdings ist eine Leistungserbringung auch für Unternehmen, die nur eine mittelbare Anteilsträgerschaft haben, unschädlich, so ohne Begründung Generalanwältin Stix-Hackl.[669] Dieser Ansatz ist folgerichtig. Es geht nicht um Einflussmöglichkeiten, bei denen eine mittelbare Beteiligung sehr fraglich wäre, sondern um die Vermeidung von negativen Auswirkungen auf den freien Wettbewerb. Die Gesellschaft, die hauptsächlich für die öffentliche Hand tätig ist - und dabei ist es egal, ob für die eigenen Anteilseigner oder sonstige mittelbar Beteiligte - kann über einen Wettbewerbsvorteil und damit ein gesichertes Einkommen verfügen. Insofern überzeugt die andere Ansicht nicht, die für Vergaben an Enkel- oder Schwestergesellschaften für die Beurteilung der Wesentlichkeit auf das Austauschverhältnis zwischen den am Vertrag Beteiligten abstellt. Eine Anwendung der In-House Kriterien innerhalb unterschiedlicher Rechtsverhältnisse ist gerechtfertigt,[670] da dies schon der Wortlaut der Teckal-Entscheidung vorgibt *„für den öffentlichen Auftraggeber oder einen sonstigen Anteilseigner“*.

Fraglich ist aber weiterhin, ob überhaupt eine mittelbare Beteiligung erforderlich oder es nicht ausreichend ist, dass die Gesellschaft für die öffentliche Hand Tätigkeiten verrichtet und mit der öffentlichen Hand eng verflochten ist. Zur Verdeutlichung ein Beispiel: Die Gemeinden A und B sind Träger einer Beteiligungsgesellschaft. Falls diese Gesellschaft wesentlich für die Gemeinde C tätig wird, kann dann eine In-House Vergabe bei einem Auftrag von A an die Gesellschaft vorliegen? Um diese Frage beantworten zu können, muss zunächst eine Definition für mittelbare Beteiligung gegeben werden. Sollte die öffentliche Hand immer mittelbar beteiligt sein, bedarf es dieser Diskussion nicht.

Jedwede mittelbare Beteiligung erfordert eine gesellschaftsrechtliche Verbindung zwischen den Gebietskörperschaften. Die Tätigkeit ohne gesellschaftsrechtlichen Bezug allgemein für die öffentliche Hand genügt nicht. Gegen eine Gleichsetzung von mittelbarer Beteiligung und öffentlicher Hand spricht sich die Generalanwältin Stix-Hackl indirekt aus. Es kommen indirekte Beteiligun-

[669] GA Stix-Hackl, Schlussantrag vom 23.09.2004, Rs. C-26/03 (Stadt Halle), Slg. 2005, I-1 ff., Rn. 80, NZBau 2004, Heft 11, VII, XIII.

[670] A.A. Schröder, NZBau 2005, 127, 130.

gen in Betracht *„... **und*** [Hervorhebung durch die Verfasserin] *zweitens auch andere als Gebietskörperschaften...“.*[671] Es sollen gerade nicht alle Tätigkeiten für die öffentliche Hand erfasst sein. So auch der enge Wortlaut des EuGH, *„die ihre Anteile innehaben“.*[672]

Dem ist auch zuzustimmen. Es macht für den Wettbewerb einen Unterschied, für wen die bevorzugte Eigen- oder gemischt-öffentliche Gesellschaft innerhalb der öffentlichen Hand tätig wird. Wird sie nur intern tätig, das heißt für ihren Auftraggeber oder Mitgesellschafter, oder begibt sie sich in den Wettbewerb. Nicht nur der Wettbewerb von privaten Unternehmen soll geschützt werden. Zu denken ist ebenfalls an einen Wettbewerb innerhalb der öffentlichen Hand. Auch der Wettbewerb zwischen Gesellschaften der öffentlichen Hand fällt unter den Schutz des Vergaberechts. Das Vergaberecht hat die Öffnung der Märkte und den Schutz der Unternehmen im Wettbewerb zum Ziel.

Ausnahmen von der Anwendbarkeit des Vergaberechts müssen demnach äußerst eng ausgelegt werden. Je enger das Verständnis der Wesentlichkeit, desto enger ist der Anwendungsbereich des In-House Geschäfts. Kann eine Gesellschaft des öffentlichen Auftraggebers auch innerhalb der öffentlichen Hand Wettbewerbsbeschränkungen herbeiführen, so ist es auch dort geboten, eine In-House Vergabe nicht zuzulassen. Aufgrund des eindeutigen Wortlauts ist entscheidend, für wen genau die Gesellschaft Tätigkeiten verrichtet und ob sie sich hauptsächlich in einem wettbewerbsfreien Raum bewegt und sich nur für einen geringen Teil dem Wettbewerb zu privaten oder öffentlichen Unternehmen stellt. Für unseren Beispielsfall bedeutet dies, dass der Beschaffungsauftrag von A an die Beteiligungsgesellschaft vergabepflichtig wäre. Schließlich fehlt es an einer mittelbaren Beteiligung von A an C.

4. Leistungsempfänger

Anders als beim vorherigen Punkt geht es hier nicht um die Frage, für wen eine Leistung erbracht wird, sondern gegenüber wem. Die Gesellschaft nimmt

---

[671] GA Stix-Hackl, Schlussantrag vom 23.09.2004, Rs. C-26/03 (Stadt Halle), Slg. 2005, I-1 ff., Rn. 80, NZBau 2004, Heft 11, VII, XIII.

Aufgaben gegenüber Dritten wahr. So werden Stadtwerke zum Beispiel gegenüber den Nutzern, der Bevölkerung, tätig und nicht gegenüber dem öffentlichen Auftraggeber.[673] Man könnte daher erwägen, eine Tätigkeit im Wesentlichen für die Bevölkerung und nicht für die öffentliche Hand zu bejahen. Unter Tätigkeit für jemanden ist allerdings nicht die Verbindung gegenüber den Nutzern zu sehen, sondern die vertragliche Verpflichtung gegenüber der öffentlichen Hand. Letztendlich führen die Stadtwerke in dem Beispiel nur den Daseinsvorsorgeauftrag anstelle des Staates aus. Auf die Tätigkeit, die der öffentliche Auftraggeber selbst gegenüber Dritten erbringen müsste (zum Beispiel im Bereich der Daseinsvorsorge) und nur der Beteiligungsgesellschaft überträgt, kommt es nicht an.[674]

Es bleibt dabei, dass sich die Wesentlichkeit durch das Verhältnis zu dem ursprünglich auftragserteilenden Vertragspartner beziehungsweise zu den beteiligten Gebietskörperschaften bestimmt. Die Person des Begünstigten ist bedeutungslos.[675] Dies ist auch schlüssig vor dem Hintergrund, dass der EuGH die In-House Rechtsprechung auf Dienstleistungskonzessionen übertragen hat.[676]

5. Wer vergütet die Leistung?

Ob nun die Gegenleistung von den Nutzern oder den öffentlichen Stellen, die Anteile innehaben, bewirkt wird, hat keine Auswirkung. Dies stellten der EuGH und die Generalanwältin Stix-Hackl ohne weitere Argumentation fest.[677] Hintergrund kann nur der Gedanke der Schutzrichtung sein. Die beauftragte Gesellschaft soll keinen Wettbewerbsvorteil gegenüber anderen Unternehmen

---

672 EuGH, Urteil vom 18.11.1999, Rs. C-107/98 (Teckal), Slg. 1999, I-8121 ff., Rn. 50, NZBau 2000, 90, 91; EuGH, Urteil vom 11.05.2006, Rs. C-340/04 (Carbotermo), Slg. 2006, I-4137 ff. Rn. 70, NZBau 2006, 452, 456.

673 Hausmann/Greb, VergabeR 2004, 67, 69.

674 GA Stix-Hackl, Schlussantrag vom 23.09.2004, Rs. C-26/03 (Stadt Halle), Slg. 2005, I-1 ff., Rn. 82; NZBau 2005, Heft 11, VII, XIII.

675 EuGH, Urteil vom 11.05.2006, Rs. C-340/04 (Carbotermo), Slg. 2006, I-4137 ff. Rn. 66, NZBau 2006, 452, 456.

676 Jennert, NZBau 2006, 421, 422.

677 EuGH, Urteil vom 11.05.2006, Rs. C-340/04 (Carbotermo), Slg. 2006, I-4137 ff., Rn. 67, NZBau 2006, 452, 456; GA Stix-Hackl, Schlussantrag vom 12.01.2006, Rs. C-340/04 (Carbotermo), Slg. 2006, I-4137 ff., Rn. 112, NZBau 2006, Heft 2, X, XVIII.

haben, weil sie finanziell durch staatliche Aufträge abgesichert ist. Wer nun unmittelbar die Zahlung veranlasst ist unbedeutend.

6. Geschäftsbereich oder generelle Tätigkeit

Bevor die Frage Geschäftsbereich oder generelle Tätigkeit beantwortet werden kann, ist ein Punkt vorweg klarzustellen. Das Kriterium der Wesentlichkeit setzt stets einen Markt voraus. Dieser könnte gegebenenfalls nicht bestehen, wenn dem Verhandlungsverfahren angenähert nur ein Unternehmen die Leistung erbringen kann, es folglich keine Konkurrenten gibt.[678]

Dem Wortlaut lässt sich nicht entnehmen, ob sich die Wesentlichkeit der Tätigkeit jeweils auf den einzelnen Geschäftsbereich des zu beauftragenden Unternehmens beziehen soll, in dem auch der Auftrag erteilt wird, oder auf alle Marktsegmente zusammen. Der EuGH hat die Umschreibung allgemein gehalten. In diesem Fall wäre im Wege einer Gesamtbetrachtung der umfängliche unternehmerische Einsatz des beauftragten Unternehmens zu analysieren. Letzteres ist allein überzeugend. Das resultiert aus dem Zweck des entwickelten Kriteriums.

Der EuGH ist in seiner Rechtsprechung zum europäischen Vergaberecht bestrebt, den allgemeinen Binnenmarkt zu öffnen und dem Anwendungsbereich des Vergaberechts umfassend Geltung zu verschaffen.[679] Die öffentliche Hand soll nur in Einzelfällen berechtigt sein, Aufträge direkt und ohne Ausschreibung, das heißt unter Umgehung des Wettbewerbs, vergeben zu dürfen. Dem entspricht auch der Sinn des Kriteriums der Wesentlichkeit, welches Quersubventionierungen und dadurch erzeugte Wettbewerbsverzerrungen auszuschließen sucht.[680] Beide Gesichtspunkte führen dazu, dass die In-House Vergabe als Ausnahme von der Anwendbarkeit des Vergaberechts möglichst eng aufzufassen ist.[681] Eine Ausweitung soll nicht erfolgen.[682] Dieser Forde-

---

678 GA Stix-Hackl, Schlussantrag vom 12.01.2006, Rs. C-340/04 (Carbotermo), Slg. 2006, I-4137 ff., Rn. 98, NZBau 2006, Heft 2, X, XVII.
679 Kapitel 2 I 2.
680 Kapitel 7 I.
681 Kapitel 4.
682 Als einzig genantes Argument: GA Stix-Hackl, Schlussantrag vom 12.01.2006, Rs. C-340/04 (Carbotermo), Slg. 2006, I-4137 ff. Rn. 101-102, NZBau 2006, Heft 2, X, XVII.

rung wird nachgekommen, wenn die Anforderungen für eine Ausnahme besonders hoch sind. Je weiter also das Kriterium der Wesentlichkeit verstanden wird, desto kleiner ist der Anwendungsbereich der In-House Vergabe und desto größer der des vergaberechtlichen Geltungsbereichs. Da die Gesamtbetrachtung aller unternehmerischen Tätigkeiten zu einer größeren Anwendbarkeit des Vergaberechts führt als die auftragsbezogene Marktsegmentbetrachtung, ist die Gesamtbetrachtung vorzugswürdig.

Angenommen, der EuGH meinte mit der Wesentlichkeit nur, dass das Unternehmen in dem auftragsrelevanten Marktsegment wesentlich für den öffentlichen Auftraggeber oder Mitgesellschafter tätig werden müsse, so ist die Gefahr einer Ausweitung des In-House Geschäft gegeben und damit die Gefahr einer unzulässigen Umgehung des Vergaberechts.

Die möglichen Auswirkungen lassen sich an einem Beispiel gut verdeutlichen: Der öffentliche Auftraggeber A möchte seine von ihm kontrollierte (erstes Kriterium sei erfüllt) Gesellschaft B mit einer Lieferung von Computern beauftragen, wobei B bisher lediglich im Bereich der Abfallentsorgung tätig war. Dort nahm sie zu 70 % Tätigkeiten für A wahr (gehen wir davon aus, dass dies für die Bejahung der Wesentlichkeit nicht ausreichend gewesen ist, sonst wäre bereits die erste Alternative erfüllt). Nach der bisherigen EuGH-Rechtsprechung wäre eine In-House Vergabe mit der Begründung, es komme auf die gesamte geschäftliche Betätigung (Abfall und Computer) an, zu verneinen. Es fehlt an der wesentlichen Tätigkeit für den öffentlichen Auftraggeber. Stellt man nun auf den auftragsrelevanten Geschäftsbereich ab, so wäre eine In-House Vergabe zu bejahen, denn B hat bislang nicht mit Computern gehandelt. Nimmt er nun in dem Bereich einen Auftrag an, ist er unweigerlich vollständig für die öffentliche Hand in diesem Bereich tätig. B könnte in neue Bereiche expandieren, ohne dass sie dort auf Konkurrenz träfe. Denn der öffentliche Auftraggeber A darf vergabefrei die Computerlieferung an B vergeben. Er würde sogar damit belohnt, Unternehmen in unternehmensfremden Marktsegmenten zu beauftragen. In diesen Segmenten erhalten die Unternehmen dann insolvenzrisikofreie Einnahmen, da In-House Vergaben vorlägen. Letztlich käme es dann in den anderen Gebieten möglicherweise zu Verzerrungen, die gerade ausgeschlossen werden sollten.

Erschließt sich eine (öffentliche) Gesellschaft durch einen öffentlichen Auftrag ein neues Marktsegment, ist das Unternehmen ausschließlich für die öffentliche Hand tätig. Jede Öffnung der Unternehmenstätigkeit in Richtung eines neuen Geschäftsbereichs würde unweigerlich das Kriterium der Wesentlichkeit erfüllen, sodass über diese Neuerschließungen eine Quersubvention in Richtung der alten Marktsegmente ermöglicht würde. Dort könnte es dann zu Wettbewerbsverzerrungen gegenüber Dritten kommen. Das neue Marktsegment würde zu einem sicheren Unternehmensstandbein werden, da Aufträge in diesem Bereich dem Unternehmen mangels Wettbewerb sicher wären. Schließlich wären die Voraussetzungen der In-House Vergabe gegeben. Im Extremfall könnte die öffentliche Hand insgesamt durch geschickte Organisation alleine über die Anwendbarkeit des Vergaberechts entscheiden und selbst Unternehmen, die sonst im Wettbewerb stehen, durch In-House Vergaben bevorzugen. Folglich kann mit der Wesentlichkeit der Tätigkeit nur die gesamte unternehmerische Tätigkeit des potenziellen Auftragnehmers gemeint sein.

7. Umfang

Es besteht keine Einigkeit darüber, welchen Umfang eine Tätigkeit haben muss, um das Kriterium der Wesentlichkeit zu erfüllen. Das Meinungsspektrum reicht von *„mehr als 50 %“*[683], *„der größte Teil“*[684], *„im nennenswerten Umfang“*, *„ganz überwiegend“*, der *„überwiegende Teil“*[685], *„fast vollständig“*[686] bis hin zu *„ausschließlich“*[687]. Selbst *„mindestens 80 %“* beziehungsweise *„nicht mehr als 10 % - 20 %“*[688] werden als Kriterien für die Auslegung angeführt.

Dabei spielt die Wortlautauslegung zunächst die entscheidende Rolle. Je nach Übersetzung von der Verfahrensprache (Italienisch bei der Entscheidung Teckal) ins Deutsche ergeben sich erhebliche Unterschiede. *„La parte più importante della propria attività“* wurde mit: "Im Wesentlichen" übersetzt. Ver-

683 Beispielsweise: Faber, DVBl. 2001, 248, 254.
684 So aufgrund eines Übersetzungsfehlers: Rindtorff/Gabriel, VergabeR 2004, 577, 580.
685 EuGH, Urteil vom 15.06.2000, Rs. C-94/99 (ARGE Gewässerschutz), Slg. 2000 I-11037 ff., Rn. 16; OLG Brandenburg, VergabeR 2003, 168, 172.
686 Dreher, NZBau 2002, 245, 253; Harms/Schmidt-Wotterich, LKV 2004, 337, 341; Schimanek, NZBau 2005, 304, 309.
687 Zeiss, ZfBR 2002, 456, 461.

sucht wurde es ebenfalls mit einer Übersetzung „zum größten Teil“, der dann mit mehr als 50 % gleichgesetzt wurde.[689] Dies ist selbst für Nichtsprachwissenschaftler ersichtlich falsch. Wörtlich übersetzt muss es: „Der wichtigste Teil ihrer eigenen Aktivität oder der bedeutendschwerste Teil ihrer eigenen Tätigkeit“ heißen, sodass der größte Teil als Auslegungsgrundlage ausscheidet. Wesentlich und der wichtigste Teil können als Synonym betrachtet werden.[690]

Hingegen schießt die Forderung der Ausschließlichkeit eindeutig über das Ziel hinaus. Während Wesentlichkeit und der wichtigste Teil einen minimalen Rahmen der Tätigkeit für Dritte offenlassen, schließt Ausschließlichkeit dies per se aus. Wer ausschließlich mit einer Person zusammenarbeitet, ist nur mit ihr (das heißt vollständig oder anders gesagt zu 100 %) in geschäftlichem Kontakt. Sollte dies vorliegen, so ist selbstverständlich die Wesentlichkeit erstrecht erfüllt.[691] Unproblematisch bejaht wird dieses Kriterium auch, wenn momentan und für die Zukunft eine geschäftliche Betätigung für Dritte ausgeschlossen werden kann.[692]

Allerdings ist bei der Bewertung immer zu bedenken, dass für die Vergleichbarkeit mit einer klassischen In-House Vergabe entscheidend ist, dass das Unternehmen nicht als Dritter im Verhältnis zum öffentlichen Anteilseigner erscheint. Das ist dann der Fall, wenn in nur ganz wenigen Ausnahmefällen

688 Stickler in Reidt/Stickler/Glahs, Vergaberecht, Kommentar, 2. Auflage, 2003, § 99 GWB, Rn. 5c.

689 Rindtorff/Gabriel, VergabeR 2004, 577, 580.

690 Im Urteil ARGE Gewässerschutz (EuGH, Urteil vom 15.06.2000, Rs. C-94/99 (ARGE Gewässerschutz), Slg. 2000 I-11037 ff., Rn. 16) geht der EuGH nicht auf die Auslegung von In-House Kriterien ein, benennt sie nur kurz und spricht für die Wesentlichkeit von „qui exécutent leurs prestations exclusivement ou au moins principalement“. Dies wurde wiederum mit „ausschließlich oder zumindest überwiegend“ aus dem Französischen übersetzt und ist nicht zu beanstanden. All zu viel Bedeutung kann dem Urteil aber nicht zugesprochen werden, da eine inhaltliche Auseinandersetzung gerade unterblieb.

691 BGHZ 148, 55, 64. Interessant ist in diesem Zusammenhang der Verweis auf den Amtsermittlungsgrundsatz aus § 120 Abs. 2 i.V.m. § 79 Abs. 1 GWB - das Gericht müsse zur Ermittlung der Wesentlichkeit nur den naheliegenden Sachverhalt und Beweismittel würdigen (BGHZ 148, 55, 64).

692 OLG Düsseldorf, VergabeR 2004, 63, 66; Dreher, NZBau 2001, 360 ff.; Zeiss, ZfBR 2002, 456, 457. Dies kann sich beispielsweise auch aus dem Gesellschaftsvertrag ergeben.

Leistungen für andere Unternehmen erbracht werden.[693] Unter diesem Gesichtspunkt können schon 80 % als zu geringer Anteil erscheinen. Umgekehrt widerspricht ein zu enges Verständnis der Erscheinung von Beteiligungsgesellschaften in der Praxis. Außerdem hat der EuGH diese Beteiligungsgesellschaften gerade für In-House Vergaben zugelassen.

Offensichtlich ist, dass feste Prozentsätze dem Anliegen des EuGH nicht gerecht werden. Nicht umsonst hat sich der EuGH für den unbestimmten Rechtsbegriff der Wesentlichkeit entschieden. Bereits durch die Wortwahl kommt zum Ausdruck, dass es unterschiedliche Konstellationen geben kann, die eine differenzierte Betrachtung erfordern. Mag es in einem Fall ausreichend sein, dass der deutlich größere Teil der wichtigste Teil und damit der wesentliche Teil ist, kann in anderen Fallen eine nahezu ausschließliche Tätigkeit nicht das Merkmal der Wesentlichkeit erfüllen. Dies ist zum Beispiel in wettbewerbssensiblen Marktbereichen denkbar. Eine reine Wortlautauslegung beziehungsweise das Festlegen konkreter Grenzen kann als ein erster Schritt zur Klärung der Frage beitragen. Entscheidend ist letztlich die Auslegung und die Bewertung der Auswirkungen im Einzelfall.

8. Umsatz oder Tätigkeit als Anknüpfungsmerkmal

Ob Umsatz oder andere betriebswirtschaftliche Kennzahlen die Wesentlichkeit quantitativ genauer bestimmen als die Tätigkeit, ist nur von Relevanz, wenn sie zu anderen Ergebnissen führen.

a) Umsatz als Anknüpfungsmerkmal

Nach dem OLG Düsseldorf[694] ist ein Unternehmen bei mehr als 30 % des Umsatzes aus umsatzsteuerpflichtigen Geschäften mit Dritten nicht mehr im Wesentlichen für einen Auftraggeber tätig. Die Vergabekammer Arnsberg hat bei 84 % des Umsatzes als Leistung (Stromversorgung beziehungsweise Abfallwirtschaft) für den Auftraggeber, insbesondere unter dem Gesichtspunkt der Liberalisierung der Energiewirtschaft und der zukünftigen Möglichkeit, Leistun-

---

[693] Müller-Wrede in Ingenstau/Korbion, VOB, Kommentar, 15. Auflage, 2004, § 99 GWB, Rn. 12; Stickler in Reidt/Stickler/Glahs, Vergaberecht, Kommentar, 2. Auflage, 2003, § 99 GWB, Rn. 5; Dreher, NZBau 2001, 360, 364.

[694] OLG Düsseldorf, NZBau 2004, 343, 345.

gen für Dritte in erhöhtem Maße anzubieten, das Wesentlichkeitsmerkmal verneint.[695] In der Vorlageentscheidung des OLG Naumburg wird auf einen prozentualen Ansatz von 80 % des Gesamtjahresumsatzes während der letzten drei Jahre abgestellt.[696] Grundlage dafür ist die wohl überwiegend vertretene Auffassung, die einen Rückgriff auf Art. 13 Abs. 1 SKR beziehungsweise § 10 VgV vornimmt.[697] § 10 VgV ist eine Sonderregelung für Sektorenauftraggeber. Die dort genannten Fälle unterliegen keinem Vergabeverfahren.

Ein erster Anhaltspunkt kann damit der Umsatz sein.[698] Es kommt also stets auf die Höhe des Umsatzes an, welcher als Bezugsgröße zur Ermittlung der Wesentlichkeit abstrakt gut geeignet ist. Dies gewährleistet die notwendige Vergleichbarkeit und somit eine hohe Rechtssicherheit, kann allein aber nicht entscheidend sein.[699]

Unter Umsatz als Kriterium soll nach dem EuGH derjenige Umsatz fallen, *„den das Unternehmen auf Grund der Vergabeentscheidung der kontrollierenden Körperschaft erzielt, und zwar einschließlich des Umsatzes, der in Ausführung solcher Entscheidungen mit Nutzern erzielt wird“.*[700] Sinnvollerweise kann der EuGH damit aber nur einen Teil des Gesamtumsatzes meinen. Umgekehrt heißt das, dass der Gesamtumsatz abzüglich sonstiger Umsätze für Dritte den wesentlichen Teil darstellen müsste.[701]

---

695 VK Arnsberg, Beschluss vom 05.08.2003, VK 2 - 13/2003.

696 OLG Naumburg, VergabeR 2003, 196, 204 mit Anmerkungen Schwenker/Heinze; OLG Brandenburg, ZfBR 2003, 620; Leinemann, Die Vergabe öffentlicher Aufträge, 3. Auflage, Rn. 69; Dreher, NZBau 2004, 14, 17.

697 OLG Naumburg, VergabeR 2003, 196, 204 mit Anmerkungen Schwenker/Heinze; Schranner in Ingenstau/Korbion, VOB, Kommentar, 15. Auflage, 2004, § 10 VgV, Rn. 3; Eschenbruch in Niebuhr/Kulartz/Kus/Portz, Kommentar zum Vergaberecht, 2000, § 99 GWB, Rn. 60; Endler, NZBau 2002, 125, 132; Faber, DVBl. 2001, 248, 254 f.; Gnittke/Siederer, ZVgR 2000, 236, 238; Müller, NZBau 2001, 416, 420, 421; Jasper/Pooth, VergabeR 2003, 613, 621.

698 GA Kokott, Schlussantrag vom 01.03.2005, Rs. C-458/03 (Parking Brixen GmbH), Slg. 2005, I-8585 ff., Rn. 83, NZBau 2005, Heft 4, VII, XVI.

699 GA Stix-Hackl, Schlussantrag vom 12.01.2006, Rs. C-340/04 (Carbotermo), Slg. 2006, I-4137 ff., Rn. 84, NZBau 2006, Heft 2, X, XVI.

700 EuGH, Urteil vom 11.05.2006, Rs. C-340/04 (Carbotermo), Slg. 2006, I-4137 ff., Rn. 65, NZBau 2006, 452, 455.

701 So auch GA Stix-Hackl, Schlussantrag vom 12.01.2006, Rs. C-340/04 (Carbotermo), Slg. 2006, I-4137 ff., Rn. 103, NZBau 2006, Heft 2, X, XVII.

b) Tätigkeit als Anknüpfungsmerkmal

Wird in der juristischen Diskussion zuweilen nur die Frage des Umsatzes betrachtet, so ist anzumerken, dass der EuGH originär von der Tätigkeit und nicht vom Umsatz spricht.[702] Mag es zunächst spitzfindig anmuten, die Tätigkeit und nicht den Umsatz als ausschlaggebend anzusehen, so zeigt doch ein Vergleich, dass Tätigkeit und Umsatz nicht synonym verwendet werden können. Gravierende Unterschiede können auftreten.

Zieht man alleine den Umsatz heran, so könnte eine Leistung an den öffentlichen Auftraggeber beispielsweise dazu führen, dass die Beteiligungsgesellschaft dem Umsatz nach zu 80 % für die öffentliche Hand und nur zu 20 % auf dem sonstigen Markt agiert, obwohl möglicherweise der größte Teil der Leistung/Tätigkeit, zum Beispiel 70 % für den privaten Markt erforderlich ist. Subventioniert der öffentliche Auftraggeber die Leistungen an sich selbst, so kann der Bereich vergrößert werden, in dem die Gesellschaft in den Wettbewerb zu Dritten tritt. Denn der Umsatz für die öffentliche Hand bleibt weiterhin dank der Überbezahlung der Leistung hoch. Ein Abstellen auf die den Umsatz erwirkende Leistung als speziellere Messeinheit kann diese Verzerrungen vermeiden.

Den Umfang der Tätigkeit kann in Manntagen oder in Leistungsstunden wie beim Stundenhonorar gemessen werden. Stückmengen, d.h. verkauftes Volumen an Ware, ist ebenfalls als Messgröße geeignet. Eine Überbezahlung pro geleisteter Arbeitsstunde oder pro gelieferter Gegenstand könnte so nivelliert werden.

Andere Finanzkennzahlen wie beispielsweise Einkünfte haben dieselbe Schwäche wie der Umsatz als Messgröße.

c) Ergebnis

Aus den genannten Gründen, insbesondere dem Wortlautargument, sprechen die besseren Argumente dafür, die Tätigkeit für den öffentlichen Auftraggeber

---

[702] Ebenso GA Stix-Hackl, die es für nicht selbstverständlich hält, dass es nur auf den Umsatz ankommen soll (GA Stix-Hackl, Schlussantrag vom 23.09.2004, Rs. C-26/03 (Stadt Halle), Slg. 2005, I-1 ff., Rn. 88, NZBau 2004, Heft 11, VII, XIV).

als entscheidend einzustufen.[703] Den Umsatz als Hilfskriterium heranzuziehen mag zwar nahe liegen, kann aber im Einzelfall zu erheblichen Unterschieden führen, wenn es an einem Gleichlauf von Tätigkeit und Umsatz fehlt.[704] Zur Verdeutlichung folgendes Schaubild, das an das unter b) gebildete Beispiel anknüpft:

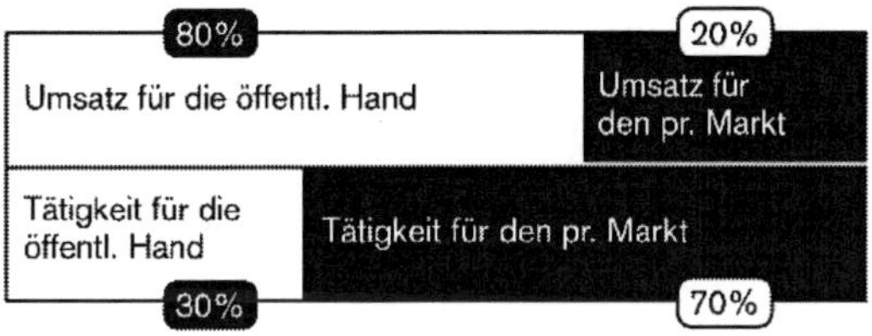

Bild 6: Tätigkeit oder Umsatz als Wesentlichkeitsmerkmal (Darstellung der Verfasserin)

Im Allgemeinen ist allerdings anzunehmen, dass der Umfang der Tätigkeit dem gerierten Umsatz entspricht, sodass es in den meisten Fällen keiner Unterscheidung bedarf. Dann ist der Umsatz als Anknüpfungspunkt praxisnäher, leichter zu ermitteln und damit vorzugswürdig.

9. Satzungs-, gesellschaftsvertragliche oder gesetzliche Bestimmungen

Für die Frage, ob eine Tätigkeit im Wesentlichen für den öffentlichen Auftraggeber vorliegt, haben satzungs- oder gesellschaftsvertragliche[705] Bestimmungen grundsätzlich keine hohe Aussagekraft. Sie müssen nicht der Wirklichkeit entsprechen und führen damit nicht unmittelbar zu einer Auswirkung auf den

[703] Es ist davon auszugehen, dass die Tätigkeit für den öffentlichen Auftraggeber ebenso effektiv ausfällt wie für den Privaten. Problematisch ist aber, wie dieses qualitative Merkmal kontrolliert werden soll. Die Zeit als Maßeinheit gibt nur Auskunft über die Quantität.

[704] Dieser Gedanke deutet sich ähnlich bei GA Kokott an, die bei verschiedenen Geschäftsfeldern an das Gewicht eines jeweiligen Geschäftsfeldes für das Unternehmen anknüpft (GA Kokott, Schlussantrag vom 01.03.2005, Rs. C-458/03 (Parking Brixen GmbH), Slg. 2005, I-8585 ff., Rn. 83, NZBau 2005, Heft 4, VII, XVI).

[705] A.A: Ortlieb, WuW 2003, 146, 151: Der Gesellschaftsvertrag gibt Auskunft über die Wesentlichkeit. Die Satzung sei maßgebend (Dreher, NZBau 2002, 245, 253).

Wettbewerbsmarkt.[706] Dasselbe gilt für gesetzliche Regelungen oder abgeschlossene Verträge, die noch nicht vollzogen wurden. Die tatsächlich ausgeübten Tätigkeiten sind allein entscheidend[707] - nicht jedoch ein ursprünglich bestehender Plan oder eine Leistungsverpflichtung, der man tatsächlich nicht zwingend nachkommen muss. Umgekehrt indiziert aber eine Satzung, die der Gesellschaft erlaubt, anderweitig tätig zu werden, dass die Gesellschaft nicht im Wesentlichen für den öffentlichen Auftraggeber agiert.[708]

Ausnahmen für satzungs- und gesellschaftsvertragliche Bestimmungen können sich ergeben, wenn in den Bestimmungen eine Option vorgesehen ist, die nachträglich die Voraussetzungen der In-House Vergabe entfallen lässt. In Ergänzung der bereits in Kapitel 6 IV entwickelten Lösung ist Folgendes anzufügen. Im Fall der Bejahung der Wesentlichkeit kann unter Umständen die Voraussetzung für die In-House Vergabe entfallen, wenn im Nachhinein eine Verschiebung der Unternehmenstätigkeit vorgenommen wird, sodass die Gesellschaft vermehrt für Dritte tätig wird. Die Gesellschaft wird dann in Zukunft nicht mehr wesentlich für die öffentliche Hand tätig sein.

Wie zuvor in Kapitel 6 ausgeführt, ist bei der Beteiligung Dritter zwischen Privaten und Gemeinden (als Bespiel für die öffentliche Hand) zu unterscheiden. Die bloße Möglichkeit, Gesellschaftsanteile an der zu beauftragenden Gesellschaft zu erwerben, reicht für den Ausschluss einer In-House Vergabe bei Gemeinden und so weiter nicht aus. Tatsächliche Umstände müssen eine Kontrolle wie über eine eigene Dienststelle ausschließen. Übertragen auf das Kriterium der Wesentlichkeit bedeutet dies, dass allein die Möglichkeit im Gesellschaftsvertrag oder in der Satzung nicht mehr wesentlich für die öffentliche

---

706 GA Kokott, Schlussantrag vom 01.03.2005, Rs. C-458/03 (Parking Brixen GmbH), Slg. 2005, I-8585 ff., Rn. 79, NZBau 2005, Heft 4, VII, XVI; GA Stix-Hackl, Schlussantrag vom 23.09.2004, Rs. C-26/03 (Stadt Halle), Slg. 2005, I-1 ff., Rn. 83, NZBau 2004, Heft 11, VII, XIII.

707 GA Stix-Hackl, Schlussantrag vom 12.01.2006, Rs. C-340/04 (Carbotermo), Slg. 2006, I-4137 ff., Rn. 79, 100, NZBau 2006, Heft 2, X, XV; GA Stix-Hackl, Schlussantrag vom 23.09.2004, Rs. C-26/03 (Stadt Halle), Slg. 2005, I-1 ff., Rn. 83; NZBau 2005, Heft 11, VII, XIII.

708 Nach Dreher kommt es sogar zu einem Ausschluss, selbst wenn die tatsächliche Tätigkeit am freien Markt nur von gänzlich untergeordneter Bedeutung ist (NZBau 2001, 360, 364). Meines Erachtens zu weitgehend, denn entscheidend ist die tatsächliche Beeinträchtigung des Marktes, welche trotz umfangreichen Rechtsrahmens nicht zwingend gegeben ist.

Hand tätig zu sein, nicht ausreicht, um die Wesentlichkeit abzulehnen. Dasselbe gilt, wenn durch den Eintritt eines Dritten nicht mehr gewährleistet sein soll, dass die zu beauftragende Gesellschaft nicht mehr wesentlich für den öffentlichen Auftraggeber oder seine sonstigen Anteilsträger tätig wird. Die In-House Vergabe ist erst dann zu verneinen, wenn die Ausübung der Option als sicher vorhersehbar bewertet werden kann. Grund dafür ist die ex ante Betrachtung, die auf dem Grundsatz der Rechtssicherheit basiert.[709]

10. Aktionsradius über den örtlichen Bereich hinaus

Allein die überörtliche Betätigung schließt eine wesentliche Tätigkeit für den eigenen öffentlichen Auftraggeber nicht aus.[710] Sie kann im Interesse und für den öffentlichen Auftraggeber erfolgen oder von untergeordneter Bedeutung sein. Ein territorialer Bezug ist vor dem Hintergrund des Ziels - freier Wettbewerb, der europaweit gelten soll - zu verwerfen, auch wenn die kommunalrechtliche Zulässigkeit überörtlicher Betätigung für Gemeinden bedeutend ist.[711] Ob Leistungsempfänger einen Wohnsitz haben müssen oder Ähnliches ist damit entgegen der Ansicht Generalanwältin Stix-Hackl nicht zu erörtern.[712]

---

709 EuGH, Urteil vom 11.05.2006, Rs. C-340/04 (Carbotermo), Slg. 2006, I-4137 ff., Rn. 67, NZBau 2006, 452, 456; GA Kokott, Schlussantrag vom 01.03.2005, Rs. C-458/03 (Parking Brixen GmbH), Slg. 2005, I-8585 ff., Rn. 56, NZBau 2005, Heft 4, VII, XIII.

710 GA Kokott, Schlussantrag vom 01.03.2005, Rs. C-458/03 (Parking Brixen GmbH), Slg. 2005, I-8585 ff., Rn. 84, 85, NZBau 2005, Heft 4, VII, XVI.

711 Zur der Frage überörtlicher Wirtschaftstätigkeit sehr gute Darstellung mit m.w.N.: Heilshorn, VerwArch. 96 (2005), 88-99. Agieren Beteiligungsgesellschaften der öffentlichen Hand überhaupt rechtmäßig auf dem Markt? Dazu: Hösch, WiVerw 2000, 159-183. Dies wird hier vorausgesetzt. Für den Fall, dass ein Verstoß gegen das kommunale Wirtschaftsrecht vorliegt, kann nicht über das Kartellvergaberecht Rechtsschutz begehrt werden, denn dies ist kein Fall fehlender Zuverlässigkeit - wie andere meinen (OLG Celle, VergabeR 2001, 207, 208 mit Anmerkung Stickler; Zeiss, NZBau 2003, 475, 479), noch ein Verstoß gegen das Prinzip der wettbewerblichen Vergabe (so zu Recht: Burgi, NZBau 2003, 539, 543). In einer Analogie zum BGH – ein Verstoß gegen Art. 87 BayGO führt nicht zu einem Anspruch aus § 1 UWG (BGHZ, 150, 343, 346 (Elektroarbeiten) - wird kein Ausschluss nach § 25 Nr. 1 Abs. 2 lit. b i.V.m. § 7 Nr. 5 lit. c VOL/A anstehen, da die Vorschriften des Kommunalrechts zumeist keine wettbewerbsschützenden Vorschriften im Sinne des § 1 UWG sind (Zeiss, NZBau 2003, 475, 478).

712 GA Stix-Hackl, Schlussantrag vom 12.01.2006, Rs. C-340/04 (Carbotermo), Slg. 2006, I-4137 ff., Rn. 111, NZBau 2006, Heft 2, X, XVIII.

11. Dauer und Zeitpunkt der Beurteilung der Wesentlichkeit

Die Wesentlichkeit muss ebenso wie die Kontrolle nicht dauerhaft[713] sein, sondern nur für die Laufzeit des Vertrages vorliegen.[714] Dadurch werden Umgehungsgeschäfte verhindert. Nach Beendigung des Vertrages besteht kein Bedürfnis, die Gesellschaft in ihrer Handlungsfreiheit auf dem Markt zu beschränken.

Hinsichtlich des Zeitpunkts für das Vorliegen der Wesentlichkeit kann auf die Ausführungen in Kapitel 6 I 5) verwiesen werden. Entscheidend ist eine wertende Betrachtung zum Zeitpunkt des Vertragsabschlusses unter Berücksichtigung etwaiger geplanter Änderungen.

III. Interpretationsansätze für die Wesentlichkeit

Welches nun im Einzelnen die als Maßstab anzuwendenden qualitativen und quantitativen Merkmale sind, hängt von der Auslegung des Merkmals insgesamt ab. Knüpft man an die Auslegungshilfen des Vergaberechts, des Beihilferechts oder des Kartellrechts an?

1. § 10 VgV beziehungsweise Art. 13 Abs. 1 SKR

Wie bereits erwähnt wird teilweise § 10 VgV beziehungsweise Art. 13 SKR als Auslegungshilfe für die Bestimmung der Wesentlichkeit herangezogen.[715] Bei mindestens 80 % des Gesamtumsatzes in den letzten drei Jahren der Tätigkeit für den öffentlichen Auftraggeber sei das Merkmal Tätigkeit im Wesentlichen für den öffentlichen Auftraggeber erfüllt.[716] In § 10 VgV komme das Kon-

---

713 GA L.A. Geelhoed, Schlussantrag vom 12.01.2006, Rs. C-410/04 (ANAV), Slg. 2006, I-3303 ff., Rn. 19, NZBau 2006, Heft 2, VIII, X.

714 EuGH, Urteil vom 06.04.2006, Rs. C-410/04 (ANAV), Slg. 2006, I-3303 ff., Rn. 30, NZBau 2006, 326, 327; EuGH, Urteil vom 10.11.2005, Rs. C-29/04 (Mödling), Slg. 2005, I-9705 ff., Rn. 38-42, VergabeR 2006, 47 ff mit Anmerkungen Opitz.

715 Ohne Argument: vgl. Endler, NZBau 2002, 125, 132; Faber, DVBl. 2001, 248, 255; Gnittke/Siederer, ZVgR 2000, 236, 238.

716 Gnittke/Siederer, ZVgR 2000, 236, 238; Faber, DVBl. 2001, 248, 255; Jasper/Pooth, VergabeR 2003, 613, 621; Kleine/Flöther/Bräuer, NVwZ 2002, 1046, 1053; Marx, NZBau 2002, 311, 315; Ortlieb, WuW 2003, 146, 151; Schranner in Ingenstau/Korbion, VOB, Kommentar, 15. Auflage, 2004, § 10 VgV, Rn. 3, Weyand, Onlinekommentar, Vergaberecht, 8.1.3.4.2.2 (Stand: 15.03.2005).

zernprivileg zum Ausdruck.[717] Verbundene Unternehmen sollen von der Verpflichtung freigestellt werden, das Vergaberecht beachten zu müssen, da Aufträge innerhalb eines Konzerns als Verträge zwischen unselbstständigen Einheiten betrachtet werden können. Einer Analogie zu § 10 VgV stehe nichts im Wege.[718] Außerhalb des Sektorenbereichs fehle es an einer Regelung zu verbundenen Unternehmen, was der Gesetzgeber übersehen habe. Ein vergleichbarer Sachverhalt liege ebenfalls vor, da Aufträge zwischen verbundenen Unternehmen auch außerhalb des Sektorenbereichs nicht dem Wettbewerb unterliegen.[719] Es sei naheliegend, einen unbestimmten Rechtsbegriff des Vergaberechts mit bereits bestehenden Konkretisierungen zu ähnlichen Bereichen im Vergaberecht auszugestalten.[720] § 10 VgV sei ein allgemeiner Grundsatz.[721] Im Übrigen sei dies auch ein interessengerechtes und in der Praxis einfach handhabbares Kriterium, das zu mehr Rechtssicherheit führe.[722]

Dieser Argumentation kann nicht gefolgt werden. Für eine Analogie mangelt es hier an einer planwidrigen, unbewussten Gesetzeslücke.[723] Trotz Kenntnis des Streits wurde die Regelung nicht in die neue Richtlinie übernommen. Dies kann als sicheres Indiz für eine bewusst unterlassene Regelung herangezogen werden. Zwar wurde es insgesamt abgelehnt, das In-House Geschäft zu kodifizieren, aber aus der Diskussion ist ersichtlich, dass bei der Wesentlichkeit nicht auf Art. 13 SKR beziehungsweise § 10 VgV zurückgegriffen werden

717 Stickler in Reidt/Stickler/Glahs, Vergaberecht, Kommentar, 2. Auflage, 2003, § 10 VgV, Rn. 1.

718 Weyand, Onlinekommentar, 8.1.3.4.2.2 (Stand: 15.03.2005); Jasper/Pooth, VergabeR 2003, 613, 621; Marx, NZBau 2002, 311, 315.

719 Jasper/Pooth, VergabeR 2003, 613, 621.

720 Endler, NZBau 2002, 125, 132; Jasper/Pooth, VergabeR 2003, 613, 621.

721 Schranner in Ingenstau/Korbion, VOB, Kommentar, 15. Auflage, 2004, § 10 VgV, Rn. 3.

722 Jasper/Pooth, VergabeR 2003, 613, 621; Schimanek, NZBau 2005, 304, 309; Schranner in Ingenstau/Korbion, VOB, Kommentar, 15. Auflage, 2004, § 10 VgV, Rn. 3; Ziekow/Siegel, VergabeR 2005, 145, 148.

723 Wittek, Das In-House Geschäft im EG-Vergaberecht, 2004, S. 137.

sollte.[724] Diesem Standpunkt hat sich der EuGH mittlerweile ebenfalls zu eigen gemacht.[725]

Ferner spricht der Charakter der Vorschrift gegen eine Analogie. § 10 VgV ist - nach dem Willen des Gesetzgebers - eine Sondervorschrift für Sektorenauftraggeber.[726] Sie sollen in ihrer Wettbewerbsfähigkeit gestärkt werden. Durch die Wesentlichkeit hingegen sollen konkurrierende Leistungsanbieter geschützt werden.

Zwar ist der Schwellenwert von 80 % interessengerecht, jedoch gilt dies ebenso für jede andere Prozentzahl. Sie wäre ebenso objektiv oder sachgerecht. Eine fixe Zahl verhindert die Berücksichtigung qualitativer Merkmale und dies, obwohl das unbestimmte Tatbestandsmerkmal der Wesentlichkeit beziehungsweise des wichtigsten Teils eine Wertung unbedingt erfordert. Hätte der EuGH die Festlegung einer konkreten Schwelle unter dem Gedanken der Rechtssicherheit und Praktikabilität für sinnvoll erachtet, hätte er schlicht auf § 10 VgV verweisen können.[727] Er wählte hingegen ein unbestimmtes Merkmal, das für Einzelfallentscheidungen eine sachgerechte Lösung zulässt. Zu bedenken ist ferner, dass unter Umständen im Einzelfall selbst bei einer Tätigkeit von über 80 % für den öffentlichen Auftraggeber eine Wettbewerbsverzerrung möglich ist. Selbst der Gesetzgeber hat von der Aufnahme einer entsprechenden Regelung trotz Kenntnis des Streits und der Argumente abgesehen.[728]

Zuletzt spricht gegen eine Analogie zu § 10 VgV, dass diese Vorschrift neben materiellen Regelungen in Abs. 2 eine verfahrensrechtliche Bestimmung ent-

---

[724] Diskussion im EU-Parlament zum Legislativpaket (COD 2000/0115), Regelung der In-House Vergabe; http://www.europarl.eu.int/oeil/file.jsp?id=174002 bzw. deutsche Seite: http://eu ropa.eu.int/prelex/detail_dossier_real.cfm?CL=de&DosId=157679 (Stand: 13.08.2005).

[725] EuGH, Urteil vom 11.05.2006, Rs. C-340/04 (Carbotermo), Slg. 2006, I-4137 ff., Rn. 54-56, NZBau 2006, 452, 455.

[726] GA Stix-Hackl, Schlussantrag vom 23.09.2004, Rs. C-26/03 (Stadt Halle), Slg. 2005, I-1 ff., Rn. 94, NZBau 2004, Heft 11, VII, XIV; Opitz, Marktmacht und Bieterwettbewerb, 2003, S. 216; Bergmann, Die Vergabe öffentlicher Aufträge und das In-house-Geschäft, 2004, S. 255.

[727] So auch: Ziekow/Siegel, VergabeR 2005, 145, 148.

[728] EuGH, Urteil vom 11.05.2006, Rs. C-340/04 (Carbotermo), Slg. 2006, I-4137 ff., Rn. 56, NZBau 2006, 452, 455.

hält. Die Auftraggeber sind möglicherweise zur Auskunft gegenüber der Europäischen Kommission verpflichtet. Jene verfahrensrechtliche Verpflichtung hat der EuGH in der Teckal-Entscheidung jedoch außer Acht gelassen; er entschied sich für eine materielle Gestaltung.[729]

Die hier erarbeitete Lösung liegt in einer Linie mit der Meinung der Generalanwältin Stix-Hackl[730] und der Rechtsprechung des EuGH[731].

2. Überwiegende Finanzierung im Sinne des § 98 Nr. 2 GWB

Man könnte weiterhin erwägen, im Rahmen der Bestimmung der Wesentlichkeit auf die überwiegende Finanzierung aus § 98 Nr. 2 GWB zurückzugreifen. Dies ist aber abzulehnen, da es sich bei dieser Norm um eine Regelung handelt, die den persönlichen Anwendungsbereich des Vergaberechts bestimmt. Die überwiegende Finanzierung ist im Dienst des Ziels, einen möglichst großen Binnenmarkt zu schaffen, weit auszulegen. Umgekehrt ist die Wesentlichkeit eine Einschränkung des Anwendungsbereichs des Vergaberechts und daher eng zu interpretieren. Aus diesem Grund können Auslegungshilfen zur überwiegenden Finanzierung nicht auf das Wesentlichkeitskriterium übertragen werden.[732] Des Weiteren hat der EuGH gerade den Begriff der Wesentlichkeit gewählt und nicht den längst eingeführten Begriff „überwiegend" übernommen.

3. Beihilfegrundsätze

Bereits bei der Frage, ob bei der Bestimmung der Wesentlichkeit an den Umsatz oder die Leistung/Tätigkeit angeknüpft werden soll, fand die Beihilfe Erwähnung. Erinnert sei an das 80 % / 20 % Beispiel zum Umfang.[733] Eine subventionierte Leistung entspricht in der Regel nicht der wirklich erzeugten Leistung oder dem bereinigten Umsatz, da durch die Bezuschussung eine Ver-

---

[729] GA Stix-Hackl, Schlussantrag vom 23.09.2004, Rs. C-26/03 (Stadt Halle), Slg. 2005, I-1 ff., Rn. 95, NZBau 2004, Heft 11, VII, XIV.

[730] GA Stix-Hackl, Schlussantrag vom 12.01.2006, Rs. C-340/04 (Carbotermo), Slg. 2006, I-4137 ff., Rn. 89-94, NZBau 2006, Heft 2, X, XVI.

[731] EuGH, Urteil vom 11.05.2006, Rs. C-340/04 (Carbotermo), Slg. 2006, I-4137 ff., Rn. 54-56, NZBau 2006, 452, 455.

[732] Vgl. Kapitel 6 III.

[733] Siehe Kapitel 7 II 7.

schiebung zwischen Leistung und Umsatz erfolgen kann. Leistung und Umsatz sind dann als nicht gleichlaufende Parameter zu sehen. Ist die Leistung überbezahlt zum Beispiel durch eine Beihilfe, so kann bei einer Gesamtbetrachtung nicht von der Tätigkeit im Wesentlichen gesprochen werden. Eine Wettbewerbsverzerrung kann vorliegen. Die Gedanken der Beihilfe können folglich unter Umständen als qualitatives Merkmal für die Beurteilung der Wesentlichkeit herangezogen werden. Die Wesentlichkeit muss verneint werden, sobald eine verbotene Beihilfe vorliegt.

a) Sinn und Zweck der Beihilfegrundsätze - Vergleich mit der Wesentlichkeit

Ziel des europäisch geprägten Beihilferechts ist es, verbotene Beihilfen zu unterbinden, sodass Wettbewerbsverzerrungen vermieden werden und es zu einer Vollendung eines freien Binnenmarktes kommt.[734] Speziell bei den Gesellschaften der öffentlichen Hand sollen Quersubventionierungen ausgeschlossen werden.[735] Ein Vergleich des vergaberechtlichen In-House Geschäfts mit dem Beihilferecht verdeutlicht, dass Wettbewerbsverzerrungen auch hier vermieden werden sollen. Obwohl es im Vergaberecht um das Einkaufsverhalten und im Beihilferecht um das Ausgabeverhalten des Staates geht, ist ihnen der Schutz des freien Wettbewerbs gemein.[736] Eine vergabefreie Beschaffungsbeauftragung ist daher nur statthaft, wenn keine verbotene Beihilfe vorliegt.[737]

---

734 Schröter in von der Groeben/Schwarze, EU-/EG-Vertrag, Kommentar, 6. Auflage, 2003, Vorbem. zu den Art. 81 bis 89 EG, Rn. 8; Rawlinson in Lenz/Borchardt, EU- und EG-Vertrag, Kommentar, 3. Auflage, 2003, Vorbem. Art. 87-89 EG, Rn. 2.

735 Bultmann, Beihilferecht und Vergaberecht, 2004, S. 16. Quersubventionen sind Beihilfen (EuGH, Urteil vom 11.07.1996, Rs. C-39/94 (SFEI/La Poste), Slg. 1996, I-3547, 3595, Rn. 57; Rawlinson in Lenz/Borchardt, EU- und EG-Vertrag, Kommentar, 3. Auflage, 2003, Art. 87 EGV, Rn. 6; Scharpf, EuZW 2005, 295, 298; Zeiss, DVBl. 2003, 435, 438).

736 Bartosch, WuW 2001, 673, 674; Reuter, ZIP 2002, 737, 745.

737 In einem anderen Zusammenhang - Beihilfe und Beleihung -, der aber auf die hier besprochene Konstellation übertragen werden kann, sei die Ausschreibung ein Mittel, das rechtswidrige Beihilfen legalisiere (Zeis, DVBl. 2003, 435, 438). Dasselbe gilt für die Legalisierung einer Beihilfe (Koenig/Kühling, DVBl. 2003, 289, 293). Die Ausschreibung ist einer Kostenanalyse auch vorrangig (Bremer/Wünschmann, WiVerw 2004, 51, 63; Koenig/Kühling in Streinz, EUV/EGV, Kommentar, 2003, Art. 87 EGV Rn. 36). Sie ist der *„Königsweg"*, andernfalls bestehen Verzögerungs- und Rückzahlungsrisiken sowie Unsicherheiten über die Angemessenheit des Preises, wenn kein funktionsfähiger Markt besteht (Koenig/Kühling, DVBl. 2003, 289, 289, 293).

b) Inhaltliche Anforderung für eine verbotene Beihilfe

Laut Art. 87 Abs. 1 EGV sind Beihilfen „alle staatlichen oder aus staatlichen Mitteln gewährte Zuschüsse gleich welcher Art, die durch die Begünstigung bestimmter Unternehmen oder Produktionszweige den Wettbewerb verfälschen oder zu verfälschen drohen“. Sie sind mit dem gemeinsamen Markt unvereinbar, soweit sie den Handel zwischen Mitgliedstaaten beeinträchtigen. Der Begriff der Beihilfe ist weit auszulegen.[738] Im Folgenden werden die einzelnen Tatbestandsmerkmale des Art. 87 EGV in Bezug auf die In-House Vergabe geprüft. Nach Art. 87 Abs. 1 EGV müssen vier Voraussetzungen[739] für die Annahme einer verbotenen Beihilfe gegeben sein. Zudem darf keine Rechtfertigung bestehen:

(1) Vorliegen einer staatlichen Maßnahme oder von Maßnahmen unter Inanspruchnahme staatlicher Hilfe

Das ist immer dann der Fall, wenn eine Maßnahme in irgendeiner Weise dem Staat zugerechnet werden kann.[740] Die Leistung muss nicht in Form einer Zahlung erfolgen, die Lieferung von Gegenständen oder Erbringung von Dienstleistungen zu Vorzugspreisen reicht aus.[741]

---

[738] Dies wird aus dem Zusatz *„gleich welcher Art“* geschlossen (Deckert/Schroeder, EuR 1998, 291, 293; Mederer/van Ysendyck in von der Groeben/Schwarze, EU-/EG-Vertrag, Kommentar, 6. Auflage, 2003, Art. 87 Abs. 1 EG, Rn. 2; Rawlinson in Lenz/Borchardt, EU- und EG-Vertrag, Kommentar, 3. Auflage, 2003, Art. 87 EGV, Rn. 1; v. Wallenberg in Grabitz/Hilf, Das Recht der Europäischen Union, Kommentar, Archivband I, EL 10, Stand 1996, Art. 92 EGV (a.F.), Rn. 5 bzw. v. Wallenberg in Grabitz/Hilf, Das Recht der Europäischen Union, Kommentar, Band II, EL 24, Stand 2004, Art. 87 EGV, Rn. 11; Kahl, NVwZ 1996, 1082, 1084).

[739] EuGH, Urteil vom 24.07.2003, Rs. C-280/00 (Altmark Trans), Slg. 2003, I-7747 ff., Rn. 75, WuW/E Verg 801, 808; Meyer, WuW 2004, 1012, 1018. Das Urteil zeigt, dass nicht jede Kapitalzufuhr an kommunale Unternehmen eine verbotene Beihilfe ist. Die Umgehungsgefahr sollte ausgeschlossen werden (Gas/Rücker, DÖV 2004, 56, 61). Eine negative Abgrenzung wird vorgenommen (Schink, DVBl. 2005, 861, 869). Gegenstand des Urteils waren Ausgleichzahlungen für gemeindewirtschaftliche Verpflichtungen.

[740] Koenig/Kühling, NJW 2000, 1065, 1068; Mederer/Triantafyllou in von der Groeben/Schwarze, EU-/EG-Vertrag, Kommentar, 6. Auflage, 2003, Art. 87 Abs. 1 EG, Rn. 23.

[741] EuGH, Urteil vom 11.07.1996, Rs. C-39/94 (SFEI/La Poste), Slg. 1996, I-3547ff., Rn. 59.

(2) Beeinträchtigung des zwischenstaatlichen Handels

Es genügt die Möglichkeit oder Wahrscheinlichkeit einer negativen Auswirkung auf den zwischenstaatlichen Handel.[742] Die Größe des Tätigkeitsgebiets ist unbedeutend.[743]

Wird mittels einer Beihilfe erreicht, dass die Voraussetzung der Wesentlichkeit und damit der In-House Vergabe bejaht werden müssen, so kommt es zu einer Beeinträchtigung, da andernfalls eine europaweite Ausschreibung den Wettbewerb in der EU gefördert hätte. Im Ergebnis liegt in diesen Fällen eine Bevorzugung der örtlichen Unternehmen vor.[744] Die Auswirkung ist europaweit, da eine europaweite Konkurrenzsituation besteht.[745]

Beachtlich ist die Bagatellgrenze der Kommission[746], die eingeführt wurde, da geringe Beihilfen oftmals keine Auswirkung auf den innergemeinschaftlichen Handel haben.[747] Dies betraf besonders die Gewährung von Beihilfen im kommunalen Raum. Beihilfen von einer Gesamtsumme von 100.000 € pro Unternehmen in drei Jahren sind nicht anmeldepflichtig, stellen aber keine Befreiung von dem Beihilfeverbot dar.[748] Insoweit kommt auch hier die Spürbar-

[742] Eine Beihilfe hat die Indizwirkung, dass eine Beeinträchtigung erfolgt (Schardt, Öffentliche Auftrage und das Beihilferegime des Gemeinschaftsrechts, 2003, S. 179). Dies wird bereits beim EuGH angedeutet (EuGH, Urteil vom 17.09.1980, Rs. 730/79 (Philip Morris), Slg. 1980, 2671, 2686, Rn. 12).

[743] EuGH, Urteil vom 24.07.2003, Rs. C-280/00 (Altmark Trans), Slg. 2003, I-7747 ff., Rn. 82, WuW Verg 801, 809.

[744] Die Verhinderung einer echten Chance für Unternehmen aus dem europäischen Ausland kann eine negative Auswirkung für den zwischenstaatlichen Handel haben. Andere Mitgliedstaaten haben ihre Märkte geöffnet, sodass es zu einer faktischen Gefährdung des Wettbewerbs kommt (EuGH, Urteil vom 24.07.2003, Rs. C-280/00 (Altmark Trans), Slg. 2003, I-7747 ff., Rn. 77, 78, WuW/E Verg 801, 809; Meyer, WuW 2004, 1012, 1018). Im Bereich der Daseinsvorsorge wurde durch das Altmark-Trans-Urteil des EuGH Wettbewerb durch die „Hintertür" geschaffen (Schink, DVBl. 2005, 861, 868).

[745] Middelschulte, Öffentliche Aufträge als Gegenstand des EG-Beihilferechts, 2004, S. 94; Scharpf, EuZW 2005, 295, 298.

[746] Verordnung (EG) Nr. 69/2001 über die Anwendung der Artikel 87 und 88 EG-Vertrag auf „De-minimus"-Beihilfen, ABl. 2001, L 10/30.

[747] Rawlinson in Lenz/Borchardt, EU- und EG-Vertrag, Kommentar, 3. Auflage, 2003, Art. 87 EGV, Rn. 14.

[748] Middelschulte, Öffentliche Aufträge als Gegenstand des EG-Beihilferechts, 2004, S. 98 m.w.N.

keit ins Spiel.[749] Gilt die Bagatell-Bekanntmachung nicht, so gibt es keine sonstige Grenze aus dem Verhältnismäßigkeitsgrundsatz.[750]

(3) Begünstigung oder Vorteilsgewährung

Fraglich ist weiter, ob alle Zahlungen durch den Staat Beihilfen sind.[751] Eine Ausgleichszahlung, das heißt, die Gewährung von Mehrkosten für die Erfüllung von Aufgaben von allgemein wirtschaftlichem Interesse, ist keine Beihilfe nach Art. 86 Abs. 2 EGV. Es wird zwar ein wirtschaftlicher Vorteil gewährt, aber die erbrachte Gegenleistung ist marktmäßig (das heißt gleichwertig[752]) lediglich kostendeckend vergütet.[753] Letztlich fehlt es an einem finanziellen Vorteil.[754] Das Unternehmen wird nicht besser gestellt.

Die Gleichwertigkeit einer Gegenleistung kann mithilfe eines Market Economy Tests auch bezeichnet als Market Investor Tests oder Private Investor Tests (PIT) überprüft werden.[755] Der Test besagt, ob letztendlich eine verbotene

---

749 Statt aller Kritiker in der Literatur: Schardt, Öffentliche Auftrage und das Beihilferegime des Gemeinschaftsrechts, 2003, S. 188-190.

750 EuGH, Urteil vom 24.07.2003, Rs. C-280/00 (Altmark Trans), Slg. 2003, I-7747 ff., Rn. 81, WuW/E Verg 801, 809.

751 Rawlinson in Lenz/Borchardt, EU- und EG-Vertrag, Kommentar, 3. Auflage, 2003, Vorbem. Art. 87-89 EGV, Rn. 11; Art. 87 EGV, Rn. 5.

752 Zeis, DVBl. 2003, 435, 437; Lehr, DÖV 2005, 542, 545.

753 EuGH, Urteil vom 22.11.2001, Rs. C-53/00 (Ferring), Slg. 2001, I-9067 ff. Rn. 26, 27, 32, NVwZ 2002, 193, 194; EuGH, Urteil vom 24.07.2003, Rs. C-280/00 (Altmark Trans), Slg. 2003, I-7747 ff., Rn. 87, WuW/E Verg 801, 810; Eisenmenger, Neuregelung des öffentlichen Unternehmensrechts?, 2004, S. 74; Franzius, NJW 2003, 3029, 3039; Wachinger, WiVerw 2004, 27, 30. Durch die Altmark Trans-Entscheidung wurde hauptsächlich eine erhöhte Transparenz geschaffen (Schink, DVBl. 2005, 861, 869) und der Schwerpunkt der Kostenanalyse wird auf den objektiven Maßstab verlagert; zuvor stellte man im Ferring-Urteil noch auf die tatsächlich anfallenden Kosten ab (Baumeister, NZBau 2003, 550, 550; Elste/Wiedemann, WiVerw 2004, 9, 17). Damit konnte die Finanzierung von Ineffizienzen ausgenommen werden (Berschin, WiVerw 2004, 1, 7). Letztendlich muss wie bei der vorrangigen Ausschreibung eine ergebnisoffene Prüfung von Konkurrenzangeboten erfolgen (Bremer/Wünschmann, WiVerw 2004, 51, 63).

754 EuGH, Urteil vom 24.07.2003, Rs. C-280/00 (Altmark Trans), Slg. 2003, I-7747 ff., Rn. 87, WuW/E Verg 801, 810. Der EuGH knüpft an die tatbestandliche Lösung, hier an den Begriff des Vorteils an (vgl. Baumeister, NZBau 2003, 550, 550; Franzius, NJW 2003, 3029, 3030; Lehr, DÖV 2005, 542, 545; kritisch dazu Gas/Rücker, DÖV 2004, 56, 62: da auch eine Auslastung von Produktions- und Lagerkapazitäten zwar keinen Vorteil gewährt, aber der Substanzerhaltung dient, Verluste vermeidet und damit eine beihilferechtlich relevante Entlastung darstellen kann).

755 Zur Ermittlung eines angemessenen Verhältnisses von Leistung und Gegenleistung kann auch eine Ausschreibung dienen (EuGH, Urteil vom 24.07.2003, Rs. C-280/00 (Altmark

Beihilfe vorliegt oder nicht.[756] Dieser Test ist bei Eigengesellschaften oder gemischt-öffentlichen Gesellschaften des Staates besonders bedeutsam.[757] Damit kann ermittelt werden, ob ein marktwirtschaftlich orientierter Kapitalgeber die Investition unter ausschließlicher Beachtung von Rentabilitätsgesichtspunkten beziehungsweise unter normalen Marktbedingungen[758] ebenfalls getätigt hätte.[759] Das Fehlen einer angemessenen Gegenleistung, eines wettbewerbsanalogen Preises, indiziert eine Fehlende Gleichwertigkeit der Gegenleistung.[760]

(4) Wettbewerbsverfälschung

Eine Wettbewerbsverfälschung ist zu bejahen, wenn die Beihilfe tatsächlich oder potenziell geeignet ist, in ein bestehendes oder möglicherweise zur Entstehung kommendes Wettbewerbsverhältnis einzugreifen.[761] Eine Veränderung der Konkurrenzsituation reicht aus.[762] Eine Verfälschung ist naheliegend, wenn der Beliehene ein zweites Standbein hat, weil er dann über ein nicht dem Wettbewerbsdruck unterworfenes Stammgeschäft verfügt; Quersubventionierungen sind möglich - *"dieser Effekt weist strukturelle Parallelen zu einem Monopol auf"*.[763] Die Veränderung des Wettbewerbs kann mit einer Marktanalyse ermittelt werden. Für das Vorliegen einer Wettbewerbsverfälschung ist in der Regel der Nachweis eines relevanten Markts, der grundsätzlich vom Wettbewerb regiert wird, ausreichend.[764]

Trans), Slg. 2003, I-7747 ff., Rn. 93, 95, WuW/E Verg 801, 811; Fischer, VergabeR 2004, 1, 10; Schimanek, NZBau 2005, 304, 308; Zeiss, ZfBR 2002, 456, 459).

756 Middelschulte, Öffentliche Aufträge als Gegenstand des EG-Beihilferechts, 2004, S. 20; Die unterschiedlichen Begriffe haben denselben Inhalt (Zeis, DVBl. 2003, 435, 438).

757 Bultmann, Beihilferecht und Vergaberecht, 2004, S. 30.

758 Mestmäcker/Schweitzer, Europäisches Wettbewerbsrecht, 2. Auflage, 2004, § 43, Rn. 8.

759 Fischer, VergabeR 2004, 1, 10; Scharpf, EuZW 2005, 295, 298. Zeitpunkt für diese Beurteilung ist die Investitionsentscheidung (Koenig/Kühling in Streinz, EUV/EGV, Kommentar, 2003, Art. 87 EGV, Rn. 32). Bedeutend ist die Finanzlage des Unternehmens (Deckert/Schroeder, EuR 1998, 291, 297).

760 EuGH, Urteil vom 28.01.1999; Rs. T-14/96 (BAI), Slg. 1999, II-139 ff., Rn. 71, 74, EuZW 1999, 665, 670 mit Anmerkungen Lübbig; Koenig/Kühling, NJW 2000, 1065, 1066: Middelschulte, Öffentliche Aufträge als Gegenstand des EG-Beihilferechts, 2004, S. 19. Zur Entwicklung des Begünstigungsbegriffs: Lehr, DÖV 2005, 542, 545.

761 EuGH, Urteil vom 17.09.1980, Rs. 730/79 (Philip Morris), Slg. 1980, 2671, 2688.

762 Middelschulte, Öffentliche Aufträge als Gegenstand des EG-Beihilferechts, 2004, S. 89.

763 EU Kommission, ABl. EG 1999, Nr. 306, S. 25 Tz. 61.

764 Koenig/Kühling, NJW 2000, 1065, 1069; Lehr, DÖV 2005, 542, 546.

(5) Keine Rechtfertigung nach Art. 87 Abs. 2 und 3 sowie Art. 86 Abs. 2 EGV

Eine verbotene Beihilfe liegt nicht vor, wenn die Ausnahmebestimmungen des Art. 87 Abs. 2 oder Abs. 3[765] beziehungsweise Art. 86 Abs. 2[766] und/oder Abs. 3 EGV greifen. Eine grundsätzliche Bevorzugung von Unternehmen der öffentlichen Hand ist jedoch nicht gerechtfertigt. Beachtlich ist in diesem Zusammenhang auch, dass die Ausschreibung als formalisiertes Abwägungsverfahren im Sinne des Art. 86 Abs. 2 EGV betrachtet werden kann.[767] Durch eine Ausschreibung können Überkompensationen vermieden, Rechtssicherheit erlangt und wesentliche Vergabefehler verhindert werden.

c) Grundsätzliche Anwendbarkeit auf Eigen- und gemischt-öffentliche Gesellschaften

Eigen- und gemischt-öffentliche Gesellschaften können ebenfalls Empfänger staatlicher Beihilfen sein.[768] Insoweit gelten die Beihilfegrundsätze umfänglich trotz Art. 295 EGV für diesen Bereich.[769] Grund dafür ist, dass diese Gesellschaften oft in einem besonderen Näheverhältnis zu der öffentlichen Hand stehen, das Gleichheitsverstöße indizieren kann.[770] Um Zahlungen innerhalb der öffentlichen Hand aufdecken zu können, wurde die Transparenzrichtlinie erlassen, die eine Verpflichtung zur Offenlegung von gewährten Finanzmitteln für öffentliche Unternehmen fordert. Bei erwerbswirtschaftlicher Tätigkeit der Unternehmen ist die Anwendbarkeit des Beihilferechts unproblematisch.[771] Das gilt auch für Unternehmen, die Aufgaben der Daseinsvorsorge wahrneh-

---

765 Mederer in von der Groeben/Schwarze, EU-/EG-Vertrag, Kommentar, 6. Auflage, 2003, Art. 87 Abs. 2 EG, Rn. 123.

766 Die Norm ist eine Ausnahmeregelung zu den allgemeinen wettbewerbsrechtlichen Vorschriften. Den Mitgliedstaaten obliegt die Beweislast, berufen sie sich auf die Ausnahme (Papier, DVBl. 2003, 686, 693).

767 Zeis, DVBl. 2003, 435, 440.

768 Bultmann, Beihilferecht und Vergaberecht, 2004, S. 15; Deckert/Schroeder, EuR 1998, 291, 292; Kahl, NVwZ 1996, 1082, 1083; Koenig/Kühling, NJW 2000, 1056, 1068; Schardt, Öffentliche Auftrage und das Beihilferegime des Gemeinschaftsrechts, 2003, S. 132.

769 Rawlinson in Lenz/Borchardt, EU- und EG-Vertrag, Kommentar, 3. Auflage, 2003, Vorbem. Art. 87-89 EGV, Rn. 11; Art. 87 EGV, Rn. 48.

770 Deckert/Schroeder, EuR 1998, 291, 295.

771 Middelschulte, Öffentliche Aufträge als Gegenstand des EG-Beihilferechts, 2004, S. 81.

men.[772] Es sei nocheinmal daran erinnert, dass der Unternehmensbegriff des Wettbewerbs- und Beihilferecht weit auszulegen ist. Die Anwendbarkeit des Beihilferechtrechts auf das Vergaberecht hat der EuGH ausdrücklich bejaht.[773]

d) Ergebnis

Mithilfe des PIT und einer durchschnittlichen Kostenanalyse kann ermittelt werden, ob die gewährte Leistung zur Gegenleistung angemessen ist. Sollte dies nicht der Fall sein, so liegt grundsätzlich eine verbotene Beihilfe vor. Eine verbotene Beihilfe ist europarechtswidrig und unterliegt grundsätzlich der Rückforderung. Bei der Feststellung des Wesentlichkeitsmerkmals darf sie deshalb keine Berücksichtigung finden, weil es sonst zu einer Privilegierung durch Freistellung vom Ausschreibungserfordernis des öffentlichen Auftraggebers käme. Die verbotene Beihilfe würde sonst zu einer Wettbewerbsverzerrung führen und den öffentlichen Auftraggeber für seinen Rechtsverstoß belohnen.

4. Kartellrecht

Für die Auslegung des Wesentlichkeitskriteriums ist es naheliegend kartellrechtliche Vorschriften in Betracht zu ziehen. Ebenso wie das Vergaberecht hat das Kartellrecht zum Ziel, jede Beeinträchtigung oder Beschränkung des Wettbewerbs zu sanktionieren.

Daher können unter Umständen kartellrechtliche Vorschriften als Auslegungshilfe herangezogen werden.

a) Anwendbarkeit im Vergaberecht

Kartellrechtliche Vorschriften können auch im Vergaberecht eine Rolle spielen. Dies setzt voraus, dass ein Bezug zur Beschaffung hergestellt werden kann.[774]

---

[772] Schink, DVBl. 2005, 861, 868.

[773] EuGH, Urteil vom 28.01.1999, T-14/96 (BAI), Slg. 1999, II-139 ff., Rn. 71, EuZW 1999, 665, 670 mit Anmerkungen Lübbig, EuZW 1999, 671, 672; Antweiler, VergabeR 2002, 109, 113; Eilmansberger, WuW 2004, 384, 385; Reuter, ZIP 2002, 737, 746; Pietzcker in Motzke/Pietzcker/Prieß, VOB, Teil A, Kommentar, 2001, Syst II, Rn. 13.

[774] Horn, VergabeR 2003, 581, 586. Dies ergibt sich schon aus Art. 86 EGV (Noch, Vergaberecht kompakt, 2. Auflage, 2002, S. 230). Die Schutzrichtung sei ähnlich (Dreher in Immenga/Mestmäcker, GWB, Kommentar, 3. Auflage, 2001, Vorbem. §§ 97ff GWB, Rn. 2).

So kommt dem Grundsatz des freien und transparenten Wettbewerbs eine zunehmende Bedeutung zu, wenn die öffentliche Hand als Beschaffer wie ein Privater auf dem Markt auftritt oder wenn sie sich selbst am Vergabeverfahren als Bieter beteiligt.[775] Nach § 130 Abs. 1 S. 1 GWB gilt das Kartellrecht aufgrund der Gleichbehandlung auch für Unternehmen der öffentlichen Hand, sofern sie erlaubterweise im Wettbewerb agieren.[776]

b) Wettbewerbsbeschränkung

Die Freiheit des Wettbewerbs soll sichergestellt und eine beeinträchtigende Marktbeherrschung beseitigt werden.[777] Ansatzpunkt des § 1 GWB ist daher immer die Frage, ob Vereinbarungen zwischen miteinander im Wettbewerb stehenden Unternehmen, Beschlüssen von Unternehmensvereinigungen und aufeinander abgestimmte Verhaltensweisen vorliegen, die eine Verhinderung, Einschränkung oder Verfälschung des Wettbewerbs bezwecken oder bewirken. Eingriffe in den Wettbewerb sind dann nach § 1 GWB grundsätzlich verboten. Das bedeutet, dass die Vorschrift einen Wettbewerbsmarkt voraussetzt.[778] Ferner bedarf es einer konkret geeigneten Tatsache, die nach objektiver Prognose eine Einwirkung erwarten lässt.[779] Dabei ist die Spürbarkeit der Wettbewerbsbeschränkung für die Frage der negativen Einwirkung wichtig,

---

775 Vgl. BGHZ 36, 91, 102, 103 (Gummistrümpfe); Brinker in Motzke/Pietzcker/Prieß, VOB, Teil A, Kommentar, 2001, Syst VI, Rn. 5; Noch, Vergaberecht kompakt, 2. Auflage, 2002, S. 231; Storr, Der Staat als Unternehmer, 2001, S. 490. Eine umfassende Darstellung zum Komplex eines Verstoßes gegen § 1 GWB bei Einkaufskooperationen bietet: Sprenger, Einkaufsgemeinschaften der öffentlichen Hand, Grenzen der Zulässigkeit, 2001; Sterner, Rechtsbindungen und Rechtsschutz bei der Vergabe öffentlicher Aufträge, 1996, S. 82.

776 BGHZ 152, 347, 351 (Kommunale Einkaufsgemeinschaften); Emmerich in Immenga/Mestmäcker, GWB, Kommentar, 3. Auflage, 2001, § 130 Abs. 1 GWB, Rn. 6.

777 Hootz in Gemeinschaftskommentar, 5. Auflage, 1. Lfg, 1999, § 1 GWB, Rn. 1.

778 BGHZ 152, 347, 357 (Kommunale Einkaufsgemeinschaften). Wie der Wettbewerb konkret aussieht, kann ebenso analog zum Kartellrecht offen bleiben. Bei einem sich stetig wandelnden Markt kann das nur am Einzelfall entwickelt werden. *„Der Wettbewerb als reales Phänomen entzieht sich einer begrifflichen Festlegung“* (Zimmer in Immenga/Mestmäcker, GWB, Kommentar, 3. Auflage, 2001, § 1 GWB, Rn. 137). Anknüpfungspunkt ist mehr die Handlungsfreiheit, die vor Beschränkungen geschützt werden soll. Dasselbe gilt für die Art der Einschränkung, denn jeder Versuch einer Definition würde zu einer Einschränkung des Begriffs führen (Fritzsche, Die Auslegung des § 1 GWB und die Behandlung von Einkaufsgemeinschaften im Kartellrecht, 1993, S. 73-74).

779 Zhang, Die Wettbewerbsbeschränkung als zentrales Tatbestandsmerkmal des § 1 GWB, 1990, S. 79.

noch bedeutsamer ist sie für die Frage, wann die wettbewerbliche Handlungsfreiheit tatsächlich betroffen ist.[780]

c) Zum Tatbestandsmerkmal der Spürbarkeit

Im Kartellrecht wird seit der Sparentscheidung des BGH[781] das ungeschriebene Tatbestandsmerkmal der Spürbarkeit im Rahmen des § 1 GWB akzeptiert.[782] Erst wenn eine wettbewerbsbeschränkende Vereinbarung geeignet ist, die Marktverhältnisse spürbar zu beeinflussen, kann eine Außenwirkung[783] entstehen, die es rechtfertigt, Zusammenschlüsse zu untersagen. Ob es zu einer Beeinflussung hätte kommen können, ist nicht entscheidend; die Vereinbarung muss nur geeignet sein, den Markt nicht nur unerheblich zu beeinflussen.[784] Im umgekehrten Fall widerspräche ein Verbot dem Sinn und Zweck der Regelung.[785]

Spürbarkeit setzt Außenwirkung voraus. Die Marktverhältnisse müssen fühlbar und praktisch verändert oder beeinflusst werden.[786] Potenzielle Auswirkungen

---

780 Eine Beschreibung der Wettbewerbsbeschränkung kann hier außer Acht bleiben, denn in § 1 GWB geht es in erster Linie darum, Abreden bzw. sonstige wettbewerbsschädliche Aktionsparameter zwischen zueinander im Wettbewerb stehenden Unternehmen zu vermeiden (Fritzsche, Die Auslegung des § 1 GWB und die Behandlung von Einkaufsgemeinschaften im Kartellrecht, 1993, S. 81). Bei der hier aufgeworfenen Frage stellt sich dieses Problem nicht. Das Augenmerk richtet sich vielmehr darauf, ob eine Wettbewerbsbeeinträchtigung schon allein deshalb vorliegt, weil ein öffentliches Unternehmen, das von der öffentlichen Hand beherrscht wird, auf dem freien Wettbewerb Überkapazitäten abbaut. Wann wird der Wettbewerb also spürbar beeinträchtigt?

781 BGHZ 37, 194, 200 (Spar), in Fortsetzung der Rechtsprechung: BGHZ 68, 6, 11 (Fertigbeton).

782 Huber in Frankfurter Kommentar zum Kartellrecht, Band 1, Lfg. 43, 1999, § 1 GWB n.F. Rn. 69; zuvor war das Merkmal im alten § 1 GWB direkt normiert. Die Änderung der Vorschrift wurde nur wegen einer Anpassung an Art. 81 EGV vorgenommen, eine Abweichung von dem ursprünglichen Verständnis war nicht gewollt, sodass Spürbarkeit einfach als ungeschriebenes Merkmal anerkannt ist (vgl.: Wiedemann, Handbuch des Kartellrechts, 1999, § 3, Rn. 4; Zimmer in Immenga/Mestmäcker, GWB, Kommentar, 3. Auflage, 2001, § 1 GWB, Rn. 256).

783 Zur Bedeutung der Außenwirkung einer wettbewerbsbeschränkenden Vereinbarung: Baums, ZIP 1998, 233, 233.

784 BGHZ 152, 347, 350, 355 (Kommunale Einkaufsgemeinschaften).

785 Huber in Frankfurter Kommentar zum Kartellrecht, Band 1, Lfg. 43, 2000, § 1 GWB n.F., Rn. 69; Zimmer in Immenga/Mestmäcker, GWB, Kommentar, 3. Auflage, 2001, § 1 GWB, Rn. 256; Schanze, Die europaorientierte Auslegung des Kartellverbots, 2003, S. 226.

786 OLG Frankfurt, VergabeR 2003, 581, 584; Fritzsche, Die Auslegung des § 1 GWB und die Behandlung von Einkaufsgemeinschaften im Kartellrecht, 1993, S. 87.

sind ausreichend.[787] Eine unmerkliche Auswirkung ist ohne Bedeutung. Bevor eine Veränderung festgestellt werden kann, ist der relevante Markt in sachlicher, räumlicher und personeller Hinsicht (Anbieter und Nachfrager) zu ermitteln.[788] Dabei ist immer auf den Einzelfall abzustellen und alle in Betracht kommenden Umstände sind sorgfältig zu berücksichtigen.[789]

Für eine Außenwirkung ist nach dem BGH die Anzahl der Wettbewerber, deren Marktanteile, unter Umständen die zeitliche Dauer der Wirkung[790] und die Preisabweichung bedeutsam.[791] Die Bagatellbekanntmachung der Kommission[792] enthält Konkretisierungen, die allerdings einheitlich als wenig tauglich für eine Konkretisierung eingestuft werden, da sie nur wenig praxisnah sind.[793] Konkrete instruktive Merkmale sind ausschließlich für Einzelfalllösungen ermittelt worden, konnten aber keine Allgemeingültigkeit entfalten.[794] Sie dienen als Richtschnur.[795] Das gilt insbesondere auch für die immer wieder angeführte Grenze von 5 % der Marktanteile.[796] Selbst ein noch so kleiner Marktanteil kann Bedeutung für den Markt haben, wenn beispielsweise der Markt stark

---

787 Schanze, Die europaorientierte Auslegung des Kartellverbots, 2003, S. 230.

788 BGHZ 68, 6, 11 (Fertigbeton); BGHZ 152, 347, 357 (kommunale Einkaufsgemeinschaften); BGH, WuW/E BGH 1732, 1733 (nicht in amtlicher Sammlung erschienen); Zimmer in Immenga/Mestmäcker, GWB, Kommentar, 3. Auflage, 2001, § 1 GWB, Rn. 262; Schütz in Gemeinschaftskommentar, 5. Auflage, 2. Lfg, 2000, § 36 GWB, Rn. 6-57.

789 BGH, WuW/E BGH 1732, 1734 (nicht in amtlicher Sammlung erschienen); Holtschneider, WuW 1980, 99, 101. Eine Gesamtbetrachtung ist erforderlich (Hootz in Gemeinschaftskommentar, 5. Auflage, 1. Lfg., 1999, § 1 GWB, Rn. 144; Bunte in Langen/Bunte, Kommentar zum deutschen und europäischen Kartellrecht, Band 1, 9. Auflage, 2001, § 1 GWB, Rn. 174).

790 BGH, WuW/E BGH 1709, 1710 (nicht in amtlicher Sammlung erschienen).

791 Zhang, Die Wettbewerbsbeschränkung als zentrales Tatbestandsmerkmal des § 1 GWB, 1990, S. 83, der zwischen quantitativen und qualitativen Kriterien unterscheidet. Als qualitative Merkmale kommt der Umsatz und die Marktanteilsanalyse (Marktteile sind direkt marktbezogen) in Betracht. Der Marktanteil sei das wichtigste Indiz (Zhang, Die Wettbewerbsbeschränkung als zentrales Tatbestandsmerkmal des § 1 GWB, 1990, S. 86). Ein Rückgriff auf quantitative Merkmale sie nur im Falle besonders schwerwiegender Fälle angezeigt (Schanze, Die europaorientierte Auslegung des Kartellverbots, 2003, S. 227).

792 Bagatellbekanntmachung der Eu-Kommission vom 09.12.1997, WuW 1998, 159, 161.

793 Wiedemann in Wiedemann, Handbuch des Kartellrechts, 1999, § 2, Rn. 5.

794 Holtschneider, WuW 1980, 99, 108.

795 Fritzsche, Die Auslegung des § 1 GWB und die Behandlung von Einkaufsgemeinschaften im Kartellrecht, 1993, S. 91; Bunte in Langen/Bunte, Kommentar zum deutschen und europäischen Kartellrecht, Band 1, 9. Auflage, 2001, § 1 GWB, Rn. 184. Neben der Rechtssicherheit bestehen Schwierigkeiten praktischer Art, Angaben über Marktvolumen im regionalen Bereich liegen oftmals nicht vor (Holtschneider, WuW 1980, 99, 108).

zersplittert ist oder die Marktteilnehmer von den Kartellmitgliedern abhängig sind.

d) Übertragung auf das Kriterium der Wesentlichkeit

Es liegt aus mehreren Gründen nahe, das Merkmal der Wesentlichkeit mithilfe des kartellrechtlichen Spürbarkeitkriteriums näher auszugestalten.[797] Die Schutzrichtung von § 1 GWB und diejenige des Kriteriums der Wesentlichkeit sind deckungsgleich. Folglich lassen sich schon unter diesem Gesichtspunkt die Gedanken der spürbaren Beeinträchtigung auf die Wesentlichkeit übertragen.

Bei dem Kriterium der Wesentlichkeit geht es darum, die Einflussmöglichkeiten öffentlicher Unternehmen, die eine vergaberechtliche Privilegierung erfahren, auf den sonstigen Märkten - nicht auf den Vergabemärkten[798] - gering zu halten. Es soll verhindert werden, dass sich zwei in ihrer Marktausrichtung sehr unterschiedliche Unternehmen in einen ungleichen Wettbewerb begeben. Denn nur die Eigen- oder gemischt-öffentlichen Gesellschaften können sich auf einen Teil ihrer Aufträge sicher verlassen und sind dem Insolvenzrisiko nur bedingt ausgesetzt. An sie kann - das erste Kriterium der Kontrolle unterstellt - direkt ohne Ausschreibung vergeben werden. In der Folge können sie unter Umständen härter kalkulieren, da sie über zusätzliche Ressourcen verfügen, das heißt, sie können gegebenenfalls geringere Preise auf dem sonstigen Markt anbieten als ihre Mitbewerber es vermögen. Mit der Einführung des Kriteriums der Wesentlichkeit hat der EuGH versucht, die Möglichkeit einer Tätigkeit der privilegierten öffentlichen Unternehmen auf dritten Märkten so gering wie möglich zu halten.

---

[796] Dies sei in aller Regel ein hilfreicher Richtwert (Hootz in Gemeinschaftskommentar, 5. Auflage, 1. Lfg. 1999, § 1 GWB, Rn. 144).

[797] Einzig bisher Wittek, allerdings sehr kursorisch (Wittek, Das In-House Geschäft im EG-Vergaberecht, 2004, S. 255-256). Die Spürbarkeit kann dabei als ein qualitatives bzw. quantitatives Merkmal dienen. In dieser Richtung: GA Stix-Hackl, ohne einen Hinweis auf § 1 GWB zu geben (GA Stix-Hackl, Schlussantrag vom 23.09.2004, Rs. C-26/03 (Stadt Halle), Slg. 2005, I-1 ff., Rn. 87, NZBau 2004, Heft 11, VII, XIV).

[798] Vergabemärkte sind Märkte, bei denen einerseits öffentliche Auftraggeber stehen und zum anderen die Regeln des Marktes durch das Vergaberecht bestimmt werden (vgl. ausführlich zum Begriff, Umfang und Ausdehnung von Vergabemärkten: Opitz, Marktbeherrschung und Bieterwettbewerb, 2003, S. 171-180).

Die Spürbarkeit ist ebenso ein unbestimmtes ausfüllungsbedürftiges Merkmal wie die Wesentlichkeit, allerdings ist ersteres inhaltlich weiter ausgestaltet. Insoweit kann auf die Interpretation der Spürbarkeit zurückgegriffen werden. Würde man auf eins der wichtigsten Indizien der Spürbarkeit, den Marktanteil, abstellen, so wäre jeder Zuwachs der öffentlichen Gesellschaft in einem neuen Markt ein spürbarer Einfluss. Dies ist auch als gerecht zu werten. Schließlich können im Einzelfall schon geringe Marktanteile zu einer Veränderung des Marktes führen und den Wettbewerb beeinflussen. Der relevante Markt umfasst bei der In-House Vergabe alle Marktsegmente, die von der In-House Vergabe betroffen sein können, das heißt potenziell alle Unternehmensbereiche des Auftragnehmers.[799]

Damit kann nur im konkreten Einzelfall beantwortet werden, wann das Merkmal der Wesentlichkeit vorliegt. Eine allgemeingültige Auslegung kann nicht erfolgen. Dies entspricht der Intension des EuGH, der mit Bedacht ein offenes Kriterium gewählt hat. Dennoch bietet eine Anlehnung an die Spürbarkeit bei der Auslegung der Wesentlichkeit gewisse Vorteile. Der Blickwinkel wird eindeutig auf den Wettbewerbsmarkt gelegt.

Es wird ermittelt, welchen Einfluss eine Eigen- oder gemischt-öffentliche Gesellschaft, die ihre Existenz hauptsächlich mit vergabefreien Beschaffungen unterhält, auf den freien Wettbewerbsmarkt hat. Maßgeblicher Zeitpunkt ist hierbei der Markteintritt. Die Marktanteilsanalyse ist ein sinnvoller Ansatz und kann zur Auslegung der Wesentlichkeit dienen.

5. Gesetzesentwurf der Bundesregierung vom März 2005

Der Gesetzesentwurf der Bundesregierung vom März 2005 regelt das Kriterium der Wesentlichkeit in § 99 Abs. 1 am Ende GWBE wie folgt:

---

799 Siehe Kapitel 7 III 4.

„...sofern dieser Auftragnehmer im wesentlichen für den öffentlichen Auftraggeber oder überhaupt nicht am Markt für die einzukaufende Leistung tätig ist ...“.[800]

Auffällig sind dabei zwei Punkte: Bei dem Entwurf einer Kodifizierung der In-House Rechtsprechung im nationalen Recht ist neben die Wesentlichkeit (nur) für den öffentlichen Auftraggeber die ergänzende alternative Regelung aufgenommen worden, dass der Auftragnehmer gar nicht auf dem relevanten Markt agiert. Sinn der Regelung war die Schaffung von Rechtssicherheit.[801]

a) Im Wesentlichen für den öffentlichen Auftraggeber

Der Entwurf beschränkt die Wesentlichkeit auf den öffentlichen Auftraggeber. Für Dritte, die ebenfalls Anteile halten und Teil der öffentlichen Hand sind, darf der Auftragnehmer nicht mehr tätig werden, wenn ein In-House Geschäft bejaht werden soll. Gegensätzlich plädiert der EuGH. Die beauftragte Person kann ihre Tätigkeit im Wesentlichen entweder für den öffentlichen Auftraggeber oder für die öffentlichen Auftraggeber, die ebenfalls Anteilseigner sind verrichten.[802]

Insoweit ist der nationale Gesetzgeber bestrebt, die Voraussetzungen für die In-House Vergabe einzuschränken, also strengere Anforderungen an die Ausnahmen von der Anwendbarkeit des Vergaberechts zu stellen. Dadurch wird die Anwendbarkeit des europäischen Vergaberechts vergrößert. Ist zunächst fraglich, ob dies vom Bundesministerium für Wirtschaft und Arbeit (BMWA) überhaupt beabsichtigt ist, stellt sich weiter die Frage der Zulässigkeit. Bezüglich der Intension des BMWA kann man lediglich mutmaßen.[803] Einerseits ist die öffentliche Hand sicherlich nach wie vor interessiert, im Rahmen des rechtlich Möglichen, so viele Aufträge wie möglich ohne Ausschreibung zu verge-

800 Gesetzesentwurf des BMWA vom 18. März 2005; veröffentlicht unter: http://www.bmwa.bund.de; Stand: 25.10.2005; vgl. NZBau 2005, Beilage zu Heft 5, nicht in amtlicher Drucksache erschienen.

801 Pukall, VergabeR 2006, 586, 587.

802 EuGH, Urteil vom 11.01.2005, Rs. C-26/03 (Stadt Halle), Slg. 2005, I-1 ff., Rn. 49, VergabeR 2005, 44, 52; EuGH, Urteil vom 18.11.1999, Rs. C-107/98 (Teckal), Slg. 1999, I-1999, 8121 ff., Rn. 50, NZBau 2000, 90, 91.

803 Der Entwurf der Begründung des Gesetzes zur Neuregelung des Vergaberechts (Stand 29. März 2005) enthält keine weiterführenden Gedanken zu einem Verständnis des § 99 Abs. 1 GWBE, s. S. 12, 13; vgl. www.bmwa.de; Stand: 13.06.2005.

ben (das deutet auch die zweite Variante an). Dies hängt mit den Kosten für die Ausschreibung und dem Wunsch zusammen, den Vertragspartner frei wählen zu können. Andererseits ist auch eine Überreaktion des Gesetzgebers denkbar, nachdem erneut Vertragsverletzungsverfahren gegen die Bundesrepublik Deutschland betrieben wurden.[804] Die Voraussetzungen können besonders streng gefasst worden sein, um in Zukunft nicht weiter Gefahr zu laufen, von der Kommission und vor dem EuGH belangt zu werden. Bedeutender als diese Erwägungen ist die Frage, ob eine entsprechende Beschränkung nicht gegen das Europarecht verstößt. Durch erhöhte Anforderungen des Mitgliedstaats an seine Verwaltung wird eine Art Selbstbindung der eigenen Verwaltung erreicht. Über die europarechtliche Forderung hinaus kommt es zu einer noch größeren Transparenz, die stets im Sinne der Vergaberichtlinien ist. Das Europarecht wird in diesen Fällen zwar nicht direkt angewandt, da über den Umfang des Geltungsbereichs das EU-Recht nur selbst entscheiden kann. Allerdings führt diese Selbstbindung zu einer freiwilligen analogen Anwendung des Europarechts, wozu die Mitgliedstaaten berechtigt sind, da Sinn und Zweck der Richtlinie einen noch weiteren Anwendungsbereich erfahren. Die Regelung ist aus diesem Grunde nicht zu beanstanden.

b) „Überhaupt nicht am Markt für die einzukaufende Leistung tätig ist“

Diese vorgesehene Regelung enthält eine Alternative zum Merkmal der Wesentlichkeit, was die Verwendung des Worts „oder“ verdeutlicht. Sie regelt den Fall, dass das zu beauftragende Unternehmen nicht in dem Marktsegment der Beschaffung etabliert ist. Der Beschränkung auf das auftragsrelevante Marktsegment (Geschäftsfeld) steht aber dem Sinn und Zweck der Wesentlichkeit entgegen. Diese Regelung kodifiziert eine rechtswidrige Einschränkung des Anwendungsbereichs des Vergaberechts.[805]

Der Widerspruch zum Regelungsziel des Wesentlichkeitskriteriums tritt eindeutig zu Tage. Durch dieses Kriterium sollen Quersubventionierungen und Wettbewerbsverzerrungen ausgeschlossen werden. Diese sind durch den Auf-

---

[804] Vgl. EU-Kommission, IP/05/44 vom 13.01.2005; http://europa.eu.int/comm/secretariat _general/sgb/droit_com/index_en.htm (Stand: 19.01.2005), vier weitere Rügen standen am 16.03.2005 an (siehe: http://europa.eu.int/comm/internal_market/ publicprocurement/infringe ments _de.htm; Stand: 16.03.2005).

tragnehmer auch auf dritten, bisher unerschlossenen Märkten möglich, wenn er parallel sein Unternehmensrisiko durch öffentliche Aufträge minimiert.[806] Es kann nicht entscheidend sein, ob der Auftragnehmer in dem Marktsegment der Beschaffung tätig gewesen ist, wichtig für die Wesentlichkeit der Tätigkeit ist eine umfassende generelle Betrachtung der gesamten unternehmerischen Tätigkeit des Auftragnehmers. Im Übrigen drängt sich die Frage auf, worin der Vorteil für die öffentliche Hand und erst-recht für den Steuerzahler liegt, wenn die Unternehmen bevorzugt behandelt werden, sobald sie - vermutlich unerfahren - in fremden Marktsegmenten agieren.

Die zweite Alternative der Regelung im Gesetzesentwurf weicht von dem verbindlich aufgestellten Rahmen der Möglichkeit einer In-House Vergabe ab und schränkt damit unzulässigerweise den Anwendungsbereich des EU-Vergaberechts ein. Diese Auffassung teilt auch die Deutsche Bauwirtschaft. Nach ihrer Ansicht wird die Definition der In-House Vergaben als nicht europarechtskonform abgelehnt. Sie führe zur Schaffung eines ungewollten privilegierten Sektors und zur Schwächung des Wettbewerbs.[807]

Insgesamt ist eine Kodifizierung, die über die Kriterien aus der Teckal- Entscheidung hinausgeht, abzulehnen, da dafür keine Notwendigkeit besteht. Selbst die Vergabekoordinierungsrichtlinie[808] der EU (= EU-Legislativpaket; VKR) sieht keine Definition vor.

IV. Zusammenfassung

Privilegierte öffentliche Unternehmen können unter Umständen einen Teil ihrer Kapazität über ausschreibungsfreie öffentliche Aufträge decken und sind daher weniger von der Insolvenz bedroht als ihre privaten Konkurrenten, was zu einer Wettbewerbsverzerrung führen kann. Um dies zu verhindern, muss das Kriterium der Wesentlichkeit mit quantitativen und qualitativen Merkmalen ausgefüllt werden. Entscheidend sind dabei die Tätigkeit und nicht der Umsatz

---

805 Dazu ausführlich in Kapitel 7 I.

806 Vgl. Kapitel 7 II 6.

807 Positionspapier der Deutschen Bauwirtschaft zum Arbeitsentwurf des Bundesministeriums für Wirtschaft und Arbeit vom 08.10.2004 zur Neuregelung des deutschen Vergaberechts; www.ibr-online.de; Stand: 13.06.2005.

808 Richtlinie 2004/18/EG vom 31.03.2004 (ABl. L 134 vom 30.04.2004, 114).

des beauftragten Unternehmens sowie die konkrete Auslegung in Abhängigkeit zur Wirkung auf den Markt (Spürbarkeit). Der relevante Markt bestimmt sich entgegen dem insoweit rechtswidrigen Gesetzesentwurf aus der gesamten unternehmerischen Tätigkeit des Auftragnehmers. Allgemein festgelegte Zahlen, wie die oftmals angenommenen 80 % des Umsatzes in den letzten drei Jahren, werden diesen Anforderungen nicht gerecht. § 10 VgV kann nicht als Auslegungshilfe herangezogen werden.[809] Hingegen kommt den Grundsätzen aus dem Beihilferecht über die Altmark-Trans-Entscheidung[810] sowie dem Merkmal der Spürbarkeit aus dem Kartellrecht[811] große Bedeutung für die Auslegung zu.

Im Ergebnis sind immer der jeweilige Markt und seine Veränderung durch eine Teilnahme privilegierter öffentlicher Beteiligungsgesellschaften zu untersuchen.

---

809 Siehe Kapitel 7 III 1.
810 Siehe Kapitel 7 III 3.
811 Siehe Kapitel 7 III 4.

Teil 3: Rechtsschutz im Vergaberecht

Die allgemeinen Rechtsschutzmöglichkeiten im Vergaberecht werden durch die §§ 102 ff. GWB geregelt. Da Gegenstand der Arbeit nur Sachverhalte oberhalb der Schwellenwerte sind, ist hier nur die Verpflichtung einer Ausschreibung in einem offenen, nichtoffenen oder in einem Verhandlungsverfahren bedeutend. Rechtsschutzmöglichkeiten unterhalb der Schwellenwerte bleiben unbeachtet. Oberhalb dieser wird zwischen effektivem Primärrechtsschutz und Sekundärrechtsschutz unterschieden.

§ 8 Sekundärrechtsschutz

Unter Sekundärrechtsschutz versteht der Gesetzgeber Schadensersatzansprüche; sie sind in den §§ 126 ff. GWB niedergelegt. Im GWB wurde nicht nur einen Schadensersatzanspruch des Auftraggebers gegen den Bieter aufgenommen, wenn dieser zu Unrecht Rechtsschutz in Anspruch nimmt. Der Bieter kann ebenso den Auftraggeber nach § 126 GWB wegen Schadensersatzansprüchen verklagen, wenn er in seinen Bieterrechten verletzt wurde. Zum Beispiel, wenn er bei ordnungsgemäßem Verlauf des Vergabeverfahrens den Zuschlag erhalten hätte. Der Umfang des Schadensersatzes erstreckt sich auf die Kosten der Vorbereitung des Angebots und/oder auf Kosten für die Teilnahme an einem Vergabeverfahren. Ersetzt wird demnach nur das negative Interesse.[812]

Sind für den Anspruch auf Einhaltung der Bestimmungen des Vergaberechts nach § 97 Abs. 7 GWB unter Zugrundelegung des § 107 ff. GWB die Vergabekammern und das Beschwerdegericht nach § 104 Abs. 2 S. 1 GWB ausschließlich zuständig, so gilt dies nicht für Schadensersatzansprüche. Für Schadensersatzansprüche, die aus einer Verletzung des Vergabeverfahrens resultieren, sind umgekehrt nur die ordentlichen Gerichte zuständig, § 104 Abs. 2 S. 2 GWB.[813]

---

812 Stockmann in Immenga/Mestmäcker, GWB, Kommentar, 3. Auflage, 2001, § 126 GWB, Rn. 10, 11.

813 Stockmann in Immenga/Mestmäcker, GWB, Kommentar, 3. Auflage, 2001, § 104 GWB, Rn. 19.

§ 9 Allgemeiner Primärrechtsschutz

Aus der Sicht unterlegener Bieter viel wichtiger ist jedoch häufig der Primärrechtsschutz, die Frage also, ob auf eine rechtswidrige Vergabe noch Einfluss genommen werden kann. Schließlich richtet sich das vorrangige Interesse des Bewerbers auf die Erteilung des Zuschlags.

Die Verhinderung eines bindenden Zuschlags ermöglicht § 115 Abs. 1 GWB. Mit der Zustellung eines Antrags auf Nachprüfung beim Auftraggeber darf dieser vor einer Entscheidung der Vergabekammer und dem Ablauf der Beschwerdefrist den Zuschlag nicht erteilen. Das Vergaberecht sieht damit einen automatischen Suspensiveffekt zugunsten des Antragsstellers vor. Dieses Zuschlagsverbot gewährt umfassenden effektiven Rechtsschutz.[814] Nach dem Willen des Gesetzgebers ist diese Norm ein gesetzliches Verbot nach § 134 BGB, so dass eine Zuwiderhandlung zur Nichtigkeit des Rechtsgeschäfts führt.[815] Der Suspensiveffekt nach § 115 Abs. 1 GWB und die Rechtswegszuweisung, die zu einer ausschließlichen Zuständigkeit der Vergabekammern und des Beschwerdegerichts nach §§ 97 Abs. 7 GWB, § 107 ff. GWB, § 104 Abs. 2 S. 1 GWB führen, erübrigen einen Rückgriff auf Vorschriften des einstweiligen Rechtsschutzes nach §§ 935, 940 ZPO bzw. § 123 VwGO, da sie bereits einen umfassenden effektiven Rechtsschutz gewähren.

Ist hingegen der Zuschlag bereits wirksam erteilt worden, so schließt § 114 Abs. 2 S. 1 GWB eine Aufhebung aus. Die Norm dient ebenfalls der Abgrenzung von Primärrechtsschutz vor den Vergabekammern und Beschwerdegerichten zu Schadensersatzansprüchen, die vor den zuständigen Zivilgerichten geltend zu machen sind.[816]

Sollte sich nach der Einleitung eines Nachprüfungsverfahrens das Vergabeverfahren erledigt haben, beispielsweise durch wirksamen Zuschlag, so kann die zur Entscheidung berufene Vergabekammer nach § 114 Abs. 2 S. 2 GWB

---

814 Dreher in Immenga/Mestmäcker, GWB, Kommentar, 3. Auflage, 2001, § 115 GWB, Rn. 3.

815 Amtl. Begründung zum VergRÄG, BT-Drucks. 13/9340, S. 40, zu § 125 GWB zu Abs. 1.

816 BGHZ 158, 43, 52 (Wassernebellöschanlage II).

feststellen, dass eine Rechtsverletzung vorgelegen hat. Diese Konstellation entspricht der Fortsetzungsfeststellungsklage im verwaltungsgerichtsprozessualen Verfahren.[817] Grund dafür ist die Verhinderung einer nochmaligen gerichtlichen Prüfung, die dieselben Rechts- und Sachfragen zum Gegenstand hat.[818] Über § 124 Abs. 1 GWB besteht dann eine Bindungswirkung für etwaige Schadensersatzprozesse.

Da sich das Interesse des Antragsstellers zumeist auf die Verhinderung der Auftragserteilung an einen Dritten und zugleich auf die Auftragserteilung an sich selbst richtet, wird im Folgenden vertieft auf den Primärrechtsschutz in der besonderen Konstellation der de-facto Vergabe eingegangen, da sie oft im engen Zusammenhang zum In-House Geschäft steht.

---

[817] BGHZ 146, 202, 208.
[818] BGHZ 146, 202, 208.

§ 10 Primärrechtsschutz bei de-facto Vergaben

Gelegentlich nimmt ein öffentlicher Auftraggeber eine Beschaffung ohne die notwendige Durchführung einer Ausschreibung vor (ausschreibungspflichtige Beschaffung).[819] Diese Konstellationen nennt man de-facto Vergabe.[820] Eine de-facto Vergabe liegt beispielsweise vor, wenn der öffentliche Auftraggeber zu Unrecht die Voraussetzungen einer In-House Vergabe annimmt und die Ausschreibung unterlässt.[821] Ob dies bewusst oder unbewusst erfolgt, ist ohne Bedeutung. Kommt es innerhalb eines Vertrages zu einer wesentlichen Ver-

---

819 Gegenstand dieses Kapitels ist nicht die Frage, ob Bietern Rechtsschutz zukommt, wenn zwar ein Vergabeverfahren durchgeführt wurde, aber das falsche; also wenn sich zum Beispiel die Vergabestelle für ein öffentliches Verfahren (unterhalb der Schwellenwerte) anstelle eines erforderlichen Offenen Verfahrens (oberhalb der Schwellenwerte) entschieden hat, um Rechtsschutzmöglichkeiten abzuschneiden. Dies verneint das OLG Brandenburg, da der Bieter im konkreten Fall nicht schutzwürdig sei. Wer sich in positiver Kenntnis des Vergabeverstoßes auf das Verfahren einlässt, kann anschließend nicht auf die Vergabewidrigkeit beharren (OLG Brandenburg, VergabeR 2004, 773, 775). A.A aber zu Recht Hertwig, denn der Rechtsschutz hängt nicht von dem tatsächlich durchgeführten oder unterlassenen Verfahren ab, sondern allein vom Überschreiten der Schwellenwerte (Hertwig, VergabeR 2004, 776, 776). Ebenso das KG, das allerdings in einem solchen Fall eine Präklusion wegen unterlassener Rüge trotz Kenntnis bejahte (KG, NZBau 2003, 338, 339-340). Auch billigt das OLG Düsseldorf den Rechtsschutz mit dem Argument zu, dass das Vorbringen des Antragsstellers, Teilung der Lose um die Schwellenwerte zu umgehen, als wahr zu unterstellen sei, weil sonst der Zweck der §§ 102 ff. GWB nicht erfüllt werden könne (OLG Düsseldorf, VergabeR 2005, 513, 515). Ebenfalls wird im Rahmen dieser Arbeit nicht der Frage nachgegangen, was passiert, wenn ein Vertrag de facto vergeben wurde, obwohl er ausschreibungspflichtig gewesen ist. Ist der Mitgliedstaat (MS) verpflichtet, auf eine europarechtskonforme Rechtslage hinzuwirken oder muss der jeweilige öffentliche Auftraggeber den Vertrag kündigen? Nach Ansicht des EuGH muss jeweiliger Mitgliedstaat Maßnahmen ergreifen, damit kein fortdauernder Verstoß gegen die EU-Richtlinie vorliegt. Welche das im Einzelnen sind, muss nicht der EuGH bestimmen (EuGH, Urteil vom 03.03.2005, Rs. C-414/03 (Kommission./.Deutschland - Müllentsorgung Friesland), WuW/E Verg 1053, 1054, Rn. 11).

820 Leinemann, Die Vergabe öffentlicher Aufträge, 4. Auflage, 2004, Rn. 91; Die Außerachtlassung von kartellvergaberechtlichen Vorschriften und den Verdingungsordnungen wird als de-facto Vergabe bezeichnet (Mertens, Die Rügeobliegenheit im Vergaberecht, 2004, S. 79).

821 Weitere Beispiele für de-facto Vergaben sind zum Beispiel ein Irrtum über die Anwendbarkeit des Vergaberechts bei Vertragsverlängerungen oder über die Auftraggebereigenschaft oder die Verwechslung einer Dienstleistungskonzession mit einem Dienstleistungsauftrag (Burgi, NZBau 2003, 16, 17).

änderung des Vertragsinhaltes, so besteht eine Ausschreibungspflicht, deren Missachtung ebenfalls zu einer de-facto Vergabesituation führt.[822]

Mit zunehmender Kenntnis des Vergaberechts und der vergaberechtlichen Rechtsschutzmöglichkeiten[823] bei den einschlägigen Bieterkreisen nimmt zugleich die Bedeutung der de-facto Vergabe zu.[824] Damit geht die Frage einher, ob ohne eine förmliche Ausschreibung ein kartellrechtlicher Primärrechtsschutz bei den Vergabekammern und Oberlandesgerichten möglich ist.[825] Oft wird von „vorbeugendem Rechtsschutz"[826] oder „vorläufigem Rechtsschutz"[827] gesprochen. Gegenstand der Untersuchung ist ausschließlich der vorrangige vergaberechtliche Primär- und nicht der Sekundärrechtsschutz (Schadensersatzansprüche).

Neben der Streitfrage, ob dieser Rechtsschutz überhaupt existiert, wird eine Vielzahl von weitestgehend ungeklärten Problemkreisen aufgeworfen.[828] Sofern grundsätzlich ein Primärrechtsschutz bei de-facto Vergaben bejaht wird, ist zu erörtern, ab wann Rechtsschutz möglich sein soll[829], wie lange er geltend gemacht werden kann (nur bis zum oder auch nach Vertragsschluss), unter welchen Voraussetzungen dem Antragssteller eine Antragsbefugnis zu-

---

822 Byok/Jansen, NZBau 2005, 241, 243. Dabei ist eine wertende Betrachtung zu einer Neuvergabe vorzunehmen (OLG Rostock, VergabeR 2003, 321, 325 mit Anmerkungen Müller-Wrede; OLG Düsseldorf, NZBau 2001, 696, 700; Hailbronner in Byok/Jaeger, Kommentar zum Vergaberecht, 2. Auflage, 2005, § 99 GWB, Rn. 453).

823 Allgemein zum Nachprüfungsverfahren: Sturmberg, BauR 1998, 1063, 1065 f.

824 So jedenfalls in Bezug auf die Reichweite des § 13 VgV, die nicht einmal mehr von der Fachwelt übersehen werden kann: Byok/Jansen, VergabeR 2003, 598, 600.

825 Europarechtliche Rechtsbehelfe sollen hier außer Acht bleiben. Zu diesen ausführlich: Antweiler, VergabeR 2002, 109-117. Dasselbe gilt für gleichzeitige Verstöße gegen das Beihilferecht. Dazu: Middelschulte, Öffentliche Aufträge als Gegenstand des EG-Beihilferechts, 2004, S. 145 f.; Pünder, NZBau 2003, 530, 534. Ein Rückgriff auf das Beihilferecht ist wegen der Spezialität des Vergaberechts nicht erforderlich (Fischer, VergabeR 2004, 1, 8-9).

826 BKartA, VergabeR 2001, 147, 149 mit Anmerkungen Stolz. Die Kammer lehnt den Primärrechtsanspruch trotz unwirksamen Vertrages ab (Nichtigkeit des geschlossenen Vertrages über § 13 S. 4 VgV a.F. analog für de-facto Vergaben wurde nicht hergeleitet), bejaht aber einen vorbeugenden Rechtsschutz für künftige Beschaffungsmaßnahmen analog zu § 1004 Abs. 1S. 2 BGB vor den Zivilgerichten (Kling, NZBau 2003, 23, 24).

827 Waldner, Bieterschutz im Vergaberecht unter Berücksichtigung der europäischen Vorgaben, 2000, 168.

828 Weiterführenden *„Risiken"*, die für den Rechtsschutz keine Rolle spielen, aber dennoch bedeutend sein können, finden sich im politischen, gebühren-, fördermittel- und strafrechtliche Bereich (Jasper/Pooth, ZfBR 2004, 543, 548).

kommt und ob die Präklusionsnorm des § 107 Abs. 3 S. 1 GWB auch vor der förmlichen Einleitung eines Vergabeverfahrens gilt. Schließlich besteht in Zusammenhang mit dem Ende des Rechtsschutzes ein Streit über die Wirksamkeit und den Anwendungsbereich der Nichtigkeitsfolge des § 13 S. 6 VgV.

Sowohl die europäische als auch die nationale Rechtsprechung haben diese Fragen offen gelassen.[830] Aufgrund der nach wie vor bestehenden Meinungsdivergenzen im Schrifttum, wird im Folgenden ein umfassender Überblick über die jeweiligen Argumente mit eigener Abwägung und Stellungnahme gegeben.

I. Rechtsschutz auch vor der Einleitung eines förmlichen Vergabeverfahrens?

Zunächst soll der Frage nachgegangen werden, ob es für die Eröffnung der Rechtsschutzmöglichkeit eines formellen Aktes bedarf (sog. formelle Theorie) oder ob jede Entscheidung ohne formellen Charakter für ein statthaftes Nachprüfungsverfahren ausreichend ist (sog. materielle Theorie).

1. Formelle Theorie

Gegen die Möglichkeit eines „vorgelagerten Rechtsschutzes“ sprechen sich die Vertreter der formellen Theorie aus.[831] Sie erlauben den Zugang zu den Nachprüfungsinstanzen nur, wenn ein Vergabeverfahren bereits stattfindet, das heißt begonnen hat. Dies ist regelmäßig mit der Bekanntmachung (auch beim Verhandlungsverfahren, siehe beispielsweise § 17a Nr. 3 Abs. 2 VOB/A) durch den öffentlichen Auftraggeber der Fall. Erforderlich ist nach ihrer Sicht ein **formeller Akt**. Begründet wird dies wie folgt:

---

829 OLG Naumburg, VergabeR 2003, 196, 199.

830 EuGH, Urteil vom 11.01.2005, Rs. C-26/03 (Stadt Halle), Slg. 2005, I-1 ff., Rn. 37, 41, VergabeR 2005, 44, 49-50, mit Anmerkungen Gabriel; BGHZ 162, 116, 125 (Altpapierverkauf), mit Anmerkungen Diercks, NZBau 2005, 295, 295.

831 OLG Naumburg, VergabeR 2003, 196, 199; VK Bund, VergabeR 2001, 433, 434: Die Vergabekammer des Bundes musste nur über einen Rechtsschutz nach Vertragsabschluss entscheiden. Aus den Gründen wird jedoch deutlich, dass ein Primärrechtsschutz aus ihrer Sicht nur während eines konkret laufenden Vergabeverfahrens möglich ist. Ebenfalls für die formelle Theorie: Antweiler, VergabeR 2002, 109, 110; Boesen, IBR 2002, 156.

1. Zunächst wird ein Wortlautargument angeführt. § 104 Abs. 2 S. 1 HS 1 GWB spreche von der „Vornahme oder [...][dem] Unterlassen einer Handlung in [Hervorhebung durch die Verfasserin] einem Vergabeverfahren". Ein Vergabeverfahren beginne aber erst mit seiner Einleitung und diese sei erst in einem konkreten Handeln wie der Bekanntmachung zu sehen.[832] Der Nachprüfung nach § 102 GWB unterliege weiter „die Vergabe [Hervorhebung durch die Verfasserin] öffentlicher Aufträge" und in § 97 Abs. 7 GWB sei die Rede von dem subjektiven Anspruch auf Einhaltung der „Bestimmungen über das Vergabeverfahren [Hervorhebung durch die Verfasserin]". Anknüpfungspunkt sei damit stets das Verfahren.

2. *„Gegenstand der Nachprüfung [sei] [...] das noch nicht abgeschlossene Vergabeverfahren [Hervorhebung durch die Verfasserin]".*[833]

3. Ferner sei das Ende der Möglichkeit des Rechtsschutzes vor den Nachprüfungsinstanzen allgemein anerkannt. Das Vergabeverfahren ende nämlich mit rechtmäßiger Aufhebung oder wirksamer Zuschlagserteilung.[834] Wenn schon bei der Beendigung auf einen förmlichen Akt abgestellt werde, entspreche es einheitlicher Systematik, dies auch für den Beginn des Rechtsschutzes zu tun. Untermauert wird dies mit dem Hinweis, das Nachprüfungsverfahren sei insgesamt ein sehr formalisiertes Verfahren. Dies komme besonders in § 107 und § 108 GWB zum Ausdruck.

4. Weiter wird die Rechtssicherheit als Argument herangezogen. Transparenz und Klarheit herrschten für den öffentlichen Auftraggeber und poten-

---

[832] OLG Naumburg, VergabeR 2003, 196, 199; Müller-Wrede in Ingenstau/Korbion, VOB, Kommentar, 15. Auflage, 2004, § 104 GWB, Rn. 3.

[833] Amtl. Begründung zum VergRÄG, BT-Drucks. 13/9340, zu § 117 (= § 107 GWB).

[834] EuGH, Urteil vom 02.06.2005, Rs. C-15/04 (Koppensteiner), Slg. 2005, I-4855 ff., Rn. 29, VergabeR 2005, 472, 475 mit Anmerkungen Opitz. Ein Nachprüfungsverfahren muss den Beteiligten zwar auch im Falle der Aufhebung oder des Widerrufs einer Ausschreibung zukommen (BGHZ 154, 32, 37 (Rohrbauarbeiten)) Sind Aufhebung oder Widerruf allerdings rechtmäßig, so führen sie zur Beendigung des Vergabeverfahrens; ein Nachprüfungsverfahren wird unstatthaft (EuGH, Urteil vom 18.06.2002, Rs. C-92/00, (Hospital Ingenieure), Slg. 2002, I-5553 ff., Rn. 54, NZBau 2002, 458, 462; EuGH, Urteil vom 28.10.1999, Rs. C-81/98 (Alcatel), Slg. 1999, I-7671 ff., Rn. 33, 34, 38, 40, NZBau 2000, 33, 34-35; VK Bund, VergabeR 2001, 433, 434; VK Brandenburg, NZBau 2003, 173, 173

zielle Bieter nur, wenn auf ein formelles, objektiv einfach überprüfbares Kriterium abgestellt würde.[835] Dieser Ansatz sei außerdem praktikabel und justiziabel.

5. Im Übrigen dürfe die in § 107 Abs. 2 GWB aufgenommene enge Beschränkung eines Zugangs zu den Nachprüfungsinstanzen nicht karikiert werden, indem man umgekehrt den Rechtsschutz ausweite.[836]

6. Ein unzulässiger Eingriff in die Entscheidungsfreiheit des öffentlichen Auftraggebers werde verhindert. Im Bereich der Vorüberlegung und beim Führen von Vertragsverhandlungen gäbe es immer die Variante, dass sich der öffentliche Auftraggeber gegen die Beschaffung an sich entscheide. Er könne nicht von den Nachprüfungsbehörden gezwungen werden, Leistungen auf dem Markt zu beschaffen. Dieser allgemeine Grundsatz würde gefährdet, wenn es der Nachprüfungsinstanz ermöglicht würde, auf diesen sensiblen Vorfeldbereich einzuwirken.

7. Nur mittels dieses Ansatzes könne die Funktionsfähigkeit der Nachprüfungsbehörde aufrechterhalten werden, denn eine extreme Ausweitung des Rechtsschutzes könne von den Nachprüfungsbehörden nicht bewältigt werden.

2. Materielle Theorie

Demgegenüber wird nach der materiellen Theorie die Frage nach den Primärrechtsschutzmöglichkeiten bei der Unterlassung einer förmlichen Ausschreibung umfassend bejaht.[837] Dieser Ansicht haben sich jüngst die Generalan-

---

(Ls.); Hübner, NZBau 2005, 438, 438 f.; Dreher in Immenga/Mestmäcker, GWB, Kommentar, 3. Auflage, 2001, § 114 GWB, Rn. 34).

835 OLG Naumburg, VergabeR 2003, 196, 200.

836 OLG Naumburg, VergabeR 2003, 196, 201.

837 EuGH, Urteil vom 11.01.2005, Rs. C-26/03 (Stadt Halle), Slg. 2005, I-1 ff., Rn. 37, 41, VergabeR 2005, 44, 49-50; BayObLG, VergabeR 2003, 669, 670 mit Anmerkungen Schabel; BayObLG, VergabeR 2002, 244, 246; OLG Brandenburg, VergabeR 2005, 99, 101 mit Anmerkungen Gabriel/Joachimsmeier; OLG Düsseldorf, NZBau 2004, 343, 343; OLG Frankfurt, VergabeR 2005, 80, 82; OLG Rostock, VergabeR 2003, 321, 324 m.w.N.; Thüringer OLG, VergabeR 2001, 52, 54; VK am Regierungspräsidium Magdeburg, WuW/E Verg 604, 607; VK Stuttgart, NZBau 2001, 340, 341; statt aller in der Lit: Dreher in Immenga/Mestmäcker, GWB, Kommentar, 3. Auflage, 2001, § 97 GWB, Rn. 176; Gelegentlich wird von einem faktischen Verständnis gesprochen (Braun, NZBau

wältin Stix-Hackl[838], der EuGH[839] als auch der BGH[840] angeschlossen. Während unter den Vertretern der materiellen Theorie zwar ein Streit hinsichtlich der tatsächlichen Anhaltspunkte besteht (vgl. dazu unter Kapitel 10 I 4), sind sich diese doch einig, dass insgesamt ein materielles Verständnis des Vergabeverfahrens notwendig ist. Hierfür werden im Wesentlichen die folgenden Gründe angeführt:

1. Nach der Rechtsprechung des EuGH[841] sei der Begriff der anfechtbaren „Entscheidung" weit auszulegen. Eine Entscheidung der Vergabestellen[842] werde auch angenommen, wenn sie den materiellen Vorschriften der Richtlinien unterliege. Schließlich verfolge das Gemeinschaftsrecht das Ziel, jegliche Einschränkungen des Wettbewerbs zu unterbinden[843] und ei-

---

2001, 675, 676). Wurde zwar eine Ausschreibung durchgeführt, dann aber unter diesem Deckmantel eine andere Leistung (aliud) de-facto vergeben, so muss dieses Verhalten in einem Nachprüfungsverfahren angreifbar sein (OLG Dresden, VergabeR 2004, 225, 227-228 mit zustimmenden Anmerkungen Willenbruch).

838 Für die Annahme der materiellen Theorie spricht auch Schlussantrag der GA Stix-Hackl, Schlussantrag vom 23.09.2004, Rs. C-26/03 (Stadt Halle), Slg. 2005, I-1 ff., Rn. 53, NZBau 2004, Heft 11, VII, IX. Sie entscheidet zwar nicht über eine Ablehnung oder Bejahung einer der beiden Theorien oder verwendet diese Begriffe; in der Sache befürwortet sie aber eindeutig die Gedanken, die der materiellen Theorie zu Grunde liegen.

839 EuGH, Urteil vom 11.01.2005, Rs. C-26/03 (Stadt Halle), Slg. 2005, I-1 ff., Rn. 37, 41, VergabeR 2005, 44, 49-50. Da bereits allgemein in Deutschland Nachprüfungsverfahren bei de-facto Vergaben anerkannt waren, ist das Urteil diesbezüglich nicht sonderlich bahnbrechend (so: Krohn, NZBau 2005, 92, 93). Selbst wenn der EuGH den Primärrechtsschutz hier verweigert hätte, so würde dennoch die dann überobligatorische deutsche Rechtsprechung entscheidend sein.

840 BGHZ 162, 116, 121 mit Anmerkungen Diercks, NZBau 2005, 295f.

841 EuGH, Urteil vom 11.01.2005, Rs. C-26/03 (Stadt Halle), Slg. 2005, I-1 ff., Rn. Rn. 30, 31, VergabeR 2005, 44, 49; EuGH, Urteil vom 19.06.2003, Rs. C-249/01 (Hackermüller), Slg. 2003, I-6319 ff., Rn. 24, NZBau 2003, 509, 510; EuGH, Urteil vom 18.06.2002, Rs. C-92/00 (Hospital Ingenieure), Slg. 2002, I-5553 ff., Rn. 50, NZBau 2002, 458, 462: die Ausscheidung eines Angebots vor der Wahl des besten Angebots stellt eine nachprüfbare Entscheidung dar. EuGH, Urteil vom 18.06.2002, Rs. C-92/00 (Hospital Ingenieure), Slg. 2002, I-5553 ff., Rn. 54, NZBau 2002, 458, 462, Rn. 54; GA Stix-Hackl, Schlussantrag vom 23.09.2004, Rs. C-26/03 (Stadt Halle), Slg. 2005, I-1 ff., Rn. 18; NZBau 2004, Heft 11, VII, X.

842 Unter Vergabestellen wird die Institution des öffentlichen Auftraggebers verstanden, die den Auftrag erteilt. Der Begriff öffentlicher Auftraggeber und Vergabestelle wird zumeist synonym verwendet.

843 EuGH, Urteil vom 18.06.2002, Rs. C-92/00 (Hospital Ingenieure), Slg 2002, I-5553 ff. Rn. 44, 49, NZBau 2002, 458, 461; BGHZ 162, 116, 121 (Altpapierverkauf); so auch zustimmend Schimanek, ZfBR 2002, 39, 42.

nen raschen und wirksamen Rechtsschutz zu ermöglichen.[844] Aus dieser Rechtsprechung wird geschlossen, dass dies auch für die Entscheidung der Vergabestelle gelten müsse, die Leistung nicht in einem förmlichen Vergabeverfahren zu beschaffen.[845] Auch hier komme es nämlich letztendlich zu einer Einschränkung des Wettbewerbs, indem es der öffentliche Auftraggeber nicht zu einem transparenten Wettbewerb kommen lasse. Wenn sich die öffentliche Hand ihren Vertragspartner heraussuche, ohne anderen potenziellen Vertragspartnern die Chance auf Abgabe eines Angebots zu geben, entstehe kein Wettbewerb. Schließlich werde der öffentlichen Hand mehr als den privaten Unternehmen nachgesagt, dass sie sich politisch motiviert entscheide. Die finanziellen Aspekte hätten beim Staat nicht die gleiche Wertigkeit wie in der Privatwirtschaft.[846]

2. § 97 Abs. 7 GWB räume Unternehmen ein Recht auf Durchführung eines Vergabeverfahrens ein, wenn dessen Voraussetzungen vorlägen.[847] Anknüpfungspunkt sei nur das Unternehmen, nicht aber die Frage, ob es auch am Verfahren teilnähme.[848] Damit stünde der Rechtsschutz auch potenziellen Bietern zu. Die Vorschriften, die die Zulässigkeit eines Nachprüfungsverfahrens regeln, stellten nicht auf Förmlichkeiten ab. Nach § 107 GWB werde auf materielle Vorschriften eingegangen, die auch verletzt sein könnten, wenn *„überhaupt ein Verfahren in Frage [stehe] […]“*, das heißt, ein öffentlicher Auftraggeber mit mindestens einem Außenstehenden über einen entgeltlichen Vertrag verhandle, keine Ausnahmevorschriften eingriffen und die Schwellenwerte überschritten seien.[849]

---

[844] EuGH, Urteil vom 11.01.2005, Rs. C-26/03 (Stadt Halle), Slg. 2005, I-1 ff., Rn. Rn. 27, 30, VergabeR 2005, 44, 48-49; EuGH, Urteil vom 19.06.2003, Rs. C-249/01 (Hackermüller), Slg. 2003, I-6319 ff., Rn. 22, NZBau 2003, 509, 510.

[845] BGHZ 162, 116, 122 (Altpapierverkauf); OLG Naumburg, VergabeR 2003, 196, 202 (Das OLG führt diese Argument überzeugend an, entscheidet sich aber letztlich für die formelle Theorie); Raabe, NZBau 2004, 1284, 1287; Wirner, LKV 2005, 293, 293.

[846] Vgl. dazu auch die Gründe der Entstehung des Vergaberechts und dessen Ziele, Kapitel 2.

[847] A.A.: Müller-Wrede/Kaelble, VergabeR 2002, 1, 3: Subjektive Rechte bestehen keine, allerdings kommen die Schutzgüter des GWB (Wettbewerb und Transparenz) auch potenziellen Bietern zu.

[848] Burgi, NZBau 2003, 16, 19; Schimanek, ZfBR 2002, 39, 39.

[849] BGHZ 162, 116, 121-122 (Altpapierverkauf).

3. Das Transparenzgebot aus § 97 Abs. 1 GWB als eine drittschützende Vorschrift werde durch die Publizitätsregeln ausgestaltet, die insbesondere dann verletzt seien, wenn die Ausschreibung gänzlich unterlassen wird.[850]

4. Nach dem Willen des Gesetzgebers sollte auch diese Konstellation vom Primärrechtsschutz gedeckt sein: „Die Verletzung kann auch darin bestehen, dass die Ausschreibung einer Vergabe rechtswidrig unterblieb. Gegenstand der Nachprüfung ist das noch nicht abgeschlossene Vergabeverfahren."[851] Somit sei ein funktionales Verständnis des Begriffs Vergabeverfahren erforderlich.[852]

5. Nach einem Erst-Recht-Schluss sei gerade hier Primärrechtsschutz zu gewähren; besonders schwerwiegende Fehler gegen Vergabevorschriften blieben sonst unberücksichtigt.[853]

6. Fehle es an der Umsetzung des effektiven Rechtsschutzes, was gerade Zweck des Nachprüfungsverfahrens ist,[854] so läge eine Rechtsschutzlücke[855] vor.

---

850 Schimanek, ZfBR 2002, 39, 40. Ebenso wird der Gleichbehandlungsgrundsatz aus § 97 Abs. 2 GWB verletzt, obwohl die Vorschrift zunächst nur auf „Teilnehmer im Vergabeverfahren" abstellt, schließlich ist die Verletzung identisch, ob ein Unternehmen in einem Verfahren ausgeschlossen ist oder außerhalb eines förmlichen Verfahrens nicht beachtet wird, weil die Vergabestelle nur mit einem Dritten in Kontakt tritt.

851 Amtl. Begründung zum VergRÄG, BT-Drucks. 13/9340, zu § 117 RegE (= § 107 GWB), S. 17.

852 So Kling, NZBau 2003, 23, 27. Eine kartellrechtlich-funktionale Auslegung wird im gesamten Vergaberecht von der herrschenden Meinung angewendet, siehe dazu auch schon bei der Bestimmung des Auftragsbegriffes unter Kapitel 5 III 3. Dogmatisch ist aber jeweils zu unterscheiden, ob es sich um eine teleologische Reduktion, eine Analogie oder eine Auslegung nach Sinn und Zweck handelt. Hier hat der Gesetzgeber den Fall der de-facto Vergabe gesehen, aber nicht explizit geregelt, sodass eine Auslegung des Vergabeverfahrens erforderlich wird. Der funktionalen Auslegung ist daher zuzustimmen (ebenso: Raabe, NZBau 2004, 1284, 1287).

853 BayObLG, VergabeR 2002, 244-246 mit Anmerkungen Wagner; OLG Frankfurt, VergabeR 2005, 80, 82; OLG Düsseldorf, NZBau 2001, 696, 698; Zeiss, DVBl. 2003, 435, 441; Müller-Wrede in Ingenstau/Korbion, VOB, Kommentar, 15. Auflage, 2004, § 104 GWB, Rn. 3.

854 EuGH, Urteil vom 11.01.2005, Rs. C-26/03 (Stadt Halle), Slg. 2005, I-1 ff., Rn. 31, VergabeR 2005, 44, 49; EuGH, Urteil vom 19.06.2003, Rs. C-249/01 (Hackermüller), Slg. 2003, I-6319 ff., Rn. 22, NZBau 2003, 509, 510; GA Stix-Hackl, Schlussantrag vom 23.09.2004, Rs. C-26/03 (Stadt Halle), Slg. 2005, I-1 ff., Rn. 22, NZBau 2004, Heft 11, VII, X; OLG Naumburg, VergabeR 2003, 196, 202, allerdings wurde hier die Frage dem EuGH vorgelegt, ab wann Nachprüfungsverfahren in den sog. de-facto Vergaben mög-

3. Stellungnahme zu den Theorien

Die Wortlautargumente der Vertreter der formellen Theorie können im selben Umfang für die Begründung der materiellen Theorie herangezogen werden. Letztendlich wird mit ihnen nur belegt, dass es einen Rechtsschutz geben muss.

Für ein materielles Verständnis sprechen gewichtige Argumente.

Der Schutz von Unternehmern beim Unterlassen einer Ausschreibung, wie ihn der EuGH[856] und der Gesetzgeber des VergRÄG befürworten,[857] wäre ausgeschlossen, wenn es eines formellen Einleitungsaktes bedürfe. Die Konstellation, dass zwar eine Bekanntmachung erfolgte, dann aber kein ordentliches Verfahren durchgeführt wurde, ist in der Praxis selten anzutreffen. Deutlich größer ist die Anzahl der Fälle, in denen der öffentliche Auftraggeber einen privaten Vertrag ohne Ausschreibung oder Bekanntgabe abschließt. Ob er dabei in Kenntnis oder Unkenntnis seines vergaberechtswidrigen Verhaltens handelte, spielt zunächst keine Rolle.

Für die formelle Theorie bedeutet dies in der Konsequenz, dass ohne einen formellen Akt der Primärrechtsschutz ausgeschlossen ist.[858] Ein Vergleich mit der Aufhebung einer Ausschreibung widerlegt diese Theorie. Im Ergebnis ist nach der rechtswidrigen Aufhebung und bei Unterlassen einer Ausschreibung

---

lich sein sollten. Was sind taugliche Anknüpfungspunkte? Ebenfalls den Rechtsschutz bejaht: BayObLG, VergabeR 2002, 244, 246; vgl. amtl. Begründung zum VergRÄG, BT-Drucks. 13/9340, zu § 117 GWB, *„Die Verletzung kann auch darin bestehen, dass die Ausschreibung einer Vergabe rechtswidrig unterblieb“*. Das Prinzip des effektiven Rechtsschutzes kommt auch im gesetzgeberischen Willen zum Ausdruck (BT-Drucks. 13/9340, S. 12). Außerdem seien die Schadensersatzvorschriften *„unzulänglich“* (Schimanek, ZfBR 2002, 39, 41).

855 Ausführlich dargestellt bei: OLG Naumburg, VergabeR 2003, 196, 200. Eine Rechtsschutzlücke nehmen an: Kling, NZBau 2003, 23, 25; Schwenker/Heinze, VergabeR 2003, 204, 205-206; Marx in Motzke/Pietzcker/Prieß, VOB Teil A, Kommentar, 2001, §§ 107, 108 GWB, Rn. 23. Marx geht von einer weiten Auslegung des Interesses aus. Damit wird inzident auch eine Aussage über die Rechtsschutzmöglichkeit getroffen.

856 EuGH, Urteil vom 11.01.2005, Rs. C-26/03 (Stadt Halle), Slg. 2005, I-1 ff., Rn. 37, 41, VergabeR 2005, 44, 49-50.

857 Amtl. Begründung zum VergRÄG, BT-Drucks. 13/9340, zu § 117 RegE (= § 107 GWB) spricht ausdrücklich davon: *„Die Verletzung kann auch darin bestehen, dass die Ausschreibung einer Vergabe rechtswidrig unterblieb.“*

858 In dieser Konsequenz wird das bei allen Vertretern der formellen Theorie nicht offenbar. Angedeutet ist der Gedanke allenfalls bei: Schwenker/Heinze, VergabeR 2003, 204, 205.

eine Beschaffung ohne Vergabeverfahren erfolgt. Die rechtswidrige Lage ist dieselbe. Eine Aufhebung ist bei Vorliegen der abschließend in § 26 VOB/A beziehungsweise § 26 VOL/A geregelten Fälle möglich. Liegen diese Gründe nicht vor und wird dennoch aufgehoben, so ist ein Nachprüfungsverfahren zulässig und anerkannt.[859] Mit anderen Worten kann der öffentliche Auftraggeber bereits nach der Bekanntmachung einer Ausschreibung nicht mehr zurück und eine Ausschreibung unterlassen. Wäre nun die Unterlassung einer Ausschreibung anders als die unrechtmäßige Aufhebung nicht anfechtbar, so läge eine Ungleichbehandlung vor. Denn von der Auswirkung her ist in beiden Fällen eine Vergabe ohne Vergabeverfahren ergangen. Den potenziellen Bietern wird die Möglichkeit der Teilnahme verweigert. Die Zulässigkeit eines Primärrechtsschutzes gegen die de-facto Vergabe überschneidet sich in diesem Punkt mit der Problematik der Aufhebung der Ausschreibung.

Allerdings erfasst die Rechtsschutzmöglichkeit gegen die unrechtmäßige Aufhebung nicht den Rechtsschutz gegen de-facto Vergaben, denn während bei der Aufhebung eine formelle Maßnahme ergangen ist, fehlt diese bei der de-facto Vergabe. Das Vergabeverfahren im strengen formalisierten Sinn beginnt mit der Bekanntmachung. Dagegen ist bei einer de-facto Vergabe kein formeller Schritt vollzogen. Es wird ja gerade nicht ausgeschrieben. Rechtsschutz gegen die de-facto Vergabe kann daher nicht als Unterfall einer Anfechtung der Aufhebung einer Ausschreibung behandelt werden.

Würde man nur die Nachprüfung bei der Aufhebung akzeptieren, so bliebe ein Unterlassen folgenlos. Daher führt der Gesetzgeber aus: „Die Verletzung kann auch darin bestehen, dass die Ausschreibung einer Vergabe rechtswidrig unterblieb.“[860] Diese Ausführung wäre hinfällig, würde die de-facto Vergabe unter die Aufhebung der Ausschreibung fallen.

Gegen das Argument der formellen Theorie, dass die Entscheidungsbefugnis (6. Argument der formellen Theorie) der öffentlichen Hand durch eine Ausweitung des Rechtsschutzes eingeschränkt würde, spricht folgender Gedanke:

---

[859] Statt aller: EuGH, Urteil vom 18.06.2002, Rs. C-92/00 (Hospital Ingenieure), Slg. 2002, I-5553 ff., Rn. 49, NZBau 2002, 458, 461-462; Müller-Wrede in Ingenstau/Korbion, VOB, Kommentar, 15. Auflage, 2004, § 114 GWB, Rn. 7.

[860] Amtl. Begründung zum VergRÄG, BT-Drucks. 13/9340, zu § 117 RegE (= § 107 GWB).

Die Nachprüfungsbehörden können eine bedingte Verpflichtung in der Weise aussprechen, dass der öffentliche Auftraggeber bei Vergabe einer Leistung verpflichtet sei, die Vorschriften des Vergaberechts einzuhalten. Darin steckt keine grundsätzliche Verpflichtung zu einer Beschaffung auf dem Markt, die der freien Entscheidungsbefugnis der öffentlichen Hand entgegenstünde. Es würde vielmehr klargestellt, dass eine Beschaffung der Vergabestelle dem Vergaberecht unterliegt.

Ebenso wenig überzeugt das Argument der Funktionsfähigkeit (7. Argument der formellen Theorie).[861] Ein Zuwachs an Arbeitsbelastung bei den Nachprüfungsbehörden kann nicht eine Einschränkung des effektiven Rechtsschutzes begründen. Andernfalls könnte die Exekutive durch die Anzahl der Vergabekammern den Rechtsschutz bestimmen.

Überzeugender erscheint daher insgesamt die materielle Theorie. Vor allem der Blick auf das Argument des effektiven Rechtsschutzes (Art. 19 IV GG) rechtfertigt es, Nachprüfungsverfahren gegen de-facto Vergaben zuzulassen (3., 4., 6. Argument der materiellen Theorie). Die Bedeutung des effektiven Rechtsschutzes im Bereich des europäisch geprägten Vergaberechts ist schon vielfach dargestellt. Allein die beiden Vertragsverletzungsverfahren[862] sprechen für sich. Bieter im Vergabeverfahren sollten ausdrücklich jede Möglichkeit erhalten, die Verletzung ihrer subjektiven Bieterrechte gegen den die Verfahrensvorschriften des Vergaberechts missachtenden öffentlichen Auftraggeber durchzusetzen. Dabei ist evident, dass die Nichteinhaltung von Verfahrensvorschriften, beziehungsweise das Unterlassen der Ausschreibung im Ganzen den stärksten Verstoß darstellt, den die öffentliche Hand begehen kann. Damit muss erst recht diese Verletzung primärrechtlich geschützt sein (5. Argument der materiellen Theorie).

Von Bedeutung erscheint in diesem Zusammenhang der Gedanke, dass die Vergabestelle es in der Hand hat, Primärrechtsschutz zu gewähren. Sie kann

---

[861] Deutliche Kritik an dem vom OLG Naumburg entwickelten Ansatz (OLG Naumburg, VergabeR 2003, 196, 204) äußert meiner Ansicht nach zu Recht: Schwenker/Heinze, VergabeR 2003, 204, 205.

[862] Siehe Kapitel 2 II und Kapitel 7 III 5 a).

Fakten schaffen, ohne dass ihr Verhalten vergaberechtlich überprüft werden kann.[863]

Die Schwierigkeit, taugliche Abgrenzungskriterien zu bestimmen, entbehrt nicht die Notwendigkeit, dem Primärrechtsschutz auch in diesen Bereich Geltung zu verschaffen. Dies kann der materiellen Theorie nicht zur Last gelegt werden.

Im Ergebnis ist daher der materiellen Theorie umfänglich zuzustimmen. Auch und gerade Unternehmen, die nicht am einer Auftragerteilung der öffentlichen Hand beteiligt wurden, müssen diesen schwerwiegenden Verstoß, die Missachtung der Vergabevorschriften, vor den Vergabekammern geltend machen können.

4. Das Zeitfenster für die Rechtsschutzgewährung

Nachdem grundsätzlich ein Primärrechtsschutz bei unterlassener Ausschreibung bejaht wurde, stellt sich die Frage, in welchem zeitlichen Rahmen dieser geltend gemacht werden kann. Ab wann und bis wann können Unternehmen sich auf die Verletzung vergaberechtlicher Vorschriften berufen?

a) Anfang des Primärrechtsschutzes

Anknüpfungspunkt ist ein materielles Verständnis des Vergabeverfahrens. Das Vergabeverfahren beginnt nicht erst mit der Bekanntmachung, sondern bereits dann, wenn der öffentliche Auftraggeber eine Entscheidung über das ob und wieweit er eine Beschaffung veranlassen möchte, getroffen hat. Der Begriff der anfechtbaren *„Entscheidung“* ist weit auszulegen.[864] Eine Entscheidung ist dabei jede Willensäußerung, die über das Stadium der Vorbereitung hinaus-

[863] EuGH, Urteil vom 11.01.2005, Rs. C-26/03 (Stadt Halle), Slg. 2005, I-1 ff., Rn. 37, VergabeR 2005, 44, 49-50; Müller-Wrede in Ingenstau/Korbion, VOB, Kommentar, 15. Auflage, 2004, § 104 GWB, Rn. 3.

[864] So der EuGH, Urteil vom 11.01.2005, Rs. C-26/03 (Stadt Halle), Slg. 2005, I-1 ff., Rn. 30, 31, VergabeR 2005, 44, 49; zuvor EuGH, Urteil vom 18.06.2002, Rs. C-92/00 (Hospital Ingenieure), Slg. 2002, I-5553 ff., Rn. 50, NZBau 2002, 458, 462. Eine Entscheidung der Vergabestelle kann überprüft werden, wenn sie den *„fundamentalen Regeln des Gemeinschaftsrechts“* unterworfen ist. Hierzu zählt insbesondere das Gleichbehandlungs- und Transparenzgebot (EuGH, Urteil vom 18.06.2002, Rs. C-92/00 (Hospital Ingenieure), Slg. 2002, I-5553 ff., Rn. 42, 45, NZBau 2002, 458, 461).

geht,[865] die öffentliche Hand also Maßnahmen organisatorischer oder planerischer Art ergreift,[866] die nach außen erkennbar sind[867] beziehungsweise kommuniziert werden.[868] Wenn zum Beispiel ein Vertrag abgeschlossen wurde, der aber nach dem Willen beider Parteien noch nicht sofortige Gültigkeit haben soll, steht der unmittelbare Abschluss der Beschaffung noch bevor. Ebenfalls kann von einer Kommunikation nach außen gesprochen werden, wenn durch eine Ankündigung mit an Sicherheit grenzender Wahrscheinlichkeit eine Beschaffung ohne Durchführung eines Vergabeverfahrens zu erwarten ist oder durch konkrete organisatorische Maßnahmen Vertragsverhandlungen oder Ähnliches bereits vorliegen.[869]

Ein Abstellen auf den inneren Entschluss des öffentlichen Auftraggebers, einen Vertrag über eine Leistung abzuschließen, träfe sicherlich den exakten Zeitpunkt des Beginns des Vergabeverfahrens. Dies führte umgekehrt aber zu großen beweisrechtlichen Problemen und letztendlich zu Rechtsunsicherheit. Die bloße Idee, keine Ausschreibung vorzunehmen, kann jederzeit ohne Folgen revidiert werden, wenn nicht schon planerische Maßnahmen erfolgt sind, die notwendig in eine Handlung münden. Der Gedanke, einen Vertrag ohne notwendige Ausschreibung abzuschließen, ist an sich nicht schädlich.[870] Vorbeugenden Rechtsschutz sieht das Vergaberecht nicht vor.[871] Erst die Hand-

---

865 OLG Naumburg, NZBau 2006, 667, 667; OLG Düsseldorf, VergabeR 2005, 503, 505. Ein förmliches Verfahren ist nicht erforderlich: Wirner, LKV 2005, 293, 293. Von einem laufenden Verfahren spricht das OLG Celle, VergabeR 2001, 325, 326 mit Anmerkungen Hailbronner.

866 OLG Frankfurt, VergabeR 2005, 80, 82; BayObLG, VergabeR 2002, 244, 246; OLG Düsseldorf, NZBau 2001, 696, 699; VK am Regierungspräsidium Magdeburg, WuW/E Verg 604, 607; King, NZBau 2003, 23, 26.

867 OLG Naumburg, VergabeR 2006, 88, 91 mit Anmerkungen Portz; BayObLG, VergabeR 2002, 244, 246, VK am Regierungspräsidium Magdeburg, WuW/E Verg 604, 607; Kling, NZBau 2003, 23, 26; Müller-Wrede in Ingenstau/Korbion, VOB, Kommentar, 15. Auflage, 2004, § 104 GWB, Rn. 3.

868 Einen ähnlichen Ansatz vertritt Reidt (Reidt, VergabeR 2003, 592, 593) allerdings zur Frage der Antragsbefugnis bei der Problematik der Rechtsverletzung.

869 Ausreichend ist ebenfalls, wenn Leistungsanforderungen an ein Vorhaben erarbeitet werden und erörtert wird, wer als Vertragspartner in Betracht kommt und wie dieser bestimmt wird (OLG Düsseldorf, NZBau 2003, 55, 57).

870 Vgl. Strafrecht: Anknüpfungspunkt ist ebenso die Handlung.

871 Vorbeugend meint, Rechtsschutz bevor überhaupt eine Handlung erfolgt ist, dies ist nicht mit dem einstweiligen Rechtsschutz zu verwechseln (OLG Naumburg, VergabeR 2003, 588, 591 mit Anmerkungen Reidt; OLG Düsseldorf, NZBau 2001, 696, 698; Thüringer OLG, VergabeR 2001, 52, 54).

lungen, die konkret der Vorbereitung eines Vertrages dienen, verletzen potenzielle Bieter.

Nicht alle Verhaltensweisen begründen somit den Beginn des Rechtsschutzes. Der Bereich der Markterkundung[872] wird nicht unter das Vergabeverfahren subsumiert. Von ihm gehen keine Auswirkungen auf potenzielle Bieter aus. Es ist zwischen der Vorbereitung als Entscheidungsgrundlage, ob eine Beschaffung vorgenommen wird (Markterkundung) und der konkreten Planung zu unterscheiden.[873] Vorbereitende Sondierungsgespräche, Angebotseinholungen etc. sind Teil der Markterkundung, während der Eintritt in die Vertragsverhandlungen mit einem Dritten bereits zu dem Vergabeverfahren gerechnet werden muss.[874] Ab diesem Zeitpunkt ist offensichtlich, dass es nicht mehr zu einer Ausschreibung kommen soll. Die Anhaltspunkte, eine Vergabe ohne Ausschreibung vornehmen zu wollen, müssen sich *„hinreichend verdichtet“*[875] oder *„definitiv angekündigt“* haben.[876] Das wäre nicht der Fall, wenn der Umfang der Beschaffung nicht feststeht.[877]

b) Ende des Primärrechtsschutzes

Eindeutig ist die maximale Grenze des Rechtsschutzes bei Durchführung eines förmlichen Verfahrens erreicht.[878] Mit der wirksamen[879] Erteilung des Zu-

---

872 Die Markterkundung oder eine Vorstudie ist keine Entscheidung, die mittels Vergabenachprüfungsverfahren angegriffen werden kann (BGHZ 162, 116, 122 (Altpapierverkauf); BayObLG, VergabeR 2002, 244-247; OLG Düsseldorf, NZBau 2001, 696, 699).

873 Es könnten durch den Gesetzgeber unbestimmte Rechtsbegriffe geschaffen werden, die eine Abgrenzung zwischen Markterkundung und Abschluss eines Vertrages ermöglichen. Einerseits kommt dabei eine ausdrückliche Regelung im Gesetz oder die Erläuterung des Verständnisses von „Vergabeverfahren“ in der Gesetzesbegründung in Betracht. Dies sollte auch unter Beachtung aller weiteren in diesem Kapitel erarbeiteten Zulässigkeitskriterien aus Gründen der Rechtsklarheit vom Gesetzgeber gefordert werden.

874 EuGH, Urteil vom 11.01.2005, Rs. C-26/03 (Stadt Halle), Slg. 2005, I-1 ff., Rn. 35, 39, VergabeR 2005, 44, 49-50. Rein informative Gespräche im Vorfeld zählen zur Markterkundung (Kling, NZBau 2003, 23, 26, 30). Deutliche Kritik an dem Anknüpfungspunkt der Maßnahme oder Willensentscheidung äußert Storr. Eine klare Zuordnung sei nicht möglich, sodass eine unerträgliche Rechtsunsicherheit auf allen Seiten über den Ausgang eines Nachprüfungsverfahrens bestünde (Storr, WuW 2005, 400, 402).

875 Wagner, VergabeR 2002, 250, 251.

876 Reidt, VergabeR 2003, 592, 593.

877 Thüringer OLG, VergabeR 2001, 52, 54.

878 Die Entscheidung, kein Vergabeverfahren durchzuführen, wird gerne als Pendant zur Entscheidung gesehen, ein Verfahren zu beenden (so GA Stix-Hackl, Schlussantrag vom 23.09.2004, Rs. C-26/03 (Stadt Halle), Slg. 2005, I-1 ff., Rn. 23, NZBau 2004, Heft

schlags endet die Möglichkeit, Primäransprüche vor den Vergabekammern und -senaten geltend zu machen (§ 114 Abs. 2 S. 1GWB)[880]. Ein Nachprüfungsverfahren ist unzulässig. Nach der amtlichen Begründung zum VergRÄG ist Gegenstand des Nachprüfungsverfahrens das noch nicht abgeschlossene Vergabeverfahren.[881] Kann dem öffentlichen Auftraggeber ein bestimmtes Verhalten in einem laufenden förmlichen Vergabeverfahren aufgeben werden, so ist Rechtsschutz möglich.[882] Das gilt insbesondere auch für eine unzulässige Aufhebung der Ausschreibung.[883]

Im Falle einer de-facto Vergabe kommt es aber nicht zu einem Zuschlag, sondern zu einem einfachen Vertragsschluss außerhalb eines förmlichen Vergabeverfahrens.[884] Ob dieser Gedanke daher übertragen werden kann, ist nicht abschließend geklärt. Dass auch in diesem Fall Rechtsschutz ermöglicht werden muss, wird unter anderem mit dem Argument, es gehe *„gerade um die Frage der Nichtigkeit der getroffenen Vereinbarung“*, befürwortet.[885] Würde der Vertragsschluss das Ende des Primärrechtsschutzes markieren, so könnte der öffentliche Auftraggeber über die Zulässigkeit der Nachprüfungsanträge verfügen. Je zeitiger er sich mit seinem zukünftigen Vertragspartner einigen würde,

---

11, VII, X; EuGH, Urteil vom 11.01.2005, Rs. C-26/03 (Stadt Halle), Slg. 2005, I-1 ff., Rn. 33, VergabeR 2005, 44, 49).

[879] Der Wirksamkeit kann beispielsweise § 13 S. 6 VgV entgegenstehen. Wirksamkeit meint aber nicht, dass der Zuschlag oder Vertrag rechtmäßig ist. Die Nichtbeachtung von Verfahrensvorschriften (mit Ausnahme der gesetzlichen Ausnahmen zu § 114 Abs. 2 GWB, § 115 Abs. 1 GWB, § 118 Abs. 1 S. 1 GWB und § 13 S. 6 VgV) lässt die Wirksamkeit des Vertrages nicht entfallen.

[880] BGHZ 146, 202, 208 mit Anmerkungen Wagner VergabeR 2001, 77, 78; Waldner, Bieterschutz im Vergaberecht unter Berücksichtigung der europäischen Vorgaben, 2000, S. 169.

[881] BT-Drucks. 13/9340, S. 17 zu § 117 GWB, 2. Abs. a.E.; siehe auch: VK Bund, VergabeR 2001, 433, 434.

[882] OLG Naumburg, VergabeR 2003, 196, 199.

[883] Zum Rechtsschutz bei Aufhebung einer Ausschreibung: EuGH, Urteil vom 18.06.2002, Rs. C-92/00 (Hospital Ingenieure), Slg. 2002, I-5553 ff., Rn. 51-54, NZBau 2002, 458, 462.

[884] Die interessante Frage, ob der Gedanke auf den Vertragsschluss zu übertragen ist, wird meist nicht beantwortet. Gelegentlich ist ohne Argumentation der Vertragsschluss entscheidend (Braun, NZBau 2001, 675, 676; Mertens, Die Rügeobliegenheit im Vergaberecht, 2004, S. 83).

[885] OLG Frankfurt, VergabeR 2005, 80, 82; a.A. VK Bund, VergabeR 2001, 433, 436: § 114 Abs. 1 GWB beendet die Rechtsschutzmöglichkeit im Falle eines Zuschlages und eines Vertragsabschlusses. Primärrechtsschutz sei mit der Erteilung des Auftrages ausgeschlossen (Braun, NZBau 2001, 675, 675-676).

umso schneller würden vollendete Tatsachen geschaffen. Den Wettlauf würde ein potenzieller Bieter meist verlieren, da er keinen Einfluss auf die behördeninterne Wahl des Zeitpunkts des Vertragabschlusses hat.[886]

Im Ergebnis muss daher die Beendigung der Primärrechtsschutzmöglichkeit von der Frage der Wirksamkeit des Vertrages abhängen. Hält man den Vertrag für wirksam, so ist im Anschluss daran kein Nachprüfungsverfahren mehr statthaft. Wendet man umgekehrt § 13 S. 6 VgV direkt oder analog oder § 138 BGB oder § 134 BGB auf Vertragsabschlüsse an, markiert der Vertragsabschluss nicht das Ende des Primärrechtsschutzes. Dieser Punkt wird unter Kapitel 10 V - Unzulässiger Antrag wegen Verfahrensbeendigung durch Vertragsschluss - abschließend beantwortet.

II. Antragsbefugnis

Antragsbefugt ist nach § 107 Abs. 2 GWB:

> *„[...] jedes Unternehmen, das ein Interesse am Auftrag hat und eine Verletzung in seinen Rechten nach § 97 Abs. 7 [GWB] durch Nichtbeachtung von Vergabevorschriften geltend macht. Dabei ist darzulegen, dass dem Unternehmen durch die behauptete Verletzung der Vergabevorschriften ein Schaden entstanden ist oder zu entstehen droht."*

Schon dem Wortlaut nach wird nicht auf die formale Position eines Bieters abgestellt. Damit sollen offensichtlich nicht nur Beteiligte, die bereits ein Angebot abgegeben haben, in die Gunst des Rechtsschutzes kommen, sondern auch und gerade diejenigen Unternehmen, die nicht geboten haben.[887] Von daher ergeben sich keine großen Besonderheiten für die Antragsbefugnis bei der defacto Vergabe.

---

886 Waldner, Bieterschutz im Vergaberecht unter Berücksichtigung der europäischen Vorgaben, 2000, S. 175.

887 Hübner, VergabeR 2005, 336, 337. Dies ist ein zusätzliches Argument für die hier vertretene materielle Theorie. So auch: EuGH, Urteil vom 11.01.2005, Rs. C-26/03 (Stadt Halle), Slg. 2005, I-1 ff., Rn. 40, VergabeR 2005, 44, 50; EuGH, Urteil vom 24.06.2004, Rs. C-212/02 (Kommission./.Österreich), VergabeR 2004, 587 ff., Rn. 24; OLG Düsseldorf, VergabeR 2005, 504, 505.

Die Antragsbefugnis, die für jeden Vergaberechtsverstoß einzeln darzulegen ist, knüpft an drei Kriterien an, die kumulativ vorliegen müssen: Interesse am Auftrag (1), Verletzung bieterschützender Rechte[888] (2), bestehender oder drohender Schaden (3).[889]

1. Interesse am Auftrag

Ein Unternehmen muss ein wirtschaftliches Interesse am Auftrag geltend machen.[890] Dieses wirtschaftliche Interesse kann im Falle der Durchführung eines Vergabeverfahrens aus der Abgabe eines Angebots entnommen werden.[891] Sofern kein förmliches Verfahren durchgeführt wurde, kann die Stellung eines Nachprüfungsantrages das Interesse andeuten.[892] Allerdings ist dies nicht die einzige Möglichkeit. Es ist ausreichend, wenn das Interesse an dem Auftrag behauptet und dargelegt wird.[893] So auch der EuGH: *„das Nachprüfungsverfahren [muss] zumindest jedem zur Verfügung steh[...][en], der ein Interesse an einem bestimmten öffentlichen Auftrag hat oder hatte und dem durch einen behaupteten Rechtsverstoß ein Schaden entstanden ist beziehungsweise zu*

---

[888] Die Einführung subjektiver Rechte ist die bedeutendste Entwicklung im Vergaberecht (statt aller: Boesen, EuZW 1998, 551, 554).

[889] Byok in Byok/Jaeger, Kommentar zum Vergaberecht, 2. Auflage, 2005, § 107 GWB, Rn. 954; OLG Naumburg, VergabeR 2003, 588, 590 mit Anmerkungen Reidt; der EuGH spricht hingegen nur von zwei Kriterien: Interesse und drohender oder entstandener Schaden (EuGH, Urteil vom 19.06.2003, Rs. C-249/01 (Hackermüller), Slg. 2003, I-6319 ff., Rn. 17, NZBau 2003, 509, 510).

[890] Antweiler, VergabeR 2004, 702, 702.

[891] EuGH, Urteil vom 12.02.2004, Rs. C-230/02 (Grossmann Air Service), NZBau 2004, 221, 222, Rn. 27. Wurde kein förmliches Verfahren durchgeführt, aber dennoch ein Angebot eingereicht, so ist die Rechtslage meines Erachtens identisch. Die Antragsbefugnis bei Fehlen eines Angebots grundsätzlich ablehnend beurteilt das OLG Düsseldorf, Beschluss vom 03.01.2005, VII-Verg 82/04.

[892] OLG Stuttgart, BauR 2001, 98, 99. Nach dem OLG Stuttgart ist dem „Interesse am Auftrag" genüge getan, wenn ein Nachprüfungsantrag gestellt wird. Dieses Verständnis würde allerdings zu einer ausufernden Antragsbefugnis führen, welche dann im Ergebnis funktionslos würde, denn dann könnte jeder Unbeteiligte Nachprüfungsanträge stellen. Ob dies das OLG gemeint hat, bleibt offen, denn der Entscheidung lag zu Grunde, dass eine von der Antragsstellerin beauftragte Firma in einem Vergabeverfahren ein Angebot abgegeben hatte.

[893] Hier ist der Darlegungsgrundsatz im Vergaberecht zu beachten: Jeder muss den Teil vortragen, der für ihn vorteilhaft ist (vgl. VK Stuttgart, NZBau 2001, 340, 341).

entstehen droht".[894] Nähere Ausführungen zur konkreten Antragsbefugnis macht der EuGH nicht.

Die unsubstanziierte Behauptung, man hätte ein Interesse am Auftrag gehabt, kann nicht ausreichen.[895] Eine Einschränkung ist vorzunehmen. Könnte jeder Konkurrent behaupten, er hätte bei Kenntnis von dem zu vergebenden Auftrag ein Angebot abgegeben, so würde die Rechtsschutzmöglichkeit ausufern und missbrauchsanfällig. Daher ist zu fordern, dass ausreichend vorgetragen und bewiesen werden muss, dass der jeweilige Unbeteiligte bei Kenntnis tatsächlich ein Angebot abgegeben haben würde und zugleich ein tatsächliches Interesse bestand.[896] Wer beispielsweise öffentlich erklärt hat, auch eine Vereinbarung mit der öffentlichen Hand schließen zu wollen, ist antragsbefugt, wenn er dies hinreichend darlegt.[897] Hohe formale Anforderungen verbieten sich hier.[898]

2. Verletzung in Rechten aus § 97 Abs. 7 GWB

Es muss behauptet werden, dass durch das Unterbleiben eines Vergabeverfahrens nach den §§ 97 ff. GWB und Nichtbeachtung der Vergabevorschriften eine Verletzung der Bieterrechte erfolgte.[899] § 97 GWB ist die zentrale Verpflichtung des Vergaberechts, die sowohl bieterschützenden Charakter wie die wirtschaftliche Einkaufpraxis der öffentlichen Auftraggeber im Blickfeld hat.[900] Die Rechtsverletzung darf nicht nur drohen, sondern muss möglich sein oder

---

[894] EuGH, Urteil vom 11.01.2005, Rs. C-26/03 (Stadt Halle), Slg. 2005, I-1 ff., Rn. 40, VergabeR 2005, 44, 50; EuGH, Urteil vom 24.06.2004, Rs. C-212/02 (Kommission./.Österreich), VergabeR 2004, 587 ff., Rn. 24; siehe auch Art. 1 Abs. 3 S.1 RMR (Richtlinie 89/665/EWG).

[895] Bär, ZfBR 2001, 375, 376.

[896] Byok in Byok/Jaeger, Kommentar zum Vergaberecht, 2. Auflage, 2005, § 107 GWB, Rn. 956. Fand nach einer Ausschreibung eine Änderung des Leistungsinhaltes (aliud) statt, die nicht erneut ausgeschrieben wurde, so kann dem Bieter nicht entgegengehalten werden, er habe kein neues Angebot abgegeben. Vielmehr ist eine konkrete Beteiligungsabsicht anzunehmen und die Antragsbefugnis zu bejahen (OLG Dresden, VergabeR 2004, 225, 228; zustimmend Willenbruch, VergabeR 2004, 231, 232).

[897] VK Düsseldorf, NZBau 2001, 46, 49.

[898] BGHZ 162, 116, 123 (Altpapierverkauf); OLG Düsseldorf, NZBau 2001, 696, 702 mit dem Argument, dass auch die Vergabestelle jegliche Förmlichkeiten unterlassen hat.

[899] OLG Frankfurt, VergabeR 2005, 80, 82.

[900] Bär, ZfBR 2001, 375, 377.

tatsächlich vorliegen und behauptet werden.[901] Bei einer de-facto Vergabe liegt sie in der Missachtung der Vergabevorschriften, die ein Verfahren erforderlich machen.[902]

3. Durch die Verletzung von Vergabevorschriften ist ein Schaden entstanden oder droht zu entstehen

Ferner ist der Vortrag wichtig, dass durch die Verletzung der Vorschriften ein Schaden entstanden ist oder droht, da die Möglichkeit bestanden hätte, in einem Verfahren den Zuschlag zu erhalten.[903] Wurde kein „Angebot“ abgegeben, so ist die Prognose erforderlich, dass bei Abgabe eines Angebots, dieses auch eine Chance gehabt haben müsste.[904] Eine konkrete Aussicht auf die Zuschlagserteilung muss vorgelegen haben.[905] Grund dafür ist, dass ein Nachprüfungsverfahren bedeutungslos und sinnwidrig wäre, wenn ein Dritter von vornherein nicht leistungsfähig und fachkundig wäre, damit sein Angebot jeder Zuschlagsfähigkeit entbehrt, er aber dennoch ein investitionshemmen-

[901] So auch Reidt, VergabeR 2003, 592, 593.

[902] Ausführlich zum subjektiven Recht der Einhaltung der Vergabevorschriften: Burgi, NZBau 2003, 16, 18, 21.

[903] OLG Brandenburg, VergabeR 2003, 242, 244; OLG Frankfurt, VergabeR 2005, 80, 82; OLG Düsseldorf, VergabeR 2005, 90, 97 mit Anmerkungen Zirbes; OLG Düsseldorf, VergabeR 2003, 435, 445; OLG Koblenz, NZBau 2000, 445, 446, VK Baden-Württemberg, Beschluss vom 18.03.2004, 1 VK 7/04, www.ibr-online.de; Stand: 28.11.2005, S. 8, Rn. 3. Bei der Antragsbefugnis kann vorausgesetzt werden, dass es erforderlich ist, einen Schaden oder drohenden Schaden geltend zu machen (EuGH, Urteil vom 19.06.2003, Rs. C-249/01 (Hackermüller), Slg. 2003, I-6319 ff., Rn. 18-19, NZBau 2003, 509, 510).

[904] Die strengeren Anforderungen, die gelten, wenn kein Angebot abgeben wurde, obwohl ein Verfahren stattgefunden hat, können hier nicht von Bedeutung sein. In jenen Fällen muss dargelegt werden, dass wegen diskriminierender Spezifikationen in der Vergabebekanntmachung oder in den Verdingungsunterlagen, die Abgabe des Angebots unterblieben ist und wegen dieses Fehlers das Angebot ohne Chance geblieben wäre (EuGH, Urteil vom 12.02.2004, Rs. C-230/02 (Grossmann Air Service), NZBau 2004, 221, 222, Rn. 28; dazu auch KG, NZBau 2000, 1579, 1580; OLG Koblenz, NZBau 2000, 445, 446; Antweiler, VergabeR 2004, 702, 703). Hier ist aber die Ausgangsposition eine andere. Ein Verfahren hat gerade nicht stattgefunden. Damit geht es nicht um bestimmte fehlerhafte Anforderungen/Spezifikationen, sondern um die fehlerhafte Nichtausschreibung an sich.

[905] OLG Düsseldorf, VergabeR 2004, 216, 218; OLG Rostock, VergabeR 2002, 193, 194 mit Anmerkungen Reidt; OLG Stuttgart, NZBau 2003, 296, 296 (Ls.); VK Baden-Württemberg, Beschluss vom 18.03.2004, 1 VK 7/04, www.ibr-online.de; Stand: 28.11.2005, S. 8, Nr. 3.

des Nachprüfungsverfahren einleiten könnte.[906] Diese Missbrauchsmöglichkeit verhindert die Zulässigkeitsprüfung.[907]

Allerdings sind die Anforderungen an die Antragsbefugnis nicht zu hoch zu legen.[908] Der Nachweis einer echten Chance bedarf es nicht, denn sonst wäre die Hürde für die Geltung des effektiven Rechtsschutzes zu hoch.[909] Es reicht aus, dass der behauptete Vergabeverstoß (Unterlassung der Ausschreibung) geeignet ist, die Aussichten auf den Zuschlag zu beeinträchtigen.[910] Die Darlegung, dass ein Schaden *„nicht offensichtlich ausgeschlossen"*[911] ist, und nicht der Beweis eines Schadens ist erforderlich.[912] Diese Grundsätze wurden anhand förmlicher Vergabeverfahren entwickelt und können auf die de-facto Vergabe übertragen werden, da auch hier das Erfordernis des effektiven Rechtsschutzes gilt.

4. Zwischenergebnis

Zusammenfassend kann daher zur Antragsbefugnis gesagt werden, dass die Anforderungen gering sind. Die schlüssige Darlegung, wegen des Unterlassens eines Vergabeverfahrens kein Angebot eingereicht oder Interesse bekundet zu haben[913] und dadurch in seinem Recht zur Teilnahme verletzt zu sein, sowie der Vortrag, die Aussichten auf den Zuschlag wurden durch den Verstoß beeinträchtigt, sind ausreichend. Im Rahmen der Begründetheit wird

---

906 Begründungserwägung; Stellungnahme des Bundesrates, BT-Drs. 13/9340, S. 40, zu Nr. 22; siehe auch Kaiser, NZBau 2004, 139, 140.

907 OLG Koblenz, NZBau 2000, 445, 446; OLG Rostock, VergabeR 2002, 193, 194 mit Anmerkungen Reidt.

908 BVerfG, NZBau 2004, 564, 566; BGHZ 162, 116, 122 (Altpapierverkauf), BGHZ 159, 186, 191 (Mischkalkulation) mit Anmerkungen Stolz, VergabeR 2004, 478f.; OLG Düsseldorf, NZBau 2001, 696, 702; Bultmann/Hölzl, NZBau 2004, 651, 652; Haug, VergabeR 2005, 372, 373.

909 Kernproblem ist hier die Zulässigkeit. Ob tatsächlich eine Chance bestanden hätte, kann dann im Rahmen der Begründetheit erörtert werden (Haug, VergabeR 2005, 372, 372; Kaiser, NZBau 2004, 193, 194; Krist, Die Neuordnung des Vergaberechtsschutzes unterhalb der Auftragsschwellenwerte - ein Modell de lege ferenda, 2001, S. 15).

910 BGHZ 162, 116, 123 (Altpapierverkauf); Reidt, VergabeR 2002, 195, 196.

911 BVerfG, NZBau 2004, 564, 566.

912 Kaiser, NZBau 2004, 193, 194.

913 OLG Düsseldorf, ZfBR 2005, 404, 405; Fortsetzung von OLG Düsseldorf, NZBau 2003, 173, 174).

dann geprüft, ob dies wirklich der Fall ist.[914] Damit sind alle Beteiligten grundsätzlich antragsbefugt, wenn sie nachvollziehbar vortragen, durch die Missachtung des Vergaberechts an einer Teilnahme gehindert worden zu sein.

III. Rügeobliegenheit

Von besonderer Bedeutung ist in diesem Zusammenhang die Frage, ob dem nicht beteiligten Unternehmen - Antragssteller - die Pflicht zukommt, den Verfahrensfehler der Nichtausschreibung rechtzeitig zu rügen. Umgekehrt bedeutet dies natürlich, dass er, falls er dieser Pflicht nicht nachkommt, mit seinen Ansprüchen präkludiert ist (materielle Präklusionswirkung[915]) und zugleich der Nachprüfungsantrag[916] unstatthaft wird.[917]

Vor der Beantwortung dieser Frage werden kurz die Ziele und die allgemeinen Voraussetzungen der Rügeobliegenheit im förmlichen Verfahren dargestellt. Die Rügeobliegenheit ist gesetzlich in § 107 Abs. 3 S. 1 GWB kodifiziert:[918]

> *„Der Antrag ist unzulässig, soweit der Antragssteller den gerügten Verstoß gegen Vergabevorschriften bereits im Vergabeverfahren erkannt und gegenüber dem Auftraggeber nicht unverzüglich gerügt hat."*

---

914 Die Behauptung der Verletzung ist ebenso wie im Verwaltungsprozess ausreichend. Ob es tatsächlich zu einer Verletzung gekommen ist, ist Teil der Begründetheitsprüfung (BGHZ 159, 186, 191 (Mischkalkulation); VK Sachsen, Beschluss vom 08.07.2004, 1/SVK/044-04, S. 8; VK Stuttgart, NZBau 2001, 340, 341; Bultmann/Hölzl, NZBau 2004, 651, 654; Stolz, VergabeR 2004, 478, 480).

915 Schröder, VergabeR 2002, 229, 229; Jaeger, NZBau 2001, 289, 293. Jaeger stellt allerdings klar, dass damit aber nicht die zivilrechtlichen Schadensersatzansprüche gemeint sind.

916 Der Doppelcharakter ist besonders gut bei Kühnen dargestellt (Kühnen, NZBau 2004, 427, 428).

917 Die Pflicht zur Rüge und die sich anschließende Präklusion steht im Einklang mit den EU-Richtlinien (OLG Koblenz, VergabeR 2003, 709, 717).

918 Die Rügepflicht ist in § 107 Abs. 3 GWB mit zwei Fallvarianten normiert. Da allerdings bei de-facto Vergaben nur die Konstellation des § 107 Abs. 3 S. 1 GWB von Bedeutung sein kann, denn in § 107 Abs. 3 S. 2 GWB wird auf die Bekanntgabe abgestellt, die es nur bei förmlichen Vergaben geben kann, wird im Folgenden lediglich die Rügepflicht nach § 107 Abs. 3 S. 1 GWB dargestellt. Zu beiden Konstellationen umfänglich: Maier, VergabeR 2004, 176-182.

1. Allgemeines zur Rügeobliegenheit

a) Ziele

Die Rügeobliegenheit des § 107 Abs. 3 S. 1 GWB hat mehrere Ziele vor Augen.

Erstens soll dem öffentlichen Auftraggeber die Möglichkeit gegeben werden, Fehler rechtzeitig erkennen und beseitigen zu können (Selbstkorrektur).[919] Zugleich wird damit eine Streitbeilegung außerhalb eines kosten- und zeitaufwändigen Nachprüfungsverfahrens ermöglicht.[920] Voraussetzung der Selbstkorrektur ist die erkennbare Warnung durch den Rügenden (Warnfunktion). Für den öffentlichen Auftraggeber muss deutlich und eindeutig zu Tage treten, dass es nicht nur um einen bloßen Hinweis oder eine Bitte geht, sondern die Rüge den ersten Schritt eines Nachprüfungsverfahrens darstellt.[921] Wenn der Rügende die Schädigung seiner Interessen aufzeigt und Beseitigung beziehungsweise Aufhebung der Verletzung verlangt, ist dem genüge getan. Von einer ausdrücklichen Beseitigung muss nicht gesprochen werden. Kommt im Schreiben zum Ausdruck, dass der Rügende auch beteiligt werden möchte und er seine Nichtbeteiligung für rechtswidrig hält, sind die Voraussetzungen der Rüge erfüllt.[922] Die Warnung und der Hinweis auf ein mögliches Fehlverhalten seitens der Vergabestelle werden auch hier erreicht. Andernfalls würde das Risiko dem Unbeteiligten zugeschanzt, obwohl der Fehler in der Sphäre des öffentlichen Auftraggebers liegt.

---

919 OLG Brandenburg, NZBau 2001, 226, 227; OLG Schleswig, ZfBR 2005, 616, 617; VK Stuttgart, NZBau 2001, 340, 341; Boesen, EuZW 1998, 551, 555; Kühnen, NZBau 2004, 427, 430, Müller-Wrede in Ingenstau/Korbion, VOB, Kommentar, 15. Auflage, 2004, §§ 107, 108 GWB, Rn. 26.

920 Eine ausreichende Reaktionszeit der Vergabestelle ist nicht Voraussetzung. Die Möglichkeit zur Selbstkorrektur ist nicht notwendig. Das Ziel einer Streitbeilegung außerhalb eines Verfahrens ist nicht Gesetzesinhalt geworden. Das ergebe sich schon daraus, dass die Rüge und der Nachprüfungsantrag parallel eingereicht werden können (OLG Düsseldorf, WuW/E Verg 771, 772, sowie schon in einer früheren Entscheidung: VergabeR 2001, 419, 421, VK Sachsen, Beschluss vom 21.12. 2004, 1/SVK/112-04; www.ibr-online.de; Stand: 28.11.2005).

921 OLG Brandenburg, NZBau 2001, 226, 228.

922 Enger und damit nach Auffassung der Verfasserin zu eng, sieht das VK Düsseldorf die Anforderungen an die Rüge (VK Düsseldorf, NZBau 2001, 46, 50). Der Wunsch, in einem fairen Verfahren teilnehmen zu können, wird nach Ansicht der VK Düsseldorf nicht einer Rüge gerecht. Vielmehr hätte zum Ausdruck kommen müssen, dass eine Beseitigung des schädlichen rechtswidrigen Umstandes gewünscht wird.

Zweitens sollen Investitionsblockaden durch Nachprüfungsverfahren verhindert[923] und unnötige Verfahren[924] vermieden werden. Durch eine Präklusionsvorschrift wird die Kontrolle von öffentlichen Auftraggebern beschleunigt. Vergabeverfahren bleiben prozessökonomisch.[925]

Drittens wird dem potenziellen Bieter die Spekulationsmöglichkeit genommen.[926] Bieter sollen nicht mit den Vergabefehlern der Vergabestelle taktieren können.[927] Wer sich selbst treuwidrig verhält und in Kenntnis des Fehlers zuwartet, ob ihm daraus ein Vorteil entsteht, darf die Rechtmäßigkeit seinerseits nicht einfordern (venire contra factum proprium).[928] Daher wird eine Pflicht zur Rüge im stattgefundenen Vergabeverfahren auch dem favorisierten, finanziell besten Bieter auferlegt, sofern er von Vergabefehlern positive Kenntnis hat.[929]

Voraussetzung der Rügepflicht ist erstens ein Erkennen (Entstehung der Rügeobliegenheit) (b) und eine zweitens eine unverzügliche Anzeige (c).

b) Erkennen

Erkannte Verstöße müssen angezeigt werden. Die Vorschrift setzt die positive Kenntnis erstens der tatsächlichen Umstände und zweitens der rechtlichen Tragweite voraus.[930] Wann ein Verstoß erkennbar ist, hängt von dem jeweiligen Bieter ab. Dabei ist nicht auf den spezialisierten Anwalt abzustellen, son-

---

923 Amtl. Begründung zum VergRÄG, BT-Drucks. 13/9349, S. 19 zu § 123 GWB, 1. Abs.; Antweiler, VergabeR 2004, 702, 704. Zum „Primat" des Beschleunigungsgrundsatzes und zur Investitionsblockade: Gröning in Motzke/Pietzcker/Prieß, VOB, Teil A, Kommentar, 2001, Syst. IV, Rn. 71-74, 84, 90.

924 EuGH, Urteil vom 12.02.2004, Rs. C-230/02 (Grossmann Air Service), NZBau 2004, 221, 223, Rn. 37; Braun, NZBau 2000, 320, 320.

925 KG, NZBau 2003, 338, 338; Schröder, VergabeR 2002, 229, 230.

926 VK Düsseldorf, NZBau 2001, 46, 50; Boesen, EuZW 1998, 551, 555; Braun, NZBau 2000, 320, 321; Krist, Die Neuordnung des Vergaberechtsschutzes unterhalb der Auftragsschwellenwerte – ein Modell de lege ferenda, 2001, S. 16; Maier, VergabeR 2004, 176, 179.

927 Amtl. Begründung zum VergRÄG, BT-Drucks. 13/9340 S. 17 zu § 117 GWB, 3. Abs.; Leinenmann, Die Vergabe öffentlicher Aufträge, 3. Auflage, 2004, Rn. 124.

928 OLG Koblenz, NZBau 2000, 445, 447.

929 VK Niedersachsen, Beschluss vom 06.11.2003, VK 09/03, IBR 2004, 44.

930 OLG Düsseldorf, VergabeR 2005, 364, 367 mit Anmerkungen Haug; Braun, NZBau 2000, 320, 321; Byok/Ott, NVwZ 2005, 763, 766; Maier, VergabeR 2004, 176, 178; Schröder, VergabeR 2002, 229, 231; a.A. VK Baden-Württemberg, Beschluss vom 24.05.2000, 1 VK 9/00 (Vorentscheidung zum OLG Stuttgart, BauR 2001, 98, 100, dort offen gelassen): Die Kenntnis der Tatsachen reicht aus (auch: VK Lüneburg, Beschluss vom 21.01.2003-203-VgK-30/2002).

dern auf den durchschnittlich ausgebildeten Bieter.[931] Bei Bauvorhaben ist der Ingenieur maßgeblich, der regelmäßig mit Vergaben konfrontiert ist. Diese Beurteilung ist zurückhaltend vorzunehmen, da andernfalls der Rechtsschutz stark begrenzt würde.[932] Allerdings wird allgemein auf den Bieter abgestellt; unterschiedliche Wissensstände innerhalb eines Unternehmens spielen keine Rolle.[933] Sogar Zweifel an der Rechtslage lassen eine Rügeobliegenheit nicht zwingend entstehen.[934] Verdachtsrügen oder vorsorgliche Rügen sollen schließlich ebenso unterbleiben, um Vergabeverfahren nicht unnötig zu behindern.[935] Ein Bieter hat auch nicht die Pflicht, eigene Nachforschungen anzustellen oder eine Fachauskunft einzuholen.[936] Umgekehrt wird zu seinen Lasten ein *„mutwilliges Sich-Verschließen vor dem Erkennen eines Rechtsverstoßes“* gewertet,[937] was er selbst entkräften muss.[938] Im Ergebnis bedarf es einer Parallelwertung in der Laiensphäre; die Bezeichnung der konkret verletzten Vergabevorschriften ist nicht erforderlich.

c) Unverzüglichkeit

Hinsichtlich des Merkmals der Unverzüglichkeit sind immer die Umstände des Einzelfalls entscheidend.[939] Unverzüglich ist im Sinne des § 121 BGB zu ver-

---

931 OLG Stuttgart, BauR 2001, 98, 99; OLG Schleswig, VergabeR 2001, 214, 216; VK Sachsen, Beschluss vom 17.09.2004, 1/SVK/083-04.

932 OLG Düsseldorf, VergabeR 2000, 419, 421; Byok in Byok/Jäger, Kommentar zum Vergaberecht, 2. Auflage, 2005, § 107 GWB, Rn. 681.

933 Bei der Erkennbarkeit wird in einem *„generalisierenden Maßstab pauschal“* auf den Bieter abgestellt; das Wissen wird quasi innerhalb des Unternehmens zugerechnet (KG, NZBau 2003, 338. 339).

934 OLG Saarbrücken, Beschluss vom 24.11.1999, 5 Verg 1/99; Byok in Byok/Jaeger, Kommentar zum Vergaberecht, 2. Auflage, 2005, § 107 GWB, Rn. 982.

935 Zuletzt: OLG Schleswig, ZfBR 2005, 616, 617; OLG Düsseldorf, VergabeR 2005, 364, 369 mit Anmerkungen Haug; OLG Düsseldorf, VergabeR 2001, 419, 420 mit Anmerkungen Trautner.

936 Ein *„rechtlicher Rat“* muss nicht eingeholt werden (OLG Düsseldorf, VergabeR 2005, 364, 367 mit Anmerkungen Haug).

937 OLG Düsseldorf, VergabeR 2005, 364, 367 mit Anmerkungen Haug; OLG Düsseldorf, VergabeR 2001, 419, 421 mit Anmerkungen Trautner. Eine zu weite Auslegung eines Kennenmüssens ist aber mit Vorsicht zu genießen, da § 107 Abs. 3 S. 1 GWB anders als § 107 Abs. 3 S. 2 GWB ein „Kennenmüssen“ nicht vorsieht (Trautner, VergabeR 2003, 722, 723).

938 Byok/Ott, NVwZ 2005, 763, 766.

939 KG, BauR 2000, 563, 564; OLG Naumburg, ZfBR 2005, 415, 416; Schröder, VergabeR 2002, 229, 232.

stehen.[940] Es muss keine sofortige Rüge ergehen. Der Unternehmer darf sich nur kein schuldhaftes Zögern zu Schulden kommen lassen. Meist ist innerhalb einiger Tage zu rügen.[941] Bei Unsicherheiten wird maximal eine Zwei-Wochenfrist als Rügefrist akzeptiert;[942] insbesondere dann, wenn fachliche Hilfe notwendig ist, weil eine schwierige Sach- und/oder Rechtslage dies erfordert.[943] Allerdings reichen nach einer anwaltlichen Beratung wiederum vier bis fünf Tage aus.[944] Eine Rüge innerhalb eines Monats ist jedenfalls verspätet.[945] Schließlich gelten im Vergaberecht allgemein kurze Fristen - Investitionsblockaden sollen vermieden werden.

Dass zumeist die Zwei-Wochenfrist als unverzüglich akzeptiert wird,[946] bestätigt auch der Gesetzesentwurf (GWBE).[947] Der unbestimmte Rechtsbegriff der Unverzüglichkeit soll durch eine konkrete Festlegung (vierzehn Kalendertage) abgelöst werden, was den Vorteil hat, dass ein Streit über die Rechtzeitigkeit der Rüge entfällt. Als nachteilig ist jedoch zu bemängeln, dass dem Auftraggeber die Zeit genommen wird, Fehler schnell zu beseitigen, da Bieter „erfahrungsgemäß Fristen ausschöpfen". Zukünftig würde eine Rüge vor Ablauf der Frist von vierzehn Kalendertagen sicher nicht eingereicht. Im Ergebnis kann dem Ansinnen des Gesetzgebers dennoch zugestimmt werden. Die Rechtssicherheit überwiegt das Argument der Beschleunigung des Vergabeverfahrens, zumal es sich bei der Frist auch „nur" um vierzehn Kalendertage handelt.

---

940 Statt aller: BayObLG, Beschluss vom 29.09.2004, Verg 22/04, ZfBR 2005, 101 (Ls.); KG, BauR 2000, 563, 564; OLG Brandenburg, NZBau 2001, 226, 227; OLG Koblenz, NZBau 2000, 445, 447; OLG Düsseldorf, WuW/E Verg 223, 227.

941 Die Rüge soll grundsätzlich innerhalb von einem bis drei Tagen ergehen (OLG Schleswig, VergabeR 2001, 214, 216 mit Anmerkungen Waldner); innerhalb von fünf Tagen (OLG Naumburg, ZfBR 2005, 415, 416).

942 Dem Bieter wird eine Überlegungsfrist zugestanden (OLG Brandenburg, NZBau 2001, 226, 227). Die 2-Wochenfrist ist die Obergrenze (OLG Koblenz, NZBau 2000, 445, 447).

943 BayObLG, Beschluss vom 29.09.2004, Verg 22/04, ZfBR 2005, 101 (Ls.); OLG Koblenz, VergabeR 2003, 709, 712; OLG Koblenz, NZBau 2000, 445, 447; OLG Schleswig, VergabeR 2001, 214, 216-217; Schröder, VergabeR 2002, 229, 233.

944 VK Hessen, Beschluss vom 11.08.1999, VK 1/99.

945 KG, BauR 2000, 563, 564: 23 Tage sind bereits zu lange.

946 OLG Brandenburg, VergabeR 2003, 242, 246. Nicht die besondere schwierige Rechtslage ist entscheidend, das OLG stellt vielmehr „Unverzüglichkeit" mit einer zweiwöchigen Frist gleich.

947 § 107 Abs. 3 Nr. 4 GWBE, Entwurf des BMWA vom 18. März 2005 (http://www.bmwa.bund.de; Stand: 25.10.2005, NZBau 2005, Beilage zu Heft 5, nicht in amtlicher Drucksache erschienen).

In der Zwischenzeit bis zur Kodifikation sollten sich Antragssteller darauf einrichten, ihre Rüge so schnell als möglich abzusetzen, denn es gilt der Grundsatz der Unverzüglichkeit und diese kann schon nach einigen Tagen verstrichen sein - besonders wenn die Fehler einfacher Natur und evident sind; zwei Wochen sind nur bei schwieriger Sach- und Rechtslage anzunehmen.[948]

Zu beachten ist auch, dass bei der Einhaltung der Unverzüglichkeit das Mittel der Rüge entscheidend sein kann. Die Wahl des Absendemittels kann von Bedeutung sein, wenn es sonst zu einer Verzögerung des Verfahrens kommt.[949]

d) Form und Rügeverpflichteter

Die Rüge kann formlos, das heißt mündlich oder schriftlich, ergehen.[950] Aus beweistechnischen Gründen ist eine schriftliche Rüge ratsam. Dabei muss allerdings nicht zwingend bereits ein Nachprüfungsverfahren angedroht oder Beseitigung verlangt werden (siehe oben). Auch die Wortwahl „Entscheidung im vorläufigen Rechtsschutz" ist nicht schädlich. Allerdings muss sie möglichst konkret den Verstoß bezeichnen, das heißt, sie darf nicht völlig pauschal und undifferenziert sein.[951] Die verletzten Normen sind nicht zwingend zu bezeichnen, aber inhaltliche Beanstandungen müssen vorhanden sein.[952] Die Vergabestelle, bei der die Rüge anzubringen ist,[953] muss erkennen können, was genau von dem Bieter beanstandet wird. Sonstige bestimmte inhaltliche Anforderungen geben das Gesetz und die Gesetzesbegründung nicht her.[954]

---

[948] Zuletzt: OLG Naumburg, ZfBR 2005, 415, 416.

[949] OLG Naumburg, ZfBR 2005, 415, 416.

[950] § 108 GWB gilt nicht (OLG Brandenburg, NZBau 2001, 226, 227; Jaeger, NZBau 2001, 289, 293).

[951] Zuletzt: OLG Düsseldorf, Beschluss vom 23.02.2005, VII-Verg 92/04, www.justiz.nrw.de; Stand: 28.11.2005; OLG Naumburg, Beschluss vom 14.12.2004, 1 Verg 17/04, IBR 2005, 170; Byok in Byok/Jaeger, Kommentar zum Vergaberecht, 2. Auflage, 2005, § 107 GWB, Rn. 991.

[952] VK Münster, Beschluss vom 16.02.2005 - VK 36/04, www.ibr-online.de, Stand: 01.05.2005; VK Sachsen, Beschluss vom 21.04.2004 - 1/SVK/029-04, www.ibr-online.de, Stand: 01.05.2005.

[953] Empfänger der Rüge ist der öffentliche Auftraggeber, so der eindeutige Wortlaut des § 107 Abs. 3 S. 1 GWB (Kühnen, NZBau 2004, 427, 430).

[954] Krist, Die Neuordnung des Vergaberechtsschutzes unterhalb der Auftragsschwellenwerte – ein Modell de lege ferenda, 2001, S. 16.

Zur Einreichung ist der Bieter oder ein von ihm Bevollmächtigter verpflichtet. Eine Verbandsrüge – zum Beispiel durch Abmahnvereine - existiert im Nachprüfungsverfahren nicht.[955] Das Nachprüfungsverfahren ist ein Parteiverfahren[956] und die Rüge ist eine verfahrensrechtliche Erklärung und kein Rechtsgeschäft. Daher muss entsprechend § 253 Abs. 2 Nr. 1 ZPO der vertretene Verfahrensbeteiligte erkennbar sein.

Hat ein anderer Bieter nicht jedoch der Antragssteller die Rüge an die Vergabestelle erhoben, so ist der Nachprüfungsantrag nicht präkludiert, wenn die Rüge eines anderen dem Antragsteller bekannt gewesen ist. Der Zweck Beanstandungen abzuhelfen kann auch so erfüllt werden.[957] Die Wiederholung einer bekannten Rüge wäre im Übrigen bloße Förmelei.

e) Entbehrlichkeit

Eine Rüge ist ausnahmsweise dann entbehrlich, wenn der öffentliche Auftraggeber zum Ausdruck bringt oder gebracht hat, dass er den Bedenken unter keinen Umständen abhelfen wird.[958] Dasselbe gilt, wenn die Zuschlagsentscheidung unmittelbar bevorsteht und eine Rüge wenig sinnvoll oder Erfolg versprechend erscheint. In diesen oder ähnlich gelagerten Fällen wäre es eine Förmelei, würde man vor dem Nachprüfungsantrag einen Zwischenschritt fordern. Dasselbe gilt, wenn die Vergaberechtsverstöße irreparabel sind.[959] Das Ziel der Rüge, die Ermöglichung der Fehlerkorrektur in der Weise, dass das Verfahren insgesamt zu einem rechtmäßigen Abschluss kommt, kann nicht mehr erreicht werden. Die Rüge ist zwecklos.[960] Entbehrlichkeit muss hinge-

955 OLG Brandenburg, VergabeR 2003, 242, 245 mit Anmerkungen Leinemann, Dreher in Immenga/Mestmäcker, GWB, Kommentar, 3. Auflage, 2001, § 107 GWB, Rn. 9.

956 Leinemann, VergabeR 2003, 246, 247.

957 OLG Celle, VergabeR 2006, 244, 244 mit Anmerkungen Noch.

958 OLG Düsseldorf, VergabeR 2005, 364, 368 mit Anmerkungen Haug; OLG Brandenburg, VergabeR 2004, 210, 214; OLG Stuttgart, BauR 2001, 98, 99; a.A. VK Baden-Württemberg, Beschluss vom 24.05.2000, 1 VK 9/00, Vogel, VergabeR 2003, 718, 719; Kühnen, NZBau 2004, 427, 428.

959 OLG Brandenburg, VergabeR 2003, 242, 244.

960 Das ist aber dann nicht der Fall, das heißt die Rüge ist nicht entbehrlich oder zwecklos, wenn zu Unrecht eine Ausschreibung nicht europaweit erfolgt ist und der Bieter das erkannt hat oder hätte erkennen können, aber nicht gerügt hat. Das Überschreiten der Schwellenwerte führt nicht automatisch zu einem Primärrechtsschutz. Eine Rügeverpflichtung besteht auch hier (KG, NZBau 2003, 338, 340).

gen verneint werden, wenn eine vollständige Wiederholung eines Verfahrensschrittes zur gleichen Bewertung durch die Vergabestelle führt.[961]

In Fällen der Entbehrlichkeit kann der Rechtsschutzbegehrende sofort einen Nachprüfungsantrag einreichen, ohne mit seinen Rechten präkludiert zu sein.

f) Beweislast

Der öffentliche Auftraggeber, der den Antrag für unstatthaft hält, muss dem Bieter nachweisen, dass dieser *„den behaupteten Vergaberechtsverstoß erkannt [oder sich diesem offensichtlichen Wissen verschlossen hat]*[962] *und diesen gleichwohl nicht unverzüglich gerügt hat“.*[963]

2. Übertragung der Gedanken auf die de-facto Vergabe

Das bisher Gesagte gilt in erster Linie für die Rügeobliegenheit bei förmlichen Vergabeverfahren. Fraglich ist, inwieweit diese Gedanken auf die Konstellation der de-facto Vergabe übertragen werden können.

a) Grundsatz

Nach verbreiteter Auffassung ist im Falle einer de-facto Vergabe die Rügeobliegenheit hinfällig.[964] Anders als die §§ 102, 104 Abs. 1 GWB spreche der

---

[961] OLG Koblenz, VergabeR 2003, 709, 712 mit Anmerkungen Vogel.

[962] Hübner, VergabeR 2005, 336, 338. Hier ist ein Indiz der Missbräuchlichkeit erforderlich, um zu einer Umkehrung der Beweislast zu kommen, andernfalls würde der Anspruch auf rechtliches Gehör ausgehöhlt (Maier, VergabeR 2004, 176, 180).

[963] Das ist eine der Besonderheiten des klarstellenden Urteils des BGH (BGHZ 162, 116, 124 (Altpapierverkauf)). Ebenso: Kühnen, NZBau 2004, 427, 429. Eine umfassende Darstellung zur Beweislastverteilung, Nachweispflicht, internen Zurechung von Wissen etc. findet sich bei: Maier, VergabeR 2004, 176, 179. Die Beweislastverteilung ist auch gerecht, da widersprüchliche Angaben in den Verdingungsunterlagen oft erst in der Vorabinformation ersichtlich werden (Diercks, NZBau 2005, 295, 296). A.A. OLG Koblenz: Die Gedanken anderer lassen sich nicht verifizieren, Anknüpfungspunkt ist die objektive Tatsachenlage, die der Bieter entkräften muss - ihm kommt die Darlegungs- und Beweislast zu (OLG Koblenz, VergabeR 2003, 719, 721 mit Anmerkungen Trautner). Im Ergebnis wird dieser Beweis den Vergabestellen selten gelingen (Haug, VergabeR 2005, 372, 373).

[964] Zuletzt: OLG Düsseldorf, VergabeR 2006, 777, 778 mit Anmerkungen Diemert; OLG Düsseldorf, VergabeR 2005, 513, 514 mit Anmerkungen Herrmann und mit Verweis auf die dazugehörige Eilentscheidung: OLG Düsseldorf, ZfBR 2005, 404, 405; KG, ZfBR 2005, 302, 302 mit Anmerkungen Leinemann, VergabeR 2005, 245-247; BayObLG, VergabeR 2002, 244, 247 mit Anmerkungen von Wagner; VK beim Regierungspräsidium Magdeburg, WuW/E Verg 604, 609; Burgi, NZBau 2003, 16, 21; Hausmann/Bultmann,

Gesetzgeber in § 107 Abs. 3 GWB nicht von Vergabe, sondern von einem Vergabeverfahren. Vergabeverfahren sei in diesem Zusammenhang dann formell zu verstehen.[965] Für dieses Verständnis spräche auch die teleologische Auslegung der Vorschrift.[966] Allerdings ist diesem Argument entschieden zu erwidern, dass es systemwidrig ist, bei der Frage, ob es einen „vorbeugenden" Rechtsschutz gibt, auf materielle Kriterien abzustellen (siehe oben Kapitel 10 I 2 und 3) und bei der Rügeobliegenheit wieder auf formelle Aspekte zurückzugreifen. Die Rügeobliegenheit ist meistens aber aus einem anderen Grund entbehrlich:

In Fällen der de-facto Vergabe besteht nämlich in aller Regel das von § 107 Abs. 3 GWB vorausgesetzte Vertrauensverhältnis nicht. Gegenseitige Verpflichtungen erwachsen nur aus einem gegenseitigen Vertrauen. So müssen die Bieter der öffentlichen Hand nach der Bekanntmachung die Möglichkeit geben, Fehler auszubessern.[967] Dieses Vertrauensverhältnis kann aber nur durch die konkrete Einleitung des Vergabeverfahrens begründet werden,[968] welches hier gerade nicht durchgeführt wurde. Wer selbst die Pflichten nicht achtet, kann sich nicht darauf verlassen oder fordern, dass andere sie beachten.[969] Der öffentliche Auftraggeber ist nicht schützenswert.

ZfBR 2005, 309, 310; Jaeger, NZBau 2001, 6, 11; Kühnen, NZBau 2004, 427, 428; Otting, VergabeR 2002, 11, 17 (hält diesen Weg für nicht ausgeschlossen); Schröder, VergabeR 2002, 229, 231; Kullack in Heiermann/Riedl/Rusam, Handkommentar zur VOB, 10. Auflage, 2003, § 107 GWB, Rn. 36; Mertens, Die Rügeobliegenheit im Vergaberecht, 2004, S. 82; **a.A.** Die VK Düsseldorf setzt die Anwendbarkeit des § 107 Abs. 3 GWB voraus und lehnt den Antrag als unzulässig ab, da die potenziellen Bieter über drei bis vier Monate gesicherte Kenntnis der Fakten hatten, bevor sie eine Rüge einreichten. Unsicherheiten bei der rechtlichen Würdigung verhindern die Präklusionswirkung nicht (VK Düsseldorf, NZBau 2001, 46, 49, 50).

965 OLG Frankfurt, VergabeR 2005, 80, 83; VK am Regierungspräsidium Magdeburg, WuW/E Verg 604, 609.

966 Jaeger, NZBau 2001, 6, 12.

967 Wenn die Selbstkorrektur mit der Möglichkeit außergerichtlicher Streitbeilegung nicht als Grundlage für die Rügeverpflichtung anerkannt wird (siehe: OLG Düsseldorf, WuW/E Verg 771, 772; VK Sachsen, Beschluss vom 21.12.2004, 1/SVK/112-04, www.ibr-online.de; Stand: 28.11.2005), ist die Frage der Rügeverpflichtung schwer zu beantworten. Dies wurde in den Entscheidungen nicht herausgearbeitet, ist demnach ungeklärt und kann offen gelassen werden, da sie nur von einer Mindermeinung vertreten wird.

968 BayObLG, VergabeR 2002, 244, 247; VK am Regierungspräsidium Magdeburg, WuW/E Verg 604, 609; Mertens, Die Rügeobliegenheit im Vergaberecht, 2004, S. 82; Schröder, VergabeR 2002, 229, 231. A.A. Wagner, VergabeR 2002, 250, 251.

969 So ebenfalls: Mertens, Die Rügeobliegenheit im Vergaberecht, 2004, S. 82.

Gegen die Forderung einer Rügeobliegenheit bei de-facto Vergaben spricht zudem, dass § 107 Abs. 3 GWB nicht der Vergabestelle eine Spekulationsmöglichkeit geben soll, die sie den Bietern nehmen möchte (Umkehrschluss). Wäre ein potenzieller Bieter zur Anzeige des Fehlers - Vergabe ohne förmliches Vergabeverfahren, obwohl dessen Voraussetzungen vorliegen - verpflichtet[970], so könnte die Vergabestelle rechtswidrig beim Ausbleiben dieser Rüge darauf vertrauen, dass ein Nachprüfungsantrag keinen Erfolg hat. Ihr Verhalten bliebe dann sanktionslos. Die Pflicht zur Rüge kommt letztlich weder dem nicht beteiligten potenziellen Bieter zu noch dem Unternehmen, mit dem der öffentliche Auftraggeber bereits Gespräche geführt hat.[971] Dafür spricht auch der Gedanke des effektiven Rechtsschutzes.

b) Ausnahme

Allerdings wird man die Rügeobliegenheit nicht in allen Konstellationen entfallen lassen können. Streitig ist jedoch, ob diese Ausnahmefälle in die Rubrik der Rügeobliegenheit oder der Verwirkung gehören.[972]

In der Sache geht es darum, dass zwischen dem potenziellen Bieter und der Vergabestelle im Vorfeld eine Kommunikation stattgefunden hat. Der poten-

---

970 Soweit geht aber zu Unrecht die Forderung von Wagner. Mit Kenntnis von einer Beschaffungstätigkeit und dem Wissen einer Ausschreibungsverpflichtung entsteht die Rügeobliegenheit (Wagner, VergabeR 2002, 250, 251).

971 Mertens erörtert diese Fragestellung nicht. Er unterscheidet schlicht ohne Begründung nicht zwischen dem beteiligten und dem unbeteiligten (potenziellen) Bieter (Mertens, Die Rügeobliegenheit im Vergaberecht, 2004, S. 82).

972 Fraglich ist, ob ein missbräuchliches oder treuwidriges Verhalten vorliegt (KG, ZfBR 2005, 302, 303). Das OLG Dresden, VergabeR 2002, 142, 143 mit Anmerkung Otting) prüft ganz selbstverständlich im Falle einer vorangegangenen Aufhebung einer Ausschreibung und anschließenden „freihändigen" Vergabe die Rügepflicht der im „zweiten Verfahren" Unbeteiligten. Die VK Baden-Württemberg hat ein Rechtsschutzinteresse verneint, weil der potenzielle Bieter von der Vergabestelle über das Vorgehen informiert wurde und darauf nicht reagierte. Der Bieter hat die Pflicht zur Rüge, andernfalls könnte eine Verwirkung eintreten (VK Baden-Württemberg, Beschluss vom 18.03.2004, 1 VK 7/04, www.ibr-online.de; Stand: 28.11.2005, S. 10, Nr. 4.2). In dem Urteil wird nicht eindeutig zwischen Präklusion und Verwirkung unterschieden. Der Rechtsgedanke, dass der öffentliche Auftraggeber eine Korrekturmöglichkeit hat, liegt aber beiden zu Grunde, sodass eine rechtsdogmatische Entscheidung dahinstehen kann. In diesem Fall konnte auch keine Nichtigkeit über § 13 VgV angenommen werden (VK Baden-Württemberg, Beschluss vom 18.03.2004, 1 VK 7/04, www.ibr-online.de; Stand: 28.11.2005, S. 9, Nr. 4.1). Auch bei einer Kommunikation zwischen einem Dritten und der öffentlichen Hand bedarf es keiner Rüge (VK am Regierungspräsidium Magdeburg, WuW/E Verg 604, 609).

zielle Bieter hat beispielsweise von der Absicht der Vergabestelle erfahren, einen Auftrag ohne Ausschreibung an einen Konkurrenten erteilen zu wollen. Daraufhin trägt er der Vergabestelle seinen Willen vor, für sie arbeiten zu wollen oder gibt ein Angebot ab. Die Vergabestelle lehnt dieses Ansinnen ab und teilt mit, einen Vertrag mit dem Konkurrenten schließen zu wollen. Wartet in diesem Fall der potenzielle Bieter ab, so ist seine verspätete Rüge präkludiert beziehungsweise sein Nachprüfungsantrag verwirkt, denn zwischen den Parteien hat sich ein Vertrauenstatbestand entwickelt. Ebenso kann es sein, dass der potenzielle Bieter von dem Vorhaben einer vergabefreien Vergabe weiß und dennoch treuwidrig eine Anzeige/Rüge unterlässt.

Nach vorzugswürdiger Meinung ist diese Konstellation unter dem Gesichtspunkt der Rügeobliegenheit zu erörtern.[973] Für die Annahme einer Rügepflicht bei de-facto Vergaben, in denen ein Vertrauenstatbestand entstanden ist,[974] sprechen nach hier vertretener Ansicht jedoch die besseren Argumente.[975] Die wichtigsten Argumente für die Annahme einer Verwirkung oder der Rügeobliegenheit werden kurz dargestellt und gewürdigt.

Die Verwirkung berücksichtige mehr die Interessen potenzieller Bieter, da die Frist nicht so eindeutig wie bei § 107 Abs. 3 GWB an der 14-Tagefrist festgemacht gemacht werden kann. Die öffentliche Hand sei nicht schutzwürdig, denn ein Vertrauensverhältnis bestünde nicht. Durch die 14-Tagesfrist würden potenzielle Bieter zu stark belastet. Die Tatbestandmerkmale einer Verwirkung könnten besser die jeweilige Situation würdigen.

---

973 BGHZ 162, 116, 124.125 (Altpapierverkauf), der allerdings keine dogmatische Einordnung vornimmt und im Übrigen auch offen lässt, ob § 107 Abs. 3 S. 1 GWB überhaupt bei de-facto Vergaben grundsätzlich gilt.

974 In der Fallgestaltung, in der der potenzielle Bieter nicht in Kontakt mit der öffentlichen Hand tritt, sich nicht anbietet, die Beschaffung vorzunehmen oder auch nicht zum Ausdruck bringt, dass er das Vorgehen der öffentlichen Hand für bedenklich hält, kommt weder eine Rügeobliegenheit noch eine Verwirkung, die ebenfalls einen Vertrauenstatbestand und Kontakt voraussetzt, in Betracht (siehe oben).

975 Zu Unrecht hat das BayObLG ein *„intensiviertes Pflichtenverhältnis“* abgelehnt, obwohl die Antragssteller ein Angebot ohne Aufforderung oder Bekanntmachung abgegeben haben (BayObLG, VergabeR 204, 244, 247). Trotz eines kommunikativen Kontaktes lehnt auch das KG die Anwendbarkeit des § 107 Abs. 3 GWB ab, ohne dafür stichhaltige Argumente zu liefern (KG, ZfBR 2005, 302, 303). Bejahend hingegen: OLG Dresden, VergabeR 2002, 142, 143 mit Anmerkung Otting.

Den Bietern soll die Möglichkeiten der Spekulation genommen werden. Wer die Fehler der öffentlichen Hand kennt, dem kann auch eine Rügepflicht zugemutet werden.[976] Außerdem sprechen für eine Rügeobliegenheit nach § 107 Abs. 3 S. 1 GWB analog der Schutzgedanke der Fehlerkorrektur und der Grundsatz, treuwidriges Verhalten zu unterlassen.[977] Der öffentlichen Hand soll eine Selbstkorrektur eröffnet werden.[978] Eine formelle Verfahrensbeziehung ist nicht erforderlich, da durch den direkten Kontakt ein materielles Verhältnis entsteht. Aus dem allgemeinen Staat-Bürger-Verhältnis wird herausgetreten und es wäre sinnwidrig, hier an formellen Gesichtspunkten festhalten zu wollen.[979] Im Übrigen wird der potenzielle Bieter auch nicht ungerechtfertigt durch die Rügeverpflichtung benachteiligt.[980] Sie entsteht erst ab Kenntnis beziehungsweise Kennenmüssen der Vergabefehler. Der Gedanke von Treu und Glauben ist ebenso Teil der Verpflichtung aus § 107 Abs. 3 GWB.[981] Ein Rückgriff auf die allgemeine Vorschrift der Verwirkung bedarf es daher nicht. Lex specialis derogat lex generalis.

Im Ergebnis ist auch der potenzielle Bieter, der Unbeteiligte, möchte er sich gegen das Verhalten der öffentlichen Hand wehren, zur Rüge verpflichtet. Allerdings sind die Fristen nicht zu eng zu handhaben. Die Unverzüglichkeit im Sinne des § 121 BGB beginnt insbesondere erst, wenn die Wertung in der

---

976 OLG Naumburg, NZBau 2006, 667, 667; Wagner, VergabeR 2002, 250, 251. Wagner geht sogar noch weiter und stellt nicht auf einen Vertrauenstatbestand ab. Zur Rüge ist seiner Ansicht nach verpflichtet, wer *„Kenntnis von einer hinreichend konkreten Beschaffungsvorgang erhält“* und weiß, dass die öffentliche Hand zur Ausschreibung verpflichtet ist.

977 VK Stuttgart, NZBau 2001, 340, 341.

978 A.A. trotz Kommunikation entsteht keine Rügeverpflichtung (VK am Regierungspräsidium Magdeburg, WuW/E Verg 604, 609).

979 So aber Burgi, NZBau 2003, 16, 21.

980 Dabei ist die Vorschrift analog auf potenzielle Bieter anzuwenden. Es liegt eine planwidrige Gesetzeslücke vor und die Sachverhalte sind vergleichbar. Der Gesetzgeber hat diese Konstellation der de-facto Vergabe, in denen trotz fehlender Bekanntmachung ein Vertrauensverhältnis besteht, nicht gesehen. Die Sachverhalte sind vergleichbar, sodass ein ausgewogenes Verhältnis zwischen Vergabestelle und potenziellem Bieter besteht.

981 Die Rügeobliegenheit ist Ausdruck des allgemeinen Grundsatzes von Treu und Glauben (OLG Düsseldorf, WuW/E Verg 223, 226; VK Stuttgart, NZBau 2001, 340, 341; Schröder, VergabeR 2002, 229, 230). So auch Hausmann/Bultmann, die allerdings zu Unrecht auf den allgemeinen Grundsatz als *„Surrogat“* zu § 107 Abs. 2 GWB abstellen und anschließend doch wieder den Grundsatz der Rügeobliegenheit für anwendbar erklären - insoweit unklar (Hausmann/Bultmann, ZfBR 2005, 309, 310).

Laiensphäre erfolgt ist. Auch dann bedarf es möglicherweise der Einholung eines rechtlichen Rates, wofür ausreichend Zeit gewährt sein muss.

3. Zwischenergebnis für de-facto Vergaben

Sofern zwischen dem potenziellen Bieter und der öffentlichen Hand kein wie auch immer geartetes Vertrauensverhältnis entstanden ist oder der Bieter nicht treuwidrig eine Rüge unterlässt, besteht die Rügeobliegenheit seitens des bislang Unbeteiligten nicht. Die öffentliche Hand ist nicht schutzwürdig. Das Argument der Fehlerkorrektur tritt hinter den Gedanken des effektiven Primärrechtsschutzes zurück. Anders ist die Rügeobliegenheit zu bewerten, wenn ein Vertrauensverhältnis entstanden ist, dann muss der Unbeteiligte rügen, will er Ansprüche nicht verlieren.

4. Gesetzesentwurf hinsichtlich einer Rügeobliegenheit vom 18. März 2005

Der Gesetzesentwurf der Bundesregierung vom 18. März 2005 sieht in § 107 Abs. 3 GWBE[982] folgende Regelung vor:

„(3) Der Antrag ist unzulässig, soweit

1. der Antragsteller den gerügten Verstoß gegen Vergabevorschriften bereits im Vergabeverfahren erkannt und gegenüber dem Auftraggeber nicht unverzüglich gerügt hat,

2. Verstöße gegen Vergabevorschriften, die aufgrund der Bekanntmachung erkennbar sind, nicht spätestens bis Ablauf der in der Bekanntmachung benannten Frist zur Angebotsabgabe oder zur Bewerbung gegenüber dem Auftraggeber gerügt werden,

3. Verstöße gegen Vergabevorschriften, die erst in den Vergabeunterlagen erkennbar sind, nicht unverzüglich nach Erhalt, spätestens aber bis zum Ablauf der Angebotsfrist gegenüber dem Auftraggeber gerügt werden,

---

[982] Gesetzesentwurf des BMWA zum GWB vom 18. März 2005, veröffentlicht unter: http://www.bmwa.bund.de; Stand: 25.10.2005; vgl. NZBau 2005, Beilage zu Heft 5, nicht in amtlicher Drucksache erschienen.

4. mehr als 14 Kalendertage nach Eingang der Mitteilung des Auftraggebers, einer Rüge nicht abhelfen zu wollen, vergangen sind.

Satz 1 gilt nicht bei einem Antrag auf Feststellung der Unwirksamkeit des Vertrages nach § 101 b Abs. 1 Nr. 2 [Hervorhebung durch die Verfasserin]."

Diese Regelung kann nur für die Konstellation, in der kein kommunikativer Kontakt besteht, befürwortet werden. In den anderen Fällen ist dem öffentlichen Auftraggeber die Möglichkeit der Selbstkorrektur durch die Verpflichtung zur Rüge zu geben, wie sie ursprünglich auch vorgesehen ist (siehe oben).[983] Dasselbe gilt für die Vermeidung von Spekulationen durch die Unternehmen sowie für die übrigen zu Recht angeführten Gründe.[984] Nur die hier erarbeitete Lösung stellt differenziert auf die Risikoverteilung zwischen öffentlichem Auftraggeber und Unternehmen ab. Andernfalls wäre sicherlich wieder auf den Grundsatz von Treu und Glauben zurückzugreifen.[985]

Besser wäre eine Anknüpfung an die Tatsache, ob nur ein Unternehmen beteiligt wurde (dann keine Rügeverpflichtung) oder ob mehrere Unternehmen ihr Interesse zum Ausdruck gebracht haben (dann Rügeverpflichtung).

IV. Verwirkung

Der Nachprüfungsantrag könnte weiter ausgeschlossen sein, wenn der Anspruch verwirkt ist. Die Verwirkung ist ein allgemeiner Rechtsgrundsatz, der auch bei de-facto Vergaben eine Rolle spielen kann.

1. Herleitung des Grundsatzes der Verwirkung im Vergaberecht

Voraussetzung der Verwirkung (nach § 242 BGB[986]) ist die Schaffung eines Vertrauenstatbestandes (Umstandsmoment), aus dem der Auftraggeber nach

---

[983] Ähnlich: Hübner, VergabeR 2005, 336, 339.

[984] Siehe Kapitel 10 III 1 a).

[985] Angedeutet bei: Hübner, VergabeR 2005, 336, 339.

[986] Das OLG Düsseldorf hat zwar die Verwirkung im konkreten Fall abgelehnt, sie wird jedoch auf solche Konstellationen für grundsätzlich anwendbar erklärt. (OLG Düsseldorf, ZfBR 2005, 404, 405). Auch die Möglichkeit einer Verwirkung annehmend: VK Schleswig-Holstein, Beschluss vom 02.02.2005, SH-VK 01/05, IBR 2005, 281; OLG Dresden, Beschluss vom 11.09.2003, WVerg 07/03, ZfBR 2004, 206, 208.

Treu und Glauben den Schluss ziehen durfte, dass aufgrund Verstreichenlassens eines längeren Zeitraums (Zeitmoment) weder eine Rüge als Vorstufe für den Primärrechtsschutz eingereicht noch ein Nachprüfungsverfahren eingeleitet wird.[987] Aus diesem Grund wird eine Maßnahme vorgenommen (Vertrauensbetätigung), die nur unter unzumutbaren Umständen rückgängig gemacht werden kann. Hier ist auf den oben entwickelten hypothetischen Fall zu verweisen (vgl. Kapitel 10 III 2 b).

Unabhängig von der Vorschrift des § 242 BGB könnte der Gedanke der Verwirkung auch aus dem Grundsatz der Beschleunigung (§ 113 Abs. 2 S. 1 GWB) resultieren. Er gilt nicht nur für die Vergabekammern sondern auch für die Beteiligten am Nachprüfungsverfahren.[988] Allen Verfahrensbeteiligten kommt eine Mitwirkungspflicht zu. Da das Nachprüfungsverfahren eine schnelle Überprüfung ermöglichen möchte, ist dieser Grundsatz auch schon im Vorfeld anzuwenden.[989] Gegen die Herleitung der Verwirkung aus § 113 Abs. 2 S. 1 GWB spricht jedoch, dass die Norm einen Programmsatz enthält und nicht deutlich ist, ob der Gesetzgeber hier ein subjektives Recht oder eine Pflicht aufnehmen wollte. Letztendlich kann die Entscheidung aber offen bleiben, weil der allgemeine Grundsatz der Verwirkung jedenfalls auf § 242 BGB gestützt werden kann.

In diesem Zusammenhang ist noch anzumerken, dass eine Unzulässigkeit des Antrages auch bei Bietergemeinschaften herbeigeführt wird, bei der ein unwissender Interessent beteiligt ist. Bietergemeinschaften werden verfahrensrechtlich wie auch materiell als Einheit beurteilt, sodass eine Wissenszurechnung innerhalb des Kreises aller Mitglieder erfolgt.[990] Dafür spricht der Gleichbehandlungsgrundsatz des § 97 Abs. 2 GWB und der Grundsatz der Rechtssi-

---

[987] Statt aller: Roth in Münchner Kommentar zum BGB, Band 2a, 4. Auflage, 2003, § 242 BGB, Rn. 296.

[988] Antweiler, VergabeR 2004, 702, 704; Dreher in Immenga/Mestmäcker, GWB, Kommentar, 3. Auflage, 2001, § 113 GWB, Rn. 19; Müller-Wrede in Ingenstau/Korbion, VOB, Kommentar, 15. Auflage, 2004, § 113 GWB, Rn. 8; Reidt in Reidt/Stickler/Glahs, Vergaberecht, Kommentar, 2. Auflage, 2003, § 113 GWB, Rn. 23.

[989] Das gilt für Nichtbewerber bei durchgeführten Vergabeverfahren (Antweiler, VergabeR 2004, 702, 705); Dreher spricht aber vom gesamten Nachprüfungsverfahren. Ob er damit auch das Vorfeld erfasst wissen wollte, ist nicht eindeutig (Dreher in Immenga/Mestmäcker, GWB, Kommentar, 3. Auflage, 2001, § 113 GWB, Rn. 10).

[990] VK Düsseldorf, NZBau 2001, 46, 51.

cherheit. Andernfalls wären wiederum Spekulationsmöglichkeiten eröffnet, die die Vorschrift des § 107 Abs. 3 GWB und in Verlängerung dieses Grundsatzes mit derselben Zielrichtung die Verwirkung verhindern möchten. Ein Interessent mit positiver Kenntnis könnte sich sonst eines gutgläubigen Dritten bedienen und so seine an sich verstrichenen Rechtsschutzmöglichkeiten wahren.

2. Lange Zeit zwischen Rüge und Nachprüfungsantrag

Bei der Durchführung eines förmlichen Vergabeverfahrens ist eine Verwirkung anzunehmen, wenn zwischen einer Rüge und der späteren Einleitung des Nachprüfungsverfahrens eine lange Zeit verstrichen ist, aus der der Auftraggeber nach Treu und Glauben den Schluss ziehen durfte, dass sich die Beanstandung mittlerweile erledigt hat.[991] Der Bieter muss den Eindruck erweckt haben, dass er ein Nachprüfungsverfahren nicht einleiten wird. Daher hat sich der öffentliche Auftraggeber auf diese Situation eingestellt und sein Verhalten daran orientiert.

Fraglich ist aber, wie es sich mit der Verwirkung verhält, wenn keine Ausschreibung vorangegangen ist. Sofern auch in diesem Fall eine Rüge ergangen ist, können dieselben Grundsätze angewandt werden. Das Vertrauensverhältnis entsteht durch die Rüge, die den Kontakt begründet. Dabei kann es keinen Unterschied machen, ob sie überobligatorisch erfolgt ist oder der Beteiligte dazu verpflichtet war.

3. Keine Rüge, keine vorherige Ausschreibung

In Fällen des kommunikativen Kontakts ist nach vorzugswürdiger Ansicht schon eine Präklusion nach § 107 Abs. 3 S. 1 GWB eingetreten, da ein Rückgriff auf die Verwirkung des Vergabenachprüfungsrechts hinfällig ist (siehe oben).[992]

---

[991] OLG Frankfurt, VergabeR 2005, 80, 83; Leinemann, Die Vergabe öffentlicher Aufträge, 3. Auflage, 2004, Rn. 136; a.A. Antweiler, der für eine analoge Anwendung der Unverzüglichkeitsregel des § 107 Abs. 3 GWB plädiert. *„Der Nachprüfungsantrag müsste dann unverzüglich nach Zurückweisung einer Rüge gestellt werden“* (Antweiler, VergabeR 2004, 702, 704 m.w.N.).

[992] Nicht eine Verwirkung sondern eine Präklusion wegen unterlassener Rüge nimmt die VK Düsseldorf an (VK Düsseldorf, NZBau 2001, 46, 50). Ebenfalls eine Rügeobliegenheit

Problematisch ist eine Verwirkung nur dann, wenn kein kommunikativer Kontakt bestand und keine Rüge ergeht. Im Falle der Unterlassung einer Rüge ist die Verwirkung nur dann zu bejahen, wenn der Unternehmer positive Kenntnis von der Vergaberechtswidrigkeit des Vorgehens der Vergabestelle hat und dies der Vergabestelle bekannt ist. Dann darf sie nach einer gewissen Zeit auf das Unterlassen von Schutzansprüchen vertrauen.[993] Allerdings setzt auch die Verwirkung ein Vertrauensverhältnis voraus, was nach der hier vertretenen Ansicht zu einer Rügeobliegenheit führen würde.

4. Zwischenergebnis für de-facto Vergaben

Die Verwirkung des Rechts, ein Nachprüfungsverfahren einzuleiten, ist nur gegeben, wenn eine lange Zeit zwischen Rüge und Einreichung des Antrages verstrichen ist. In allen anderen Fällen, in denen die Verwirkung auf Grundlage eines Vertrauensverhältnisses entstehen könnte, ist die Rügeobliegenheit vorrangig.

V. Unzulässiger Antrag wegen Verfahrensbeendigung durch Vertragsschluss

Der Zulässigkeit des Vergabenachprüfungsbegehrens könnte entgegenstehen, dass bereits Vereinbarungen getroffen wurden. Nach § 114 Abs. 2 S. 1 GWB kann ein bereits wirksam erteilter Zuschlag, egal ob vergaberechtswidrig oder nicht, im Vergabeverfahren nicht aufgehoben werden.[994] Der Antrag wäre dann unzulässig, da das Nachprüfungsverfahren nur dem Primärrechtsschutz dient. Daher wird grundsätzlich gefordert, dass ein

bejaht die VK Baden-Württemberg (VK Baden-Württemberg, Beschluss vom 18.03.2004, 1 VK 7/04, www.ibr-online.de; Stand: 28.11.2005, S. 8, Rn. 4), nachdem eine Information an die „Nichtbeteiligten" gegangen ist, diese aber verspätet reagiert haben.

993 OLG Düsseldorf, VergabeR 2005, 90, 97 mit zustimmenden Anmerkungen Zirbes. Er votiert für eine Verwirkung.

994 Die Betonung liegt auf **wirksamer** Vertrag (BGHZ 146, 202, 207; zuletzt: OLG Düsseldorf, VergabeR 2005, 503, 505). Der Grundsatz „pacta sunt servanda" gelte nicht. Ein Bieter habe auch nach Zuschlagserteilung ein Recht auf ermessensfreie Entscheidung über das „mit Wem" des Vertragsschlusses (Stelkens, NZBau 2003, 654, 656-658). Ein wirksamer Vertrag beende in der Regel das Vergabeverfahren und erledige das Vergabenachprüfungsverfahren (Antweiler, NZBau 2005, 35, 35).

Vergabeverfahren bereits begonnen haben muss und noch andauert.[995] Das Verfahren könnte aber auch anderweitig als durch Zuschlag beendet worden sein, das heißt im Falle einer de-facto Vergabe durch Vertragsabschluss.[996] Hier ist entscheidend, ob die Vereinbarung wirksam ist (materielle Rechtsfolgen des Vergabeverstoßes), denn nur dann ist ein Antrag wegen Verfahrensbeendigung unstatthaft (verfahrensrechtliche Folgen).[997]

Die Wirksamkeit eines Vertrages wird bei der de-facto Vergabe aus drei Gründen angezweifelt.[998] Erstens wird eine Nichtigkeit nach §§ 97 Abs. 1, 101 Abs. 1 GWB i.V.m. § 134 BGB diskutiert, zweitens eine Nichtigkeit nach § 13 S. 6 VgV direkt oder analog und drittens eine gemäß § 138 BGB.

1. Nichtigkeit nach § 134 BGB

Einige Autoren behaupten, dass die Pflicht zur Beachtung der vergaberechtlichen Vorschriften resultierend aus §§ 97 Abs. 1 und 101 Abs. 1 GWB ein gesetzliches Verbot darstelle. Damit hätte ein Verstoß die Nichtigkeit nach § 134 BGB zur Folge.[999]

Gegen diese Ansicht spricht entscheidend die Gesetzessystematik. Nach § 114 Abs. 2 S. 1 GWB kann ein bereits erteilter Zuschlag, egal ob vergaberechtswidrig oder nicht, nicht aufgehoben werden.[1000] Die Ausnahmeregelun-

---

995 BGHZ 148, 202, 207; OLG Celle, VergabeR 2001, 325, 326; OLG Düsseldorf, VergabeR 2004, 216, 219; OLG Düsseldorf, NZBau 2000, 306, 309-310.

996 Der Vertragsschluss kann dem Zuschlag gleichgestellt werden, weil er ebenso zu einer Beendigung des „Verfahrens" führt und § 114 Abs. 2 S. 1 GWB entsprechend für de-facto Vergaben den Grundsatz „pacta sunt servanda" statuiert (statt aller: BGHZ 162, 116, 121 (Altpapierverkauf); a.A. zu Unrecht: Müller-Wrede in Ingenstau/Korbion, VOB, Kommentar, 15. Auflage, 2004, § 114 GWB, Rn. 16).

997 So OLG Düsseldorf, VergabeR 2005, 513, 515 mit Anmerkungen Herrmann.

998 Andere Nichtigkeitsgründe, die außerhalb des Vergaberechts liegen, haben dieselbe Folge: ein Nachprüfungsverfahren ist statthaft. Vgl. zum Beispiel zur Nichtigkeit nach § 58 Abs. 2 VwVfG oder nach §§ 57, 59 Abs. 1 VwVfG, § 125 S. 1 BGB: OLG Düsseldorf, NZBau 2003, 55, 58-59.

999 Heuwels/Kaiser, NZBau 2001, 479, 480; Kaiser, NZBau 2005, 311, 312, 313; Müller-Wrede/Kaelble, VergabeR 2002, 1, 8. Schwierigkeiten bestehen dann auch hinsichtlich der Rechtswegzuweisung (Kaiser, NZBau 2005, 311, 315).

1000 Dasselbe gilt für sonstige Erledigungen nach § 114 Abs. 2 S. 2 GWB; nur die Feststellung der Rechtsverletzung ist möglich. Die Norm bezieht sich auf den Fall, dass nach Einreichung des Nachprüfungsantrages der Zuschlag erteilt wurde und eine Entscheigen zu dieser Norm sind im GWB selbst abschließend niedergelegt. Nach § 115 Abs. 1 GWB ist eine Erteilung eines Zuschlages unwirksam, wenn der Nachprüfungsantrag zugestellt wurde. Ihm kommt ein Suspensiveffekt zu; der nicht favorisierte Bieter oder potenzielle Bieter ist geschützt. Dieselbe aufschiebende Wirkung ergibt sich für die sofortige Beschwerde aus § 118 Abs. 1 S. 1 beziehungsweise S. 3 GWB. Ein innerhalb der dort vorgesehenen Fristen erteilter Zuschlag ist unwirksam. Die letzte Ausnahme ist § 13 VgV.[1001] Die §§ 115 Abs. 1 und 118 Abs. 1 S. 1 und S. 3 GWB (sowie umstritten § 13 S. 6 VgV) sind Verbotsnormen im Sinne des § 134 BGB, nicht jedoch die Verpflichtung zur Ausschreibung an sich.[1002] Dies ergibt ebenso eine Wortlautanalyse der Vorschrift.[1003]

---

dung nach § 114 Abs. 1 GWB nicht mehr ergehen kann (BGHZ 148, 202, 208) mit Anmerkungen Wagner, VergabeR 2001, 77, 78). Nur bereits anhängige, nicht beendete Nachprüfungsverfahren werden erfasst (VK Bund, VergabeR 2001, 433, 434 mit Anmerkungen Krist; Müller-Wrede in Ingenstau/Korbion, VOB, Kommentar, 15. Auflage, 2004, § 114 GWB, Rn. 18). A.A. aber Byok, der die Aufhebung eines Vertrages als möglich ansieht, wenn der Vertrag nichtig ist. Dies stellt keinen Verstoß gegen den Grundsatz „pacta sunt servanda" dar (Byok in Byok/Jaeger, Kommentar zum Vergaberecht, 2. Auflage, 2005, § 107 GWB, Rn. 952 und § 114 GWB, Rn. 1076). § 114 Abs. 2 S. 2 GWB schließe nicht den Rechtsschutz eines Bieters aus (so meines Erachtens zu Unrecht: Stelkens, NZBau 2003, 654, 659). Mitbewerber hätten das Recht *„auf ermessensfehlerfreie Entscheidung des Auftraggebers über das „Mit Wem" des Vertragsschlusses"* für das der ordentliche Rechtsweg offen stünde (Stelkens, NZBau 2003, 654, 659).

1001 Allerdings nicht ganz unstreitig, ob § 13 S. 6 VgV wirklich eine Ausnahme zu § 114 GWB ist; bejahend: Dietlein/Spießhofer, VergabeR 2003, 509, 517; Krist, VergabeR 2001, 436, 436; verneinend: BGHZ 158, 43, 55 (Wassernebellöschanlage II). § 13 S. 6 VgV passt nicht richtig in das System von Regel und Ausnahme zu § 114 Abs. 2 S. 1 GWB (Hailbronner, NZBau 2002, 474, 478). Dazu mehr im Kapitel 10 V 2 b) (2).

1002 So zu Recht zur Verpflichtung der Ausschreibung: VK Bund, VergabeR 2001, 433, 435; Kühnen in Byok/Jaeger, Kommentar zum Vergaberecht, 2. Auflage, 2005, § 13 VgV, Rn. 1604. § 115 GWB als Verbotsnorm bejahend: Waldner, Bieterschutz im Vergaberecht unter Berücksichtigung der europäischen Vorgaben, 2000, 199-203. § 13 VgV ist zu Recht keine Verbotsnorm im Sinne des § 134 BGB: *„Beinhaltet die Regelung eines Verbots die Folge seiner Verletzung selbst, kommt § 134 BGB nicht zum Zug"* (BGHZ 158, 43, 55 (Wassernebellöschanlage II); ebenso: KG, VergabeR 2002, 235, 237 mit Anmerkung Erdl; Kühnen in Byok/Jaeger, Kommentar zum Vergaberecht, 2. Auflage, 2005, § 13 VgV, Rn. 1585). Nach a.A. sind alle drei Normen Verbotsgesetze im Sinne des § 134 BGB (OLG Brandenburg, VergabeR 2004, 210, 215; Brinker, NZBau 2000, 174, 178; Kaiser, NZBau 2005, 311, 313). Die Regelung der Nichtigkeit sei nur ein deklaratorischer Verweis auf § 134 BGB (Burgi, NZBau 2003, 16, 20).

1003 § 114 Abs. 2 S. 1 GWB enthält nur ein positives Gebot (VK Bund, VergabeR 2001, 433, 435). Dasselbe gilt für § 97 Abs. 1 GWB (Portz, VergabeR 2002, 211, 218).

Sonstige Verstöße gegen das Vergaberecht erfüllen nicht den Tatbestand einer Verbotsnorm und ziehen keine Nichtigkeit nach sich.[1004] Dies ist die gesetzgeberische Entscheidung.[1005] Hätte der Gesetzgeber die Missachtung des Vergaberechts zur Nichtigkeit führen lassen wollen, hätte er dies ins GWB mit aufgenommen.[1006] Folglich ist eine Auftragserteilung ohne Ausschreibung nicht nichtig.[1007]

Nicht von Bedeutung ist der Einwand gegen § 134 BGB, dass die Norm ein zweiseitiges Verbotsgesetz voraussetze und die Verpflichtung Vergabeverfahren durchzuführen eine einseitige ist.[1008] Schließlich findet § 134 BGB auch dann Anwendung, wenn unabhängig davon, ob ein ein- oder zweiseitiges Verbot besteht, der Zweck des Gesetze nur durch Nichtigkeit erreicht werden kann.[1009]

Als Ergebnis ist festzuhalten: Die Missachtung der vergaberechtlichen Vorschriften zur Durchführung eines Vergabeverfahrens führt nicht zu einer Nichtigkeit nach § 134 BGB.

2. Nichtigkeit nach § 13 S. 6 VgV

a) Allgemeine Voraussetzung des § 13 S. 6 VgV und Rechtswirksamkeit

Die allgemeinen Voraussetzungen eines wirksam abgeschlossenen Vertrages zwischen der öffentlichen Hand und dem favorisierten Bieter bedingen zu-

[1004] So führt auch ein Verstoß gegen die Dienstleistungsrichtlinie oder die DKR (92/50/EWG) nicht zur Nichtigkeit, da diese Vorschriften keine Verbotsnormen sind. Sie enthalten lediglich Ausschreibungsgebote (Pencereci, LKV 2005, 137, 142).

[1005] BGHZ 146, 202, 213, 76; OLG Düsseldorf, VergabeR 2004, 216, 219.

[1006] Der Wille des Gesetzgebers kann hinten anstehen, wenn der Wortlaut eine weitere Auslegung trägt und die europarechtlich orientierte Auslegung dies fordert (KG, ZfBR 2005, 302, 307). Dennoch könne die Entscheidung, ob die Missachtung des Vergaberechts nicht nach §§ 97 Abs. 1, 101 Abs. 1 GWB, § 4 Abs. 1 VgV i.V.m. § 134 BGB nichtig sei, offen gelassen werden, da jedenfalls § 138 BGB einschlägig sei und Vorrang vor § 134 BGB genieße (KG, ZfBR 2005, 302, 307).

[1007] OLG Düsseldorf, VergabeR 2004, 216, 219 unter Aufgabe seiner früheren Rechtsprechung, vgl. noch a.A. OLG Düsseldorf, VergabeR 2003, 435, 442-444; Portz, VergabeR 2002, 211, 218; Wegmann, NZBau 2001, 475, 478.

[1008] Glahs in Reidt/Stickler/Glahs, Vergaberecht, Kommentar, 2. Auflage, 2003, § 13 VgV, Rn. 12-13.

[1009] In fortgesetzter Rechtsprechung: BGH, EuZW 2003, 444, 445 (nicht in amtlicher Sammlung erschienen) mit Anmerkungen Pechstein. Zweck sei der Schutz von Wettbewerb und Transparenz (Müller-Wrede/Kaelble, VergabeR 2002, 2, 8).

nächst eine schriftliche[1010] Vorabinformation und das Verstreichen von vierzehn Kalendertagen,[1011] gerechnet nach dem Tag der Absendung (§ 13 S. 3 VgV) der Information.[1012] Wird die Frist nicht eingehalten oder erfolgt eine Zuschlagserteilung ohne oder ohne ausreichende Vorabinformation, ist der Vertrag nichtig.

> *„Ein Vertrag darf vor Ablauf der Frist oder ohne dass die Information erteilt worden und die Frist abgelaufen ist, nicht geschlossen werden. Ein dennoch abgeschlossener Vertrag ist nichtig.“*[1013]

Hintergrund dieser Vorschrift ist es, die Rechtsschutzlücke des vormaligen Vergaberechts zu schließen.[1014] Diese Lücke entsteht dadurch, dass in Deutschland Zuschlag und Vertragsschluss zusammenfallen, was eine vorherige Überprüfung der Entscheidung über die Zuschlageserteilung unmöglich

---

[1010] Die Mitteilung per Telefax (oder E-Mail) wird allgemein als ausreichend beurteilt (vgl. OLG Jena, VergabeR 2002, 543, 544; Stockmann, NZBau 2003, 591, 593), da die Information keine Willenserklärung im Sinne des § 126 BGB ist (Gesterkamp, NZBau 2002, 481, 482). Bei der Teilnahme ausländischer Bieter wird diese Form sogar zur Vermeidung einer Ungleichbehandlung gefordert (Kühnen in Byok/Jaeger, Kommentar zum Vergaberecht, 2. Auflage, 2005, § 13 VgV, Rn. 1574).

[1011] Keine weitere Bedeutung kommt auch der Konstellation zu, in der der öffentliche Auftraggeber in den Verdingungsunterlagen eine längere Frist aufnimmt, dann aber bereits nach vierzehn Kalendertagen den Auftrag erteilt. Dieser Zuschlag ist wirksam (OLG Bremen, NZBau 2004, 172, 172, vgl. auch Urteilsbesprechung Kiser, Neues zum Baurecht, Heft 1, Januar 2004, 3, 3, a.A. Kühnen in Byok/Jaeger, Kommentar zum Vergaberecht, 2. Auflage, 2005, § 13 VgV, Rn. 1577).
Die Frist kann nur verkürzt werden, wenn alle Bieter dem zustimmen (Kühnen in Byok/Jaeger, Kommentar zum Vergaberecht, 2. Auflage, 2005, § 13 VgV, Rn. 1576).
Die Frist von vierzehn Kalendertagen wird auch nicht durch eine Reaktion der Vergabestelle auf eine Rüge eines Bieters verlängert, andernfalls hinge das Zuschlagsverbot vom Belieben des Bieters ab, was weder mit dem Grundsatz der Rechtssicherheit noch mit dem Beschleunigungsgrundsatz des § 113 GWB konform ginge (OLG Jena, VergabeR 2005, 521, 524).

[1012] § 13 VgV ist die nationale Umsetzung der ex post Transparenz, die ihre Grundlage in § 97 Abs. 1 GWB hat (Opitz, Marktbeherrschung und Bieterwettbewerb, 2003, S. 81). Vor der Einführung dieser Norm wurde diese ex post Transparenz aus § 27 VOL/A hergeleitet (BKartA, NZBau 2000, 53, 56). Dies galt allerdings nur, wenn der Antrag auf Vorabinformation gestellt wurde (KG, NZBau 2000, 531, 532). Zur historischen Entwicklung des Primärrechtsanspruchs nach Zuschlagserteilung: Kleinhenz, ZfBR 2001, 75, 75-76.

[1013] § 13 S. 5 und 6 VgV (Verordnung über die Vergabe öffentlicher Aufträge vom 09. Januar 2001).

[1014] Amtl. Begründung zu § 13 VgV, BR-Drucks. 455/00, S. 19; § 13 VgV hat in erster Linie den Zweck, Zugang zu Nachprüfungsverfahren zu schaffen (OLG Dresden, WuW/E Verg 914, 915); ausführlich zu den Hintergründen: Dieckmann, VergabeR 2005, 10, 11; Kleinmacht, da nach § 114 Abs. 2 S. 1GWB mit der Zuschlagserteilung ein Nachprüfungsverfahren unstatthaft ist. Nach der Zuschlagserteilung kann der Vertrag von den Vergabekammern oder den OLG nicht aufgehoben werden. Es gilt das Prinzip der Privatautonomie.[1015] Eine Rechtsschutzmöglichkeit, Überprüfung der Entscheidung über die Erteilung des Zuschlages, fordert der EuGH in der berühmten Alcatel-Entscheidung.[1016]

Sinn der Vorschrift ist es ebenso, Popularklagen auszuschließen, daher wird an den tatsächlichen beziehungsweise den zu gewährenden Bieterstatus angeknüpft.[1017] Bei der Prüfung der Voraussetzungen des § 13 VgV kommt es auf die objektive Rechtslage an.[1018] Notwendiger Inhalt der Mitteilung ist der Name des favorisierten Vertragspartners und der Grund der Nichtberücksichti-

henz, ZfBR 2000, 75, 75-76; Putzier, DÖV 2002, 517, 517; Rosenkötter, NZBau 2004, 136, 136; Wegmann, NZBau 2001, 475, 475.

1015 VK Bund, VergabeR 2001, 433, 436. Der Grundsatz gilt in vollem Umfang (Reidt in Reidt/Stickler/Glahs, Vergaberecht, Kommentar, 2. Auflage, 2003, § 114 GWB, Rn. 20).

1016 Das Alcatel-Urteil des EuGH erging zum österreichischen Recht, das ebenso wie das dt. Recht die Entscheidung der Vergabestelle und den Abschluss des Vertrages in einem Akt zusammenfasst (in Dt.: Zuschlag). Allerdings ist der im EuGH-Urteil geforderten umfassenden Rechtsschutzmöglichkeit (EuGH, Urteil vom 28.10.1999, Rs. C-81/98 (Alcatel), Slg. 1999, I-1999, 7671 ff., Rn. 38, 40, NZBau 2000, 33, 35; EuGH, Urteil vom 18.06.2002, Rs. C-92/00 (Hospital Ingenieure), Slg. 2002, I-5553 ff., Rn. 37, 49, NZBau 2002, 458, 461-462) auch bei der Zuschlagsentscheidung in Deutschland über § 13 S. 6 VgV genüge getan worden. Durch die Vorabinformationspflicht mit der Folge der Nichtigkeit bei Nichtbeachtung besteht eine ausreichende Möglichkeit, sich gegen eine Zuschlagserteilung zu wehren (Brinker, NZBau 2000, 174, 177; Rust, NZBau 2000, 66, 67), da die Entscheidung, dass ein Vertrag geschlossen werden soll, überprüfbar sein muss (so der EuGH). Gute Darstellung zur Rechtslage vor dem Erlass des § 13 S. 6 VgV bei: Gröning in Motzke/Pietzcker/Prieß, VOB, Teil A, Kommentar, 2001, Syst. IV, Rn. 69; Marx in Motzke/Pietzcker/Prieß, VOB, Teil A, Kommentar, 2001, § 114 GWB, Rn. 11. Das OLG Düsseldorf wertet die Nichtigkeit als überobligatorische Folge (OLG Düsseldorf, VergabeR 2003, 594, 597). Der EuGH habe nur eine Überprüfungsmöglichkeit für Unbeteiligte gewollt, die Frage der Rechtsverbindlichkeit geschlossener Verträge sei hingegen nicht angetastet worden (Dietlein/Spießhofer VergabeR 2003, 509, 514).

1017 Zuletzt: OLG Düsseldorf, VergabeR 2005, 508, 509, 510 mit Anmerkungen Benedict. Daher kann der Antrag auf Nachprüfung gestützt auf eine Nichtigkeit nach § 13 S. 6 VgV auch nicht anonym gelten gemacht werden (OLG Celle, ZfBR 2005, 719, 720).

1018 OLG Düsseldorf, VergabeR 2004, 371, 374 mit Anmerkungen Hölzl; OLG Düsseldorf, VergabeR 2003, 435, 443 mit zustimmender Anmerkung Prieß, VergabeR 2003, 445, 447.

gung, § 13 S.1 VgV.[1019] Die Nichtigkeit kann entsprechend ihrem Wortlaut unbegrenzt geltend gemacht werden.[1020]

Die Vorschrift findet auf alle Formen des Vergabeverfahrens Anwendung; sie gehört zum Kernbereich des Vergaberechts.[1021] Das ergibt sich eindeutig aus ihrem weiten Wortlaut und dem intendierten umfassenden Schutz für sämtliche Teilnehmer an öffentlichen Beschaffungen.[1022] Die Durchführung eines Verhandlungsverfahrens mit nur einem Bieter ist ausreichend, sofern weitere Interessenten für die Vergabestelle ersichtlich waren.[1023] Die Rechtsfolge der

[1019] Die hier bestehenden Streitigkeiten bezüglich der Qualität der Begründung können außer Acht gelassen werden, da sie im Zusammenhang der de-facto Vergabe keine besondere Rolle spielen.
Umstritten ist, ob eine zu knappe Vorabinformation auch die Nichtigkeitsfolge als Rechtsfolge hat (dagegen: BGH, VergabeR 2005, 339, 341 (nicht in amtlicher Sammlung erschienen) mit Anmerkungen Krist; OLG Düsseldorf, VergabeR 2001, 429, 430; OLG Jena, VergabeR 2005, 521, 523 mit Anmerkungen Noelle und mit Verweis auf OLG Jena, VergabeR 2002, 543, 544). Grundsätzlich ist nach § 13 S. 1 VgV der Name des favorisierten Bieters und der „Grund" für die Nichtberücksichtigung mitzuteilen, nicht jedoch eine „Begründung" oder eine Vielzahl von Gründen, so der Wortlaut der Vorschrift (OLG Düsseldorf, VergabeR 2001, 429, 430 mit Anmerkungen Abel; Kus, NZBau 2005, 96, 98 Wegmann, NZBau 2001, 475, 477; Glahs in Reidt/Stickler/Glahs, Vergaberecht, Kommentar, 2. Auflage, 2003, § 13 VgV, Rn. 21). Der Normzweck der Vorschrift verlangt eine eingeschränkte Auslegung für Fälle, in denen kein *„unzureichend informierter unterlegener Bieter Rechtsschutz gegen die Vergabeentscheidung begehrt"* (BGH, VergabeR 2005, 339, 341 (nicht in amtlicher Sammlung erschienen)). Die Norm wirkt nur gegenüber einem bestimmten Personenkreis (BGH, VergabeR 2005, 339, 342 (nicht in amtlicher Sammlung erschienen); kritisch: Krist, VergabeR 2005, 342, 343). Die Verwendung eines Formblatt ist gestattet (BayObLG, VergabeR 2002, 383, 384). Allerdings reicht die bloße Wiederholung des Wortlauts nicht aus (Stockmann, NZBau 2003, 591, 593). Für eine größere Informationsdichte spräche, dass § 13 VgV schließlich als *„Vorstufe zum Nachprüfungsverfahren"* begriffen werden könne (Noch in Byok/Jaeger, Kommentar zum Vergaberecht, 2. Auflage, 2005, § 102 GWB, Rn. 782-784).

[1020] Kus, NZBau 2005, 96, 98. Allerdings sieht der neue Entwurf des BMWA eine Grenze in § 101b GWBE vor (http://www.bmwa.bund.de; NZBau 2005, Beilage zu Heft 5).

[1021] OLG Stuttgart, VergabeR 2005, 247, 249 mit zustimmenden Anmerkungen Kus: § 13 VgV gilt ebenfalls bei nachrangigen Dienstleistungsaufträgen, weil die Begründungspflicht ablehnender Entscheidungen Teil des EG-Primärrechts ist (Kus, VergabeR 2005, 250, 251: Kühnen in Byok/Jaeger, Kommentar zum Vergaberecht, 2. Auflage, 2005, § 13 VgV, Rn. 1564). § 13 VgV gilt damit auch für Verhandlungsverfahren (OLG Düsseldorf, VergabeR 2005, 503, 506, 507; OLG Düsseldorf, VergabeR 2005, 508, 509 mit Anmerkungen Benedict). Zur umfassenden Anwendbarkeit der Vorschrift: Herrmann, VergabeR 2005, 518, 519.

[1022] Zuletzt: OLG Düsseldorf, VergabeR 2005, 508, 509 mit Anmerkungen Benedict; Stockmann, NZBau 2003, 591, 591-592.

[1023] OLG Düsseldorf, VergabeR 2005, 508, 509 mit Anmerkungen Benedict; Müller-Wrede/Kaelble, VergabeR 2002, 1, 2, zustimmend: Herrmann, VergabeR 2005, 518, 519.

absoluten Nichtigkeit, die eine Informationspflicht nach § 13 S. 3 VgV voraussetzt, war lange umstritten,[1024] wird mittlerweile jedoch als verfassungsgemäß anerkannt.[1025] Die Rechtsfolge ist Ausdruck des gesetzgeberischen Willens.

[1024] Die Reichweite der Nichtigkeit bleibt für und außerhalb von de-facto Vergaben umstritten. Die Vergabestelle hat ein durchgängig vergaberechtskonformes Verfahren durchgeführt, verstößt aber gegen den **Umfang der Mitteilung** (vgl. zum Inhalt auch bereits unter Fn. 5 vorher). Daher wird die kurze Mitteilung eines Grundes, sozusagen die formelle Erfüllung des Tatbestands, als ausreichend betrachtet (OLG Düsseldorf, VergabeR 2001, 429, 430 mit Anmerkungen Abel; OLG Jena, VergabeR 2005, 521, 523 mit Anmerkungen Noelle; Glahs in Reidt/Stickler/Glahs, Vergaberecht, Kommentar, 2. Auflage, 2003, § 13 VgV, Rn. 21; Stockmann, NZBau 2003, 591, 595). Formell ist hier § 13 S. 1 VgV erfüllt, sodass die Nichtigkeitsfolge nicht erforderlich ist. Der Bieter kann sich auf die Verletzung der Informationspflicht in einem Nachprüfungsverfahren berufen; anderen Unbeteiligten soll dies nicht gestattet werden (Dieckmann, VergabeR 2005, 10, 12; Müller-Wrede in Ingenstau/Korbion, VOB, Kommentar, 15. Auflage 2004, § 13 VgV, Rn. 18). Der Bieter muss aber erkennen können, welche konkreten Erwägungen der Vergabestelle ausschlaggebend waren (KG, VergabeR 2002, 235, 238 mit Anmerkungen Erdl).
Bei der **Nichtinformation** jedoch wird die absolute Nichtigkeit für und gegenüber allen angenommen (Glahs in Reidt/Stickler/Glahs, Vergaberecht, Kommentar, 2. Auflage, 2003, § 13 VgV, Rn. 36). Das würde im Ergebnis aber auch bedeuten, dass bislang gänzlich Unbeteiligte sich auf die Nichtigkeit berufen könnten.
Statt der Nichtigkeit sei eine schwebende Unwirksamkeit sachgerechter (Bultmann, Beihilferecht und Vergaberecht, 2004, S. 279). In Richtung relativer Unwirksamkeit tendiert das OLG Dresden, das gänzlich Unbeteiligten die Rechtsfolge der (absoluten) Nichtigkeit nicht zugesteht (OLG Dresden, VergabeR 2002, 138, 139 mit Anmerkungen Rojahn). Die absolute Nichtigkeit sei anzuzweifeln (Hailbronner, NZBau 2002, 474, 476, 481; Kau, NZBau 2003, 310, 312).
Ein **obsiegender, favorisierter Bieter** könne sich nicht auf die Nichtigkeit berufen (OLG Düsseldorf, VergabeR 2003, 594, 596-597 mit Anmerkungen Byok/Jansen). Selbst wenn man eine Nichtigkeit bejahen würde, ist ein Berufen auf die Vorschrift nach § 242 BGB ausgeschlossen (OLG Düsseldorf, VergabeR 2003, 594, 597).

[1025] **Gegen die Verfassungsmäßigkeit** des § 13 S. 4 a.F bzw. § 13 S. 6 VgV (aktuell gültige Fassung) sprachen sich einige Stimmen in der Rechtsprechung und Literatur aus (OLG Brandenburg, VergabeR 2004, 210, 214; VK Brandenburg, Beschluss vom 10.02.2004, VK 84/03, www.ibr-online.de (Stand: 02.06.2005), S. 6, ZfBR 2004, 620 (Ls.); Byok/Jansen, BB 2003, 2301, 2303; Delius, ZfBR 2002, 341, 341-342, Dietlein/Spießhofer, VergabeR 2003, 509, 510-512; Hailbronner, NZBau 2002, 474, 478; Kau, NZBau 2003, 310, 310-311; Müller-Wrede/Kaelble, VergabeR 2002, 1, 5). Dabei ist anzumerken, dass § 13 S. 4 VgV a.F. identisch zur gültigen Fassung ist. Die Argumente können auf die jetzige Rechtslage unproblematisch übertragen werden. Daher wird im Folgenden nur noch von § 13 S. 6 VgV die Rede sein. Das Hauptargument war, dass diese Regelung nicht von der Ermächtigungsnorm des § 97 Abs. 6 GWB gedeckt sei. Die Ermächtigungsnorm gebe nur Befugnis zum Erlass von Regelungen über das *„einzuhaltende Verfahren"*. Mit § 13 S. 6 VgV würden aber nicht verfahrensrechtliche Regelungen vorgenommen, sondern materielle Fragen geregelt. § 13 S. 6 VgV sei kein förmliches Parlamentsgesetz und könne daher nicht auf einer Ebene mit den gesetzlich normierten Ausnahmen zu § 114 GWB, dem § 115 Abs. 1 GWB und § 118 Abs. 1 und 3 GWB gestellt werden. An letzten Gedanken knüpft die Kritik an, dass die Nichtigkeitsrechtsfolge der Gesamtkonzeption des GWB widerspräche. Es gelte der Grundsatz „pacta sunt servanda", dem der

Die Frage der Nichtigkeit als verfassungsgemäß verankerte Rechtsfolge darf aber nicht mit der Frage der Anwendbarkeit der Nichtigkeit auf de-facto Vergaben verwechselt werden. Ob § 13 S. 6 VgV auch für de-facto Vergaben gilt, ist bis heute nicht abschließend entschieden.

b) Anwendbarkeit des § 13 S. 6 VgV auf die de-facto Vergabe

Die Nichtigkeitsfolge des § 13 S. 6 VgV für de-facto Vergaben wird in Rechtsprechung und Literatur seit Jahren heftig diskutiert. Dabei geht es um eine direkte oder analoge Anwendung der Vorschrift.[1026] Eine eigene Rechtsvorschrift für de-facto Vergaben existiert nicht.[1027]

Gesetzgeber in § 114 Abs. 2 GWB Ausdruck verliehen habe und von dem die Exekutive nicht abweichen könne. Die Folgen einer Nichtigkeit könnten nicht im Interesse des Gesetzgebers gelegen haben (Rechtsfolgenbetrachtung). Das gelte insbesondere, wenn der Vertrag schon gänzlich erfüllt worden sei (Kau, NZBau 2003, 310, 312). Die Nichtigkeit eröffne eine Missbrauchsgefahr: Der Vertragspartner, der schlecht kalkulierte hätte, könnte Mitbieter aufsuchen, die nicht informiert wurden und Absprachen treffen, damit der Vertrag über eine Berufung auf § 13 S. 6 VgV nichtig würde (Kau, NZBau 2003, 310, 313).

Für die Verfassungsmäßigkeit sprachen sich mit folgenden Gründen aus: BGHZ 158, 43, 55, mit Anmerkungen von Erdl, VergabeR 2004, 208, 210; OLG Düsseldorf, VergabeR 2003, 435, 442 mit zustimmender Anmerkung Prieß; KG, VergabeR 2002, 235, 239 mit Anmerkung Erdl; zustimmend Burgi, NZBau 2003, 16, 20; Jasper/Pooth, ZfBR 2004, 543, 544. Zu den Argumenten des BGH (alle Seitenzahlen beziehen sich auf die Entscheidung BGHZ 158, 43 (Wassernebellöschanlage II)): Die Ermächtigung in § 97 Abs. 6 GWB erlaube Regelungen *„über sonstige Fragen des Vergaberechts"*, dazu gehöre insbesondere die Dauer eines Vergabeverfahrens, und *„über den Abschluss des Vertrages"*. Das Ausmaß lege die Ermächtigungsnorm damit eindeutig fest (52). Dies ergebe auch ein Blick auf den Sinnzusammenhang, mit den gewährten subjektiven Rechten der Bieter und der Möglichkeit Primärrechtsschutz zu suchen (52). Wer die Rechte gewährt, muss auch bestimmen können, wie lange sie geltend gemacht werden können. Dabei könne auch nicht auf die Regel des § 114 Abs. 2 S. 1 GWB zurückgegriffen werden. Die Norm diene der Zuständigkeitsabgrenzung von Vergabekammern und Zivilgerichten. Voraussetzung sei im Übrigen der Abschluss eines ***„wirksamen"*** [Hervorhebung durch die Verfasserin] Zuschlags (52). Neben einer materiellrechtlichen Folge habe die Norm auch verfahrensrechtliche Auswirkungen; ein nichtiger Vertrag beende das Vergabeverfahren nicht (53). Der Anordnung der Nichtigkeit stehe nicht der Gesetzesvorbehalt entgegen, da von ihm keine weitreichenden Einschränkungen der Grundrechte erwartet werden könnten (53).

1026 Oftmals wird aber weder zwischen direkter oder analoger Anwendung unterschieden, sondern vielmehr eine generelle Anwendbarkeit des § 13 VgV bejaht oder verneint. So beispielsweise: VK Bund, NZBau 2003, 406 (Ls.); Stockmann, NZBau 2003, 591, 595. Die Argumente der Ansicht, die eine generelle Anwendbarkeit befürwortet, werden bei der analogen Anwendbarkeit mit dargestellt. So zum Beispiel: OLG Dresden, VergabeR 2002, 142, 144, mit Anmerkung Otting; Antweiler, VergabeR 2002, 109, 110.

1027 Allerdings ist eine solche Regelung in dem Arbeitsentwurf des BMWA vom 18. März 2005 zur Novellierung des GWB-Vergaberechts vorgesehen, vgl. § 101b GWBE

(1) Unmittelbare, direkte Anwendung des § 13 S. 6 VgV auf de-facto Vergaben

Vielfach wird im Ergebnis zu Recht eine direkte Anwendung ausgeschlossen.[1028] Die Nichtigkeitsfolge tritt bei Bietern ein, die nicht vorab informiert wurden oder bei denen trotz Information die Frist nicht eingehalten wurde. Entscheidend ist der Anknüpfung an die Person des Bieters. Bieter kann nur sein, wer an einem Vergabeverfahren beteiligt ist, nicht jedoch unbeteiligte Dritte.[1029] Insoweit ist die Terminologie des GWB eindeutig. Der Gesetzgeber unterscheidet klar zwischen Unternehmer, Bewerber und Bieter.[1030] Diese Begrifflichkeiten lassen keinen Spielraum zu, auch einen nur potenziell Interessierten als Bieter einzustufen.[1031]

§ 13 VgV trifft eine Regelung *„über das bei der Vergabe öffentlicher Aufträge einzuhaltende Verfahren"* nach § 1 VgV. Grundlage ist die Durchführung eines Vergabeverfahrens.[1032] Bei de-facto Vergaben fehlt es an einem förmlichen Vergabeverfahren. Dabei ist es irrelevant, ob ein kommunikativer Kontakt stattgefunden hat oder ob mehrere Unternehmen beteiligt waren.[1033]

(http://www.bmwa.bund.de; NZBau 2005, Beilage zu Heft 5, nicht in amtlicher Drucksache erschienen).

[1028] BGHZ 162, 116, 131 (Altpapierverkauf); OLG Celle, ZfBR 2005, 719, 719; Braun, NZBau 2001, 675, 678; Delius, ZfBR 2002, 341, 342; Dietlein/Spießhofer, VergabeR 2003, 509, 512-513; Gesterkamp, WuW 2001, 665, 669; Hailbronner, NZBau 2002, 474, 479; Jasper/Pooth, ZfBR 2004, 543, 545; Lindenthal, VergabeR 2003, 630, 631; Portz, VergabeR 2002, 211, 217; Wegmann, NZBau 2001, 475, 478; Kühnen in Byok/Jaeger, Kommentar zum Vergaberecht, 2. Auflage, 2005, § 13 VgV, Rn. 1602; **a.A.** OLG Düsseldorf, VergabeR 2003, 435, 442-444 mit Anmerkungen Prieß; OLG Düsseldorf, VergabeR 2005, 508, 510 (Wobei hier keine reine de-facto Vergabe vorlag, das heißt von Anfang an kein Vergabeverfahren durchgeführt wurde, sondern nach einer Aufhebung einer Öffentlichen Ausschreibung eine freihändige Vergabe erfolgt). Es komme auf den Gesamtkontext des Vergaberechts an und nicht auf eine *„isolierte Betrachtungsweise";* § 13 VgV stelle sicher, dass die Verletzung des subjektiven Rechts auf Einhaltung der Vergabevorschriften auch im Wege des Rechtsschutzes erlangt werden könne (Burgi, NZBau 2003, 16, 21). Zustimmend Stockmann (Stockmann, NZBau 2003, 591, 595); ebenso Stickler aber mit Einschränkung des zu benachrichtigenden Bieterkreises (Glahs in Reidt/Stickler/Glahs, Vergaberecht, 2. Auflage, 2003, § 13 VgV, Rn. 9). Dagegen: OLG Jena, VergabeR 2004, 113, 117 mit Anmerkungen Kus.

[1029] OLG Düsseldorf, VergabeR 2004, 216, 220, mit Anmerkungen Rindtorff/Gabriel.

[1030] Statt aller: Lindenthal, VergabeR 2003, 630, 635.

[1031] Dietlein/Spießhofer, VergabeR 2003, 509, 513; Putzier, DÖV 2002, 517, 519.

[1032] BGHZ 162, 116, 131 (Altpapierverkauf); OLG Düsseldorf, VergabeR 2004, 216, 220; Schimanek, ZfBR 2002, 39, 41; Portz, VergabeR 2002, 211, 217.

[1033] OLG Düsseldorf, VergabeR 2004, 216, 220; Gabriel, VergabeR 2005, 52, 53.

(2) Anwendung des § 13 S. 6 VgV auf de-facto Vergaben im Wege extensiver Auslegung

Diese Ansicht wird, soweit ersichtlich, nur vereinzelt vertreten, die eine extensive Deutung des Begriffs Bieter zu Grunde legen und einen aus dem EU-Recht abgeleiteten Grundsatz eines effektiven Rechtsschutzes anwenden.[1034]

Zwar kann diesem Vorgehen nicht schon, wie vielfach versucht, entgegengehalten werden, dass Ausnahmereglungen stets eng auszulegen sind, denn nach der Entscheidung des BGH zu der Frage der Verfassungsmäßigkeit handelt es sich bei § 13 S. 6 VgV nicht um eine Ausnahmeregelung zu § 114 Abs. 2 GWB. Die Wirksamkeit des Vertrages und damit die Nichtigkeit eines Vertrages ist Voraussetzung und nicht Ausnahme des § 114 Abs. 2 GWB.[1035]

Einer teleologischen Auslegung stünde eindeutig der Gebrauch des Begriffs Bieter und damit der Wortlaut entgegen, der als absolute Auslegungsgrenze dient.[1036] Das GWB unterscheidet in seiner Systematik eindeutig zwischen Unternehmer, Bewerber und Bieter. In § 13 VgV ist nur die Rede von dem nicht erfolgreichen Bieter, *„Bieter deren Angebote nicht berücksichtigt werden sollen“*. Bieter kann nur sein, wer an einem förmlichen Vergabeverfahren teilnimmt.[1037]

Auch ist ein Durchgreifen eines europarechtlichen Grundsatzes, möglichst effektiven Rechtsschutz zu gewähren, unabhängig davon, dass dieser Grundsatz nicht existiert, europarechtswidrig. Nach der Rechtsmittelrichtlinie 89/665/EWG sind Rechtsschutzmöglichkeiten zur Überprüfung von Vergabe-

---

[1034] OLG Jena, VergabeR 2004, 113, 117 mit Anmerkungen Kus, der aber nicht explizit von einer extensiven Auslegung spricht; ferner Bär, ZfBR 2001, 375, 379; Byok, NJW 2001, 2295, 2301; Hertwig, NZBau 2001, 241, 242.

[1035] BGHZ 158, 43, 55 (Wassernebellöschanlage II); Dreher, NZBau 2000, 244, 244; a.A. Hailbronner, der als Regel, mit Zuschlag kommt ein wirksamer Vertrag zu Stande, und Ausnahme, Unwirksamkeit des Vertragsschlusses, definiert (Hailbronner, NZBau 2002, 474, 475), sodass im Ergebnis seiner Ansicht nach auch § 13 VgV als Ausnahme zu § 114 GWB gesehen werden muss.

[1036] Dietlein/Spießhofer, VergabeR 2003, 509, 515; Gesterkamp, WuW 2001, 665, 669; Hailbronner, NZBau 2002, 474, 479; Müller-Wrede/Kaelble, VergabeR 2002, 2, 6.

[1037] Dies entspricht dem Willen des Gesetzgebers, keine allgemeine Informationspflicht zu statuieren, dem Wortlaut und der Systematik (Müller-Wrede/Kaelble, VergabeR 2002, 2, 6; Portz, VergabeR 2002, 211, 217).

verfahren vorzusehen. Dabei ist den Mitgliedstaaten freigestellt, nach dem Vertragsschluss den Rechtsschutz auf Schadensersatzansprüche zu beschränken.[1038] Eine europarechtskonforme Auslegung kommt ferner nicht in Betracht, da die Norm keinen Auslegungsspielraum gibt.[1039] Wäre gegebenenfalls der Primärrechtsschutz nicht in ausreichendem Umfang ins nationale Recht aufgenommen, so bliebe nur ein Vertragsverletzungsverfahren, nicht aber eine erweiternde Auslegung[1040]. Allerdings hat diese Möglichkeit, nach dem Vertragsabschluss nur Schadensersatzansprüche zu gewähren, nicht zwingend die Folge, dass das Verhalten eines öffentlichen Auftraggebers als gemeinschaftskonform angesehen werden muss.[1041]

Praktikabilitätsgesichtspunkte können hingegen die Verpflichtung zur Information nicht entfallen lassen. Eine europaweite Bekanntmachung kann erfolgen.[1042]

Ob es für die Qualifizierung als Bieter ausreichend ist, sich an einer Art wettbewerblichen Verfahrens außerhalb eines förmlichen Vergabeverfahrens zu beteiligen, ist fraglich.[1043] Unter einem wettbewerblichen Verfahren kann verstanden werden, dass ein potenzieller Bieter, nachdem er von der Beschaffung erfahren hatte, der öffentlichen Hand seine Bereitschaft anträgt, ebenso

---

1038 Art. 2 Abs. 6 RMR (Richtlinie 89/665/EWG); Kling, NZBau 2003, 23, 24 m.w.N.

1039 So Lück/Oexle, VergabeR 2004, 302, 307, a.A. Hertwig, NZBau 2001, 240, 241; Otting, VergabeR 2002, 11, 18.

1040 So zur Unmöglichkeit der Auslegung: EuGH, Urteil vom 28.10.1999, Rs. C-81/98 (Alcatel), Slg. 1999, I-7671 ff., Rn. 40, 49, NZBau 2000, 33, 35. Eine extensive Auslegung finde in den Vergaberichtlinien keinen Rückhalt, da auch ein allgemeingütiger Grundsatz eines effektiven Rechtsschutzes abzulehnen sei (Dietlein/Spießhofer, VergabeR 2003, 509, 514).

1041 EuG, NWVBl. 2005, 32, 32; zustimmend Heuvels, NZBau 2005, 32, 33.

1042 § 13 VgV müsse doppelt analog angewendet werden (Herrmann, VergabeR 2005, 518, 519, 520; Hertwig, NZBau 2001, 241, 242).

1043 Bejahend: OLG Düsseldorf, VergabeR 2003, 435, 443 mit Anmerkungen Prieß; OLG Düsseldorf, VergabeR 2004, 371, 374 mit zustimmender Anmerkung Hölzl, VergabeR 2004, 376, 378. § 13 VgV gilt nicht, wenn nur ein Bieter beteiligt war (OLG Düsseldorf, VergabeR 2004, 216, 220). Von einem eingeschränkten Kreis ausgehend, der sein Interesse ausdrücklich bekundet hat, nimmt Stickler eine direkte Anwendbarkeit des § 13 VgV an (Glahs in Reidt/Stickler/Glahs, Vergaberecht, 2. Auflage, 2003, § 13 VgV, Rn. 9).

Vertragspartner werden zu wollen oder sogar direkt ein Angebot abgibt.[1044] Andere stellen auf einen vorherigen Wettbewerb ab, der zum Beispiel durch Aufhebung beendet wurde. Wird im Anschluss aber vergeben, so müssen ebenfalls die alten Bieter informiert werden.[1045] Hier muss sich der öffentliche Auftraggeber ebenso entscheiden und eine Auswahl treffen. Dieses Auswahlverfahren ist Voraussetzung des § 13 VgV. Da es aber der Sache nach nicht direkt um ein Vergabeverfahren geht, sondern um eine ähnlich gelagerte Situation, wird dieser Ansatz dogmatisch richtiger unter dem Stichwort der Analogie zu würdigen sein.[1046]

Bevor auf die Analogie einzugehen ist, wird zunächst die grundsätzlich ablehnende Haltung der Anwendbarkeit der Nichtigkeit auf jegliche Form der de-facto Vergabe dargestellt. Im Anschluss werden die Argumente der Befürworter aufgezeigt, die sich wiederum in zwei Gruppen unterteilen, bevor zum Abschluss unter c) und d) eine abschließende eigene Würdigung aller Argumente erfolgt.

(3) Keine analoge Anwendung des § 13 S. 6 VgV auf de-facto Vergaben

Die Vertreter der Vergabestellen und damit der öffentlichen Hand sprechen sich explizit gegen die Anwendung dieser restriktiven Vorschrift aus. Für die öffentliche Hand existiere, wenn sie ihren Fehler später erkenne, keine Möglichkeit, ohne Sanktionen auf den richtigen Weg zurückzukehren. Die Rechtsfolge der Nichtigkeit widerspreche dem Vertrauensschutzgedanken. Plötzlich solle alles nicht bloß schwebend unwirksam, sondern null und nichtig sein?

[1044] Die Bietereigenschaft trotz des Fehlens eines Vergabeverfahrens wird bejaht, wenn ein Angebot ohne Aufforderung abgegeben wurde (OLG Dresden, VergabeR 2002, 142, 143, mit Anmerkung Otting).

[1045] OLG Dresden, VergabeR 2002, 142, 144; Portz, VergabeR 2002, 211, 218; Portz in Ingenstau/Korbion, VOB, Kommentar, 15. Auflage, 2004, § 13 VgV, Rn. 28.

[1046] Dass § 13 S. 6 VgV auch für Unbeteiligte gelten solle, lässt sich der Vorschrift oder dem gesetzgeberischen Willen nicht entnehmen. Es liegt vielmehr eine planwidrige Regelungslücke vor, welche, da die Sachverhalte unter Umständen vergleichbar sind, eine entsprechende Anwendung rechtfertigt. Somit kommt eine Analogie in Betracht.

In Rechtsprechung[1047] und Literatur[1048] wird die Nichtigkeit von Verträgen, die ohne Ausschreibung vergeben wurden, teilweise ebenso abgelehnt. Eine Beachtung des § 13 VgV bei den bestehenden Verträgen, der bei Verstoß gegen die Norm den Vertrag nichtig machen würde,[1049] sei nicht erforderlich, da dieser bei einer de-facto Vergabe nicht anwendbar sei. Dem Unbeteiligten stehe kein Primärrechtsschutz nach Vertragsschluss zu. Schadensersatzansprüche blieben hingegen unberührt.[1050]

Argumentativ stützen diese Ansichten sich auf eine Vielzahl von Argumenten.

1. Bedeutsam sei das bereits angedeutete Wortlautargument „Ausgestaltung des Vergabeverfahrens“. § 13 VgV beruhe auf der Ermächtigungsnorm des § 97 Abs. 6 GWB, welche eine „Bestimmung über das bei der Vergabe einzuhaltende Verfahren“ sei. Nach § 13 S. 3 VgV sollten Bieter benachrichtigt werden. Wenn kein Verfahren durchgeführt werde, gebe es keine Bieter.[1051] Damit gelte die Norm nur innerhalb von Vergabeverfahren, wel-

---

[1047] KG, ZfBR 2005, 302, 307 mit dem Argument, dass sich Ausnahmeregelungen nicht extensiv interpretieren lassen. Dieses Argument wurde bereits unter Kapitel 10 V 2 b) (2) entkräftet. OLG Düsseldorf, VergabeR 2004, 216, 220; OVG Münster in ständiger Rechtsprechung, NVwZ 1995, 1238, 1240; OLG Düsseldorf, ZfBR 2005, 404, 405, mit dem Hinweis darauf, dass die Stadt Halle-Entscheidung des EuGH nur über die Konstellation ergangen ist, dass noch kein Vertragsabschluss zu Stande gekommen ist. Hinsichtlich eines bereits abgeschlossenen Vertrages enthalte das Urteil des EuGH keine Aussage. § 13 VgV gelte nicht bei Verhandlungsverfahren mit nur einem Bieter. Ferner ebenso: OLG Düsseldorf, VergabeR 2004, 216, 219; a.A. OLG Jena, VergabeR 2004, 113, 117.

[1048] Antweiler, VergabeR 2002, 109, 110; Braun, NZBau 2001, 675, 678; Delius, ZfBR 2002, 341, 342-343; Dieckmann, NZBau 2001, 481, 482; Dietlein/Spießhofer, VergabeR 2003, 509, 517; Gesterkamp, WuW 2001, 665, 669; Hailbronner, NZBau 2002, 474, 479; Heuvels/Kaiser, NZBau 2001, 479, 482; Kaiser, NZBau 2005, 311, 312; Jasper/Pooth, ZfBR 2004, 543, 545; Rindtorff/Gabriel, VergabeR 2004, 222, 222-224; Schimanek, ZfBR 2002, 39, 41; Stolz, VergabeR 2001, 154, 155 (es bedürfe einer eigenständigen Regelung); Storr, WuW 2005, 400, 403; Wegmann, NZBau 2001, 475, 478; Kühnen in Byok/Jaeger, Kommentar zum Vergaberecht, 2. Auflage, 2005, § 13 VgV, Rn. 1607-1609.

[1049] BGHZ 158, 43, 53 (Wassernebellöschanlage II).

[1050] Dasselbe gilt für die Möglichkeit aus § 114 Abs. 2 S. 2 GWB Feststellung der Rechtswidrigkeit begehren zu können. Die Schadensersatzansprüche ergeben sich aus § 126 GWB und cic (§§ 311 Abs. 2 Nr. 1, 241 Abs. 2, 280 Abs. 1 BGB). Voraussetzung ist entweder eine Chance auf Erteilung des Auftrages oder ein vorvertragliches Vertrauensverhältnis. Beachtlich ist auch, dass in der Regel nur der Vertrauensschaden, das heißt das negative Interesse ersetzt wird. Darauf kommt es den potenziellen Bietern meist nicht an. Ihr *„Hauptinteresse“* richte sich *„naturgemäß“* auf Erlangung des Zuschlags bzw. des positiven Interesses (Kling, NZBau 2003, 23, 24).

[1051] Die Ähnlichkeit der Argumentation zur formellen Theorie (s. Kapitel 10 I 1) ist nicht zu übersehen.

che nach dem gesetzgeberischen Willen *„Kern des Systems der Vorabinformation*" sei.[1052]

2. Außerdem könne eine Gleichbehandlung aus tatsächlichen Gründen zur de-facto Vergabe nicht hergestellt werden (Praktikabilitätserwägungen). Der öffentliche Auftraggeber wisse schließlich nicht, wen er konkret informieren solle.[1053] Gebe es keine Ausschreibung, so mangele es an einem zu Informierenden.

3. Für eine Analogie fehle es an einer planwidrigen Regelungslücke und einer vergleichbare Sachlage.

   Eine planwidrige Gesetzeslücke liege in diesem Fall nicht vor. Dem Gesetzgeber sei bei Erlass des Vergaberechts bewusst gewesen, dass eine Verletzung von Bieterrechten gleichermaßen durch die Missachtung des Vergaberechts von statten gehen könne.[1054] *„Die Verletzung kann auch darin bestehen, dass die Ausschreibung einer Vergabe rechtswidrig unterblieben ist."*[1055] In Kenntnis dieses Umstandes habe er jedoch von dem Grundsatz des § 114 Abs. 2 S. 1 GWB, dass abgeschlossene Verträge wirksam sind (pacta sunt servanda), nur bestimmte Ausnahmeregelungen zugelassen (§ 115 GWB und § 13 VgV).[1056] Keine dieser Ausnahmeregelungen ordne die Rechtsfolge der Nichtigkeit bei Missachtung des Vergaberechts an, sodass zwingend von einem bewussten Vorgehen des Ge-

---

[1052] So argumentierend: Portz in Ingenstau/Korbion, VOB, Kommentar, 15. Auflage, 2004, § 13 VgV, Rn. 22. Es sei streng an den Wortlaut des § 1 VgV *„nähere Bestimmungen über das bei der Vergabe einzuhaltenden Verfahren"* anzuknüpfen (Wegmann, NZBau 2002, 475, 478; Dieckmann, NZBau 2001, 481, 482).

[1053] Dieckmann fragt polemisch, ob eine Vorabinformation im Amtsblatt erfolgen solle (Dieckmann, NZBau 2001, 481, 482). Diese könnte nicht denselben Schutz auslösen, wie eine individuelle Benachrichtigung. Damit stellt er sich gegen den Vorschlag von Hertwig (Hertwig, NZBau 2001, 241, 242).

[1054] OLG Düsseldorf, VergabeR 2004, 216, 221; zustimmend: Dietlein/Spießhofer, VergabeR 2003, 509, 515; Heuvels/Kaiser, NZBau 2001, 479, 481; Jasper/Pooth, ZfBR 2004, 543, 546.

[1055] BT-Drucks. 13/9340 zu § 117 GWB, S. 17, 2. Abs. 2. Satz.

[1056] Dreher in Immenga/Mestmäcker, GWB, Kommentar, 3. Auflage, 2001, § 114 GWB, Rn. 27. Nach § 114 GWB bleiben auch Verträge wirksam, die in einem rechtswidrigen Verfahren zu Stande gekommen sind. Der Gesetzgeber hat sich hier für einen Vorrang des Grundsatzes der Rechtssicherheit entschieden.

setzgebers auszugehen sei.[1057] Der Gesetzgeber räume der Wirksamkeit geschlossener Verträge einen höheren Stellenwert ein als dem Rechtsschutz unterlegener Bieter. Neben dem Wunsch, einen effektiven Rechtsschutz einzuführen, solle die öffentliche Investitionstätigkeit nicht behindert und Rechtsklarheit erhalten werden.[1058]

Außerdem entbehre diese Situation einer vergleichbaren Sachlage. Einen begrenzten Adressatenkreis wie bei § 13 VgV gäbe es für die die de-facto Vergabe nicht. Bei einer wertenden Betrachtung der beiden Sachverhalte, Unterlassen einer Bieterinformation beziehungsweise Nichteinhaltung der Frist und dem Unterlassen eines Vergabeverfahrens, offenbare sich ein wesentlicher Unterschied, der eine Ungleichbehandlung rechtfertige. Während es dem öffentlichen Auftraggeber beim Unterlassen einer Bieterinformation *„in aller Regel bewusst sein wird, den Rechtsschutz des betroffenen Bieters zu beeinträchtigen“*, beruhe das Unterlassen einer Ausschreibung vermutlich weniger auf einer bewussten Missachtung, sondern eher auf einer *„irrigen Beurteilung der Rechtslage“*.[1059] Es könne vermutet werden, dass der öffentliche Auftraggeber bei letzterem in gutem Glauben handelt. Die Vorwerfbarkeit sei verschieden.

Die vergleichbare Sachlage müsse unter einem anderen Blickwinkel verneint werden. § 13 VgV stelle auf den *„bösgläubigen“* Favoriten ab, der *„nicht darauf vertrauen durfte, den Zuschlag unter Verletzung der Informationspflicht“* zu erhalten; dieser Bieter sei beim Unterlassen eines Vergabeverfahrens aber ebenso *„gutgläubig“* wie der Dritte, weil er darauf vertrauen könne, dass die öffentliche Hand die Vergabevorschriften beachte.[1060] Damit sei die Lage nicht vergleichbar.

4. Gegen die Anwendbarkeit des § 13 S. 6 VgV spreche ferner das Bedürfnis der Rechtssicherheit. Es sei nicht absehbar, in wie vielen Fällen es zu ei-

---

1057 So OLG Düsseldorf, VergabeR 2004, 216, 221; Dietlein/Spießhofer, VergabeR 2003, 509, 515-516; Hailbronner, NZBau 2002, 474, 479.

1058 BR-Drucks. 455/00, S. 14-15.

1059 OLG Düsseldorf, VergabeR 2004, 216, 221; Dietlein/Spießhofer, VergabeR 2003, 509, 516; Lindenthal, VergabeR 2003, 630, 634.

1060 Schimanek, ZfBR 2002, 39, 41; bejahend: Dietlein/Spießhofer, VergabeR 2003, 509, 517.

ner Geltendmachung kommen würde.[1061] Der öffentliche Auftraggeber, der nicht im Klaren über die Anwendbarkeit des Vergaberechts ist, befände sich in einem Dilemma.[1062] Außerdem könnte noch Jahre später ein Vertrag für nichtig erklärt werden. Die Rechtssicherheit des Vertragspartners sei sonst gefährdet.

5. An den Folgen der Rückabwicklung von nichtigen Verträgen knüpft die weitere Kritik an. In einem „normalen" Vergabeverfahren seien Bieter zur Rüge verpflichtet. Damit würden zügig etwaige Vergabeverstöße ausgeräumt, sodass eine Nichtbeachtung des § 13 VgV nicht zu einer sonst erforderlichen Rückabwicklung von bereits geschlossenen Verträgen führe. Damit sei der wirtschaftliche Verlust nicht allzu hoch, denn bei der Rückabwicklung schulde die öffentliche Hand nach §§ 812 ff. BGB Ersatz des Erlangten beziehungsweise Wertersatz. Anders wäre dies aber zu beurteilen, wenn bei de-facto Vergaben noch Jahre später Nichtigkeit eintreten würde.[1063]

6. Weiterhin gehe selbst die EU-Kommission stillschweigend davon aus, dass Verträge ohne Vergabeverfahren Gültigkeit besitzen. Sie versucht unter anderem gegen Deutschland Zwangsgelder zu verhängen, weil die Vergabeverstöße durch fortlaufende Vertragstätigkeit bestehen blieben.[1064] Erst die Beendigung der Verträge würde die Rechtmäßigkeit wieder herstellen.

7. Selbst der Hinweis auf die europarechtskonforme Auslegung der Verordnung könne nicht als methodisches Instrument dienen, da die Auslegung ihre Grenzen am Wortlaut und am Willen des Gesetzgebers erfahre.[1065]

[1061] OLG Düsseldorf, VergabeR 2004, 216, 222; Dieckmann, NZBau 2001, 481, 481; Dietlein /Spießhofer, VergabeR 2003, 509, 517; Jasper/Pooth, ZfBR 2004, 543, 546; Putzier, DÖV 2002, 517, 519; Portz in Ingenstau/Korbion, VOB, Kommentar, 15. Auflage, 2004, § 13 VgV, Rn. 25.

[1062] Rindtorff/Gabriel, VergabeR 2004, 222, 224.

[1063] Schimanek, ZfBR 2002, 39, 41; Lindenthal, VergabeR 2003, 630, 631.

[1064] Klage der Kommission, eingereicht am 07.12.2004, Rs. C-503/04, ABl. C. 45 vom 19.02.2005, S. 15; so auch Krohn, NZBau 2005, 92, 95. Dass die Zwangsgelder zwischenzeitlich durch eine Umgestaltung der Vertragsverhältnisse (Aufhebung der Verträge) abgewendet werden konnten (vgl. Mitteilung Hartung, NZBau 2005, Heft 8, VII, VIII), ändert nichts an der grundsätzlichen Problematik.

[1065] Delius, ZfBR 2002, 341, 343; Dieckmann, NZBau 2001, 481, 482; Hailbronner, NZBau 2002, 474, 480.

Unzulänglichkeiten des nationalen Rechts könnten nicht überwunden werden[1066] und eine vergleichbare Regelung existiere in den Richtlinien nicht.

8. Die Nichtigkeitsfolge als „schärfste Sanktionsfolge des Zivilrechts" sei bei de-facto Vergaben nicht gerechtfertigt, wenn insbesondere keine individuelle Sorgfaltsverletzung der Beteiligten anzunehmen sei. Wäre dies der Fall, so würde über § 138 BGB ausreichend Schutz gewährt.[1067]

9. § 13 S. 6 VgV sei eine Ausnahmeregelung und Ausnahmevorschriften sind eng auszulegen.

10. Es gebe keinen grundsätzlichen Anspruch eines prinzipiell interessierten Unternehmens auf Primärrechtsschutz.[1068]

11. Einer Analogie stünde Art. 14 GG entgegen. Dem erfolgreichen Bieter würden erst durch den Richterspruch nachträglich vertragliche Ansprüche genommen und damit sein grundrechtlich geschütztes Eigentum. Grundlage sei die Bejahung der Nichtigkeit im Wege einer Analogie durch den Richter. Bestehende Eigentumspositionen dürften aber nur bei überwiegendem öffentlichem Interesse beseitigt werden. Dies bestehe nicht, weil das Vertrauen des erfolgreichen Bieters den Anspruch des übergangenen Unternehmens auf Gleichbehandlung überwiege. Es fehle an einer unsachgemäßen Ungleichbehandlung, weil dem Dritten kein realer wirtschaftlicher Schaden drohe.[1069]

12. Aus der Entstehungsgeschichte der Norm als Umsetzung der Alcatel-Entscheidung des EuGH und der Münzplättchen-Entscheidung des BKartA zeige sich, dass zwar ein Anspruch auf Primärrechtsschutz bei der Durchführung eines Vergabeverfahrens bestehen müsse.[1070] Die Betonung liege aber auf „Vergabeverfahren". Was den Rechtsschutz außerhalb eines Ver-

[1066] Götz, NJW 1992, 1849, 1854.
[1067] Dietlein/Spießhofer, VergabeR 2003, 509, 517.
[1068] Siehe dazu bereits unter Kapitel 10 V 2 b) (1).
[1069] Zur gesamten Argumentationskette: Lindenthal, VergabeR 2003, 630, 636-637.
[1070] EuGH, Urteil vom 28.10.1999, Rs. C-81/98 (Alcatel), Slg. 1999, I-7671 ff., Rn. 37, 38, 40, NZBau 2000, 33; 35; BKartA, NZBau 2000, 53, 55-56.

gabeverfahrens angehe, ist offen.[1071] Die Entscheidungen enthielten diesbezüglich keine Aussage.

(4) Immer analoge Anwendung des § 13 S. 6 VgV auf de-facto Vergaben

Bei den Meinungen, die einen generellen Ausschluss der Anwendbarkeit nicht ablehnen, können zwei Untergruppen unterschieden werden. Die erste Untergruppe nimmt die grundsätzliche analoge Anwendbarkeit der Vorschrift für de-facto Vergaben an. Die zweite schränkt die allgemeine Geltung auf einen kleinen, besonderen Bieterkreis ein. § 13 S. 6 VgV solle nur für diejenigen gelten, die entweder konkret ein Angebot abgegeben oder ihr Interesse oder ihre Besorgnis der öffentlichen Hand gegenüber zum Ausdruck gebracht haben (Konstellation des kommunikativen Kontakts). Hier wird an die bereits unter der direkten Anwendung des § 13 S. 6 VgV geäußerten Argumente (s. Kapitel 10 V 2 b) (1)) angeknüpft.

Zunächst aber zu den Argumenten der grundsätzlichen Befürworter:

1. Die analoge Anwendung des § 13 S. 6 VgV wird mit dem Hinweis auf einen Erst-Recht-Schluss befürwortet.[1072] Führe schon das Unterlassen einer Vorabinformation zu einer Nichtigkeit des Vertragsschlusses, so müsse dies erst recht für den schwerwiegenderen Fall der Unterlassung eines gesamten Vergabeverfahrens gelten.[1073] Dem habe sich zudem die Arbeitsgruppe zur Verschlankung des Vergaberechts angeschlossen. Es bestehe Einigkeit dahingehend, dass die Nichtigkeitsfolge des § 13 VgV jedenfalls

[1071] So statt aller ablehnenden Ansichten: Hailbronner, NZBau 2002, 474, 479.

[1072] Hertwig NZBau 2001, 241, 242; angedeutet auch bei: Hugenroth, Sonderbeilage Heft 5, ZfBR 2004, 1, 8; Otting, VergabeR 2002, 146, 147; Dreher, NZBau 2001, 244, 245; Bultmann, Beihilferecht und Vergaberecht, 2004, S. 276. Die Nichtigkeit nach § 13 S. 6 VgV wurde in der Vorinstanz zur der DSD-Entscheidung angenommen; das OLG konnte die Entscheidung offen lassen. (OLG Düsseldorf, VergabeR 2004, 624, 624, 627 mit Anmerkungen von Kus). Die Norm sei direkt anzuwenden (OLG Jena, VergabeR 2004, 113, 118 mit Anmerkungen Kus).

[1073] Der Wortlaut des § 13 S. 6 VgV deckt die nicht rechtzeitige Information ebenso ab, wie die Falschinformation oder die unterlassene Information. Eine Ungleichbehandlung ist nicht gerechtfertigt. Zu Unrecht daher: Putzier, DÖV 2002, 517, 521.

auch auf die so genannte de-facto Vergaben umfassend ausgeweitet werden solle.[1074] Andernfalls bestehe eine Umgehungsgefahr.[1075]

2. Die Analogie sei zulässig, da sowohl eine planwidrige Lücke vorhanden sei als eine vergleichbare Situation zu Grunde liege.[1076] Hier bestünde eine offene Lücke, das heißt, nach dem eigenen Sinn und Zweck hätte eine Regelung ergehen müssen. Der Gesetzgeber habe diese Lücke nicht gesehen.

3. Das Argument der Praktikabilität seitens der Gegner einer Anwendung greife nicht, da hier der allgemeine Grundsatz „Unwissenheit schützt vor Strafe nicht" vorgehe. So gut wie alle Beschaffungsmaßnahmen der öffentlichen Hand seien ausschreibungspflichtig, sodass der Irrtum nicht zu Lasten der Bieter gehen könne.[1077]

(5) Eingeschränkte analoge Anwendung des § 13 S. 6 VgV auf de-facto Vergaben

Anders die Vertreter,[1078] die eine Einschränkung der zu benachrichtigenden Personen vornehmen.[1079] Der öffentliche Auftraggeber müsse hiernach nur diejenigen informieren, die in einem formlosen Verfahren ein Angebot abge-

---

[1074] Kratzenberg, NZBau 2004, 141, 143. Unklar bleibt hier leider, ob eine direkte oder analoge Anwendung befürwortet wird. Die Vorschrift habe einen weiten Anwendungsrahmen (Byok, NJW 2001, 2295, 2301; Herrmann, VergabeR 2005, 518, 519).

[1075] Byok, NJW 2001, 2295, 2301.

[1076] Bultmann, Beihilferecht und Vergaberecht, 2004, S. 278. Hier wird nicht ausreichend differenziert. Die Wertungen sind nicht zwingend vergleichbar. § 13 S. 6 VgV ist im Zusammenspiel mit § 107 Abs. 3 GWB zu sehen, worauf Bultmann nicht eingeht. Die Argumentation erscheint nicht zwingend.

[1077] Bultmann, Beihilferecht und Vergaberecht, 2004, S. 278. Diesen Grundsatz in abgewandelter Form „Unkenntnis schützt vor Nichtigkeit nicht" wendet Greb an, um eine Nichtigkeit nach § 138 BGB zu begründen (Greb, VergabeR 2005, 347, 349).

[1078] BGHZ 162, 116, 131-132 (Altpapierverkauf) mit Anmerkungen Hübner, VergabeR 2005, 336, 338; OLG Celle, NZBau 2005, 51, 52; OLG Frankfurt, VergabeR 2005, 80, 88 mit Anmerkungen Trautner; OLG Düsseldorf, ZfBR 2005, 404, 406 mit Anmerkungen Greb, VergabeR 2005, 347, 348; OLG Düsseldorf, VergabeR 2005, 90, 96; Dieckmann, VergabeR 2005, 10, 13; Kus, NZBau 2005, 96, 98; Pencereci, LKV 2005, 137, 141; Glahs in Reidt/Stickler/Glahs, Vergaberecht, Kommentar, 2. Auflage, 2003, § 13 VgV, Rn. 9; Portz in Ingenstau/Korbion, VOB, Kommentar, 15. Auflage, 2004, § 13 VgV, Rn. 28-31, allerdings wird hier nur von vorherigen Wettbewerb im formellen Sinn gesprochen.

[1079] Teilweise wird nicht sauber zwischen direkter oder analoger Anwendung gesprochen. In der Sache besteht aber Einigkeit.

geben haben, in einem vorangehenden Verfahren angeboten haben[1080] oder die ausdrücklich ihr Interesse bekundeten[1081] - *„Bieterwettbewerb“.*[1082] In diesem Fall wisse der öffentliche Auftraggeber, wen er informieren müsse, selbst wenn ihm die Anwendbarkeit des § 13 VgV nicht gegenwärtig sei. Außerdem werde dieses Verständnis vom Wortlaut der Vorschrift gedeckt.[1083] In diesem Zusammenhang spricht man gerne von der Durchführung einer Art „wettbewerblichen Verfahrens“.[1084]

Demzufolge würde § 13 VgV nicht zur Nichtigkeit des Vertrages führen, wenn kein anderer Bieter ein Angebot abgegeben oder sein Interesse kundgetan habe; es fehle dann an einem Wettbewerb und damit an einer Auswahlentscheidung.[1085] Lagen mehrere Angebote auf Aufforderung hin vor, so sei zwischen einer reinen Markterkundung[1086] und einem konkreten Beschaffungsvorhaben zu unterscheiden. Bei einem konkreten Beschaffungsvorhaben seien dann alle Unternehmen mit „abgelehnten“ Angeboten in Kenntnis zu set-

---

[1080] Bei „freihändiger“ Vergabe nach der Aufhebung einer Ausschreibung, müssen vormalig Beteiligte informiert werden (OLG Düsseldorf, VergabeR 2005, 503, 505 mit Verweis auf die erste Entscheidung zu diesem Bereich: OLG Dresden, VergabeR 2002, 142, 144). Allerdings soll § 13 VgV nunmehr nicht nur zur Anwendung kommen, wenn mit mehreren Personen verhandelt wurde (OLG Düsseldorf, VergabeR 2005, 503, 506; Portz, VergabeR 2002, 211, 218). Diese Pflicht existiert nach a.A. zu Unrecht nicht und damit auch keine Rügeverpflichtung (VK Brandenburg, NZBau 2003, 173, 173 (Ls.)).

[1081] Die Bekundung von Interesse reicht aus, wenn sie dem öffentlichen Auftraggeber bekannt ist (VK Bund, Beschluss vom 12.12.2002, VK 1-83/02). Der Gedanke kommt auch beim OLG Jena zum Ausdruck, das § 13 VgV für anwendbar hält, wenn eine Vergabestelle und mindestens zwei Bieter beteiligt sind. Verstärkt wird dies noch mit dem Hinweis auf die unstreitige Anwendbarkeit der Norm auf Verhandlungsverfahren ohne vorherige Vergabebekanntmachung (OLG Jena, VergabeR 2004, 113, 117 mit Anmerkungen Kus). Die Bietereigenschaft entsteht durch ein *„aktives willengetragenes Teilnahmeverhalten“,* was die Anwendbarkeit des § 13 VgV angemessen begrenzt (OLG Jena, VergabeR 2004, 113, 118).

[1082] Das OLG Düsseldorf sieht diese Unternehmen, die in einem vorangegangenen Verfahren formal unstreitig Bieter waren, in einem nachfolgenden Verfahren aber nicht beteiligt wurden, dann entgegen der herrschenden Meinung als Bieter an (OLG Düsseldorf, VergabeR 2005, 508, 510). Im Ergebnis ist dies aber nicht entscheidend, da die Nichtigkeit des Zuschlages entweder direkt oder analog erreicht wird.

[1083] OLG Frankfurt, VergabeR 2005, 80, 88.

[1084] OLG Düsseldorf, VergabeR 2005, 90, 96.

[1085] Nach a.A. sei auch die Verhandlung mit einem Bieter ohne jeglichen kommunikativen Kontakt als ein Vergabeverfahren im Sinne des § 13 VgV zu bewerten (Herrmann, VergabeR 2005, 518, 519).

[1086] Eine Markterkundung charakterisiert, dass keine konkrete Beschaffung ansteht (Reidt in Reidt/Stickler/Glahs, Vergaberecht, Kommentar, 2. Auflage, 2003, § 107 GWB, Rn. 13a).

zen.[1087] Erfolge dies nicht, trete die Nichtigkeitsfolge ein.[1088] Umgekehrt kämen Unternehmen ohne bieterähnliche Positionen nicht in den Genuss des § 13 S. 6 VgV.[1089]

c) Bewertung einer Analogie bei de-facto Vergaben bei bestehendem Vertrauensverhältnis

Bei der Prüfung der Anwendbarkeit ist innerhalb der vergaberechtlichen Literatur zu wenig differenziert worden.[1090] Im Ergebnis ist Ziel des § 13 S. 6 VgV, die nicht favorisierten Bieter vor vollendeten Tatsachen zu schützen. Diese sollen nach der Vorabinformation die Möglichkeit des Rechtsschutzes haben, um so ihren Primärrechtsanspruch sichern zu können. Ist der Zuschlag einmal erteilt, kommen ausschließlich Schadensersatzansprüche in Betracht.[1091] Dabei ist diese Vorschrift in einem engen Zusammenhang mit der Rügeobliegenheit des § 107 Abs. 3 S. 1 GWB zu sehen.[1092] Im Zusammenspiel von beiden Normen kommt es zu einer angemessenen Risiko- und Chancenverteilung zwischen den Beteiligten.

Rügt ein zur Rüge Verpflichteter zu spät, ist er mit seinen Ansprüchen präkludiert. Erfolgt die Rüge rechtzeitig, sind seine Rechte gewahrt und der öffentliche Auftraggeber erhält die Chance, Fehler im laufenden Beschaffungsverfahren zu beseitigen. Durch die Rüge oder durch die Abgabe eines Angebots (daran schließt die Rügepflicht an) entsteht ein Vertrauensverhältnis, aus dem umgekehrt der öffentliche Auftraggeber zur Vorabinformation verpflichtet ist. Dadurch wird wiederum der Bieter vor vollendeten Tatsachen geschützt.

[1087] OLG Düsseldorf, VergabeR 2005, 90, 97.

[1088] Eine Nichtigkeit wäre gerechtfertigt, wenn ein anderer Interessierter tatsächlich ein wirtschaftliches Angebot abgegeben hätte (Lindenthal, VergabeR 2003, 630, 637). Allerdings wird nicht ganz klar, ob der Autor eine differenzierte Betrachtung bei einer Analogie ablehnt. Was nicht nachvollziehbar wäre. Eine Analogie muss schließlich nicht unbestimmt auf alle Fälle des Unterlassens erstreckt werden, sondern kann auch nur für „wettbewerbsähnliche Konstellationen, in denen Vertrauen begründet wurde“, entwickelt werden.

[1089] VK Arnsberg, Beschluss vom 22.10.2004 - VK 2-20/2004.

[1090] Vgl. Storr, WuW 2005, 400, 403.

[1091] Ein Nachprüfungsantrag ist unzulässig, wenn der Zuschlag wirksam erteilt worden ist. Der Wirksamkeit steht § 13 S. 6 VgV entgegen.

[1092] Angedeutet bei: Otting, VergabeR 2002, 146, 147; Portz, VergabeR 2002, 211, 213.

Zusammengefasst bedeutet dies, dass das Vertrauensverhältnis bei der Durchführung eines Vergabeverfahrens bei allen Bietern mit Abgabe eines Angebots oder ohne Abgabe eines Angebots mit der Rüge entsteht.

Bei **de-facto Vergaben** entsteht ein Vertrauensverhältnis ebenfalls, wenn entweder eine Rüge ergangen oder der Bieter zur Rüge verpflichtet ist, weil er in eine Art wettbewerbliches Verfahren oder besser gesagt in ein Kommunikationsverhältnis zu dem öffentlichen Auftraggeber tritt. Die offene Auseinandersetzung über das Beschaffungsverfahren ohne Ausschreibung, das Anmerken von Bedenken oder die Kundgabe von Interesse, selbst Vertragspartner werden zu wollen, lassen wie in einer Art vorvertraglichem Schuldverhältnis gewisse Rechte und Pflichten entstehen. Daraus resultiert für den Bieter eine Rügeobliegenheit und für die öffentliche Hand die Pflicht zur Vorabinformation. Durch die Rügeobliegenheit wird die öffentliche Hand geschützt, durch die Vorabinformation der Bieter.

Für die Variante, dass es zu einem Vertrauenskontakt mit dem öffentlichen Auftraggeber gekommen ist, ist die analoge Geltung von § 13 S. 6 VgV aufgrund folgender Argumente zwingend zu befürworten:[1093]

Das erste Argument der grundsätzlich ablehnenden Haltung kann mit dem Hinweis auf einen systemwidrigen Rückgriff auf formelle Aspekte entkräftet werden. Stellt man im Allgemeinen bei der Frage, ob „Nichtbietern" ein Primärrechtsschutz zusteht, auf materielle Gesichtspunkte ab, so kann bei der Frage der Anwendbarkeit des § 13 S. 6 VgV nicht auf die förmliche Natur des Vergabeverfahrens zurückgegriffen werden.[1094] Die de-facto Vergabe ist in diesem Sinne eine Vergabe in einem Vergabeverfahren.[1095]

[1093] Bei dem nachfolgenden Argumentationsaufbau wird auf die einzelnen Argumente der Gegner einer analogen Anwendung eingegangen. Die Bezugnahme auf die jeweiligen Argumente orientiert sich an der dort vorgenommenen Nummerierung.

[1094] Vgl. zu diesem systemwidrigen Rückgriff in Kapitel 10 III 2 (Anwendbarkeit der Rügeobliegenheit auf die de-facto Vergabe). Dieser Gedanke ist auch bei Raabe angedeutet (Raabe, NZBau 2004, 1284, 1287).

[1095] OLG Düsseldorf, NZBau 2001, 696, 698; Bultmann, Beihilferecht und Vergaberecht, 2004, S. 279; siehe dazu im Übrigen unter Kapitel 10 I 2.
Der klare Wortlaut steht einer direkten Anwendung im Wege der Auslegung entgegen; jedoch hindert dies nicht die Rechtsfortbildung im Wege der Analogie.

Das zweite Argument, der öffentliche Auftraggeber wisse nicht, wen er benachrichtigen solle, sowie das dritte Argument, die Voraussetzungen der Analogie lägen nicht vor, greifen nicht. Dem öffentlichen Auftraggeber ist bei dem kommunikativen Kontakt bekannt, wen er zu informieren hat.[1096] Der Adressatenkreis ist begrenzt. Dabei ist es unbeachtlich und würde die Rechtsicherheit gefährden, kämen die subjektiven Einschätzungen der Vergabestelle Bedeutung zu. Für den Benachteiligten macht es keinen Unterschied, ob die öffentliche Hand bewusst oder unbewusst das Vergaberecht missachtet. Wie schon oben erläutert, liegt eine vergleichbare Rechtslage vor, der eine ausgewogene Beurteilung von Chancen und Risiken zu Grunde liegt. Die Rechtslücke kann gefüllt werden. Schutzobjekt der Norm ist nur der potenzielle Bieter, nicht der öffentliche Auftraggeber oder der favorisierte Dritte.[1097]

Der Grundsatz pacta sunt servanda ist ebenfalls nicht verletzt, weil die Vorschrift des § 114 GWB voraussetzt, dass im Wege eines förmlichen Vergabeverfahrens vergeben wurde.[1098] Außerdem setzt die Norm einen wirksamen Vertragsschluss voraus, woran es wegen § 13 S. 6 VgV fehlt.[1099]

Die Rechtssicherheit ist entgegen dem vierten Argument nicht gefährdet, denn aufgrund des Anknüpfungspunkts an die Entstehung von Vertrauen durch einen kommunikativen Kontakt, ist sie gerade gewahrt.

Der durch eine Rückabwicklung mögliche wirtschaftliche Verlust (fünftes Argument) ist erstens nicht ein Risiko, das dem Rechtsschutzsuchenden aufgebürdet werden kann. Zweitens ist es auch hier wegen der Rügeverpflichtung unwahrscheinlich, dass es zu einer Rückabwicklung über Jahre hinweg kommt.

Das Bestreben der EU-Kommission, Zwangsgelder gegen die Bundesrepublik wegen des „Vollzugs“ vergaberechtswidriger Beschaffungsvorgänge zu verhängen, gibt keinen Aufschluss über die Wirksamkeit oder Unwirksamkeit der

[1096] BGHZ 162, 116, 133 (Altpapierverkauf).

[1097] Die Bestimmung richtet sich geradezu gegen den favorisierten Dritten und greift zugunsten des Unterliegenden, für den die Sachlage identisch ist, ein (BGHZ 162, 116, 134 (Altpapierverkauf); OLG Düsseldorf, VergabeR 2003, 594, 596-597).

[1098] Gedanke findet sich auch bei: Hausmann/Bultmann, ZfBR 2005, 309, 312.

[1099] BGHZ 146, 202, 211.

Verträge (sechstes Argument). Anknüpfungspunkt der Kritik ist allein der Vollzug von Verträgen, die unter Missachtung des Vergaberechts zustande gekommen sind. Dabei kann es aber keine Rolle spielen, ob die Verträge unwirksam oder nichtig sind. Die Auswirkung ist identisch. In der Beanstandung der EU-Kommission steckt inzident die Entscheidung gegen den Grundsatz pacta sunt servanda. Verträge, die unter Missachtung des Vergaberechts (egal ob bewusst oder unbewusst) zustande gekommen sind, dürfen nicht vollzogen werden. Dies müssen die Vergabekammern untersagen können.[1100]

Der Hinweis, dass eine europarechtskonforme Auslegung der Vorschrift die Nichtigkeitsfolge nicht für de-facto Vergaben begründen könne, verfehlt den Kern der Diskussion. Zwar ist die Auslegung grundsätzlich am Wortlaut der Norm orientiert. Hier geht es aber nicht um die Frage der Auslegung, sondern der Analogie, die gerade nicht ihre Grenze am Wortlaut erfährt. Daher zu Unrecht das siebte Argument, dass der Wortlaut eine Grenze darstellt.

Der Grundsatz, dass Ausnahmeregelungen stets eng auszulegen sind (neuntes Argument), existiert nicht grundsätzlich für die Frage der Analogie. Entscheidend ist, ob die „Erweiterung" sich in den „Grenzen des Grundgedankens der Ausnahmevorschrift" bewegt.[1101] Abgesehen davon ist § 13 S. 6 VgV keine Ausnahmeregelung zu § 114 Abs. 2 S. 1 GWB, sondern eine Vorschrift über die Voraussetzungen der Norm.[1102] Sie setzt einen wirksamen Zuschlag voraus. Eine Regelung über diese Wirksamkeit ist in § 13 S. 6 VgV getroffen.[1103] Außerdem handelt es sich nicht um eine Erweiterung des Anwendungsbereichs der Nichtigkeit, sondern um die Anwendung auf einen *„besonders krassen Fall der Nichttransparenz".*[1104]

[1100] So schon: Waldner, Bieterschutz im Vergaberecht unter Berücksichtigung der europäischen Vorgaben, 2000, 225. Der dies über den effet utile des Gemeinschaftsrechts erklärt, wenn dem potenziellen Bieter im Vorfeld mangels Kenntnis die Möglichkeit genommen wurde, die Entscheidung des öffentlichen Auftraggebers anzugreifen.

[1101] Engisch, Einführung in das juristische Denken, 10. Auflage, 2005, S. 196.

[1102] Vgl. BGHZ 158, 43, 55 (Wassernebellöschanlage II); zustimmend Müller-Wrede/Kaelble, VergabeR 2002, 1, 1. Den Gedanken der Wirksamkeitsvoraussetzung formuliert auch Braun, jedoch ohne die zutreffenden Schlussfolgerungen zu ziehen (Braun, NZBau 2001, 675, 678).

[1103] Ein Zuschlag ist nur wirksam und darf nicht aufgehoben werden, wenn die Teilnehmer vor seiner Erteilung informiert wurden und vierzehn Kalendertage verstrichen sind.

[1104] Hausmann/Bultmann, ZfBR 2005, 309, 311.

Durch eine analoge Anwendung des § 13 S. 6 VgV und damit der Nichtigkeitsrechtsfolge auf de-facto Vergaben wird nicht in bestehende Eigentumsverhältnisse eingegriffen (elftes Argument). Art. 14 GG ist nicht verletzt. Kern der Argumentation ist letztlich der Gedanke der Rechtssicherheit. Dass dieser aber nicht jede Veränderung des Rechts überwiegt, zeigt schon der Vergleich mit Rechtsprechungsänderungen. Diese stellen offensichtlich keinen Verstoß gegen Art. 14 GG dar. Das Gleiche muss für eine Fortentwicklung des Rechts durch Analogie gelten. Der Gedanke der Rechtssicherheit muss hier im Wege der Abwägung dem Gebot des effektiven Rechtsschutzes weichen.

Im Hinblick auf Umfang/Anknüpfungspunkte des Primärrechtsschutzes soll dieser so weit als möglich sein.[1105] Denn die Praxis zeigt, dass das Vergaberecht noch immer stark von Gedanken des Lokal-, Regional- und Nationalpatriotismus sowie vom Wunsch, „bekannte und bewährte" Unternehmen ohne Ausschreibung zu beauftragen, geprägt ist.[1106] In diesem Zusammenhang ist die Rechtsschutzfunktion des § 13 VgV aufzugreifen. Wenn die Vergabestelle durch vergabewidriges Verhalten verhindert, dass ein interessiertes Unternehmen einen Bieterstatus erhält, so muss auch diesem die Möglichkeit des Primärrechtsschutzes zukommen.[1107]

Zuletzt ist auf die bereits erläuterte Risiko-Chancenverteilung hinzuweisen. Nur mit der gleichzeitigen Verpflichtung beider Parteien, ist das System insgesamt ausgewogen und stimmig.

Zusammenfassend sprechen die gewichtigeren Gründe für die Anwendbarkeit des § 13 S. 6 VgV in Fällen eines kommunikativen Kontakts zwischen den Parteien. Damit wird ein weiter Primärrechtsschutz etabliert.

d) Bewertung einer Analogie bei fehlendem Vertrauensverhältnis

Wie die Frage der Nichtigkeit aber zu beantworten ist, wenn kein Vertrauensverhältnis zu Stande kam, gestaltet sich schwierig. Zwischen den Parteien fand über die Beschaffung keine Kommunikation statt. Eine Rüge ist nicht er-

[1105] So gerade auch: EuGH, Urteil vom 18.06.2002, Rs. C-92/00 (Hospital Ingenieure), Slg. 2002, I-5553 ff., Rn. 50, NZBau 2002, 458, 462.
[1106] Sehr kritisch zu dem Vorgehen „bekannt und bewährt": Kling, NZBau 2003, 23, 26.
[1107] Stockmann, NZBau 2003, 591, 592; Raabe, NZBau 2004, 1284, 1286.

folgt. Unter Umständen hat der interessierte Unternehmer auch erst nach dem Vertragsabschluss erfahren, dass die öffentliche Hand einen Auftrag an Dritte ohne Ausschreibung vergeben hatte.

Bei dieser Konstellation scheiden sich die Geister. Die gewechselten Argumente werden erneut kurz aufgegriffen und bewertet. Für eine weite Anwendung des § 13 S. 6 VgV analog und damit eine Nichtigkeit des Vertrages spricht:

Am eindringlichsten ist der Gedanke des größtmöglichen Primärrechtsschutzes. Wer den effektiven Rechtsschutz als oberstes Prinzip anerkennt, wird auch hier die Nichtigkeit annehmen. Hier ist schließlich der gravierendste Fehler begangen worden.[1108] Wenn schon der Verstoß gegen die Vorabinformation zur Nichtigkeit führt, dann erst recht die Missachtung des gesamten Vergaberechts.[1109] Andernfalls können nur Schadensersatzansprüche geltend gemacht werden.

Die öffentliche Hand ist weniger schutzwürdig, als die jeweiligen Dritten, die unter Umständen von dem Vorhaben erst nach vollendeten Tatsachen erfahren. Schließlich kennen die öffentlichen Auftraggeber sehr gut die Fehlerquellen im Vergabeverfahren.

Die Meinung, die sich gegen die entsprechende Anwendbarkeit des § 13 S. 6 VgV auf Konstellationen ausspricht, kann auf die gesammelten Argumente der prinzipiellen Gegner einer Anwendbarkeit verweisen. Insbesondere sprechen die folgenden Gesichtspunkte gegen die weite Auslegung:

Ein direkter Vergleich zur Unterlassung einer Vorabinformation in einem förmlichen Ausschreibungsverfahren kann nicht gezogen werden. Nicht einmal zu einem kommunikativen Verhältnis zwischen den Beteiligten kann ein Vergleich gelingen. Das Zusammenspiel von Rügeobliegenheit und Vorabinformation scheitert. Die Grenze einer Analogie ist erreicht. Ein Erst-Recht-Schluss verbietet sich, da der öffentliche Auftraggeber das geforderte Verhalten bei Un-

---

[1108] Bär, ZfBR 2001, 375, 379; Hertwig, NZBau 2001, 241, 242; Leinemann, Die Vergabe öffentlicher Aufträge, 3. Auflage, 2004, Rn. 91.

[1109] So auch: Bär, ZfBR 2001, 375, 379, der dieses Argument als ein argumentum ad majore ad minus einführt.

kenntnis gar nicht erbringen kann.[1110] Bei Verletzung der Informationspflicht gegenüber Unbeteiligten handelt es sich nicht um *„Minus, sondern um ein schlichtes Aliud“.*[1111]

Dem öffentlichen Auftraggeber steht keine Verhinderungsmöglichkeit zu. Einmal begangene Fehler sind nicht behebbar, beziehungsweise schwer behebbar, denn es kommt auf Vertragsgestaltung, Kündigungsmöglichkeiten etc. an.

Das Vertrauen des erfolgreichen Vertragspartners muss geschützt werden. Die wirtschaftlichen Folgen einer Rückabwicklung sind unübersehbar.[1112]

Die öffentliche Hand soll nicht pönalisiert werden. Geschützt werden soll der „unbeteiligte Bieter“. Die Geschäftstüchtigkeit von Unternehmen kann nicht der öffentlichen Hand aufgebürdet werden.

Die Rechtssicherheit wäre gefährdet, wenn nach Jahren noch Primäransprüche geltend gemacht werden könnten, selbst wenn die Beschaffung abgeschlossen ist.[1113] Nur wenn der Vertragsabschluss endgültige Wirkung entfaltet, erhalten die gutgläubigen Vertragspartner des öffentlichen Auftraggebers ausreichenden Schutz. Ein Missbrauch mit dem Vergabenachprüfungsverfahren soll ausgeschlossen werden. Die Antragsbefugnis ist sehr weit zu verstehen (siehe oben), sodass Jahre nach Vertragsabschluss und vielleicht sogar nach Beendigung des Vertrages ein Nachprüfungsverfahren statthaft wäre. Als Regulativ ist daher die Wirksamkeit des Vertragsschlusses wichtig.

Im Ergebnis ist festzuhalten, dass die Vorschrift des § 13 S. 6 VgV in einem ausgewogenen Verhältnis zu § 107 Abs. 3 GWB steht und den Fall nicht abdecken kann, dass kein Vertrauensverhältnis zwischen den Beteiligten zustande gekommen ist. Ein Verständnis dieser Art deckt sich nicht mit den Vorstellungen des Gesetzgebers und kann durch eine Analogie nicht begründet

---

[1110] Die Rechtsordnung kennt keine Verpflichtung zu einer unmöglichen Leistung (Lindenthal, VergabeR 2003, 630, 633).

[1111] So auch Dietlein/Spießhofer, VergabeR 2003, 509, 516. Die im Übrigen nicht eine Differenzierung nach Vertrauensverhältnissen vornehmen.

[1112] Lindenthal, VergabeR 2003, 630, 631.

[1113] Leinemann, Die Vergabe öffentlicher Aufträge, 3. Auflage, 2004, Rn. 93.

werden.[1114] Andernfalls würden keine sachgerechten Ergebnisse erreicht. Auf die Spitze getrieben könnte es sonst bedeuten, dass auch noch Jahre nach Beendigung einer Beschaffung von der öffentlichen Hand verlangt werden könnte, die Beschaffung auszuschreiben.

Daher ist mit der bestehenden Regelung zu Recht eine Einschränkung gemacht. Fehlt es an einem Vertrauensverhältnis, ist die Auftragserteilung wirksam; Primärrechtsschutz ist ausgeschlossen.

3. Nichtigkeit nach § 138 BGB

Die Vertreter, die eine entsprechende Anwendung des § 13 S. 6 VgV ausschließen, befürworten gegebenenfalls eine Unwirksamkeit des geschlossenen Vertrages nach § 138 BGB.[1115] Erster Schritt ist dabei die grundsätzliche Bejahung des BGB auf das Vergaberecht, was über den Gedanken der zivilbeziehungsweise kartellrechtlichen Einordnung des Vergaberechts unstreitig bejaht werden kann. Im zweiten Schritt müssen die besonderen Voraussetzungen des § 138 Abs. 1 BGB vorliegen.

Ein Sittenverstoß ist im Zusammenhang mit einer de-facto Vergabe zu erwägen, wenn die Vertragsparteien kollusiv zusammenwirken und die Vergabestelle bewusst das Vergaberecht außer Acht gelassen hat.[1116] Schließlich wird der potenzielle Bieter in seinen subjektiven Bieterrechten aus § 97 Abs. 7 GWB verletzt, welche den zivilrechtlichen gleichgestellt werden können. Durch den Vertragsschluss ohne Vergabeverfahren besteht die *„Möglichkeit [...], dass Dritte getäuscht werden und dadurch Schaden leiden“*[1117].

[1114] Siehe das zutreffende dritte Argument der Gegner einer Analogie, das nur für ein kommunikativen Kontakt nicht herangezogen werden kann, siehe eigene Bewertung (Kapitel 10 V 2 b) (3)).

[1115] Vgl. statt aller: KG, ZfBR 2005, 302, 308; OLG Düsseldorf, ZfBR 2005, 404, 406; OLG Düsseldorf, VergabeR 2004, 216, 222 mit kritischer Anmerkung Lück/Oexle, VergabeR 2004, 302, 307; Gabriel, VergabeR 2006, 173, 182.

[1116] Zuletzt: OLG Celle, ZfBR 2005, 719, 720; OLG Düsseldorf, ZfBR 2005, 404, 406 mit Anmerkung Greb, VergabeR 2005, 347, 348; zuvor: OLG Düsseldorf, VergabeR 2004, 216, 222 mit Anmerkungen Rindtorff/Gabriel.

[1117] BGHZ 10, 228, 233.

Die Gesetzesumgehung löst Sittenwidrigkeit aus,[1118] weil der Verstoß von allen Beteiligten erfolgt. Beidseitigkeit ist erforderlich, da der Verstoß nicht aus dem Inhalt des Vertrages resultiert, sondern Rechte der Allgemeinheit oder eines Dritten betroffen sind.[1119] Sittenwidrigkeit kann auch bejaht werden, wenn gegen das Haushaltsrecht und damit gegen die geschützten Allgemeininteressen verstoßen wird.[1120] Allerdings muss selbst dann ein beidseitiger Verstoß vorliegen.[1121] Ein rein objektiver Sittenverstoß reicht nicht aus,[1122] es bedarf eines verwerflichen Handelns beziehungsweise eines Verhaltens, das den Beteiligten vorgeworfen werden kann.[1123] Ein schwerer objektiver Verstoß kann die subjektive Komponente indizieren, lässt sie aber insbesondere dann nicht entfallen, wenn Rechtsstreitigkeiten über die Anwendbarkeit des Vergaberechts bestehen, was zum jetzigen Entwicklungszeitpunkt des relativ neuen Rechtsgebiets nicht unüblich ist.[1124] Dennoch gehört die Frage der Anwendbarkeit des Vergaberechts in den Risikobereich der Vergabestelle.[1125]

[1118] Mayer-Maly/Armbrüster in Münchner Kommentar, BGB, Band 1, 4. Auflage, 2001, § 138 BGB, Rn. 54: die Umgehung von Gesetzen allein reicht zumeinst nicht für die Bejahung der Sittenwidrigkeit aus.

[1119] Byok in Byok/Jaeger, Kommentar zum Vergaberecht, 2. Auflage, 2005, § 107 GWB, Rn. 961; Heinrichs in Palandt, BGB, 65. Auflage, 2006, § 138 BGB, Rn. 3-6 und 40; Mayer-Maly/Armbrüster in Münchner Kommentar zum BGB, Band 1, 5. Auflage, 2006, § 138 BGB, Rn. 96; 131; a.A.: Krist, der andeutet, dass Vergabestellen sehr wohl ein Problembewusstsein für öffentliche Ausschreibungen haben und sich daher die *„Schlinge des § 138 BGB“* zuziehen müsste - nur aufgrund der einseitigen Missachtung (Krist, VergabeR 2001, 436, 437).

[1120] BGHZ 36, 395, 397, 398.

[1121] Mayer-Maly/Armbrüster in Münchner Kommentar, BGB, Band 1, 4. Auflage, 2001, § 138 BGB, Rn. 131.

[1122] Dies deutet aber das KG an. Die Parteien mussten aufgrund gewisser Anhaltspunkte an sich davon ausgehen, dass sie das Vergaberecht beachten mussten (KG, ZfBR 2005, 302, 308). Kritik an diesen Vorgehen äußern auch Hausmann/Bultmann, weil durch das Anknüpfen an einem objektiven Sittenverstoß der *„Grenzbereich zwischen § 134 BGB und § 138 BGB verschwimm[...][t]“* (Hausmann/Bultmann, ZfBR 2005, 309, 313).

[1123] BGHZ 10, 228, 232; Heinrichs in Palandt, BGB, 65. Auflage, 2006, § 138 BGB, Rn. 40. Die Beweislast trifft denjenigen, der sich auf die Sittenwidrigkeit beruft (Mayer-Marly/Armbrüster in Münchner Kommentar, BGB, Band 1, 4. Auflage, 2001, § 138 BGB, Rn. 132). Daher ist § 138 BGB meist ein stumpfes Schwert (Kaiser, NZBau 2005, 311, 312).

[1124] Der Hinweis findet sich auch bei den zustimmenden Stimmen zu § 138 BGB (Lück/Oexle, VergabeR 2004, 302, 307).

[1125] BGHZ 162, 116, 133 (Altpapierverkauf). Zu weitgehend meines Erachtens in der Konsequenz, dass ohne eine sorgfältige Prüfung aller Beteiligten eine Nichtigkeit nach § 138 BGB in Betracht kommt (Greb, VergabeR 2005, 347, 349). Der Gedanken basiert auf einer Abwandlung des Grundsatzes „Unwissenheit schützt vor Strafe nicht“.

Die hohen Anforderungen halten den praktischen Anwendungsbereich sehr gering.

VI. Ende des Primärrechtsschutzes mit Vertragsschluss?

Bereits oben unter Kapitel 10 I 4 wurde auf die Anknüpfungspunkte des Primärrechtsschutzes eingegangen. Das Ende des Primärrechtsschutzes lässt sich nun mit den gefundenen Ergebnissen aus dem Abschnitt über die Frage der Nichtigkeit nach § 13 S. 6 VgV leichter beantworten.

Grundsätzlich endet der Primärrechtsschutz mit Abschluss eines wirksamen Vertrages. Umgekehrt besteht der Rechtsschutz fort, wenn der Vertrag nichtig ist. Neben den allgemeinen Nichtigkeitsgründen[1126] kommt eine vergaberechtliche Nichtigkeit nach § 13 S. 6 VgV analog in Betracht.

Im Falle eines kommunikativen Kontakts zwischen den Parteien führt die unzeitige oder unterlassene Vorabinformation zur Nichtigkeit des Vertrages, sodass das Beschaffungsverfahren nicht über § 114 Abs. 2 S. 1 GWB abgeschlossen ist. Hier ist dem potenziellen Bieter auch nach Zuschlagserteilung Rechtsschutz zu gewähren.[1127] Dieser Schlussfolgerung kann auch nicht entgegengehalten werden, dass es zu unabsehbaren Rechtsfolgen komme oder das Damoklesschwert über sämtlichen Verträgen ohne Vergabeverfahren schwebe, denn erstens ist der potenzielle Interessierte zur Rüge verpflichtet. Zweitens hindert die Verwirkung nach § 242 BGB eine lang anhaltende Rechtsunsicherheit zwischen Rüge und Nachprüfungsantrag (siehe oben).

Fehlt es an einem kommunikativen Kontakt, so endet der Rechtsschutz mit dem wirksamen Vertragsabschluss.[1128] § 13 S. 6 VgV analog greift nicht.

[1126] Beispielsweise § 134 BGB i.V.m. Verstoß gegen das Beihilferecht oder andere Verbotsnormen, § 138 BGB, § 44 VwVfG, § 59 VwVfG etc.

[1127] So Zeiss, für die Konstellation, dass eine Beleihung erfolgt ist. Er spricht dann von fortdauerndem Primärrechtsschutz. Grund dafür sind öffentlich-rechtliche Sonderregelugen über die Nichtigkeit bzw. Wirksamkeit einer Beleihung und sie flankierende Vereinbarungen, sowie der Sonderzuweisung nach § 104 Abs. 2 S. 1 GWB, die eine einheitliche Überprüfung durch die Vergabekammern gewährleistet (Zeiss, DVBl. 2003, 435, 442).

[1128] Für die Dauer eines Primärrechtsschutzes auch über den Vertragsabschluss hinaus und damit nicht auf den kommunikativen Kontakt bzw. die Begründung von Vertrauen beschränkend, sondern eine allgemeine Antragsbefugnis und Rechtsschutzmöglichkeit bejahend: Burgi (Burgi, NZBau 2003, 16, 20) und Krist, (Krist, VergabeR 2001, 436, 437)

VII. Zwischenergebnis zum Rechtsschutz bei de-facto Vergaben

Die Möglichkeit des Primärrechtsschutzes bei unterlassener Ausschreibung steht allen Unternehmen zu, die die Verletzung ihrer Rechte und Interessen, sowie einen möglichen Schaden geltend machen können. Dies gilt auch, wenn bereits ein Vertrag geschlossen wurde. Hinsichtlich der übrigen Voraussetzungen und der Dauer des Primärrechtsschutzes ist zu differenzieren.

1. Unternehmen ohne kommunikativen Kontakt

Unternehmen, die keine, wie auch immer geartete, Kommunikation zu der Vergabestelle aufgebaut haben, können ein Nachprüfungsverfahren einleiten - können demnach antragsbefugt sein. Zur Rüge nach § 107 Abs. 3 S. 1 GWB hingegen sind sie nicht verpflichtet. Entsprechend kommt ihnen nach der geltenden (unzureichenden; siehe nächster Abschnitt) Regelung, die Nichtigkeitsfolge des § 13 S. 6 VgV weder direkt noch entsprechend zugute. Die Vergabestelle muss nach herrschender Meinung nur denjenigen informieren, der in eine Art wettbewerbliches Verfahren integriert war. Greifen sonstige Nichtigkeitstatbestände[1129] nicht ein, ist ein bereits geschlossener Vertrag wirksam und zugleich der Primärrechtsanspruch unstatthaft. Dem interessierten Unternehmen steht nur der Weg für Schadensersatzansprüche offen. Ist jedoch der Vertrag zwischen der Vergabestelle und dem Dritten noch nicht geschlossen, kann der Nachprüfungsantrag gerichtet auf Primärrechtsschutz Erfolg haben.

2. Unternehmen mit kommunikativem Kontakt

Anders verhält es sich bei Bietern, die zu der Vergabestelle in Kontakt getreten sind (Rüge, Interessenbekundung oder Angebotsabgabe). Sie sind, sofern nicht schon der Kontakt durch eine Rüge entstanden ist, zur Rüge verpflichtet, da ein Vertrauensverhältnis besteht. Kehrseite der Rügepflicht ist eine erhöhte Schutzwürdigkeit der Bieter, die darin zum Ausdruck kommt, dass Verträge,

---

der ausdrücklich dem VK Bund (VK Bund, VergabeR 2001, 433, 435) mit dem Argument widerspricht, dass der Schadensersatzanspruch zu kurz greift, denn die Hürde, Nachweis einer „echten Chance" sei zu hoch. Ebenso für einen umfassenden Primärrechtsschutz Bär (Bär, ZfBR 2001, 375, 378) und Byok (Byok in Byok/Jaeger, Kommentar zum Vergaberecht, 2. Auflage, 2005, § 107 GWB, Rn. 674).

die ohne eine Vorabinformation ergingen, nichtig sind (§ 13 S. 6 VgV). Sie haben das Recht, Primärrechtsschutz vor den Vergabekammern geltend zu machen. Anknüpfungspunkt ist die erste organisatorische Entscheidung der Vergabestelle, die einen eindeutigen Entschluss dahingehend erkennen lässt, dass die Beschaffung vergabefrei erfolgen soll. Das Recht endet nicht mit Abschluss eines Vertrages, wenn dieser ohne Vorabinformation nichtig ist, sondern dauert über diesen Zeitpunkt fort.[1130]

VIII. Weiterentwicklung

1. Würdigung des bisherigen Ergebnisses

Dass der bisherigen Lösung Bedenken entgegenstehen, ist offensichtlich. Die momentan bestehende Gesetzeslage in Deutschland deckt den gravierendsten Verstoß nicht ab.[1131] Wer gänzlich unwissend ist, kann nach Vertragsschluss seine Rechte nicht mehr wahren. Ihm kommt weder die Regelung des § 134 BGB[1132] noch § 13 S. 6 VgV zu Gute.[1133] § 138 BGB hilft, ungeachtet der vorgenommen Lockerungen in der Rechtsprechung, oft nicht weiter, da ein beidseitiger Verstoß erforderlich ist beziehungsweise der Nachweis des sub-

[1129] Zum Beispiel öffentlich-rechtliche Nichtigkeitsregelungen nach § 59 VwVfG oder § 44 VwVfG.

[1130] So auch Waldner, der einen Rückzug der Vergabekammern auf § 114 Abs. 2 GWB für europarechtswidrig hält. Seiner Ansicht nach sind die VK verpflichtet, auch die Durchführung eines bereits geschlossenen Vertrages zu untersagen (Waldner, Bieterschutz im Vergaberecht unter Berücksichtigung der europäischen Vorgaben, 2000, 225).

[1131] Diese Kritik äußert auch Hausmann/Bultmann, ZfBR 2005, 309, 311; Hugenroth, Sonderbeilage Heft 5, ZfBR 2004, 1, 8; Müller-Wrede/Kaelble, VergabeR 2002, 1, 9. Es widerstrebt dem Gerechtigkeitsempfinden, den schwersten Verstoß ungeahndet zu lassen (Wagner/Steinkemper, BB 2004, 1577, 1583; a.A. Portz in Ingenstau/Korbion, VOB, Kommentar, 15. Auflage, 2004, § 13 VgV, Rn. 21 ff.).
Selbst der BGH gibt darauf keine Antwort (BGHZ 162, 116, 132 (Altpapierverkauf), verdeutlicht durch Diercks, ZfBR 2005, 295, 295).

[1132] Eine Lösung dieses Problems über § 134 BGB wie es das KG (KG, ZfBR 2005, 302, 307) vorschlägt, sollte wegen des Fehlens eines gesetzlichen Verbots nicht weiterverfolgt werden. Immerhin kann dem dortigen Vorgehen aber entnommen werden, dass Verträgen, die im Wege der de-facto Vergabe geschlossen wurden, keine gesicherte Wirksamkeit zukommt. In Richtung § 134 BGB tendiert aber auch: Gabriel, LKV 2005, 285, 285.

[1133] Siehe zu § 134 BGB ausführlich unter Kapitel 10 V 1 und zu § 13 S. 6 VgV unter Kapitel 10 V 2 b).

jektiven Verstoßes.[1134] Dies führt dazu, dass eine einseitige bewusste Umgehung der öffentlichen Hand „ungestraft" bleibt und damit die Missbrauchsgefahr nicht gebannt ist. Es ist unter Umständen für die öffentliche Hand reizvoll, eine wettbewerbliche Preisabfrage gänzlich zu unterlassen[1135] oder mit nur einem Unternehmer zu verhandeln.[1136]

In der bestehenden Rechtslage ist dieses Ergebnis aber in sich schlüssig. Die gesetzgeberische Entscheidung deckt sich mit der Entscheidung des europäischen Gesetzgebers und mit dem europäischen Verständnis. Primärrechtsschutz ist nur vor Vertragsschluss umfassend. Nach Vertragsschluss ist der Rechtsschutz den Mitgliedstaaten überlassen, Art. 2 Abs.6 RMR (Richtlinie 89/665/EWG) und § 114 Abs. 2 S. 1 GWB.[1137] So kann nur noch Sekundärrechtsschutz (Schadensersatz) gewährt werden. Dabei ist es ohne Bedeutung, ob der Vertrag die Vorschriften des EU-Vergaberechts verletzt.[1138] Zur Annullierung des Vertrages ist der Mitgliedstaat nicht verpflichtet, was aber nichts über die Gemeinschaftsrechtswidrigkeit aussagt.[1139] Daher wird die Zahlung von Zwangsgeldern durch die Kommission gegen die Bundesrepublik betrieben.[1140]

1134 Für eine weite Auslegung des § 138 BGB m.E. zu Unrecht: Greb, VergabeR 2005, 347, 349.

1135 Rosenkötter, NZBau 2004, 136, 139.

1136 Ein Ausschluss wegen einer Verhandlung mit nur einem Bieter ist nicht nachvollziehbar (Noch in Byok/Jaeger, Kommentar zum Vergaberecht, 2. Auflage, 2005, § 102 GWB, Rn. 760).

1137 Ohne Differenzierung: Krohn, NZBau 2005, 92, 93. Der Verstoß muss allerdings noch beseitigt werden können (EuGH, Urteil vom 11.01.2005, Rs. C-26/03 (Stadt Halle), Slg. 2005 I-1 ff., Rn. 39, VergabeR 2005, 44, 50). Das ist im Gefüge des nationalen und des Europarechts nur vor dem Vertragsabschluss der Fall. Ebenso: GA Stix-Hackl, Schlussantrag vom 23.09.2004, Rs. C-26/03 (Stadt Halle), Slg. 2005, I-1 ff., Rn. 34-37, NZBau 2004, Heft 11, VII, XI.

1138 Heuvels, NZBau 2005, 32, 33.

1139 EuGH, Urteil vom 10.04.2003, C-20/01, Slg. 2003, I-3609 ff., Rn. 39, NVwZ 2003, 1231, 1233; Heuvels, NZBau 2005, 32, 34.

1140 Vertragsverletzungsverfahren der EU-Kommission gegen die Bundesrepublik Deutschland vom 14.01.2005, veröffentlicht in Pressemitteilung IP/05/44 der EU. Interessant bei der Verhängung von Zwangsgeldern ist die interne Staatshaftung. Der öffentliche Auftraggeber ist nicht zwingend mit dem Mitgliedstaat identisch, der zur Zahlung verpflichtet werden könnte. Dass ein Eingreifen in EU-vergaberechtswidrige Verträge gewollt ist, scheint klar zu sein (Heuvels, NZBau 2005, 32, 34 mit Verweis auf die Rede von M. Petschke, Generaldirektion Binnenmarkt der EG-Kommission, anlässlich der Badenweiler Gespräche am 15.10.2004).

Eine Öffnung des Nachprüfungsverfahrens für den gesamten Markt ist bislang nicht gewollt. Das Verfahren knüpft an die Verletzung subjektiv-öffentlicher Rechte (vgl. § 97 Abs. 7 GWB) an. Unbeteiligte Dritte können nicht die Verletzung ihrer individuellen Rechte geltend machen. Die Regelung des § 13 VgV soll ihnen, die in keinem Kontakt zu der Vergabestelle standen, kein subjektives Recht einräumen.[1141] Eine Nichtigkeit bei unterlassener Ausschreibung ist zu weitgehend.[1142]

Im bestehenden Regelungskonzept ist dies folgerichtig,[1143] jedoch nach hier vertretener Auffassung verfehlt. Wie aus der Betreibung von Zwangsgeld gegen die Bundesrepublik Deutschland durch die Kommission ersichtlich wird, stört sie sich an einer folgenlosen Missachtung des Vergaberechts.

Den Zwangsgeldern kann aus dem Weg gegangen werden, indem man den Grundsatz „Sekundäransprüche nach Zuschlagserteilung" auf wirksame Zuschlagserteilung oder Vertragsabschluss erweitert, so wie der BGH den § 114 GWB schon heute versteht (siehe oben). Verstöße gegen das Gemeinschaftsrecht sind dann ausgeschlossen. Dies würde allerdings die teilweise Aufgabe des Grundsatzes pacta sunt servanda im Hinblick auf de-facto Vergaben bedeuten, an dem der deutsche Gesetzgeber ausdrücklich bisher festhalten wollte. Der stärkste Verstoß gegen das Vergaberecht würde damit national zu einer Nichtigkeit des Vertrages führen, was gerade vor dem Grundsatz des umfassenden, effektiven Rechtsschutzes und der Missbrauchsgefahr zu fordern ist.

[1141] Unbeteiligte sollen über § 13 VgV gar nicht geschützt werden; im Blickfeld der Norm sind nur beteiligte Unternehmen („wettbewerbliche" Verfahren sind eingeschlossen) (Raabe, NZBau 2004, 1284, 1287; a.A. Herrmann, VergabeR 2005, 518, 519).

[1142] Einen weiten Rechtsschutz gebe es auch außerhalb von wettbewerblichen Verfahren nicht (Portz in Ingenstau/Korbion, VOB, Kommentar, 15. Auflage, 2004, § 13 VgV, Rn. 21 ff.).

[1143] Das nunmehr gefundene Ergebnis ist auch in sich schlüssig. Man kann nicht sagen, dass die letzteren, die von gar nichts wussten, zu wenig Rechte bekommen und nur die findigen Unternehmen, die den Markt verfolgen, geschützt werden. Derjenige, der den Markt verfolgt, hat wirklich Interesse an öffentlichen Aufträgen. Außerdem verhindert dies, dass ein Missbrauch mit dem Vergabenachprüfungsverfahren begangen wird. Der möglicherweise gutgläubige Vertragspartner wird ausreichend geschützt, die Rechtssicherheit bleibt gewahrt.

Schwierig ist allerdings, wie dies erreicht werden kann. Eine weite Interpretation des § 138 BGB ist möglich; wird hier aber abgelehnt. Der besondere Nachteil von § 138 BGB gegenüber § 13 VgV ist, dass § 138 BGB einen subjektiven Verstoß erfordert, der unter Umständen schwer nachweisbar ist[1144] und kollusives Zusammenwirken voraussetzt. Von diesen hohen Anforderungen könnte natürlich auch ähnlich dem Vorgehen bei einem wuncherähnlichen Verbraucherdarlehen abgewichen werden. Die Vergabestellen würde damit das Risiko über die Anwendbarkeit des Vergaberechts zugeschoben, allein der objektive Verstoß könnte unter bestimmten Voraussetzungen, zu einem persönlichen Vorwurf werden.[1145] Es bedürfe dann zu definierender objektiver Umstände, deren Vorliegen bereits eine Sittenwidrigkeit indizieren würden. Dieser Weg ist zwar möglicher, jedoch nicht der überzeugendste. Befürwortet wird vielmehr, die Folgen eines Zuwiderhandelns im primär anwendbaren Gesetz zu regeln. Dies entspricht zudem größerer Rechtssicherheit[1146] und Übersichtlichkeit[1147]

Eine noch weitergehende Analogie zu § 13 S. 6 VgV kann weiterhin nicht befürwortet werden, da sie ein Vertrauensverhältnis voraussetzt und an die Auswahl zwischen mehreren Bietern anknüpft. Im Ergebnis ist der Gesetzgeber hier aufgerufen, „nachzubessern“,[1148] um einen umfassenden effektiven Rechtsschutz zu gewähren.[1149]

In dem neuen Gesetzesentwurf hat der Gesetzgeber eine Regelung für de-facto Vergaben vorgesehen, ob diese ausreichend ist, wird analysiert. Zuvor werden Alternativen aus der Literatur aufgezeigt und gewürdigt.

1144 Rosenkötter, NZBau 2004, 136, 139.

1145 Greb, VergabeR 2005, 347, 349.

1146 Der Wunsch kommt vielfach zum Ausdruck (vgl. statt aller: Lück/Oexle, VergabeR 2004, 302, 308).

1147 Dennoch für eine Anwendung des § 138 BGB: Raabe, NZBau 2004, 1284, 1287. Allerdings mit der Einschränkung, dass dieses Schwert noch nicht klar genug definiert ist.

1148 Sollte die Regelung nicht dem effektiven Rechtsschutz genügen, so sei der Gesetzgeber gefordert (Dieckmann, NZBau 2001, 481, 482). Eine Klarstellung sowie eine differenzierte Regelung könne nur durch den Gesetzgeber erfolgen (Byok/Jansen, VergabeR 2003, 598, 599; Hailbronner, NZBau 2002, 474, 481; Lindenthal, VergabeR 2003, 630, 637).

1149 Dieckmann, VergabeR 2005, 10, 14 mit Hinweis auf die vielen Vertragsverletzungsverfahren.

2. Kündigungsrecht beziehungsweise Kündigungspflicht

Ebenfalls fernliegend erscheint im bestehenden Konzept des Vergaberechts der Vorschlag von Stelkens[1150]. Er konstruiert statt der Nichtigkeit des Vertrages eine Befugnis des öffentlichen Auftraggebers, sich vom Vertrag lösen zu können, wenn der favorisierte Bieter und momentane Vertragspartner nicht schützenswert ist. Erstens fehlt den Vergabekammer nach der jetzigen Rechtslage die Befugnis, in den Vertrag einzugreifen und zweitens ist damit nicht beantwortet, was passiert, wenn ebenfalls der Favorit gutgläubig ist.[1151] Der Gedanke könne unter Umständen allenfalls hilfreich sein, wenn das System insgesamt neu gestaltet wird.[1152]

In dieselbe Richtung tendieren Gnittke und Siederer[1153], die aber keine Kündigungspflicht bei laufenden Verträgen statuieren wollen, denn eine Durchführung des Vertrages ist kein vergabepflichtiges Geschäft.

3. Die de-facto Vergabe im Gesetzesentwurf vom 18.März 2005

a) Vorgesehene Regelung

Der Gesetzesentwurf vom 18. März 2005 des Bundesministeriums für Wirtschaft und Arbeit (BMWA)[1154] sieht eine Neuregelung mit folgendem Inhalt vor. Nach § 101 b GWBE[1155] ist

> *„(1) ein Vertrag [...] von Anfang an unwirksam, wenn der Auftraggeber*
>
> *1. gegen § 101 a [Anmerkung Verfasserin: Informationspflicht, identisch zum bisherigen § 13 S.1-5 VgV] verstoßen hat oder*
>
> *2. einen öffentlichen Auftrag unmittelbar an ein Unternehmen erteilt, ohne andere Unternehmen in dem Vergabeverfahren zu beteiligen und ohne dass dies aufgrund dieses Gesetzes gestattet ist*

[1150] Stelkens, NZBau 2003, 654, 660-661; ähnlich: Ollmann, VergabeR 2005, 669, 676.

[1151] Hier fehlt es an der Ausgestaltung von dann eingreifendem Schadensersatzanspruch oder Ähnlichem.

[1152] Es bedürfe einer Alternative zur Nichtigkeit (Rindtorff/Gabriel, VergabeR 2004, 222, 225).

[1153] Gnittke/Siederer, ZVgR 2000, 236, 241.

[1154] Veröffentlicht auf der Homepage des BMWA, http://www.bmwa.bund.de, NZBau 2005, Beilage zu Heft 5).

[1155] GWBE = Entwurf einer Änderung für das Gesetz gegen Wettbewerbsbeschränkungen.

und die Unwirksamkeit von Absatz 2 geltend gemacht worden ist.

(2) Die Unwirksamkeit nach Absatz 1 kann nur im Wege einer Nachprüfung innerhalb von 30 Kalendertagen ab Kenntnis des Verstoßes, nicht jedoch später als sechs Monate nach Vertragsschluss geltend gemacht werden. […]"

Von großer Bedeutung ist die Rechtsfolge. Es folgte damit ein Übergang von einer absoluten Nichtigkeit zu der Wirksamkeit unter aufschiebender Bedingung (ex tunc).

b) Kritik und Zustimmung

Wieder ist aus der Norm nicht ersichtlich, ob sie tatsächlich alle de-facto Vergaben erfasst, unter Einschluss solcher, bei denen es nicht zu einer Auswahlentscheidung beim öffentlichen Auftraggeber kommt, weil tatsächlich mit nur einem Unternehmer verhandelt wurde.[1156] Der Wortlaut der Vorschrift könnte Zweifel aufkommen lassen. Es ist die Rede von „in dem Vergabeverfahren". Man könnte annehmen, dass eine Auswahlentscheidung als grundlegendes Kriterium erforderlich ist. Eine Auswahlentscheidung lässt sich aber nur treffen, wenn mehr als ein Unternehmen beteiligt ist.

Allerdings führt die materielle Auslegung des Merkmals des Vergabeverfahrens nach der EuGH-Rechtsprechung (siehe Kapitel 10 I) zu einem umfassenden Primärrechtsschutz. Dieser bezieht sich aber nur auf Konstellationen, in denen der Vertrag noch nicht geschlossen wurde. Aussagen über Primärrechtsschutz nach einem Vertragsschluss enthalten die Urteile nicht. Nach Art. 2 Abs. 6 RMR (Richtlinie 89/665/EWG) ist dies den Mitgliedstaaten überlassen worden. Nach Ansicht einer Mitarbeiterin des Entwurfes soll der Rechtsschutz selbst bei nur einem Beteiligten gelten.[1157] Aber auch in Verbindung mit § 101b Abs. 2 GWBE ist die Wendung zwingend eindeutig, da nach

---

[1156] Gegen die Beschränkung auf eine Auswahlentscheidung: Hugenroth, Sonderbeilage Heft 5, ZfBR 2004, 1, 8. Nicht ganz eindeutig nunmehr das OLG Düsseldorf, das nicht mehr daran festhalten möchte, dass § 13 VgV nur gilt, wenn mit mehreren Unternehmen verhandelt wurde (OLG Düsseldorf, VergabeR 2005, 503, 506), es müssen aber wohl weiterhin Bieter oder Angebote beteiligt sein (OLG Düsseldorf, VergabeR 2005, 508. 509 mit Anmerkungen Benedict).

[1157] Pukall, VergabeR 2006, 586, 587.

Vertragsschluss eine Geltendmachung nur maximal sechs Monate lang möglich ist. Letztendlich kam es hier zu einer teilweisen Aufhebung des pacta sunt servanda Grundsatzes. Damit gilt die Vorschrift gerade, wenn kein weiteres Unternehmen mit dem öffentlichen Auftraggeber verhandelt hat.[1158]

Fraglich ist, ob die für sich positiv zu bewertende zeitliche Beschränkung[1159] in § 101b Abs. 2 GWBE im Hinblick auf die Rechtssicherheit der Kommission genügen wird, die massiv gegen Vergaberechtsverstöße vorgeht.[1160] Die Beschränkung, die Unwirksamkeit nur maximal sechs Monate geltend machen zu können, kann unter diesem Blickwinkel stark angezweifelt werden. Positiv ist aber die Einführung einer festen Frist von 30 Tagen ab Kenntnis des Verstoßes in Umsetzung des Treu und Glauben-Grundsatzes. Dies dient der Rechtssicherheit und -klarheit.

Im Ergebnis wird aber anzunehmen sein, dass ein umfassender Rechtsschutz ebenfalls für Unbeteiligte ohne Vertrauensverhältnis gewollt ist, sofern sie ihre Antragsbefugnis nachweisen können.[1161]

Als problematisch wird gesehen, dass das Zusammenspiel von Informationspflicht und Rügeobliegenheit für die de-facto Vergabe nicht ausdrücklich geregelt wurde. Nur für die de-facto Vergabe nach § 101 b Abs. 2 S. 2 GWBE - gemeint ist wohl § 101 b Abs. 1 S. 2 GWBE - bestimmt § 107 Abs. 3 S. 2 GWBE, dass die Rügeobliegenheit entfällt. Dieser Lösung kann so ohne Weiteres nicht zugestimmt werden. Sofern ein kommunikativer Kontakt zwischen dem öffentlichen Auftraggeber und dem Interessenten bestand, ist es zur Vermeidung von streitigen Verfahren sinnvoller, eine Rügeobliegenheit mit der Folge der Präklusion bei Verspätung anzunehmen.[1162] Diese entsteht bekanntlich ja nur bei Kenntnis beziehungsweise sich aufdrängender

[1158] So jedenfalls: Hübner, VergabeR 2005, 336, 339.
[1159] Die Befristung wird von Einzelnen als negative bewertet, da dies zu erheblicher Rechtsunsicherheit bei gutgläubigen Auftraggebern und Auftragnehmern führt (Ollmann, VergabeR 2005, 669, 675). Dieser Ansatz wurde bereits entkräftet (s. Kapitel 9 V 2 c) u. 3).
[1160] Siehe Kapitel 10 VIII 1.
[1161] Kratzenberg, NZBau 2004, 141, 143.
[1162] Kapitel 10 III 2.

Erkenntnis davon, dass ohne Ausschreibung vergeben werden sollte.[1163] Verwiesen sei auf den Sinn und Zweck der Rügeobliegenheit.[1164]

Positiv ist hingegen, dass die Unwirksamkeit nicht an der Informationspflicht, sondern an der Missachtung des Vergaberechts oder Verstößen gegen das Vergaberecht ansetzt. Damit fällt eine Vielzahl von Streitpunkten weg. Zustimmung erfährt auch die Einführung einer ex tunc Unwirksamkeit[1165] und die Tatsache, dass eine eigenständige Norm eingeführt wurde. Es entspricht größerer Rechtssicherheit[1166] und Übersichtlichkeit, wenn die Folgen eines Zuwiderhandelns im primär anwendbaren Gesetz geregelt werden.[1167]

Ferner ist es äußerst praktikabel, bei Verstößen, anders als § 138 BGB, nicht auf die subjektive Seite abzustellen.[1168] Der Vertragspartner sowie die öffentliche Hand werden nicht benachteiligt; sie befinden sich nach hier vertretner Ansicht nicht in einer unvorhersehbaren Rechtsunsicherheit.[1169] Die Voraussetzungen des Vergaberechts stehen eindeutig fest und können von allen Teilnehmern am Wettbewerb übersehen werden. Irrtümer hierüber können nicht zu Lasten Dritter gehen (siehe oben).

Streitigkeiten über das Vorliegen von Ausnahmebestimmungen, die dem öffentlichen Auftraggeber die Durchführung eines Verhandlungsverfahrens ohne vorherige Vergabebekanntmachung, das heißt Vorschriften, die die Verhandlungen mit nur einem Unternehmen gestatten, müssen im Nachprüfungsverfahren möglich sein. Dies belegt § 101 b Abs. 1 Nr. 2 GWBE.

[1163] Ähnlich auch der BGH (BGHZ 162, 116, 133 (Altpapierverkauf) mit Anmerkungen Hübner, VergabeR 2005, 336ff.).

[1164] Kapitel 10 III 2.

[1165] A.A.: Storr, der eine Nichtigkeit befürwortet (Storr, WuW 2005, 400, 403).

[1166] Der Wunsch kommt oft zum Ausdruck (statt aller: Lück/Oexle, VergabeR 2004, 302, 308).

[1167] Dennoch für eine Anwendung des § 138 BGB: Raabe, NZBau 2004, 1284, 1287. Allerdings mit der Einschränkung, dass dieses Schwert noch nicht klar genug definiert ist.

[1168] Subjektiver Voraussetzungen bedürfe es nicht (Storr, WuW 2005, 400, 403). Dies setze die Entwicklung fort, dass an die Sittenwidrigkeit geringere subjektive Anforderungen gestellt werden (Greb, VergabeR 2005, 347, 349).

[1169] Sie sind beide nicht schützenswert. Das Vergaberecht schützt nur das Vertrauen auf eine Beschaffung am Markt, wenn diese wirksam zu Stande gekommen ist (BGHZ 162, 116, 133-134 (Altpapierverkauf)).

4. Eigener Vorschlag

a) Erläuterung

Die eigenständige Regelung der de-facto Vergabe in dem neuen Gesetzesentwurf ist ein positiver Ansatz, der jedoch nicht in allen Punkten als ausreichend betrachtet werden kann. Das Grundkonzept wird befürwortet, sollte in einigen Punkten aber weiter ausdifferenziert werden.

Wichtig ist eine Klarstellung (notfalls in der Gesetzesbegründung), dass jegliche Beschaffungstätigkeit mit oder ohne Ausschreibung den Vorschriften des GWB unterfällt und Nichtbeteiligte ohne kommunikativen Kontakt vor und nach Vertragsschluss Primärrechtsschutz beanspruchen können. Nachprüfbar sollen damit auch Entscheidungen des öffentlichen Auftraggebers sein, wenn er eine Ausnahmevorschrift wie § 3 Nr. 2 lit. c) VOL/A für anwendbar hält und daher nur mit einem Unternehmen verhandelt.[1170] Die Missachtung des Vergaberechts sollte unabhängig von der positiven Kenntnis der öffentlichen Hand oder des Vertragspartners und unabhängig von einer Informationspflicht zu einer Unwirksamkeit des Zuschlages/Auftrages führen.

Bedeutsam ist eine Klarstellung, ab welcher „Entscheidung" des öffentlichen Auftraggebers Rechtsschutz möglich sein soll. Hier ist in das Gesetz aufzunehmen, dass das Vergabeverfahren mit der Einleitung organisatorischer und planerischer Schritte durch den öffentlichen Auftraggeber beginnt, die über eine bloße Markterkundung hinausgehen.[1171] Tritt dies zu Tage, so sollte es der Vergabestelle obliegen, das Gegenteil zu beweisen.

Neben der zwar nicht mehr ganz so schwerwiegenden, aber dennoch einschneidenden Rechtsfolge der Unwirksamkeit des Vertrages ex tunc ist es nicht erforderlich, den öffentlichen Auftraggebern in Zweifelsfällen die Möglichkeit einzuräumen, bei den Vergabestellen anzufragen. Irrtümer oder Unklarheiten über die Anwendbarkeit des Vergaberechts gehören zum allgemeinen Risiko, das jeder trägt, der am Rechtsleben teilnimmt.[1172]

[1170] Vgl.: Herrmann, VergabeR 2005, 518, 519, 521.
[1171] So unter Kapitel 10 I 4 a).
[1172] BGHZ 162, 116, 133 (Altpapierverkauf); siehe auch: Petersen, ZfBR 2003, 611, 614.

Klarheit ist über folgenden Punkt zu schaffen. Bei nicht ausreichender Information soll der Vertrag wirksam sein [1173] - rein formell ist der öffentliche Auftraggeber seiner Pflicht nachgekommen-, da hier dem Bieter aus der Verletzung des § 13 S. 1 VgV (neue Regelung in § 101a Abs. 1 GWBE) ein Recht zukommt, das er im Wege eines Nachprüfungsverfahrens geltend machen kann. Er kann auf Auskunft klagen. Sollte sich dann nach erneuter, nun ausreichender Information herausstellen, dass der Zuschlag unwirksam ist, kann dies in einem zweiten Verfahren vor den Vergabekammern geltend gemacht werden. Eine Unwirksamkeit oder Nichtigkeit schießt in diesen Konstellationen über das Ziel hinaus, denn die Bieter haben sowohl eine Information erhalten, die ihnen mitteilt, dass sie nicht berücksichtigt werden sollen, als auch ausreichend Zeit, effektiven Rechtsschutz zu suchen.

Die Begrenzung des Rechtsschutzes ist wichtig, wenn der Auftrag schon ausgeführt ist. Ab diesem Zeitpunkt existieren lediglich Schadensersatzansprüche.[1174] Während der Ausführung hingegen sollte keine willkürliche Beschränkung auf maximal sechs Monate nach Vertragsschluss vorgenommen werden. Dies kann dem Ansinnen der Kommission entnommen werden. Die Folgen für eine gegebenenfalls notwendige bereicherungsrechtliche Abwicklung sind nicht unverhältnismäßig.[1175] Maßgeblicher Zeitpunkt ist die Beendigung des Vertrages, die Abwicklung der Vertragsleistungen. Die Beweislast hierfür sollte die Vergabestelle tragen.

Die §§ 101 a Abs. 1 S. 2, 115 GWBE (Zuschlagsverbot mit Übermittlung einer Kopie des Nachprüfungsantrages) sollen einen lückenlosen Rechtsschutz ermöglichen. Dieser ist gewährleistet, wenn der Antragsteller es in der Hand hat, ein Zuschlagsverbot herbeizuführen. Nach § 115 Abs. 1 GWB ist er wegen der Zustellung auf die Vergabekammer angewiesen. Sofern die Gesetzesänderung zu § 115 Abs. 1 GWBE von „Zustellung“ zu „Übermittlung der Kopie“ so verstanden werden kann, dass keine Handlung der Vergabekammer erforder-

---

[1173] Siehe hierzu bereits in den Fußnoten in Kapitel 10 V 2 a).

[1174] Es stellt sich dennoch die Frage der Rückwirkung (vgl. Pencereci, LKV 2005, 137, 142). Sie ist bislang unbeantwortet, kann durch das neue Gesetz aber gerade begrenzt werden.

[1175] Dazu ausführlich: Wagner/Steinkemper, BB 2004, 1577, 1583 und bereits unter Kapitel 10 V 2 b (3) 5. Argument.

lich ist, sondern des Antragsstellers die Kopie direkt an die Vergabestelle und parallel an die Vergabekammer übermitteln kann, ist ausreichender Rechtsschutz gewährt, andernfalls ist die Regelung defizitär.[1176] Selbstverständlich ist nur dann Anhängigkeit gegeben, wenn die erforderlichen Voraussetzungen erfüllt sind.

Für den umfassenden effektiven Rechtsschutz ist es erforderlich, dass die Unternehmen von den Vertragsschlüssen des öffentlichen Auftraggebers erfahren. Insoweit ist darüber nachzudenken, eine weite Informationspflicht einzuführen, die nicht an den Bieterstatus beziehungsweise an die Durchführung eines förmlichen Verfahrens anknüpft (nach bisheriger Regelung müssen die Anforderungen des § 101 a GWBE bei de-facto Vergaben nicht erfüllt sein, da Rechtsschutz nicht an § 101 b Abs. 1 Nr. 1 anknüpft, sondern an § 101 b Abs. 1 Nr. 2 GWBE). Die Einführung einer generellen Informationspflicht seitens der Vergabestellen, zu der sie auch verpflichtet wären, wenn sie davon ausgingen, dass sie gerade kein förmliches Ausschreibungsverfahren durchzuführen haben, ist eine politische Entscheidung. Vor dem Grundsatz einer möglichst weiten Transparenz im Feld der öffentlichen Beschaffungen ist dies sicherlich zu befürworten. Außerdem würde dies keine unerfüllbare Hürde oder eine Benachteiligung der öffentlichen Hand darstellen, da sie prinzipiell bei allen Beschaffungen von Dienst-, Liefer- oder Bauleistungen das Vergaberecht im Hinterkopf haben muss. Die Informationspflicht kann über eine europaweite Bekanntmachung erreicht werden.[1177] Dies könnte beispielsweise in dem europäischen Amtsblatt oder einer einheitlichen europäischen Homepage erfolgen. Bei Einführung einer allgemeinen Informationspflicht würde sich die Regelung des § 101 b Abs. 1 Nr. 2 GWBE erübrigen, da dann jedenfalls über Nr. 1 Rechtsschutz erlangt werden könnte.

Lehnt man die umfassende Informationspflicht ab, so ist wenigstens in Fällen des kommunikativen Kontakts das Zusammenspiel von Rügeobliegenheit und Informationspflicht aufzunehmen und eine Nichtigkeit des Vertrages bei Missachtung der Informationspflicht angezeigt.

1176 So zur bestehenden Regelung des § 13 VgV i.V.m. § 115 Abs. 1 GWB (Dieckmann, VergabeR 2005, 10, 14).

1177 Vgl.: Herrmann, VergabeR 2005, 518, 519.

Der Gesetzesentwurf ist um eine zwangsgeldbewehrte Regelung zu ergänzen, nach der es der Bundesregierung möglich ist, den jeweiligen öffentlichen Auftraggeber anzuweisen, einen Vertrag zu kündigen oder selbst den Vertrag kündigen zu können, wenn der Vollzug des Vertrages gegen das Europäische Recht verstößt,[1178] sofern ein europarechtswidrige Vergabe nicht bereits zur Nichtigkeit geführt hat. Letzteres wäre vorzugswürdig.[1179]

b) Vorschlag einer gesetzlichen Regelung

Damit kann dem Gesetzgeber eine den nachfolgenden Normentwürfen ähnliche Regelung vorgeschlagen werden. Dabei ist zwischen der Aufnahme einer allgemeinen Informationspflicht (1) und der Außerachtlassung dieser (2) zu differenzieren. In jedem Fall muss jedoch § 101 b Abs. 2 S. 1 GWB abgeändert werden:

> *„(2) Die Unwirksamkeit nach Absatz 1 kann nur im Wege einer Nachprüfung innerhalb von 30 Kalendertagen ab Kenntnis des Verstoßes, nicht jedoch nach der [...] [Beendigung des Vertrages] geltend gemacht werden."*

Für § 115 Abs. 1 GWB gilt:

> *„(1) Nach Übermittlung der Kopie eines Antrags auf Nachprüfung [durch die Vergabekammer oder die Antragssteller] an den Auftraggeber darf dieser vor einer Entscheidung der Vergabekammer und dem Ablauf der Beschwerdefrist nach § 117 Abs. 1 den Zuschlag nicht erteilen."*

(1) Allgemeine Informationspflicht bei Direktvergabe

Sofern eine allgemeine Informationspflicht bei allen Beschaffungen unabhängig vom tatsächlichen Eingreifen des Vergaberechts implementiert werden soll, ist § 101 b Abs. 1 Nr. 2 GWBE ebenso wie § 107 Abs. 3 S. 2 GWBE ersatzlos zu streichen. Es ist dann aber an anderer Stelle klarzustellen, dass unter Vergabeverfahren in den Vorschriften des GWB das formlose Verfahren fällt. Das Vergabeverfahren beginnt nicht mit der Bekanntmachung, sondern

---

[1178] Ebenso: Ollmann, VergabeR 2005, 669, 676.
[1179] So auch: Gabriel, LKV 2005, 285, 285.

mit der Entscheidung des öffentlichen Auftraggebers, eine Beschaffung ohne förmliche Vergabe vorzunehmen. Der Entschluss ist durch organisatorische und planerische Maßnahmen belegt. § 97 GWB erhält einen Absatz 1a:

> *„(1a) Unter Vergabeverfahren wird im Rahmen dieses Gesetzes jedes förmliche Vergabeverfahren (vgl. § 101 GWB) gefasst als auch jede direkte Vergabe ohne Ausschreibung, der eine Entscheidung des öffentlichen Auftraggebers zu Grunde liegt, die durch erkennbare organisatorische und planerische Maßnahmen belegt ist."*

Die Überschrift zu § 101 GWB lautet dann anstelle von *„Arten der förmlichen Vergabe"* Arten der Vergabe; die Norm selbst hätte folgende Fassung:

> *(1) Die [förmliche] Vergabe von öffentlichen Liefer-, Bau- und Dienstleistungsaufträgen erfolgt in offenen Verfahren, in nicht offenen Verfahren, oder in Verhandlungsverfahren oder im wettbewerblichen Dialog."*

Die Informationspflicht könnte schließlich in § 101 a Abs. 3 GWBE niedergelegt werden.

> *„(3) Die Informationspflicht besteht auch gegenüber Interessenten außerhalb eines förmlichen Vergabeverfahrens. Direktvergaben sind durch europaweite Bekanntmachung zu veröffentlichen. Ein Vertrag darf erst 14 Kalendertage nach Bekanntmachung der Information nach Satz 1 geschlossen werden. Die Frist beginnt am Tag der Veröffentlichung."*

(2) Keine allgemeine Informationspflicht bei Direktvergabe

Die eben angesprochenen Änderungen des § 97 GWB und § 101 GWB gelten. Im Übrigen ist § 101 a GWB durch einen Abs. 3 zu ergänzen:

> *„(3) Die Informationspflicht besteht auch gegenüber Interessenten außerhalb eines förmlichen Vergabeverfahrens, wenn es zwischen den Parteien zu einem kommunikativen Kontakt gekommen ist. Kommunikativer Kontakt kann durch eine Rüge des interessierten Unternehmens, die Abgabe eines Angebots oder eine sonstige entäußerte Interessenbekundung am Auftrage entstehen. Der Auftraggeber hat dieses Unternehmen dann über den Namen des Unternehmens, dessen Angebot angenom-*

men werden soll, und über den Grund der vorgesehenen Nichtberücksichtigung in Textform zu informieren. Abs. 1 S. 2 und 3 gelten entsprechend."

§ 107 GWB ist dann nicht mehr zu ändern, da die Rügeverpflichtung nur für Fälle ohne Informationspflicht entfällt; in dem hier gelagerten Fall würde sie eingreifen. Dem Begriff des Vergabeverfahrens in § 107 Abs. 3 Nr. 1 GWB läge außerdem ein materielles Verständnis zu Grunde (siehe oben).

IX. Ergebnis und Ausblick

Der Rechtsschutz bei de-facto Vergaben, das heißt unzulässigen Direktvergaben, soll entsprechend dem Gesetzesentwurf der Bundesregierung normiert werden. Allerdings können die bisherigen Regelungen nicht uneingeschränkt befürwortet werden.

Vor dem Vertragsabschluss ist bereits nach dem jetzigen herrschenden Verständnis umfassender Primärrechtsschutz gewährt, wenn ein Vergabeverfahren eingeleitet wurde, was befürwortet wird. Schließlich liegt der Beschaffung ein materielles Verständnis des Vergabeverfahrens zu Grunde, welches in das GWB aufgenommen werden sollte. Sobald der öffentliche Auftraggeber planerische und organisatorische Maßnahmen für die Auftragserteilung ergreift, kann von einem Vergabeverfahren gesprochen werden.

Nach Vertragsschluss stellt sich die Problematik der Nichtigkeit des Vertrages. Nach bisherigem Verständnis, dass die Nichtigkeit des Vertragsschlusses nur bei einem kommunikativen Kontakt erreicht werden kann,[1180] ist eine Informationspflicht und Rügepflicht in das GWB aufzunehmen.

Hält man hingegen – nach hier vertretener Ansicht zu Recht - auch in Fällen ohne kommunikativen Kontakt den Rechtsschutz für bedeutsam, da dieser kommunikative Kontakt meist nur vom Zufall abhängt, ob der interessierte Unternehmer von der Intension des öffentlichen Auftraggebers erfährt, so ist eine umfassende Informationspflicht zu statuieren. Deren Missachtung führt zur Nichtigkeit des Vertrages.

[1180] Siehe Kapitel 10 VII.

In beiden Fällen ist die Möglichkeit der Geltendmachung der Unwirksamkeit entgegen dem Gesetzesentwurf nicht auf sechs Monate nach Vertragsschluss willkürlich zu beschränken. Allerdings ist eine zeitliche Begrenzung bis zur Beendigung des Vertrages sinnvoll.

Im Ergebnis bleibt damit zu hoffen, dass der Gesetzgeber weitere Klarstellungen hinsichtlich der de-facto Vergabe ausdrücklich im neuen Gesetz über die Neuregelung des Vergaberechts schafft, damit in diesem Bereich zugunsten der Rechtssicherheit und des effektiven Primärrechtsschutzes endlich Klarheit herrscht.

Teil 4: Thesen und Erträge

Die Ergebnisse der Arbeit lassen sich für die beiden hauptsächlichen Untersuchungsgegenstände, die In-House Vergabe und den Rechtsschutz bei de-facto Vergabe wie folgt zusammenfassen:

§ 11 In-House Vergabe

Mittels verschiedener Interpretationsansätze aus den unterschiedlichsten Rechtsgebieten können die unbestimmten Teckal-Kriterien inhaltlich näher ausgestaltet werden. Eine Kodifizierung von Merkmalen, die über diese Kriterien hinausgehen, erscheint unzweckmäßig. Selbst die Vergabekoordinierungsrichtlinie (=EU-Legislativpaket; VKR) sieht keine Definition der In-House Vergabe vor. Die bestehende Rechtslage ist klar, Handlungsbedarf von Seiten des nationalen Gesetzgebers, die Interpretationsansätze zu normieren, ist nicht ersichtlich. Die nachfolgenden Gesichtspunkte sind allerdings zu beachten.

I. Kontrolle wie über die eigene Dienststelle

Um dem Wettbewerb größtmögliche Freiheit zu gewährleisten, ist das erste EuGH-Kriterium so eng wie möglich zu verstehen.[1181] Dadurch wird die Organisationsfreiheit der öffentlichen Hand nicht unzulässig beschränkt, denn die Wahl der Handlungsform bleibt weiterhin frei. Die Anwendbarkeit des Vergaberechts begrenzt die Organisationsautonomie nicht.

Eine Kontrolle wie über die eigene Dienststelle kann grundsätzlich nur bei Eigen- und gemischt-öffentlichen Gesellschaften angenommen werden. Die gemischt-wirtschaftliche Gesellschaft ist seit der Stadt Halle-Entscheidung des EuGH stets von einer In-House Vergabe ausgeschlossen.[1182] Dem Wettbewerbsprinzip wird dadurch bei öffentlichen Aufträgen zu Recht vermehrt zum Durchbruch verholfen.

Für die Bejahung des Merkmals der Kontrolle wie über eine eigene Dienststelle ist es erforderlich, dass die Kontrolle zum Zeitpunkt des Vertragsschlusses

---

[1181] Siehe Kapitel 4.

von dem jeweiligen auftragserteilenden öffentlichen Auftraggeber ausgeübt wird beziehungsweise dieser die Möglichkeit dazu hat; einer tatsächlichen Ausübung bedarf es grundsätzlich nicht.[1183] Die Kontrolle muss sich in einer Einflussnahme sowohl auf den operativen, momentanen Aufgabenbereich als auch auf eine generelle Steuerung der Gesellschaft beziehen, also umfassend sein.

Im nächsten wesentlichen Schritt wird dann geprüft, welche Gesellschaftskonstellationen gesetzlicher oder vertraglicher Art das Kontrollkriterium in der Rechtstatsächlichkeit umsetzen bzw. wie die Einflussnahmemöglichkeit auf/in die Gesellschaft durch den betreffenden öffentlichen Auftraggeber als Gesellschafter aussehen muss. Dabei beschränkt sich die Prüfung auf die Gesellschaftsformen der GmbH und der Aktiengesellschaft. Als Ergebnis einer detailierten Untersuchung aller Einflussmöglichkeiten auf die entsprechenden Organe der jeweiligen Gesellschaften, die für die Grundlagengeschäfte bzw. Tagesgeschäfte zuständig sind, kann festgehalten werden, dass nur die GmbH das vergaberechtliche Kontrollkriterium umsetzt. Über die direkte bzw. indirekte, eine Sperrminorität der anderen Gesellschafter ausschließende Stimmenmehrheit in der Gesellschafterversammlung wird eine Kontrolle der Grundlagengeschäfte[1184] und Tagesgeschäfte über das Mittel der Weisung[1185] ermöglicht.

Bei der Aktiengesellschaft sowie für alle anderen Konstellationen in der GmbH kann im Einzelfall eine Kombination verschiedener aufgezeigter Konstellationen zum Ziel führen, wie beispielsweise in der Aktiengesellschaft die entsprechende Mehrheit in der Hauptversammlung samt Abschluss eines Beherrschungsvertrages. Die untersuchten Gesellschaftskonstellationen können damit grundsätzlich als Auslegungshilfe in Form von Fallgruppen das Kriterium der Kontrolle wie über eine eigene Dienststelle mit Leben erfüllen.[1186]

[1182] Siehe Kapitel 6 III 1.
[1183] Siehe Kapitel 5 III 3 a), Kapitel 6 I 7.
[1184] Kapitel 6 II 3 a) (3).
[1185] Kapitel 6 II 3 b) (2).
[1186] Es komme auf die interne Einwirkungsmöglichkeit bei der Aktiengesellschaft an, die Aktiengesellschaft als Organisationsform solle nicht per se ausgeschlossen sein (GA Kokott, Schlussantrag vom 01.03.2005, Rs. C-458/03 (Parking Brixen GmbH), Slg. 2005, I-8585 ff., Rn. 67, NZBau 2005, Heft 4, VII, XIV).

Der vergaberechtliche Kontrollbegriff fordert eine umfassende qualifizierte Beherrschung und ist in seinen Anforderungen deutlich strenger als seine konzern- und kartellrechtlichen Pendants und besitzt eine gewisse Nähe zu dem im Konzernrecht vor langer Zeit aufgegebenen Kontrollbegriff des Reichsgerichts.[1187] Damit kann den besonderen wettbewerblichen Zwecken Rechung getragen werden.

Aus dem Beihilferecht[1188], dem Vergaberecht[1189] selbst sowie aus der Transparenzrichtlinie[1190] lassen sich keine Interpretationsansätze für das Kriterium Kontrolle wie über die eigene Dienststelle gewinnen. Der Gesetzesentwurf zur Änderung des GWB der Bundesregierung vom 18. März 2005 ist hinsichtlich § 99 Abs. 1 GWB als europarechtswidrig einzustufen, da es zu einer unerlaubten weiten Anwendung der Ausnahmeregelung käme[1191].

Eine Eintrittsoption für Private in die zu beauftragende Gesellschaft schließt während der Laufzeit des Auftrages die In-House Vergabe unabhängig davon aus, ob die Möglichkeit realisiert werden soll. Gilt die Eintrittsoption für öffentliche Stellen, so ist die In-House Vergabe nur ausgeschlossen, wenn (a) die umfassende Kontrolle des auftragserteilenden Auftraggebers bei Ausübung der Option ausgeschlossen und (b) der Eintritt eines konkreten Dritten vorhersehbar ist und unmittelbar bevorsteht. Dies gebietet der Grundsatz der Rechtssicherheit.[1192]

II. Tätigkeit im Wesentlichen

Das Kriterium der Wesentlichkeit wurde eingeführt, um Wettbewerbsverzerrungen auf den Märkten durch privilegierte, von öffentlicher Hand beauftragte Unternehmen zu verhindern. Diese Unternehmen können unter Umständen einen Teil ihrer Kapazität über ausschreibungsfreie öffentliche Aufträge decken und sind daher weniger von der Insolvenz bedroht als ihre privaten Kon-

[1187] So auch Dreher, NZBau 2001, 360, 363; RGZ 167, 40, 49ff. Ähnlichkeit besteht hingegen nicht was die tatsächliche Ausübung der Beherrschung angeht.
[1188] Siehe Kapitel 6 III 3.
[1189] Siehe Kapitel 6 III 1.
[1190] Siehe Kapitel 6 III 2.
[1191] Siehe Kapitel 6 V.
[1192] Siehe Kapitel 6 IV.

kurrenten, was zu einer Wettbewerbsverzerrung führen kann.[1193] Um dies zu verhindern, muss das Kriterium der Wesentlichkeit mit quantitativen und qualitativen Merkmalen ausgefüllt werden.[1194] Entscheidend sind dabei die Tätigkeit und nicht der Umsatz des beauftragten Unternehmens[1195] sowie die konkrete Auslegung in Abhängigkeit zur Wirkung auf den Markt (Spürbarkeit)[1196]. Der relevante Markt bestimmt sich entgegen dem insoweit rechtswidrigen Gesetzesentwurf aus der gesamten unternehmerischen Tätigkeit des Auftragnehmers.[1197] Allgemein festgelegte Zahlen, wie die oftmals angenommenen 80 % des Umsatzes in den letzten drei Jahren, werden diesen Anforderungen nicht gerecht. § 10 VgV kann nicht als Auslegungshilfe herangezogen werden.[1198] Hingegen kommt den Grundsätzen aus dem Beihilferecht über die Altmark-Trans-Entscheidung[1199] sowie dem Merkmal der Spürbarkeit aus dem Kartellrecht[1200] große Bedeutung für die Auslegung zu. Verbotene Beihilfen, die mithilfe eines Privat Investor Test festgestellt werden können, machen entweder eine Bewertung der Wesentlichkeit unter Heranziehung des Umsatzes unmöglich, so dass auf die Tätigkeit abgestellt werden muss oder sofern ein Gleichlauf zwischen Tätigkeit und Umsatz besteht, führt dies zu einer Verneinung der Wesentlichkeit. Zu Unrecht subventionierten Unternehmen wird damit die Möglichkeit genommen, auch noch durch ausschreibungsfreie Aufträge zusätzlich den Markt zu beeinträchtigen. Anders als die Wesentlichkeit, die sich auf das interne Verhältnis zu dem öffentlichen Auftraggeber richtet, komplimentiert der Ansatz der Spürbarkeit aus § 1 GWB die Frage nach der Wettbewerbsbeeinträchtigung, indem es den Fokus auf die Beeinflussung des Marktes lenkt. Im Ergebnis sind für die Schutzwirkung der Wesentlichkeit folglich immer der jeweilige Markt und seine Veränderung durch eine Teilnahme privilegierter öffentlicher Beteiligungsgesellschaften zu untersuchen.

[1193] Siehe Kapitel 7 II.
[1194] Siehe Kapitel 7 III 7.
[1195] Siehe Kapitel 7 III 6.
[1196] Siehe Kapitel 7 III 4.
[1197] Siehe Kapitel 7 III 5.
[1198] Siehe Kapitel 7 IV.
[1199] Siehe Kapitel 7 VI.
[1200] Siehe Kapitel 7 VII.

§ 12 Primärrechtsschutz bei de-facto Vergaben

Nach einer kurzen allgemeinen Darstellung des Primär- und Sekundärrechtsschutzes wird vertieft auf die Möglichkeit des Primärrechtsschutzes bei unterlassener Ausschreibung, der sog. de-facto Vergabe, eingegangen. Sie steht allen Unternehmen zu, die die Verletzung ihrer Rechte und Interessen, sowie einen möglichen Schaden gelten machen möchten. Dies gilt auch, wenn bereits ein Vertrag geschlossen wurde. Das sah die bisherige Rechtsprechung und Literatur anders. Hinsichtlich der Voraussetzungen und der Dauer des Primärrechtsschutzes ist zu differenzieren, ob die Unternehmen in einem kommunikativen Kontakt zum öffentlichen Auftraggeber gestanden haben und ob der Vertragschluss bereits vollzogen wurde.[1201]

Unternehmen, die keine Kommunikation zu der Vergabestelle aufgebaut haben, können ein Nachprüfungsverfahren einleiten - können ergo antragsbefugt sein. Zur Rüge nach § 107 Abs. 3 S. 1 GWB hingegen sind sie nicht verpflichtet. Ist der Vertrag zwischen dem öffentlichen Auftraggeber und dem Favoriten nicht bereits geschlossen, so kann der Nachprüfungsantrag Erfolg haben. Nach Vertragsschluss ist das nicht mehr möglich, da nach der bisherigen herrschenden Meinung die Nichtigkeitsfolge des § 13 S. 6 VgV nicht gilt, auch nicht analog. Greifen sonstige Nichtigkeitstatbestände nicht ein, ist ein bereits geschlossener Vertrag wirksam und zugleich der Primärrechtsanspruch unstatthaft. Es kommen allenfalls Schadensersatzansprüche in Betracht.

Anders verhält es sich bei Bietern (untechnisches Verständnis), die zu der Vergabestelle mittels Rüge, Interessenbekundung oder Angebotsabgabe oder ähnlichem in Kontakt getreten sind. Sie sind, sofern nicht schon der Kontakt durch eine Rüge entstanden ist, zur Rüge verpflichtet, da ein Vertrauensverhältnis besteht. Kehrseite der Rügepflicht ist eine erhöhte Schutzwürdigkeit der Bieter, die darin zum Ausdruck kommt, dass Verträge, die ohne eine Vorabinformation ergangen sind, nach § 13 S. 6 VgV nichtig sind. Sie haben das Recht, unabhängig davon, ob der Vertragsschluss bereits erfolgt ist oder eben noch ausstand, Primärrechtsschutz vor den Vergabekammern geltend zu machen. Anknüpfungspunkt ist die erste organisatorische Entscheidung der Ver-

[1201] Siehe Kapitel 10 III 2, 3.

gabestelle, die einen eindeutigen Entschluss dahingehend erkennen lässt, dass die Beschaffung vergabefrei erfolgen soll.

Nach Würdigung sämtlicher bisher vorgetragener Argumente wäre es wünschenswert, Primärrechtsschutz umfassend auch in Konstellationen zu gewähren, in denen der Beschaffungsvertrag bereits abgeschlossen wurde und kein kommunikativer Kontakt bestanden hat. Die öffentliche Hand sollte verpflichtet werden, jede Ausschreibung, unabhängig von der Durchführung eines förmlichen Vergabeverfahrens, europaweit bekannt zu machen. Käme sie dieser Verpflichtung nicht nach, so wäre der Vertrag wegen Verletzung der Informationspflicht nichtig; Primärrechtsschutz wäre möglich.[1202]

§ 13 Ausblick

Der Bereich der Anwendbarkeit und der Ausnahmen von der Anwendbarkeit des Vergaberechts befindet sich momentan in einem starken Fluss. Das gilt insbesondere auch für mögliche Ausnahmen wie für Aufträge innerhalb der kommunalen Zusammenarbeit, Dienstleistungskonzessionen und so weiter. Allerdings zeichnet sich in der europäischen Rechtssprechung eine strenge Handhabung ab. Hintergedanke ist es, einen möglichst transparenten europäischen Wettbewerbsmarkt zu schaffen.

Sollte ausnahmsweise das Vergaberecht zu Recht nicht für einschlägig angesehen werden, so müssen als Auffangnormen die Grundsätze des Primärrechts, wie das Diskriminierungsverbot und das Transparenzgebot, beachtet werden. Streitig ist in diesem Zusammenhang die Frage, ob die Grundsätze der In-House Vergabe gleichwohl zu einer Nichtanwendbarkeit des Primärrechts führen.[1203] Auch hier erfahren die In-House Grundsätze eine hohe Bedeutung. Überzeugend ist es nach hier vertretener Auffassung, die Grundsätze *„erst recht"* auf Ausnahmen, wie zum Beispiel die Dienstleistungskonzession, anzuwenden, weil andernfalls *„der öffentliche Auftraggeber außerhalb des Anwendungsbereichs der Richtlinien strengeren Anforderungen unterläge als*

1202 Siehe Kapitel 10 VIII 4.

1203 So GA Kokott, Schlussantrag vom 01.03.2005, Rs. C-458/03 (Parking Brixen GmbH), Slg. 2005, I-8585 ff., Rn. 46, NZBau 2005, Heft 4 VII, XII; a.A.: GA Stix-Hackl, Schlussantrag vom 12.04.2005, Rs. C-231/03 (Coname), Slg. 2005, I-7287 ff., Rn. 68.

innerhalb, nämlich einer dann ausnahmslos geltenden Pflicht zur Herstellung von Transparenz und Öffentlichkeit".[1204] Abgesehen davon spricht für eine entsprechende Anwendung der In-House Grundsätze auf Konstellationen, die nur den Grundfreiheiten genügen müssen, dass die vergaberechtlichen Richtlinien nur die Grundfreiheiten konkretisieren. Eine Ausnahme von der Anwendbarkeit der Richtlinie ist damit letztlich eine Ausnahme von den Grundfreiheiten.[1205]

Im Zusammenhang mit unrechtmäßigen Ausnahmen vom Anwendungsbereich des Vergaberechts zeichnen sich Probleme in der Staatshaftung ab, verhängt die Europäische Kommission doch Zwangsgelder wegen Verletzung der Anwendbarkeit des Vergaberechts gegen den Mitgliedstaat, der meist nicht mit dem das Vergaberecht missachtenden öffentlichen Auftraggeber identisch ist.

Für den Primärrechtsschutz bei de-facto Vergaben bleibt zu hoffen, dass der deutsche Gesetzgeber seinen Gesetzesentwurf vom 18. März 2005 erneut überdenkt und ihn in Übereinstimmung mit dem europäischen Recht bringt.[1206]

[1204] GA Kokott, Schlussantrag vom 01.03.2005, Rs. C-458/03 (Parking Brixen GmbH), Slg. 2005, I-8585 ff., Rn. 46, NZBau 2005, Heft 4 VII, XII.

[1205] GA Kokott, Schlussantrag vom 01.03.2005, Rs. C-458/03 (Parking Brixen GmbH), Slg. 2005, I-8585 ff., R. 47, NZBau 2005, Heft 4 VII, XII.

[1206] Siehe Kapitel 10 VIII 3 b), 4; IX.

Literaturverzeichnis

Abel, Wolfgang: Entscheidungsanmerkung zum Beschluss des OLG Düsseldorf vom 06.08.2001, Verg 28/01, VergabeR 2001, 431-433

Ade, Klaus: Handbuch Kommunales Beteiligungsmanagement, Stuttgart 1997

Althaus, Stefan: Öffentlich-rechtliche Verträge als öffentliche Aufträge gem. § 99 GWB, NZBau 2000, 277-279

Altmeppen, Holger: Die Einflussrechte der Gemeindeorgane in einer kommunalen GmbH, NJW 2003, 2561-2567

Andersen, Christoph/Reichard, Christoph: Kommunale Dienstleistungen im Wettbewerb in: Cox, Helmut (Hrsg.), Ausschreibungswettbewerb bei öffentlichen Dienstleistungen, Schriftenreihe der Gesellschaft für öffentliche Wirtschaft, Heft 52, S. 13-41, Baden-Baden, 2003

Antweiler, Clemens: Europarechtliche Rechtsbehelfe gegen fehlerhafte Auftragsvergaben, VergabeR 2002, 109-117

Antweiler, Clemens: Erschließungsverträge mit Kommunalunternehmen: Zulässigkeit und Ausschreibungspflicht, NZBau 2003, 93-98

Antweiler, Clemens: Antragsbefugnis und Antragsfrist für Nachprüfungsanträge von Nichtbewerbern und Nichtbietern, VergabeR 2004, 702-705

Antweiler, Clemens: Erledigung des Nachprüfungsverfahrens i.S. von § 114 II 2 GWB, NZBau 2005, 35-37

Arndt, Hans-Wolfgang: Europarecht, 6. Auflage, Heidelberg 2003

Arrowsmith, Sue: The Law of Public and Utilities Procurement, London 1996

Balensiefen, Gotthold/Raiber, Michael: Das gegenwärtige öffentliche Vergabewesen aus Sicht der Bieter der Bauwirtschaft, VergabeR 2005, 305-312

Bär, Fred: § 13 S. 4 VgV und rechtswidrig unterlassene Vergabeverfahren, ZfBR 2001, 375-379

Bartosch, Andreas: Schnittstellen zwischen öffentlicher Auftragsvergabe und europäischem Beihilferecht, WuW 2001, 673-686

Baumbach, Adolf/Hueck, Alfred: GmbHG, Gesetz betreffend die Gesellschaften mit beschränkter Haftung, 18. Auflage, München 2006 (zitiert: Bearbeiter in Baumbach/Hueck, GmbH-Gesetz, Kommentar, 18. Auflage, 2006, § GmbHG, Rn.)

Baumeister, Hubertus: Der EuGH und die Finanzierung der kommunalen Daseinsvorsorge - vor allem des öffentlichen Nahverkehrs, NZBau 2003, 550-553

Baums, Theodor: GWB-Novelle und Kartellrecht, ZIP 1998, 233-235

BDI (Hrsg.): Positionspapier des BDI anlässlich der Tagung am 19.10.2004 in Berlin "Public Private Partnerships", www.bdi-online.de (Stand 30.10.2004)

Bell, Albrecht/Rehak, Heinrich: Vergaberecht und kommunale Privatisierung der Abfallentsorgung, LKV 2001, 185-192

Benedict, Christoph: Entscheidungsanmerkung zum Beschluss des OLG Düsseldorf vom 23.02.2005, Verg 85/04, VergabeR 2005, 512-513

Berg, Wilfried: Die wirtschaftliche Betätigung von Kommunen - kommunale Selbstverwaltung und Wettbewerb, WiVerw 2000, 141-158

Berger, Henning: Die Ausschreibungspflicht bei der Veräußerung von Unternehmensanteilen durch kommunale Körperschaften, ZfBR 2002, 134-138

Bergmann, Tina: Die Vergabe öffentlicher Aufträge und das In-house-Geschäft, Schriften zum Planungs-, Verkehrs- und Technikrecht, Hamburg 2005 (zugl. Tübingen, Univ., Diss., 2004)

Berisch, Georg M.: Entscheidungsanmerkung zum Beschluss des OLG Brandenburg vom 03.08.1999, 6 Verg 1/99, DB 1999, 1797-1799

Berschin, Felix: Europarecht für Finanzierung und Genehmigung des öffentlichen Nahverkehrs, WiVerw 2004, 1-8

Boesen, Arnold: Das Vergaberechtsänderungsgesetz im Lichte der europarechtlichen Vorgaben, EuZW 1998, 551-559

Boesen, Arnold: Vergaberecht, Kommentar zum 4. Teil des GWB, Köln 2000 (zit. Boesen, Vergaberecht, Kommentar, 2000, § GWB, Rn.)

Boesen, Arnold, Ist ein Vertrag, der unter Verstoß gegen die Ausschreibungspflicht geschlossen wurde, nichtig?, IBR 2002, 156-156

Bogdandy, von Armin/Wernicke, Stephan: Transatlantischer Streit um das öffentliche Auftragswesen, EuZW 1993, 217-221

Braun, Joachim: Vorläufiger Rechtsschutz gegenüber de-facto-Vergaben, NZBau 2001, 675-678

Braun, Joachim: Zur unverzüglichen Rüge beim Erkennen eines Fehlers im Vergabeverfahren, NZBau 2000, 320-322

Breloer, Carolin Eva: Europäische Vorgaben und das deutsche Vergaberecht, Europäische Hochschulschriften, Reihe II Rechtswissenschaft, Bd. 3892, Frankfurt am Main 2004 u.a. (zugl. Münster (Westphalen), Univ., Diss., 2003)

Bremer, Eckhard/Wünschmann, Christoph: Die Pflicht der Aufgabenträger zur Vergabe von SPNV-Leistungen im Wettbewerb, WiVerw 2004, 51-64

Brinker, Ingo: Vorabinformation der Bieter über den Zuschlag oder Zwei-Stufen-Theorie im Vergaberecht?, NZBau 2000, 174-178

Britz, Gabriele: Funktion und Funktionsweise öffentlicher Unternehmen im Wandel: Zu den jüngsten Entwicklungen im Recht der kommunalen Wirtschaftsunternehmen, NVwZ 2001, 380-387

Brown, Adrian/Smith, Herbert: Current Survey; European Court of Justice, Judgement of the Court of November 18, 1999, Case C-107/98, Teckal, PPLR 2000, CS41-CS44

Bultmann, Friedrich/Hölzl, Franz Josef: Die Entfesselung der Antragsbefugnis - zum effektiven Rechtsschutz im Vergaberecht, NZBau 2004, 651-654

Bultmann, Peter Friedrich: Beihilferecht und Vergaberecht, Beihilfen und öffentliche Aufträge als funktional äquivalente Instrumente der Wirtschaftslenkung - ein Leistungsvergleich, Jus Publicum, Band 109, Tübingen 2004

Bultmann, Peter Fiedrich: Zur Priviligierung gemischt-öffentlicher Eigengesellschaften bei der Vergabe öffentlicher Aufträge, NZBau 2006, 222-225

Burgi, Martin: Der Verwaltungsvertrag im Vergaberecht, NZBau 2002, 57-62

Burgi, Martin: Die Ausschreibungsverwaltung, DVBl. 2003, 949-958

Burgi, Martin: Rechtsschutz ohne Vergabeverfahren, NZBau 2003, 16-23

Burgi, Martin: Das Kartellvergaberecht als Sanktions- und Rechtsschutzinstrument bei Verstößen gegen das kommunale Wirtschaftsrecht, NZBau 2003, 539-545

Burgi, Martin: Verwaltungssponsoring und Kartellvergaberecht, NZBau 2004, 594-599

Burgi, Martin: Warum die "kommunale Zusammenarbeit" kein vergaberechtspflichtiger Beschaffungsvorgang ist, NZBau 2005, 208-212

Byok, Jan: Das neue Vergaberecht, NJW 1998, 2774- 2779

Byok, Jan: Die Entwicklung des Vergaberechts seit 1999, NJW 2001, 2295-2302

Byok, Jan/Jansen, Nicola, Verfassungswidrigkeit der Nichtigkeitsfolge des § 13 VgV trotz stark modifizierter Ergebniskorrektur durch die Rechtsprechung, BB 2003, 2301-2305

Byok, Jan/Jansen, Nicola: Entscheidungsanmerkung zum Beschluss des OLG Düsseldorf vom 25.06.2003, U (Kart) 36/02, VergabeR 2003, 598-600

Byok, Jan/Jansen, Nicola: Durchbruch für das A-Modell im Fernstraßenbau?, NZBau 2005, 241-249

Byok, Jan/Ott, Thomas: Aktuelle Rechtsfragen zu der Auftragsvergabe in der Entsorgungswirtschaft - Unter besonderer Berücksichtigung der Rechtsprechung der Vergabesenate aus dem Jahr 2003, NVwZ 2005, 763-770

Byok, Jan/Jaeger, Wolfgang (Hrsg.): Kommentar zum Vergaberecht, Erläuterungen zu den vergaberechtlichen Vorschriften des GWB und der VgV, 2. Auflage, Frankfurt am Main 2005 (zit. Bearbeiter in Byok/Jaeger, Kommentar zum Vergaberecht, § ,Rn.)

Cassady, Ralph: Auctions and Auctioneering, Berkley, 1967

Cox, Helmut: Zur Organisation der Daseinsvorsorge in Deutschland (S. 25-40) in: Die Zukunft der Daseinsvorsorge - Öffentliche Unternehmen im Wettbewerb, Schader-Kollegium/Schader-Stiftung, Darmstadt 2001

Cox, Helmut (Hrsg.): Ausschreibungswettbewerb bei öffentlichen Dienstleistungen, Schriftenreihe der Gesellschaft für öffentliche Wirtschaft, Heft 52, S. 43-68, Baden-Baden 2003

Cox, Helmut: Öffentliche Dienstleistungen künftig im obligatorischen Ausschreibungswettbewerb? Zur Initiative der Europäischen Kommission zur Ausschreibungspflicht bei öffentlichen Dienstleistungskonzessionen in Cox, Helmut (Hrsg.), Ausschreibungswettbewerb bei öffentlichen Dienstleistungen, Schriftenreihe der Gesellschaft für öffentliche Wirtschaft, Heft 52, S. 43-68, Baden-Baden 2003

Crass, Norman: Der öffentliche Auftraggeber - Eine Untersuchung am Beispiel der öffentlich-rechtlichen Kreditinstitute und Energieversorgungsunternehmen, Schriftenreihe Energie- und Infrastrukturrecht, Band 5, München 2004 (zugl. Gießen, Univ., Diss., 2003)

Creifelds, Carl: Rechtswörterbuch, Klaus Weber (Hrsg.), 18. Auflage, München 2004 (zit: Bearbeiter in Creifelds, Rechtswörterbuch, 18. Auflage, 2004, Begriff)

Cronauge, Ulrich/Westermann, Georg: Kommunale Unternehmen Eigenbetriebe - Kapitalgesellschaften - Zweckverbände, 4. Auflage, Berlin 2003

Daub, Walter/Eberstein, Hans Hermann (Hrsg.): Kommentar zur VOL/A, Vergaberecht, Rechtsschutz, 5. Auflage, Düsseldorf 2000 (zit.: Bearbeiter in Daub/Eberstein, VOB, Kommentar, 5. Auflage, 2000, § VOL/A, Rn.)

Deckert, Martina R./Schroeder, Werner: Öffentliche Unternehmen und EG-Beihilferecht- Gemeinschaftliche und zivilrechtliche Implikationen, EuR 1998, 291-323

Delius, Nils S.: Analoge Anwendung von § 13 Satz 4 VgV, ZfBR 2002, 341-344

Dieckmann, Martin: Nichtigkeit des Vertrags gem. § 13 VgV bei unterlassener Ausschreibung?, NZBau 2001, 481-483

Dieckmann, Martin: Effektiver Rechtsschutz durch Zuschlagsverbote im deutschen Vergaberecht, VergabeR 2005, 10-22

Diemert, Dörte: Entscheidungsanmerkung zum Beschluss des OLG Düsseldorf vom 21.06.2006, VII Verg 17/06, VergabeR 2006, 784-787

Diercks, Gritt: Entscheidungsanmerkung zum Beschluss des BGH vom 01.02.2005, X ZB 27/04, NZBau 2005, 295-296

Dietlein, Johannes: Der Begriff des "funktionalen" Auftraggebers nach § 98 Nr. 2 GWB, NZBau 2002, 136-142

Dietlein, Johannes/Heinemann, Jan: "Public-private-partnership" und Vergaberecht im Bereich der Bundeswehr, NVwZ 2003, 1080-1083

Dietlein, Johannes/Spießhofer, Birgit: Zur Anwendbarkeit des § 13 VgV bei der de-facto-Vergabe öffentlicher Aufträge, VergabeR 2003, 509-518

Dietlein, Johannes: Anteils- und Grundstückveräußerung als Herausforderung für das Vergaberecht, NZBau 2004, 472-479

Dreher, Meinhard: Entscheidungsanmerkung zum Urteil des EuGH vom 18.11.1995, Rs. C-433/93 (Kommission/Bundesrepublik Deutschland), EuZW 1995, 637-638

Dreher, Meinhard: Die Neugestaltung des Vergaberechtsschutzes, NVwZ 1997, 343-350

Dreher, Meinhard: Die Kontrolle der Anwendung des Vergaberechts in Europa, EuZW 1998, 197-203

Dreher, Meinhard: Rechtsschutz nach Zuschlag, NZBau 2001, 244-246

Dreher, Meinhard: Die Privatisierung bei Beschaffung und Betrieb der Bundeswehr, NZBau 2001, 360-366

Dreher, Meinhard: Public Private Partnerships und Kartellvergaberecht - Gemischtwirtschaftliche Gesellschaften, In-House-Vergabe, Betreibermodell und Beleihung Privater, NZBau 2002, 245-259

Dreher, Meinhard: Vergaberechtsschutz unterhalb der Schwellenwerte, NZBau 2002, 419-430

Dreher, Meinhard: Das In-house-Geschäft, Offene und neue Rechtsfragen der Anwendbarkeit der In-house-Grundsätze, NZBau 2004, 14-20

Dreier, Horst (Hrsg.): Grundgesetz, Kommentar, Band I, 2. Auflage, Tübingen 2004

Ehinger, Nicolaus Johannes: Die juristischen Personen des öffentlichen Rechts als herrschende Unternehmen, Schriften zum Arbeitsrecht und Wirtschaftsrecht Band 113, Frankfurt am Main u.a. 2000 (zugl. Göttingen, Univ., Diss., 1999)

Ehlers, Dirk: Verwaltung in Privatrechtsform, Schriften zum Öffentlichen Recht, Band 464, Berlin 1984

Eilmansberger, Thomas: Überlegungen zum Zusammenspiel von Vergaberecht und Beihilferecht. Kann die Vergabe aufgrund beschaffungsfremder Kriterien wirklich beihilferechtlich problematisch sein?, WuW 2004, 384-392

Eisenmenger, Sven: Neuregelung des öffentlichen Unternehmensrechts?, Studien zum öffentlichen Wirtschaftsrecht, Band 62, Köln, u.a. 2004 (zugl. Hamburg, Univ., Diss., 2004)

Elste, Günter/Wiedemann, Torsten: Auswirkungen des EuGH-Urteils in der Rechtssache Altmark Trans auf die Konzessionierung und Finanzierung im ÖPNV, WiVerw 2004, 9-26

Emmerich, Volker: Die öffentlichen Unternehmen im deutschen Konzern- und Wettbewerbsrecht, AG 1976, 225-231

Emmerich, Volker/Habersack, Mathias (Hrsg.): Aktien- und GmbH-Konzernrecht, 4. Auflage, München 2005 (zit: Bearbeiter in Emmerich/Habersack, Aktien- und GmbH-Konzernrecht, Kommentar, 4. Auflage, 2005, § AktG, Rn.)

Emmerich, Volker/Habersack, Mathias (Hrsg.): Konzernrecht, Das Recht der verbundenen Unternehmen bei der Aktiengesellschaft, GmbH, Personengesellschaften, Genossenschaft, Verein und Stiftung, Ein Studienbuch, 8. Auflage, München 2005 (zit: Bearbeiter in Emmerich/Habersack, Konzernrecht, 8. Auflage, 2005, S.)

Endler, Jan: Privatisierung und Vergaberecht, NZBau 2002, 125-136

Engisch, Karl: Einführung in das juristische Denken, Würtenberger/Otto (Hrsg.) 10. Auflage, Stuttgart 2005

Enzian, Sabine: Zur Frage, ob das Vergaberecht auf Dienstleistungskonzessionen anwendbar ist, DVBl. 2002, 235-238

Erdl, Cornelia: Entscheidungsanmerkung zum Beschluss des KG vom 04.04.2002 KartVerg 5/02, VergabeR 2002, 241-244

Erdl, Cornelia: Entscheidungsanmerkung zum Beschluss des BGH vom 09.02.2004, X ZB 44/03, VergabeR 2004, 208-210

Erichsen, Hans-Uwe/Ehlers, Dirk (Hrsg.): Allgemeines Verwaltungsrecht, 12. Auflage, De Gruyter Recht, Berlin 2002 (zit: Bearbeiter in Erichsen/Ehlers, Allgemeines Verwaltungsrecht, 12. Auflage, 2002, § , Rn.)

Faber, Angela: Öffentliche Aufträge an kommunalbeherrschte Unternehmen - in-house-Geschäfte oder Vergabe im Wettbewerb?, DVBl 2001, 248-257

Fabry, Beatrice/Augsten, Ursula (Hrsg.): Handbuch Unternehmen der öffentlichen Hand, Baden-Baden 2002 (zit. Bearbeiter in Fabry/Augsten, Handbuch Unternehmen des öffentlichen Rechts, 2002, Teil ,Rn.)

Feldkamp, Hans-Martin: Gemeinschaftsunternehmen als Kartelle verboten? Zu den Grenzen der Anwendbarkeit des § 1 GWB neben den §§ 23 ff. GWB (zugl. Köln, Univ., Inaugural-Dissertation, 1991)

Fett, Thorsten: Öffentlich-rechtliche Anstalten als abhängige Konzernunternehmen, Dargestellt unter besonderer Berücksichtigung des "Berliner Modells" zur Konzernierung der Landesbank Berlin, Untersuchung über das Spar-, Giro- und Kreditwesen, Abt. B, Rechtswissenschaft, Band 133, Berlin 2000

Fischer, Hans Georg: Öffentliche Aufträge im Spannungsfeld zwischen Vergaberecht und europäischem Beihilferecht, VergabeR 2004, 1-16

Fischer, Peter/Köck, Heribert Franz/Karollus, Magrit Maria: Europarecht, Recht der EU/EG, des Europarates und der wichtigsten anderen europäischen Organisationen, 4. Auflage, Wien 2002

Flömer, Volker/Tomerius, Stephan: Interkommunale Zusammenarbeit unter Vergaberechtsvorbehalt, NZBau 2004, 660-667

Forsthoff, Ernst: Der Staat als Auftraggeber: Unter besonderer Berücksichtigung des Bauauftragswesens, Stuttgart 1963

Franzius, Claudio: Auf dem Weg zu mehr Wettbewerb im ÖPNV - Zum "Altmark Trans" Urteil des EuGH, NJW 2003, 3029-3031

Freitag, Martin: Vergaberechtsschutz unterhalb der europäischen Schwellenwerte, NZBau 2002, 204-206

Frenz, Walter: Ausschreibungspflicht einer Übertragung von Gesellschaftsanteilen?, DÖV 2002, 186-194

Fritzsche, Jörg: Die Auslegung des § 1 GWB und die Behandlung von Einkaufsgemeinschaften im Kartellrecht, FIW-Schriftenreihe, Heft 149, Köln u.a. 1993 (zugl. Augsburg, Univ., Diss., 1992)

Gabriel, Marc: Abfallrechtliche Pflichtenübertragung als Ausnahme von der Ausschreibungspflicht?, LKV 2005, 285-288

Gabriel, Marc: Entscheidungsanmerkung zum Urteil des EuGH vom 11.01.2005, Rs. C-26/03 (Stadt Halle), VergabeR 2005, 52-57

Gabriel, Marc: Einflussnahme von Unternehmen auf öffentliche Auftragsvergaben: Persuasion, Kollusion oder Korruption?, VergabeR 2006, 173-193

Gabriel, Marc/Joachimsmeier, Bernd: Entscheidungsanmerkung zum Beschluss des OLG Brandenburg vom 09.09.2004, Verg W 9/04, VergabeR 2005, 103-107

Gas, Tonio/Rücker, Martin: Die Finanzierung von Public Private Partnerships unter dem Blickwinkel des EG-Beihilferechts, DÖV 2004, 56-65

Gehrlein, Markus: Kein präventiver Rechtsschutz durch einstweilige Verfügung in Vergabeverfahren unterhalb der Schwellenwerte, NZBau 2001, 483-484

Gersdorf, Hubertus: Öffentliche Unternehmen im Spannungsfeld zwischen Demokratie- und Wirtschaftlichkeitsprinzip, Eine Studie zur verfassungsrechtlichen Legitimation der wirtschaftlichen Betätigung der öffentlichen Hand, Schriften zum Öffentlichen Recht, Band 821, Berlin 2000 (zugl. Hamburg, Univ., Habil.Schrift., 1998)

Geßler, Ernst: Der Schutz vor Fremdeinflüssen im Aktienrecht, ZHR 145 (1981), 457-472

Gesterkamp, Stefan: Die Sicherung des Primärrechtsschutzes durch Zuschlagsverbote und Informationspflichten, WuW 2001, 665-672

Gesterkamp, Stefan: Das Schriftformerfordernis des § 13 VgV, NZBau 2002, 481-482

Glasen, Helmut/Hahn, von Helmut/Kersten, Hans-Christian/Rieger, Harald (Hrsg.): Frankfurter Kommentar, Kartellrecht, mit Kommentierung des GWB, des EG-Kartellrechts und einer Darstellung ausländischer Kartellrechtsordnungen, Band II, Kurzdarstellungen §§ 1-20 GWB n.F., Lfg. 43 Mai 1999, Köln 2000 (zit: Bearbeiter in Frankfurter Kommentar zum Kartellrecht, Band 1, Lfg. 43, 1999, § GWB n.F., Rn.)

Gnittke, Katja/Siederer, Wolfgang: Ausschreibungspflichten im Zusammenhang mit gemischtwirtschaftlichen Entsorgungsunternehmen, ZVgR 2000, 236-244

Götz, Volkmar: Europäische Gesetzgebung durch Richtlinien - Zusammenwirken von Gemeinschaft und Staat, NJW 1992, 1849-1856

Grabitz, Eberhard/Hilf, Meinhard: Das Recht der Europäischen Union, Archivband I, EL 10, Stand Oktober 1996; München (zit: Bearbeiter in Grabitz/Hilf, Das Recht der Europäischen Union, Kommentar, Archivband I, EL , Stand , Art. EGV, Rn.)

Grabitz, Eberhard/Hilf, Meinhard: Das Recht der Europäischen Union, Band II EUV/EGV, EL 27, Stand Juni 2005, München 2005 (zit: Bearbeiter in Grabitz/Hilf, Das Recht der Europäischen Union, Kommentar, Band II, EL , Stand , Art. EGV, Rn.)

Grabitz, Eberhard/Hilf, Meinhard: Das Recht der Europäischen Union, Band III EUV/EGV, Sekundärrecht A Verbraucher- und Datenschutz, EL 27, Stand Juni 2005, München 2005 (zit: Bearbeiter in Grabitz/Hilf, Das Recht der Europäischen Union, Kommentar, Band III, EL , Stand , Art. EGV, Rn.)

Grabitz, Eberhard/Hilf, Meinhard: Das Recht der Europäischen Union, Band IV EGV, Sekundärrecht B Das Öffentliche Auftragsrecht, EL 27, Stand Juni 2005, München 2005 (zit: Bearbeiter in Grabitz/Hilf, Das Recht der Europäischen Union, Kommentar, Band IV, EL , Stand , Art. EGV, Rn.)

Graef, Michael: Der öffentliche Auftrag in den Geschäftsberichten öffentlicher Unternehmen, Schriften zur Öffentlichen Verwaltung und öffentlichen Wirtschaft, Band 173, Baden-Baden, 2001 (zugl. Mannheim, Univ., Diss., 2001)

Gratzel, Dirk C.: Zur konzernrechtlichen Haftung der Gebietskörperschaften aus Ingerenz, BB 1998, 175-177

Grau, Ulrich: Historische Entwicklung und Perspektiven des Rechts der öffentlichen Aufträge, Europäische Hochschulschriften, Reihe II Rechtswissenschaften, Bd. 3842, Frankfurt am Main u.a. 2004 (zugl. Bayreuth, Univ., Diss., 2001)

Greb, Klaus: Entscheidungsanmerkung zum Beschluss des OLG Düsseldorf vom 25.01.2005, Verg 93/04, VergabeR 2005, 347-349

Gröning, Jochen: Zum aktuellen Stand der Diskussion um das deutsche Vergaberecht, WuW 1996, 566- 570

Gröning, Jochen: Public Private Partnerships unter den Zwängen des Vergabe-, Gemeindewirtschafts- und Wettbewerbsrecht, ZIP 2001, 497-504

Gröning, Jochen: Der Begriff der Dienstleistungskonzession, Rechtsschutz und Rechtsweg - zugleich Besprechung des Beschlusses des VG Neustadt an der Weinstraße vom 06.09.2001 - Stadtmöblierung (1)-, VergabeR 2002, 24-31

Hailbronner, Kay: Europarechtliche Aspekte der Vergabe öffentlicher Aufträge - Zur innerstaatlichen Umsetzung der EG-Richtlinien, RIW 1992, 553-564

Hailbronner, Kay: Entscheidungsanmerkung zum Beschluss des OLG Celle vom 04.05.2001, 13 Verg 5/00, VergabeR 2001, 327-329

Hailbronner, Kay: Rechtsfolgen fehlender Information oder unterlassener Ausschreibung bei Vergabe öffentlicher Aufträge (§ 13 VgV), NZBau 2002, 474-481

Harms, Andreas/Schmidt-Wottrich, Jörg: Zur Vergabe von Dienstleistungen an eine kommunale Gesellschaft, LKV 2004, 337-341

Hartung, Anette: Zwangsgeld wegen Richtlinienverstoß durch De-facto-Vergabe abgewendet, NZBau 2005, Heft 8, VII-VIII

Hattig, Oliver/Ruhland, Bettina: Kooperationen der Kommunen mit öffentlichen und privaten Partnern und ihr Verhältnis zum Vergaberecht, VergabeR 2005, 425-436

Haug, Thomas: Entscheidungsanmerkung zum Beschluss des OLG Düsseldorf vom 16.02.2005, Verg 74/04, VergabeR 2005, 372-373

Hausmann, Friedrich Ludwig/Bultmann, Peter Friedrich: Zur Vergabepflichtigkeit der Beschaffung zwischen Kommunen - Anmerkung zu OLG Düsseldorf vom 05.05.2004, VII- Verg 78/03, ZfBR 2004, 594-596

Hausmann, Friedrich-Ludwig/Greb, Klaus: Entscheidungsanmerkung zum Beschluss des OLG Düsseldorf vom 15.10.2003, VII Verg 50/03, VergabeR 2004, 67-69

Hausmann, Friedrich Ludwig: Entscheidungsanmerkung zum Urteil des EuGH vom 21.07.2005, Rs. C-231/03 (Coname), VergabeR 2005, 612-615

Hausmann, Friedrich Ludwig/Bultmann, Peter Friedrich: Zur Auftraggebereigenschaft von Wohnungsunternehmen und zur Nichtigkeit und Nachprüfbarkeit von De-facto Vergaben, Anmerkung zum Beschluss des KG vom 11.11.2004, 2 Verg 16/04, ZfBR 2005, 309-313

Heiermann, Wolfgang/Riedl, Richard/Rusam, Martin: Handkommentar zur VOB, Teile A und B, Rechtsschutz im Vergabeverfahren, 10. Auflage, Wiesbaden 2003 (zit: Bearbeiter in Heiermann/Riedl/Rusam, Handkommentar zur VOB, 10. Auflage, 2003, § GWB, Rn)

Heilshorn, Thorsten: Soll die überörtliche kommunale Wirtschaftstätigkeit durch die Gemeindeordnungen zugelassen werden?, VerwArch. 96, 88-99 (Heft 1 Januar 2005)(zit: Heilshorn, VerwArch. 96 (2005), 88, Fundstelle)

Heintzen, Markus: Zur Tätigkeit kommunaler (Energieversorgungs-) Unternehmen außerhalb der kommunalen Gebietsgrenzen, NVwZ 2000, 743-746

Henn, Günter: Handbuch des Aktienrechts, 7. Auflage, Heidelberg, 2002

Henze, Hartwig: Konzernrecht, Höchst- und obergerichtliche Rechtsprechung, RWS-Skript 313, Köln 2001

Herrmann, Alexander: Entscheidungsanmerkung zum Beschluss des OLG Düsseldorf vom 14.04.2005, Verg 93/04, VergabeR 2005, 518-521

Hertel, Karl-August/Recktenwald, Claus: Die Privatisierung der öffentlichen Entsorgung durch eine gemischtwirtschaftliche Gesellschaft des Handelsrechts und das Vergaberecht, NZBau 2001, 538-540

Hertwig, Stefan: Ist der Zuschlag ohne Vergabeverfahren nichtig?, NZBau 2001, 241- 242

Hertwig, Stefan: Entscheidungsanmerkung zum Beschluss des OLG Brandenburg vom 18.12.2003, Verg W 8/03, VergabeR 2004, 776-776

Heuvels, Klaus/Kaiser, Christoph: Die Nichtigkeit des Zuschlags ohne Vergabeverfahren, NZBau 2001, 479-483

Heuvels, Klaus: Fortwirkender Richtlinienverstoß nach De-facto Vergaben, NZBau 2005, 32-35

Heuvels, Klaus: Rechtsschutz unterhalb der Schwellenwerte, NZBau 2005, 570-572

Hoffmann-Becking, Michael (Hrsg.): Münchner Handbuch des Gesellschaftsrechts, Band 4 Aktiengesellschaft, 2. Auflage, München 1999 (zit: Bearbeiter in Münchner Handbuch des Gesellschaftsrechts, Band 4, 2. Auflage, 1999, § , Rn.)

Holtschneider, Rainer: Zur Bagatellgrenze im Kartellverbot, Das Problem der sog. "Spürbarkeitsgrenze" in § 1 GWB, WuW 1980, 99-110

Hölzl, Josef: Entscheidungsanmerkung zum Beschluss des OLG Düsseldorf vom 30.04.2003, Verg 61/02, VergabeR 2004, 376-379

Hopt, Klaus J./Wiedemann, Herbert (Hrsg.): AktG, Großkommentar, 4. Auflage, 10. Lieferung §§ 15-22, Berlin, New York 1999 (zit: Bearbeiter in Großkommentar AktG, 4. Auflage, 10. Lieferung §§ 15-22, 1999, § 17 AktG, Rn. 18)

Horn, Lutz: Entscheidungsanmerkung zum Beschluss des OLG Frankfurt vom 27.06.2003, 11 Verg 2/03, VergabeR 2003, 581-586

Horn, Norbert: Einführung in die Rechtswissenschaft und Rechtsphilosophie, Schwerpunkte, Band 21, 3. Auflage, Heidelberg, 2004

Hösch, Ulrich: Wirtschaftliche Betätigung von gemeindlichen Unternehmen und von Privaten - ein Vergleich, WiVerw 2000, 159-183

Hübner, Alexander: Effektiver vergaberechtlicher Primärrechtsschutz nach dem "Koppensteiner"-Urteil des EuGH, NZBau 2005, 438-439

Hübner, Alexander: Entscheidungsanmerkung zum Beschluss des BGH vom 01.02.2005, X ZB 27/04, VergabeR 2005, 336-339

Hüffer, Uwe: Aktiengesetz - Kommentar, 6. Auflage, München 2004

Hugenroth, Sabine: Sonderbeilage, Verfahrensrechtliche Entscheidungen der Vergabekammern im Jahr 2003, ZfBR 2004 (Sonderbeilage 5), (1) 7-9

Immenga, Ulrich/Mestmäcker, Ernst-Joachim (Hrsg.): Gesetz gegen Wettbewerbsbeschränkungen, Kommentar, 3. Auflage, München 2001 (zit.: Bearbeiter in Immenga/Mestmäcker, GWB, Kommentar, 3. Auflage, 2001, § GWB, Rn.)

Ingenstau, Heinz/Korbion, Hermann: VOB Teile A und B, Kommentar, Prof. Locher, Horst/Vygen, Klaus (Hrsg.), 15. Auflage, München 2004 (zit.: Bearbeiter in Ingenstau/Korbion, VOB, Kommentar, 15. Auflage, 2004)

Jaeger, Wolfgang: Die Rechtsprechung der OLG-Vergabesenate im Jahre 2000, NZBau 2001, 289-301

Jaeger, Wolfgang: Public Privat Partnership und Vergaberecht, NZBau 2001, 6-12

Jaras, Hans D.: Kommunale Wirtschaftsunternehmen und Verfassungsrecht, DÖV 2002, 489-500

Jaras, Hans D./Pieroth, Bodo: Grundgesetz für die Bundesrepublik Deutschland, Kommentar, 7. Auflage, München 2004 (zit: Bearbeiter in Jaras/Pieroth, GG, Kommentar, 7. Auflage, 2004, Art. , Rn.)

Jasper, Ute/Pooth, Stefan: Die Auslegung der In-House-Kriterien, VergabeR 2003, 613-622

Jasper, Ute/Pooth, Stefan: De-facto Vergabe und Vertragsnichtigkeit, ZfBR 2004, 543-548

Jasper, Ute/Arnold, Hans: Die Ausschreibungspflicht im Fall der „Stadt Mödling", NZBau 2006, 24-26

Jennert, Carsten: Der Begriff der Dienstleistungskonzession im Gemeinschaftsrecht - zugleich ein Beitrag zum Entgeltlichkeitsbegriff des Dienstleistungsauftrags, NZBau 2005, 131-135

Jennert, Carsten: In-House-Vergabe nach „Carbotermo“: Bei der kommunalen GmbH möglich, beim Zweckverband nicht?, NZBau 2006, 421-425

Jestaedt, Thomas/Kemper, Klaus/Marx, Fridhelm/Prieß, Hans-Joachim (Hrsg.): Das Recht der Auftragsvergabe, Auftraggeber, ausschreibungspflichtige Aufträge, Vergabeverfahren, Sektoren, Rechtsschutz, Neuwied, Kriftel 1999 (zit: Bearbeiter in Jestaedt/Kemper/Marx/Prieß, Das Recht der Auftragsvergabe, 1999, S.)

Kahl, Wolfgang: Das öffentliche Unternehmen im Gegenwind des europäischen Beihilferegimes, NVwZ 1996, 1082-1088

Kaiser, Christopf: Der EuGH und der Anspruch auf rechtliches Gehör, NZBau 2004, 139-141

Kaiser, Christopf: Die Nichtigkeit so genannter De-facto-Verträge oder: "in dubio pro submissione publica", NZBau 2005, 311-316

Kau, Wolfgang: Die Nichtigkeit öffentlicher Aufträge nach § 13 S. 6 VgV - ein Fehlgriff?, NZBau 2003, 310-315

Kaufmann, Arthur/Hassemer, Winfried/Neumann, Ulfried (Hrsg.): Einführung in Rechtsphilosophie und Rechtstheorie der Gegenwart, 7. Auflage, Heidelberg 2004

Kerssenbrock, Trutz Graf: Ist der Verkauf von Geschäftsanteilen oder Aktienmehrheiten kommunaler Stromversorger einem Vergabeverfahren gemäß §§ 97 ff. GWB zu unterziehen?, WuW 2001, 122-126

Kersting, Andreas/Siems, Thomas: Ausschreibungspflicht für staatliche Kooperationen?, DVBl. 2005, 477-481

Kiser, Folma: Einhaltung der "Mindestfrist" des § 13 VgV ausreichend, Anmerkung zum Beschluss des OLG Bremen vom 17.11.2003, Verg 6/03 , Neues zum Baurecht, Heft 1, Januar 2004, 3-4

Kleespies, Mathias: Police Private Partnership, Recht öffentlicher Aufgabenwahrnehmung durch gemischtwirtschaftliche Unternehmen, Rechtswissenschaftliche Forschung und Entwicklung, Band 691, München, 2003 (zugl.: Potsdam, Univ., Diss., 2002)

Klein, Sebastian: Veräußerung öffentlichen Anteils- und Grundstücksvermögens nach dem Vergaberecht, VergabeR 2005, 22-32

Kleine, Wolfgang/Flöther, Lucas/Brauer, Gregor: Die Reorganisation der kommunalen Immobilienwirtschaft - Privatisierung aus vergaberechtlicher Sicht, NVwZ 2002, 1046-1054

Kleinhenz, Bernhardine: Informationspflicht des Auftraggebers vor Zuschlagserteilung im Vergabeverfahren - § 13 Vergabeverordnung -, ZfBR 2001, 75-77

Kling, Michael: Vorbeugender Rechtsschutz im Kartellvergaberecht, NZBau 2003, 23-30

Kluth, Winfried/Müller, Martin (Hrsg.): Ordnungsrahmen und Akteure einer sozialen und ökologischen Markt- und Weltwirtschaft; Ausgewählte Abhandlungen aus Anlass des 60. Geburtstages von Rolf Stober, Stuttgart 2003

Koch, Erich: Entscheidungsanmerkung zum Urteil des EuGH vom 11.05.2006, Rs. C-340/04 (Carbotermo), VergabeR 2006, 486-487

Koenig, Christian/Kühling, Jürgen: Grundfragen des EG-Beihilferechts, NJW 2000, 1065-1074

Koenig, Christian/Kühling, Jürgen: Infrastrukturförderung in Ausschreibungsverfahren - EG-beihilfenrechtlicher Königsweg der Kompensation von gemeinwirtschaftlichen Pflichten -, DVBl. 2003, 289-298

Koenig, Christian/Kühling, Jürgen: Diskriminierungsfreiheit, Transparenz und Wettbewerbsoffenheit des Ausschreibungsverfahrens - Konvergenz von Beihilfe und Vergaberecht, NVwZ 2003, 779-786

Köhler, Helmut: Der Schutz des abhängigen Unternehmens im Schnittpunkt von Kartell- und Konzernrecht, NJW 1978, 2473-2481

Koman, Angelika: Das Grünbuch der Kommission über Public Private Partnerships: ein weiterer Schritt auf dem Weg zu größerer Rechtssicherheit?, ZfBR 2004, 763-768

Koman, Angelika: Von Teckal zu Halle: Die jüngste Vergaberechtsjudikatur des EuGH und deren Auswirkungen auf die aktuelle Diskussion zu "in-house" Rechtsverhältnissen und institutionellen Public Private Partnerships, ZfBR 2005, 349-354

Kopp, Ferdinand: Die Entscheidung über die Vergabe öffentlicher Aufträge und den Abschluss öffentlich-rechtlicher Verträge als Verwaltungsakt?, BayVBl. 1980, 609-612

Kratzenberg, Rüdiger: Bericht der Arbeitsgruppe zur Verschlackung des Vergaberechts, NZBau 2004, 141-144

Krist, Matthias: Entscheidungsanmerkung zum Beschluss der VK Bund, vom 13.06.2001, VK 1-19/01, VergabeR 2001, 436-437

Krist, Matthias: Die Neuordnung des Vergaberechtsschutzes unterhalb der EU-Auftragssschwellenwerte - ein Model de lege ferenda, Europäische Hochschulschriften, Reihe II Rechtswissenschaft, Bd. 3165, Frankfurt am Main u.a. 2001 (zugl. Köln, Univ., Diss., 2000)

Krist, Matthias: Entscheidungsanmerkung zum Urteil des BGH vom 22.02.2005, KZR 36/03, VergabeR 2005, 342-343

Krohn, Wolfram: "Aus" für In-House Vergaben an gemischt-wirtschaftliche Unternehmen, NZBau 2005, 92-96

Kropff, Bruno: Zur Anwendung des Rechts der verbundenen Unternehmen auf den Bund, ZHR 144 (1980), 74-99

Kropff, Bruno/Semler, Johannes (Hrsg.): Münchner Kommentar zum Aktiengesetz, Band 1, §§ 1-53 AktG, 2. Auflage, München 2000 (zit: Bearbeiter in Münchner Kommentar zum Aktiengesetz, 2. Auflage, 2000, Band 1, § AktG, Rn.)

Kropff, Bruno/Semler, Johannes (Hrsg.): Münchner Kommentar zum Aktiengesetz, Band 1, §§ 53a -75 AktG, 2. Auflage, München 2003 (zit: Bearbeiter in Münchner Kommentar zum Aktiengesetz, 2. Auflage, 2003, Band 2, § AktG, Rn.)

Kropff, Bruno/Semler, Johannes (Hrsg.): Münchner Kommentar zum Aktiengesetz, Band 3, §§ 76-117 AktG, MitbestG, § 76 BetrVG 1952, 2. Auflage, München 2004 (zit: Bearbeiter in Münchner Kommentar zum Aktiengesetz, 2. Auflage, 2004, Band 3, § AktG, Rn.)

Kruse, Eberhard: Privatisierungszwang für notleidende öffentliche Unternehmen?, EWS 2005, 66-74

Krutisch, Dominic: Materielle Privatisierung, NZBau 2003, 650-653

Kuhl, Thomas/Wagner, Kersten: Das Insolvenzrisiko der Gläubiger kommunaler Eigengesellschaften, ZIP 1995, 433-445

Kühling, Jürgen: Ausschreibungszwänge bei der Gründung gemischtwirtschaftlicher Gesellschaften - Das EuGH-Urteil im Fall Mödling und seine Folgen -, ZfBR 2006, 661-664

Kühnen, Jürgen: Die Rügeobliegenheit, NZBau 2004, 427-431

Kullack, Andrea/Terner, Ralf: EU-Legislativpaket: Die neue "klassische" Vergabekoordinierungsrichtlinie - 1. Teil, ZfBR 2004, 244-249

Kullack, Andrea/Terner, Ralf: EU-Legislativpaket: Die neue "klassische" Vergabekoordinierungsrichtlinie - 2. Teil, ZfBR 2004, 346-352

Kunert, Franz-Josef: Staatliche Bedarfsdeckungsgeschäfte und öffentliches Recht, Schriften zum öffentlichen Recht, Band 331, Berlin 1977, (zugl. Tübingen, Univ., Diss., 1977)

Kunert, Oliver: Vergaberecht und öffentliches Recht, Zur öffentlichen Auftragsvergabe in sicherheitssensiblen Rechtsbereichen, Studien zum öffentlichen Recht, Rolf Stober (Hrsg.), Band 54, Köln, Berlin, Bonn, u.a. 2003 (zugl. Univ. Hamburg, Diss., 2002)

Kunnert, Gerhard: WTO-Vergaberecht, Genese und System sowie Einwirkungen auf das EG-Vergaberegime, Mit einem Annex zum UNICITRAL Mustergesetz über die Beschaffung von Waren sowie Bau- und Dienstleistungen, WTO Government Procurement Law, Wirtschaftsrecht und Wirtschaftspolitik, Band 153, Mestmäcker, Ernst-Joachim/Möschel, Wernhard/Streit, Manfred E. (Hrsg.), Baden-Baden 1998

Kunze, Otto/Grabe, Horst: Organisationsformen des öffentlichen Unternehmens, Mitbestimmungsgespräch 1960, Heft 6/7, S. 4-9

Kurth, Matthias: Ist die Liberalisierung des Telekommunikationsmarktes ein Beispiel für andere Bereiche der Daseinsvorsorge (S. 133-142), in: Die Zukunft der Daseinsvorsorge - Öffentliche Unternehmen im Wettbewerb, Schader-Kollegium/Schader-Stiftung, Darmstadt 2001

Kus, Alexander: Entscheidungsanmerkung zum Beschluss des OLG Thüringen vom 14.10.2003, VergabeR 2004, 119-120

Kus, Alexander: Entscheidungsanmerkung zum Beschluss des OLG Düsseldorf vom 28.04.2004, VII- Verg 2/04, VergabeR 2004, 627-629

Kus, Alexander: Das Zuschlagsverbot, NZBau 2005, 96-99

Kus, Alexander: Entscheidungsanmerkung zum Beschluss des OLG Stuttgart vom 07.06.2004, 2 Verg 4/04, VergabeR 2005, 250-251

Langen, Eugen/Bunte, Hermann-Josef (Hrsg.): Kommentar zum deutschen und europäischen Kartellrecht, Band I, 9. Auflage, Neuwied, Kriftel, Berlin 2001 (zit: Bearbeiter in Langen/Bunte, Kommentar zum deutschen und europäischen Kartellrecht, Band 1, 9. Auflage, 2001, § , Rn.)

Larenz, Karl: Methodenlehre der Rechtswissenschaft, 6. Auflage, Berlin, Heidelberg, New York 1991

Lee, Hyeong-Kyu: Die Geschäftsführung und Kontrolle in der Aktiengesellschaf - Eine rechtsvergleichende Untersuchung nach koreanischem und deutschen Aktienrecht - (zugl. Göttingen, Univ., Diss., 1991 [masch.])

Lehr, Marc: Europäisches Wettbewerbsrecht und kommunale Daseinsvorsorge, DÖV 2005, 542-551

Leinemann, Ralf: Entscheidungsanmerkung zum Beschluss des OLG Brandenburg vom 28.11.2002, VergW 8/02, VergabeR 2003, 246-247

Leinemann, Ralf: Die Vergabe öffentlicher Aufträge, 3. Auflage, Köln, Berlin, München 2004

Leinemann, Ralf/Maibaum: Thomas: Die neue europäische einheitliche Vergabekoordinierungsrichtlinie für Lieferaufträge, Dienstleistungsaufträge und Bauaufträge – ein Optionsmodell, VergabeR 2004, 275-286.

Leinemann, Ralf: Entscheidungsanmerkung zum Beschluss des KG vom 11.11.2004, 2 Verg 16/04, VergabeR 2005, 245-247

Lenz, Carl Otto/Borchardt, Klaus-Dieter (Hrsg.): EU- und EG-Vertrag, Kommentar zu dem Vertrag über die Europäische Union und zu dem Vertrag zur Gründung der Europäischen Gemeinschaft, jeweils in der durch den Vertrag von Nizza geänderten Fassung, 3. Auflage, Köln 2003, (zit: Bearbeiter in Lenz/Borchardt, EU- und EG-Vertrag, Kommentar, 3. Auflage, 2003, Art. EG, Rn.)

Lindenthal, Burkhard: Begründet § 13 Satz 6 VgV die Nichtigkeit von de-facto-Vergaben, VergabeR 2003, 630-637

Locher, Horst /Vygen, Klaus (Hrsg.): VOB Teile A und B, Kommentar, Ingenstau/Korbion, 15. Auflage, München 2004

Losch, Alexandra: "Interkommunale Zusammenarbeit - wie weit reicht das VergabeR?", VergabeR 2006, 627-637

Lübbig, Thomas: Entscheidungsanmerkung zum Urteil des EuGH vom 28.01.1999; Rs. T-14/96 (BAI), EuZW 1999, 671-672

Lück, Dominik L./Oexle, Anno: Zur Nichtigkeit von de-facto-Vergaben ohne wettbewerbliches Verfahren - Zugleich Anmerkung zum Beschluss des OLG Düsseldorf vom 3.12.2003, VergabeR 2004, 302-308

Lutter, Marcus: Zur Herrschaft mehrerer Unternehmen über eine Aktiengesellschaft, NJW 1973, 113-118

Lutter, Marcus/Timm, Wolfram: Konzernrechtlicher Präventivschutz im GmbH-Recht, NJW 1982, 409-420

Lutter, Marcus/Hommelhoff, Peter: GmbH-Gesetz, Kommentar, 16. Auflage, Köln 2004 (zit.: Bearbeiter in Lutter/Hommelhoff, GmbH-Gesetz, Kommentar, 16. Auflage, 2004, § GmbHG, Rn.)

Maier, Clemens: Zur Frage des Nachweises der positiven Kenntnis bzw. der Erkennbarkeit von Verfahrensverstößen als Bedingung des Entstehens der Rügeobliegenheit nach § 107 Abs. 3 GWB, VergabeR 2004, 176-182

Maimann, Christine: Der kartellvergaberechtliche Rechtsweg, NZBau 2004, 492-494

Malmendier, Bertrand: Vergaberecht, quo vadis?, DVBl. 2000, 963-969

Marx, Fridhelm: "Verlängerung bestehender Verträge und Vergaberecht", NZBau 2002, 311-315

Masing, Tobias: Die Beteiligung Privater an kommunalen Gesellschaften und das öffentliche Vergaberecht, ZfBR 2002, 450-455

Maurer, Hartmut: Allgemeines Verwaltungsrecht, 15. Auflage, München, 2004

Mehde, Veith: Ausübung von Staatsgewalt und Public Privat Partnership, VerwArch 91 (2000), 540-565

Mehlitz, Jenny: Der Verkauf von Gesellschaftsanteilen durch öffentliche Auftraggeber unterliegt nicht dem Vergaberecht, WuW 2001, 569-573

Meier, Norbert: Zur Weisungsgebundenheit von Vertretern der Gemeinde in privatrechtlichen Gesellschaften, VR 1998, 217-219

Mertens, Hans-Joachim: Verpflichtung der Volkswagen AG, einen Bericht gemäß § 312 AktG über ihre Beziehungen zum Land Niedersachsen zu erstatten?, AG 1996, 241-249

Mertens, Susanne: Die Rügeobliegenheit im Vergaberecht, Rechtsschutzfalle für Unternehmer und Auftraggeber, Berliner Beiträge zur Rechtswissenschaft, Berlin 2004 (zugl. Univ., Diss., Berlin 2004)

Mestmäcker, Ernst-Joachim/Schweitzer, Heike: Europäisches Wettbewerbsrecht, 2. Auflage, München 2004 (zit.: Mestmäcker/Schweitzer, Europäisches Wettbewerbsrecht, § ,Rn.)

Meyer, Dirk: Zur Rechtslage des ÖPNV nach dem Altmark Trans- Urteil des EuGH, WuW 2004, 1012-1023

Michaels, Sascha: Vergabefreiheit der Rekommunalisierung von Entsorgungsleistungen, NZBau 2004, 27-30

Middelschulte, Dirk: Öffentliche Aufträge als Gegenstand des EG-Beihilferechts, Voraussetzungen und Folgen der subventionsrechtlichen Kontrolle von Vergaben und öffentlichen Aufträgen, Europäische Hochschulschriften, Reihe II, Rechtswissenschaften, Bd. 3853, Frankfurt am Main, u.a. 2004 (zugl. Mainz, Univ., Diss., 2003)

Monti, Mario: EG-Kommission: Beanstandung der deutschen Umsetzung der EG-Vergaberichtlinien, Schreiben vom 31.Oktober 1995, ZIP 1995, 1940-1946

Möschel, Wernhard: Privatisierung und öffentliches Vergaberecht, WuW 1997, 120-124

Möstl, Markus: Grundrechtsbindung öffentlicher Wirtschaftstätigkeit, Insbesondere die Bindung der Nachfolgeunternehmen der Deutschen Bundespost an Art. 10 GG nach der Postreform II, Münchener Universitätsschriften, Reihe der Juristischen Fakultät, Band 137, München 1999 (zugl. München, Univ., Diss., 1998)

Motzke, Gerd/Pietzcker, Jost/Prieß, Hans-Joachim: Verdingungsordnung für Bauleistungen, Teil A, München 2001 (zit.: Bearbeiter in Motzke/Pietzcker/Prieß, VOB, Teil A, Kommentar, 2001, § , Rn.)

Müller, Hans-Martin: Langfristige Vertragsverhältnisse der Kommunen mit kommunalen Tochtergesellschaften am Beispiel von Strombezugsverträgen, NZBau 2001, 416-422

Müller, Jürgen: Interkommunale Zusammenarbeit und Vergaberecht, VergabeR 2005, 436-448

Müller, Manfred: Entscheidungsanmerkung zum Beschluss des OLG Koblenz vom 20.12.2001, 1 Verg 4/01, VergabeR 2002, 151-154

Müller-Henneberg, Hans/Schwartz, Gustav/Hootz, Christian (Begr.)(Hrsg.): Gemeinschaftskommentar, Gesetz gegen Wettbewerbsbeschränkungen und Europäisches Kartellrecht, § 1 GWB Kartellverbot; 1. Lieferung, Köln, Berlin, Bonn, u.a. 5. Auflage 1999 (zit: Bearbeiter in Gemeinschaftskommentar, 5. Auflage, 1. Lfg, 1999, § 1 GWB, Rn.)

Müller-Henneberg, Hans/Schwartz, Gustav/Hootz, Christian (Begr.)(Hrsg.): Gemeinschaftskommentar, Gesetz gegen Wettbewerbsbeschränkungen und Europäisches Kartellrecht, Zusammenschlusskontrolle §§ 35-43; 5. Auflage, 2. Lieferung, Köln, Berlin, Bonn, u.a. 2000 (zit: Bearbeiter in Gemeinschaftskommentar, 5. Auflage, 2. Lfg, 2000, § GWB, Rn.)

Müller-Serten, Annette: Gemeindewirtschafts- und Vergaberecht, NZBau 2000, 120-124

Müller-Wrede, Malte: Entscheidungsanmerkung zum Urteil des EuGH vom 03.10.2000, Rs. C-380/98 (University of Cambridge), VergabeR 2001, 116-118

Müller-Wrede, Malte (Hrsg.): Verdingungsordnung für Leistungen VOL/A Kommentar, Köln 2001

Müller-Wrede, Malte/Kaelble, Hendrik: Primärrechtsschutz, Vorabinformation und die Rechtsfolgen einer De-facto-Vergabe, VergabeR 2002, 1-11

Müller-Wrede, Malte: Entscheidungsanmerkung zum Beschluss des OLG Rostock vom 05.02.2003, 17 Verg 14/02, VergabeR 2003, 327-329

Müller-Wrede, Malte/Greb, Klaus: Entscheidungsanmerkung zum Urteil des EuGH vom 13.01.2005, Rs. C-84/03 (Kommission/Spanien), VergabeR 2005, 184-185

Mutius von, Albert/Nesselmüller, Günter: Juristische Personen des öffentlichen Rechts als herrschende Unternehmen i.S. des Konzernrechts?, NJW 1976, 1878-1880

Nagel, Bernhard/Haslinger, Sebastian/Meurer, Petra: Mitbestimmungsvereinbarungen in öffentlichen Unternehmen mit privater Rechtsform, Schriften der Hans-Böckler-Stiftung, Band 51; Baden-Baden 2002

Nickel, Thomas/Kopf Hannes: Public Private Partnerships: Ein Ausweg aus der Finanzkrise der öffentlichen Hand? Private Finanzierung öffentlicher Hochbaumaßnahmen in Deutschland, ZfBR 2004, 9-15

Niebuhr, Frank/Kulartz, Hans-Peter/Kus, Alexander/Portz, Norbert (Hrsg.): Kommentar zum Vergaberecht, 4.Teil des GWB, Vergabeverfahren, Nachprüfungsverfahren und Schadensersatz, Neuwied, Kriftel 2000 (zit: Bearbeiter in Niebuhr/Kulartz/Kus/Portz, Vergaberecht, Kommentar, 2000,§ , Rn.)

Noch, Rainer: Vergaberecht kompakt - Verfahrensablauf und Entscheidungspraxis, 2. Auflage, Düsseldorf 2002

Noch, Rainer: Entscheidungsanmerkung zum Beschluss des OLG Celle vom 15.12.2005, 13 Verg 14/05, VergabeR 2006, 246-248

Noelle, Thomas: Entscheidungsanmerkung zum Beschluss des OLG Jena 14.02.2005, 9 Verg 1/05, VergabeR 2005, 525-526

Nowak, Carsten: Eu-Osterweiterung, Personenfreizügigkeit und staatliche Schutzpflichten im Bereich der sozialen Sicherheit, EuZW 2003, 101-107

Ohler, Frank Peter: Rechtsbindungen bei der Auftragsvergabe durch kommunale Eigenbetriebe und kommunale Eigengesellschaften, ZVgR 1998, 424-432

Ohler, Frank Peter: Zum Begriff des Öffentlichen Auftraggebers im Europäischen Vergaberecht, Europäische Hochschulschriften, Reihe II Rechtswissenschaft, Bd. 3115, Frankfurt am Main u.a. 2001 (zugl. Mainz, Univ., Diss., 2000)

Ollmann, Horst: Das neue Vergaberecht, VergabeR 2004, 669-683

Opitz, Marc: Kontraktive Privatisierung und Kartellvergaberecht – Zugleich ein Beitrag zur Auslegung von § 99 GWB, ZVgR 2000, 97-110

Opitz, Marc: Marktmacht und Bieterwettbewerb, Die deutsche Zusammenschlusskontrolle unter dem Einfluss des Kartellvergaberechts, FIW-Schriftenreihe, Heft 195, Köln, u.a. 2003 (zugl. Mainz, Univ., Diss., 2002)

Opitz, Marc: Entscheidungsanmerkung zum Urteil des EuGH vom 02.06.2005, Rs. C-15/04 (Koppensteiner), VergabeR 2005, 476-477

Opitz, Marc: Entscheidungsanmerkung zum Urteil des EUGH vom 10.11.2005, C-29/04 (Mödling), VergabeR 2006, 52-53

Ortlieb, Birgit: Inhouse-Geschäfte als Ausnahme zur Ausschreibungspflicht im Spannungsfeld zunehmender Privatisierung, WuW 2003, 146-154

Otting, Olaf: Öffentlicher Zweck, Finanzhoheit und fairer Wettbewerb - Spielräume kommunaler Erwerbswirtschaft, DVBl. 1997, 1258-1264

Otting, Olaf: Privatisierung und Vergaberecht, VergabeR 2002, 11-18

Otting, Olaf: Entscheidungsanmerkung zum Beschluss des OLG Dresden vom 16.10.2001, WVerg 0007/01, VergabeR 2002, 146-147

Otting, Olaf: Bau und Finanzierung öffentlicher Infrastrukturen. Ein Beitrag zur Auslegung des § 99 III, 3. Alt. GWB, NZBau 2004, 469-472

Palandt, Otto (Hrsg.): Kommentar zum BGB, 65. Auflage, München 2006 (zit: Bearbeiter in Palandt, BGB, 65. Auflage, 2006, § BGB, Rn.)

Papier, Hans-Jürgen: Kommunale Daseinsvorsorge im Spannungsfeld zwischen nationalem Recht und Gemeinschaftsrecht, DVBl. 2003, 686-697

Pauly, Markus W./Figgen, Markus/Hünnekens, Georg: Gemischtwirtschaftliche Versorgungsunternehmen: Zulässigkeit und Grenzen unter abfall-, kommunal-, vergabe- und wettbewerbsrechtlichen Aspekten, Berlin 1997, Abfallwirtschaft in Forschung und Praxis Band 101

Pechstein, Matthias: Entscheidungsanmerkung zum Urteil des BGH vom 04.04.2003, V ZR 314/02, EuZW 2003, 447-448

Peine, Franz-Joseph: Grenzen der Privatisierung- verwaltungsrechtliche Aspekte, DÖV 1997, 353-365

Pencereci, Turgut: Quo vadis interkommunale Zusammenarbeit, LKV 2005, 137-142

Petersen, Niels: Anmerkung zum Beschluss des OLG Düsseldorf vom 30.04.2003, Verg 67/02, ZfBR 2003, 611-614

Pieroth, Bodo/Schlink, Bernhard: Grundrechte, Staatsrecht II, 21. Auflage, Heidelberg 2005

Pietzcker, Jost: Die deutsche Umsetzung der Vergabe- und Nachprüfungsrichtlinien im Lichte der neuen Rechtsprechung, NVwZ 1996, 313-318

Plassmann, Rainer: Ausschreibungswettbewerb im Bereich der Dienstleistungen von allgemeinem wirtschaftlichen Interesse: Folgen und Handlungsoptionen auf nationales und europäischer Ebene in: Cox, Helmut (Hrsg.), Ausschreibungswettbewerb bei öffentlichen Dienstleistungen, Schriftenreihe der Gesellschaft für öffentliche Wirtschaft, Heft 52, S. 81-105; Baden-Baden 2003

Portz, Norbert: Die Informationspflicht des § 13 VgV unter besonderer Berücksichtigung von VOF-Verfahren, VergabeR 2002, 211-218

Portz, Norbert: Entscheidungsanmerkung zum Beschluss des OLG Naumburg vom 03.11.2005, 1 Verg 9/05, VergabeR 2006, 96-105

Prieß, Joachim/Hausmann, Friedrich Ludwig: Der deutsche Vergaberechtsschutz im europäischen Vergleich, EuR 1999, 203-236

Prieß, Hans-Joachim: Entscheidungsanmerkung zum Beschluss des OLG Stuttgart vom 21.03.2002, 2 U 240/01, VergabeR 2002, 377-378

Prieß, Hans-Joachim: Entscheidungsanmerkung zum Beschluss des OLG Düsseldorf vom 30.04.2003, Verg 67/02, VergabeR 2003, 445-448

Prieß, Hans-Joachim/Hölzl, Franz Josef: Das Ende des rechtsfreien Raumes: Der verwaltungsgerichtliche Rechtsschutz bei der Rüstungsbeschaffung, NZBau 2005, 367-373

Prieß, Hans-Joachim: Handbuch des europäischen Vergaberechts; Gesamtdarstellung der EU/EWR-Vergaberegeln mit Textausgabe, 3. Auflage, Köln, Berlin, München 2005

Pünder, Hermann: Die Vergabe öffentlicher Aufträge unter den Vorgaben des europäischen Beihilferechts, NZBau 2003, 530-538

Püttner, Günter: Die öffentlichen Unternehmen, Ein Handbuch zu Verfassungs- und Rechtsfragen der öffentlichen Wirtschaft, 2. Auflage, Stuttgart, München, Hannover 1985

Pukall, Kirstin: Die Neuregelung des Vergaberechts - Stand und Perspektiven, VergabeR 2006, 586-592

Putzier, Eckart: Die Informationspflicht nach dem neuen § 13 Vergabeverordnung, DÖV 2002, 517-521

Raabe, Marius: Verbindlichkeit "faktisch" vergebener öffentlicher Aufträge? Zum Müllverbrennungs-Beschluss des OLG Düsseldorf, NJW 2004, 1284-1287

Rabolt, Klaus: Die so genannte Inhouse-Beziehung zwischen Gebietskörperschaft und Dienstleistungsersteller als Ausnahme vom Ausschreibungswettbewerb in: Cox, Helmut (Hrsg.), Ausschreibungswettbewerb bei öffentlichen Dienstleistungen, Schriftenreihe der Gesellschaft für öffentliche Wirtschaft, Heft 52, S. 107-115, Baden-Baden 2003

Rabolt, Klaus: Strukturelle Wettbewerbsnachteile der öffentlichen Unternehmen im Ausschreibungswettbewerb: schwache Kapitalbasis und Kapitalzuführungsprobleme in: Cox, Helmut (Hrsg.), Ausschreibungswettbewerb bei öffentlichen Dienstleistungen, Schriftenreihe der Gesellschaft für öffentliche Wirtschaft, Heft 52, S. 147 ff., Baden-Baden 2003

Raiser, Thomas: Konzernverflechtungen unter Einschluss öffentlicher Unternehmen, ZGR 1996, 458-480

Rebmann, Kurt/Säcker, Franz Jürgen/Rixecker, Roland (Hrsg.): Münchner Kommentar zum Bürgerlichen Gesetzbuch, Band 1, Allgemeiner Teil, §§ 1-240 BGB, AGB-Gesetz, 5. Auflage, München 2006 (zit: Bearbeiter in Münchner Kommentar zum BGB, Band 1, 5. Auflage, 2006, § , Rn.)

Rebmann, Kurt/Säcker, Franz Jürgen/Rixecker, Roland (Hrsg.): Münchner Kommentar zum Bürgerlichen Gesetzbuch, Band 2a, Schuldrecht, Allgemeiner Teil, §§ 241-432 BGB, 4. Auflage, München 2003 (zit: Bearbeiter in Münchner Kommentar zum BGB, Band 2a, 4. Auflage, 2003, § BGB, Rn.)

Rechten, Stephan: Die Novelle des EU-Vergaberechts, NZBau 2004, 366-375

Reidt, Olaf: Entscheidungsanmerkung zum Beschluss des OLG Rostock vom 24.09.2001, 17 W 11/01, VergabeR 2002, 195-197

Reidt, Olaf: Entscheidungsanmerkung zum Beschluss des OLG Naumburg vom 13.05.2003, 1 Verg 2/03, VergabeR 2003, 592-594

Reidt, Olaf/Stickler, Thomas/Glahs, Heike (Hrsg.): Vergaberecht, Kommentar, 2. Auflage, Köln 2003 (zit: Bearbeiter in Reidt/Stickler/Glahs, Vergaberecht, Kommentar, 2. Auflage, 2003, §, Rn.)

Reuter, Alexander: Die Projektfinanzierung öffentlich-rechtlicher Aufgaben aus dem Blickwinkel des Beihilferechts: Public-Private Partnerships nach EuGH-Ferring aus Bankensicht, ZIP 2002, 737-747

Riese, Christoph/Suermann, Ansgar: Kommunale Unternehmen und öffentliche Aufträge, LKV 2005, 289-292

Rindtorff, Ermbrecht/Gabriel, Marc: Abschluss betriebskostenrelevanter Leistungsverträge durch Wohnungsbaugenossenschaften - eine "vergaberechtsfreie" Vergabe, VergabeR 2004, 16-28

Rindtorff, Ermbrecht/Gabriel, Marc: Entscheidungsanmerkung zum Beschluss des OLG Düsseldorf vom 03.12.2003, VII Verg 37/03, VergabeR 2004, 222-225

Rindtorff, Ermbrecht/Gabriel, Marc: Das Legislativpaket kommt - In-House-Geschäfte bleiben, VergabeR 2004, 577-584

Rittner, Fritz: Das Deutsche Öffentliche Auftragswesen im europäischen Kontext, NVwZ 1995, 313-320

Rojahn, Dieter: Entscheidungsanmerkung zum Beschluss des OLG Dresden vom 09.11.2001; WVerg 0009/01, VergabeR 2002, 141-142

Rosenkötter, Annette: Kehrtwende oder konsequente Fortführung? - § 13 S. 6 VgV und das OLG Düsseldorf, NZBau 2004, 136-139

Roth, Frank: Kontrolle und Aufsicht über Unternehmen des privaten Rechts - Grenzen des funktionalen Auftraggeberbegriffs in § 98 Nr. 2 GWB, VergabeR 2003, 397-403

Röthel, Anne: Normkonkretisierung im Privatrecht, Jus Privatum, Band 91, Tübingen 2004

Ruhland, Bettina/Burgi, Martin: Das Grünbuch der EG-Kommission zu öffentlich-privaten Partnerschaften (ÖPP) und die Vergaberechtsreform, VergabeR 2005, 1-9

Rust, Ulrich: Vergaberechtlicher Primärrechtsschutz gegen die Zuschlagserteilung, NZBau 2000, 66-68

Sachs, Michael (Hrsg.): Grundgesetz, Kommentar, 3. Auflage, München 2003 (zit: Bearbeiter in Sachs, GG, Kommentar, 3. Auflage, 2003, Art. , Rn.)

Säcker, Franz Jürgen: "Mehrmütterklausel" und Gemeinschaftsunternehmen, NJW 1980, 801-806

Schabel, Thomas: Entscheidungsbesprechung zum Beschluss des BayObLG vom 27.02.2003, Verg 25/02, VergabeR 2003, 674-675

Schanze, Berthold: Die europaorientierte Auslegung des Kartellverbots, Methodische Überlegungen zur Neufassung der §§ 1, 7 I GWB, Europäische Hochschulschriften, Reihe II Rechtswissenschaften, Bd. 3675, Frankfurt am Main u.a. 2003 (zugl. Bonn, Univ., Diss., 2002)

Schardt, Ramona: Öffentliche Aufträge und das Beihilferegime des Gemeinschaftsrechts, Jenaer Schriften zum Recht, Band 31, Stuttgart u.a. 2003 (zugl: Jena, Univ., Diss., 2002)

Scharpf, Christian: Der Einfluss des Europarechts auf die Daseinsvorsorge, EuZW 2005, 295-299

Schauenburg, Christoph: Print- Kurzfassung: Ausschreibungspflicht und Privilegien für In-House-Geschäfte, NZBau 2002, 259 (Printkurzfassung), unter www.nzbau.de Onlineversion, 2001_08241_1, S. 1-12

Schimanek, Peter: Der Anspruch des potentiellen Bieters auf Durchführung eines Vergabeverfahrens, ZfBR 2002, 39-43

Schimanek, Peter: Die Ausschreibugspflicht von Privatisierungen, NZBau 2005, 304-311

Schink, Alexander: Kommunale Daseinsvorsorge in Europa, DVBl. 2005, 861-870

Schmidt, Karsten: Gesellschaftsrecht, 4. Auflage, Köln, Berlin, Bonn, u.a. 2002

Schmidt, Reiner: Der Übergang öffentlicher Aufgabenerfüllung in private Rechtsformen, ZGR 1996, 345-363

Scholz, Franz (Hrsg.): Kommentar zum GmbH-Gesetz mit Anhang Konzernrecht, Band 1 (§§ 1-44), 9. Auflage, Köln 2000 (zit.: Bearbeiter in Scholz, GmbHG, Kommentar, Auflage, Jahr, Band 1, § , Rn.)

Schröder, Holger: Die Rügepflicht nach § 107 Abs. 3 Satz 1 GWB, VergabeR 2002, 229-235

Schröder, Holger: Die vergaberechtliche Problematik der interkommunalen Zusammenarbeit am Beispiel der Bildung von Zweckverbänden; Zugleich ein Beitrag zur Auslegung des öffentlichen Auftrages i.S. des § 99 GWB, NVwZ 2005, 25-29

Schröder, Holger: In-house-Vergabe zwischen Beteiligungsunternehmen der öffentlichen Hand?, NZBau 2005, 127-130

Schwarze, Jürgen: Die Vergabe öffentlicher Aufträge im Lichte des europäischen Wirtschaftsrechts, EuZW 2000, 133-144

Schwenker, Hans Christian/Heinze, Florian: Entscheidungsanmerkung zum Vorlagebeschluss des OLG Naumburg vom 08.01.2003, 1 Verg 7/02, VergabeR 2003, 204-206

Schwintowski, Hans Peter: Gesellschaftsrechtliche Bindungen für entsandte Aufsichtsratsmitglieder in öffentlichen Unternehmen, NJW 1995, 1316-1321

Selmer, Peter: "Wirtschaftliche Betätigung der öffentlichen Hand und Unternehmergrundrechte", S. 75-102 in: Stober/Vogel (Hrsg.), Wirtschaftliche Betätigung der öffentlichen Hand, Staat und Kommunen als Konkurrent der Privatwirtschaft, Studien zum öffentlichen Wirtschaftsrecht, Band 45, Köln, Berlin, Bonn, u.a. 2000

Selzner, Harald/Sustmann, Marco: Der grenzüberschreitende Beherrschungsvertrag, Der Konzern (in Recht und Wirtschaft) 2003, 85-98

Siegel, Thorsten: Die Vergaberechtspflichtigkeit der In-State-Geschäfte - ein Rückzug in drei Akten, VergabeR 2006, 621-627

Siekmann, Helmut: Wirtschaftliche Betätigung der öffentlichen Hand und ökonomische Analyse des Rechts", S. 103 - 144 in: Stober/Vogel (Hrsg.), Wirtschaftliche Betätigung der öffentlichen Hand, Staat und Kommunen als Konkurrent der Privatwirtschaft, Studien zum öffentlichen Wirtschaftsrecht, Band 45, Köln, Berlin, Bonn, u.a. 2000

Spannowsky, Willy: Die Verantwortung der öffentlichen Hand für die Erfüllung öffentlicher Aufgaben und die Reichweite ihrer Einwirkungspflichten auf Beteiligungsunternehmen, DVBl. 1992, 1072-1079

Sprenger, Katja: Einkaufsgemeinschaften der öffentlichen Hand, Grenzen der Zulässigkeit, Rechtswissenschaftliche Forschung und Entwicklung, Bd. 669, VVF, München 2001 (zugl. Göttingen, Univ., Diss., 2001)

Stehlin, Volker/Gebhardt, Georg: Public Private Partnership - ein Modell für Kommunen, VBlBW 2005, 90-95

Steiff, Jakob: EU-Osterweiterung, Grundfreiheiten und Vergaberecht, NZBau 2004, 75-83

Steiff, Jakob: Interkommunale Auftragsvergabe unterliegt dem Kartellvergaberecht, NZBau 2005, 205-208

Steinbeck, Claudia: Überwachungspflicht und Einwirkungsmöglichkeiten des Aufsichtsrats in der Aktiengesellschaft, Münsterische Beiträge zur Rechtswissenschaft, Band 60, Berlin, 1992 (zugl. Münster (Westfalen), Univ., Diss., 1991)

Steindorff, Ernst: Gemeinschaftsunternehmen mit zwei paritätisch beteiligten Gesellschaftern, NJW 1980, 1921-1924

Stelkens, Ulrich: Primärrechtsschutz trotz Zuschlagserteilung? - oder: Warum nach wirksamer Zuschlagserteilung trotz § 114 II 1 GWB ein Nachprüfungsverfahren möglich sein kann, NZBau 2003, 654-661

Stemmer, Stemmer/Aschl, Martina: Gründung und Handeln kommunaler Gesellschaften und kommunale Zusammenarbeit unter dem Blickwinkel des Vergaberechts, VergabeR 2005, 287-305

Sterner, Frank: Rechtsbindungen und Rechtsschutz bei der Vergabe öffentlicher Aufträge, Schriften zum öffentlichen, europäischen und internationalen Recht, Band 2, Stuttgart u.a. 1996 (zugl. Mannheim, Univ., Diss., 1995)

Stickler, Thomas: Entscheidungsanmerkung zum Beschluss des OLG Brandenburg vom 03.08.2001, Verg 3/01, VergabeR 2001, 49-50

Stickler, Thomas: Entscheidungsanmerkung zum Beschluss des OLG Celle vom 12.02.2001, 13 Verg 2/01, VergabeR 2001, 209-210

Stober, Rolf/Vogel, Hanspeter (Hrsg.): Wirtschaftliche Betätigung der öffentlichen Hand, Staat und Kommunen als Konkurrent der Privatwirtschaft, Studien zum öffentlichen Wirtschaftsrecht, Band 45, Köln, Berlin, Bonn, u.a. 2000 (zit: Autor, Artikel in Stober/Vogel, Wirtschaftliche Betätigung der öffentlichen Hand, 2000, S.)

Stober, Rolf: Neureglung des Rechts der öffentlichen Unternehmen, NJW 2002, 2357-2369

Stober, Rolf: Die privatrechtlich organisierte öffentliche Verwaltung - Zur Problematik privatrechtlicher Gesellschaften und Beteiligungen der öffentlichen Hand, Otto Bachhof zum 70. Geburtstag am 6.3.1984 gewidmet, in: Kluth/Müller (Hrsg.), Ordnungsrahmen und Akteure einer sozialen und ökologischen Markt- und Weltwirtschaft; Ausgewählte Abhandlungen aus Anlass des 60. Geburtstages von Rolf Stober, Stuttgart 2003

Stockmann, Kurt: § 13 VgV in der Rechtspraxis, NZBau 2003, 591-596

Stolz, Bernhard: Entscheidungsanmerkung zum Beschluss des BKartA vom 01.02.2001, VK 2-44/00, VergabeR 2001, 153-155

Stolz, Bernhard: Entscheidungsanmerkung zum Beschluss des BGH vom 12.06.2001, X ZB 10/01, VergabeR 2001, 291-293

Stolz, Bernhard: Entscheidungsanmerkung zum Beschluss des BGH vom 18.05.2004, X ZB 7/04, VergabeR 2004, 478-480

Storr, Stefan: Der Staat als Unternehmer - Öffentliche Unternehmen in der Freiheits- und Gleichheitsdogmatik des nationalen Rechts und des Gemeinschaftsrechts, Tübingen 2001 (zugl. Habil.Schrift, Univ. Jena, 2001)

Storr, Stefan: Öffentliche Unternehmen im Wettbewerb und Vergaberecht, Schriften des Hellmuth-Loening-Zentrums für Staatswissenschaften Jena, Band 13, Berlin 2002

Storr, Stefan: "De-facto-Vergabe" und "In-House-Geschäft" erneut vor dem EuGH, WuW 2005, 400-405

Streinz, Rudolf (Hrsg.): EUV/EGV, Vertrag über die Europäische Union und Vertrag zur Gründung der Europäischen Gemeinschaft, München 2003 (zit: Bearbeiter in Streinz, EUV, EGV, Kommentar, 2003, Art. Rn.)

Strobel, Brigitte: Weisungsfreiheit oder Weisungsgebundenheit kommunaler Vertreter in Eigen- und Beteiligungsgesellschaften?, DVBl. 2005, 77-81

Sturmberg, Georg: Neues Vergaberecht - deutlich verbesserter Bieterschutz, BauR 1998, 1063-1073

Sura, Martin: Entscheidungsanmerkung zum Urteil des EuGH vom 10.11.1998, Rs. C-360/98 (Gemeente Arnhem), EuZW 1999, 19-20

Tettinger, Peter J.: Public Private Partnership, Möglichkeiten und Grenzen - ein Sachstandsbericht, NWVBl. 2005, 1-10

Tomerius, Stephan: Kommunale Abfallwirtschaft und Vergaberecht, NVwZ 2000, 727-734

Tomerius, Stephan/Breitkreuz, Tilman: Selbstverwaltungsrecht und Selbstverwaltungspflicht - Verfassungsrechtliche Überlegungen zur Rolle von Art. 28 Abs. 2 S. 1 GG bei der Privatisierung kommunaler Aufgaben-, DVBl. 2003, 426-435

Tomerius, Stephan/Kiser, Folma: Verwaltungsgerichtlicher Rechtsschutz bei nationaler Auftragsvergaben - auf dem Weg zur „unterschwelligen" Rechtswegspaltung?, VergabeR 2005, 551-562

Trautner, Wolfgang: Entscheidungsanmerkung zum Beschluss des OLG Düsseldorf vom 18.07.2001, Verg 16/01, VergabeR 2001, 427-428

Trautner, Wolfgang: Entscheidungsanmerkung zum Beschluss des OLG Koblenz vom 05.06.2003, 1 Verg 2/03, VergabeR 2003, 722-723

Trautner, Wolfgang: Entscheidungsanmerkung zum Beschluss des OLG Frankfurt vom 07.09.2004, 11 Verg 11/04, VergabeR 2005, 89-90

Uekermann, H.-G.: Neues internationales Übereinkommen über das öffentliche Beschaffungswesen: GATT Kodex „Regierungskäufe", RIW 1980, 242-244

Ulmer, Peter: Aktienrechtliche Beherrschung durch Leistungsaustauschbeziehungen?, ZGR 1978, 457-475

Vogel, Michael: Entscheidungsanmerkung zum Beschluss des OLG Koblenz vom 18.09.2003, 1 Verg 4/03, VergabeR 2003, 718-719

von der Groeben, Hans/Schwarze, Jürgen (Hrsg.): Kommentar zum Vertrag über die Europäische Union und zur Gründung der Europäischen Gemeinschaft, Band 2 (Art. 81-97 EGV), 6. Auflage, Baden-Baden 2003 (zit.: Bearbeiter in von der Groeben/Schwarze, EU-/EG-Vertrag, Kommentar, 6. Auflage, 2003, Band 2, Art. EG, Rn.)

von der Groeben, Hans/Schwarze, Jürgen (Hrsg.): Kommentar zum Vertrag über die Europäische Union und zur Gründung der Europäischen Gemeinschaft, Band 4 (Art. 189-314 EGV), 6. Auflage, Baden-Baden 2004 (zit.:

Bearbeiter in von der Groeben/Schwarze, EU-/EG-Vertrag, Kommentar, 6. Auflage, 2004, Band 4, Art. EG, Rn.)

Wachinger, Lorenz: Der Marktzugang im straßengebundenen ÖPNV nach dem EuGH-Urteil in der Rechtssache "Altmark Trans", WiVerw 2004, 27-50

Wagner, Christof: Entscheidungsanmerkung zum Beschluss des BGH vom 19.12.2000, X ZB 14/00, VergabeR 2001, 77

Wagner, Christof: Entscheidungsanmerkung zum Beschluss des BayObLG vom 22.01.2002, Verg 18/01, VergabeR 2002, 250-252

Wagner, Volkmar/Steinkemper, Ursula: Öffentliche Auftragsvergabe - Legale Möglichkeiten der Vergabe ohne Ausschreibung und Rechtsfolgen fehlerhafter oder unterbliebener Ausschreibungen, BB 2004, 1577-1585

Waldner, Thomas: Entscheidungsanmerkung zum Beschluss des OLG Schleswig vom 13.02.2001, 6 Verg 1/2001, VergabeR 2001, 219-220

Waldner, Thomas: Bieterschutz im Vergaberecht unter Berücksichtigung der europäischen Vorgaben, Ius Europaeum, Band 10, Baden-Baden 2000 (zugl. Würzburg, Univ., Diss., 1999)

Wegmann, Winfried: Die Vorabinformation über den Zuschlag bei der öffentlichen Auftragsvergabe , NZBau 2001, 475-479

Weiß, Wolfgang: Kommunale Energieversorger und EG-Recht: Fordert das EG-Recht die Beseitigung der Beschränkung für die kommunale Wirtschaft? Ein Beitrag zum Grundfreiheitsstatus öffentlicher Unternehmen, DVBl. 2003, 564-574

Welter, Erich: Der Staat als Kunde: Öffentliche Aufträge in der Wettbewerbsordnung, Veröffentlichungen des Forschungsinstituts für Wirtschaftspolitik an der Universität Mainz (Hrsg. Welter, Erich), Band 10, Heidelberg, 1960

Weyand, Rudolf: Online Vergaberecht, IBR-online-Kommentar, Stand: 22.03.2004

Wiedemann, Gerhard: Handbuch des Kartellrechts, München 1999

Willenbruch, Klaus: Entscheidungsanmerkung zum Beschluss des OLG Dresden vom 03.12.2003, WVerg 15/03, VergabeR 2004, 231-232

Williams, Rhodri: The Scope of the E.C. Public Procurement Directives: an Analysis of the Arnhem Decision, PPLR 1999, 43-53

Wirner, Helmut: Nachprüfung von de-facto-Vergaben und In-house-Vergaben, LKV 2005, 293-295

Wittek, A. Nicolas: Das In-House Geschäft im EG-Vergaberecht - Die mitgliedstaatliche Bedarfsdeckung im Lichte des EG-Vergaberechts unter besonderer Berücksichtigung der In-House-Vergabe, Europäische Hochschulschriften, Reihe II Rechtswissenschaft, Band 4032, Frankfurt am Main u.a. 2004 (zugl. Augsburg, Univ., Diss., 2004)

Wittig, Oliver: Wettbewerbs- und verfassungsrechtliche Probleme des Vergaberechts, Baurechtliche Schriften, Band 51, Düsseldorf 1999 (zugl. Heidelberg, Univ., Diss., 1998)

Wolf, Andrea: Der Eilrechtsschutz im Vergaberecht - Die vergaberechtlichen Eilverfahren über die Gestattung des Zuschlags und die Wiederherstellung des Verbots der Zuschlagserteilung, Europäische Hochschulschriften, Reihe II Rechtswissenschaft, Bd. 3795, Frankfurt am Main u.a. 2003 (zugl. Hannover, Univ., Diss., 2003)

Wolf, Dieter: "Der Staat als Unternehmer – Belebung oder Gefahr für den Wettbewerb?“, S. 5-11 in: Stober/Vogel (Hrsg.), Wirtschaftliche Betätigung der öffentlichen Hand, Staat und Kommunen als Konkurrent der Privatwirtschaft, Studien zum öffentlichen Wirtschaftsrecht, Band 45, Köln, Berlin, Bonn, u.a. 2000

Wolff, Hans J./Bachof, Otto/Stober, Rolf (Hrsg.), Verwaltungsrecht Band I, 11. Auflage, München 1999 (zit: Bearbeiter in Wolff/Bachof/Stober (Hrsg.), Verwaltungsrecht, Band 1, 11. Auflage, 1999, § , Rn.)

Wolff, Hans J./Bachof, Otto/Stober, Rolf: Verwaltungsrecht Band III, 5. Auflage, München 2004 (zit: Bearbeiter in Wolff/Bachof/Stober (Hrsg.), Verwaltungsrecht, Band 3, 5. Auflage, 2004, § , Rn.)

Wolff, Winfried: Allgemeines Verwaltungsrecht, Verwaltungsverfahrensrecht und Verwaltungsprozessrecht, 4. Auflage, Baden-Baden 2004

Würtenberger, Thomas/Otto, Dirk (Hrsg.): Einführung in das juristische Denken, 10. Auflage, Stuttgart 2005 (zit: Engisch, Einführung in das juristische Denken, 10. Auflage, 2005, S.)

Zeiss, Christopher: "In-House"-Geschäft: Ende einer liebgewonnenen Ausnahme von der Ausschreibungspflicht durch die „Hintertür" des EG-Wettbewerbsrechts?, ZfBR 2002, 456-462

Zeiss, Christopher: Ende einer liebgewonnenen Ausnahme von der Ausschreibungspflicht, DVBl. 2003, 435-443

Zeiss, Christopher: Wechselwirkungen zwischen kommunalen Wirtschaftsrecht und Vergaberecht, NZBau 2003, 475-480

Zeiss, Christopher: Wechselwirkungen zwischen kommunalen Wirtschaftsrecht und Vergaberecht, NZBau 2003, 475-480

Zhang, Ying: Die Wettbewerbsbeschränkung als zentrales Tatbestandsmerkmal des § 1 GWB, (zugl. Göttingen, Univ., Diss., 1990 [masch.])

Ziekow, Jan: Die vergaberechtliche Auftraggebereigenschaft konzernverbundener Unternehmen, NZBau 2004, 181-187

Ziekow, Jan/Siegel, Thorsten: Das Vergabeverfahren als Verwaltungsverfahren, ZfBR 2004, 30-35

Ziekow, Jan/Siegel, Thorsten: Die Vergabepflichtigkeit von Partnerschaften der öffentlichen Hand - neue Entwicklungstendenzen im Bereich der In-House-Geschäfte und der In-State-Geschäfte -, VergabeR 2005, 145-156

Ziekow, Jan/Siegel, Thorsten: Public Public Partnerships und Vergaberecht: Vergaberechtliche Sonderbehandlung der "In-State-Geschäfte"?, VerwArch. 96, 119-137 (Heft 1, Januar 2005)

Ziekow, Jan: In-House-Geschäfte - werden die Spielräume enger? VergabeR 2006, 608-620

Zippelius, Reinhold: Juristische Methodenlehre, Eine Einführung, 6. Auflage, München 1994

Zirbes, Heinz-Peter: SPNV- Verträge und Vergaberecht: Hoflieferantentum oder Wettbewerb?!, VergabeR 2004, 133-159

Zirbes, Heinz-Peter: Entscheidungsanmerkung zum Beschluss des OLG Brandenburg vom 19.12.2002, Verg W 9/02, VergabeR 2003, 174-175

Zirbes, Heinz-Peter: Entscheidungsanmerkung zum Beschluss des OLG Düsseldorf vom 05.05.2004, VII Verg 78/03, VergabeR 2004, 622-623

Zirbes, Heinz-Peter: Entscheidungsanmerkung zum Beschluss des OLG Düsseldorf vom 27.10.2004, Verg 41/04, VergabeR 2005, 97-99

Zöllner, Wolfgang: Zur aktienrechtlichen Unternehmenseigenschaft der Bundesrepublik Deutschland, Bemerkungen zum Urteil des BGH vom 13.10.1977, II ZR 123/76, AG 1978, 40-44

Zöllner, Wolfgang/Noack, Ulrich (Hrsg.): Kölner Kommentar zum Aktiengesetz, Band 6, §§ 15-22 AktG, §§ 291-328 AktG, 3. Auflage, Köln u.a. 2004 (zit: Bearbeiter in Kölner Kommentar, Aktiengesetz, 3. Auflage, 2004, Band 6, § AktG, Rn.)

Zugmaier, Oliver: Gemeindliche Unternehmen in Privatrechtsform, BayVBl. 2001, 233-237

Zuleeg, Manfred: Die Anwendungsbereiche des öffentlichen Rechts und des Privatrechts, VerwArch 73 (1982), 384-404

Aus unserem Verlagsprogramm:

Constantin Zimmermann
Der Effizienzkostenansatz zur Kalkulation von Netznutzungsentgelten der Stromnetzbetreiber
Eine Analyse des Art. 4 Abs. 1 StromhandelsVO Nr. 1228/EG und des § 21 Abs. 2 EnWG 2005; Beurteilung von Kapitalkosten, Stranded Investments, Netzkäufe zum Sachzeitwert, Scheingewinne, Gewerbe- und Körperschaftssteuern gemäß der StromNEV
Hamburg 2009 / 306 Seiten / ISBN 978-3-8300-4163-4

Marc Röbke
Die Leistungsbeziehungen der gesetzlichen Krankenversicherung im Lichte des europäischen Wirtschaftsrechts
Hamburg 2009 / 424 Seiten / ISBN 978-3-8300-4066-8

David Arif Aydıntan
Die kartellrechtliche Zulässigkeit der Regionalkodierung auf DVD, Blu-ray Disc und HD-DVD
Nach Art. 81 EG, § 1 GWB und internationalen Abkommen
Hamburg 2008 / 338 Seiten / ISBN 978-3-8300-4128-3

Marc von Kopp
Kostengesichtspunkte in der kartellrechtlichen Missbrauchskontrolle
Eine Analyse der Entwicklung von Kosten- und Preisfaktoren durch die Rechtsprechung und eine Bildung von Fallgruppen
Hamburg 2008 / 356 Seiten / ISBN 978-3-8300-4097-2

Moritz Votteler
Der Schadensersatzanspruch im EG-Kartellrecht
Existenz und Ausgestaltung
Hamburg 2008 / 302 Seiten / ISBN 978-3-8300-3962-4

Xenia Matschke
Importregulierungen und Stabilität internationaler Kartelle
Hamburg 1997 / 272 Seiten / ISBN 978-3-86064-642-7

VERLAG DR. KOVAČ
FACHVERLAG FÜR WISSENSCHAFTLICHE LITERATUR
Postfach 570142 · 22770 Hamburg · www.verlagdrkovac.de · info@verlagdrkovac.de